蒙古帝国全盛时期疆域图

1206年春，蒙古人铁木真（成吉思汗）在斡难河边建立蒙古国，国号"大蒙古国"。在成吉思汗的领导下，[⋯]国。成吉思汗去世后，他的继承人又经过两次大规模的西征，先后侵吞了40多个国家。蒙古帝国鼎盛时期，元[⋯]蒙古高原和中国的西北、西南、东北、华北地区，以及中亚、西亚、东欧等广大地区，面积约为3 300万平方公里[⋯]

蒙古人冲出高原，掀起强劲的扩张浪潮。成吉思汗在位时，发动了第一次西征，征服了西夏、金、西辽、花剌子模等
为大汗辖区，另外还有服从大汗宗主权的四大汗国，即钦察汗国、察合台汗国、窝阔台汗国和伊儿汗国，其疆域包括

文化伟人代表作图释书系

An Illustrated Series of Masterpieces of the Great Minds

非凡的阅读

从影响每一代学人的知识名著开始

　　知识分子阅读，不仅是指其特有的阅读姿态和思考方式，更重要的还包括读物的选择。在众多当代出版物中，哪些读物的知识价值最具引领性，许多人都很难确切判定。

　　"文化伟人代表作图释书系"所选择的，正是对人类知识体系的构建有着重大影响的伟大人物的代表著作，这些著述不仅从各自不同的角度深刻影响着人类文明的发展进程，而且自面世之日起，便不断改变着我们对世界和自然的认知，不仅给了我们思考的勇气和力量，更让我们实现了对自身的一次次突破。

　　这些著述大都篇幅宏大，难以适应当代阅读的特有习惯。为此，对其中的一部分著述，我们在凝练编译的基础上，以插图的方式对书中的知识精要进行了必要补述，既突出了原著的伟大之处，又消除了更多人可能存在的阅读障碍。

　　我们相信，一切尖端的知识都能轻松理解，一切深奥的思想都可以真切领悟。

■ 文化伟人代表作图释书系

草原帝国

The Empire of the Steppes

〔法〕勒内·格鲁塞/著

何㳠/编译

重庆出版集团 重庆出版社

图书在版编目（CIP）数据

草原帝国 /（法）格鲁塞（Grousset，R.）著；何㴱编译. —重庆：重庆出版社，2013.12（2022.8重印）

ISBN 978-7-229-07183-7

Ⅰ.①草… Ⅱ.①格… ②何… Ⅲ.①蒙古（古族名）—民族历史 Ⅳ.①K289

中国版本图书馆CIP数据核字（2013）第274399号

草原帝国
CAOYUAN DIGUO

〔法〕勒内·格鲁塞 著 何㴱 编译

策 划 人：刘太亨
责任编辑：刘 喆 肖化化
责任校对：李小君
版式设计：曲 丹
封面设计：日日新

重庆出版集团 重庆出版社 出版

重庆市南岸区南滨路162号1幢 邮编：400061 http://www.cqph.com
重庆三达广告印务装璜有限公司印刷
重庆出版集团图书发行有限公司发行
全国新华书店经销

开本：720mm×1000mm 1/16 印张：21.25 字数：356千
2006年12月第1版 2014年7月第3版 2022年8月第13次印刷
ISBN 978-7-229-07183-7

定价：38.00元

如有印装质量问题，请向本集团图书发行有限公司调换：023-61520678

版权所有，侵权必究

PREFACE | 前言

　　三千年来，在广袤无垠的欧亚大草原上，历代游牧民族在这里大规模地碰撞和交融、战争与迁徙，上演了一幕幕惊心动魄的历史剧：斯基泰、匈奴、突厥、蒙古等马背上的民族所建立的草原帝国风起云涌；阿提拉、成吉思汗、帖木儿等"上帝之鞭"掀起横扫欧亚的历史狂澜。在游牧民族与农耕文明的角逐中，基督教文明、伊斯兰文明、印度文明和中华文明有了深度交流。可以说，是欧亚草原史改写了农耕文明乃至整个世界文明的历史。

　　本书作者勒内·格鲁塞为法国著名的东方史学家，也是亚洲史研究界的泰斗。他一生潜心研究东方历史与文化，著述颇丰，其代表作《成吉思汗》《草原帝国》均为历史名著。他对中国民族的历史发展进程进行了较为深入的研究，对世界历史学作出了杰出贡献。在《草原帝国》中，他为我们梳理了众多赫赫有名的游牧民族背后共通的历史脉络，描述了欧亚大草原上无数征服者的历史，把分散的民族史与国家史整合成一个相互连接与互动的历史系统，为我们呈现出一幅气势恢弘、波澜壮阔的历史画卷。

　　本书史事，始于上古时期的匈奴人，止于清朝吞并喀什噶尔、新疆被纳入中国版图，其中更是将成吉思汗缔造的蒙古帝国时期作了重点阐述。作者从活跃于欧亚草原的匈奴、鲜卑、突厥、蒙古等民族史中，加工钻研，精心梳理出一条明晰的线索和脉络，其范围除大中亚外，还包括了东欧草原、俄罗斯草原、西亚草原、中亚草原和北亚草原，以及草原近邻的许多高原山地，使读者能够全面清楚地了解各个草原政权的政治、经济、社会、文化和民族关系。

　　本书作为一部中亚通史著作，是勒内·格鲁塞历时几十载，经过大量实地考察及史料挖掘精心创作而成，是世界史学界公认的关于欧亚大陆游牧民族三千年历史的经典史著，是游牧民族历史文献的权威，这一经典著作自1939年首次出版以来，曾多次重印，在世界范围内被翻译成多种语言文字广泛传播。

本书的出版,标志着欧亚大陆史正式成为一门系统的历史学科。它的伟大之处更在于,让我们以一种新的眼光审视我们所生活的世界,在过去、现在和未来之间建立起联系,从而成为一种情感皈依的连续体。

历史总会给人类留下几丝叹息和悬疑:蒙古帝国作为历史上一个横跨欧亚大陆的大帝国,其强盛时的疆域东起太平洋,西至黑海沿岸,北抵北冰洋,南到南海,并拥有英勇强悍的军队,却为何在短短的百年间崩溃?也许,在你读罢此书,在你对那些飘摇的汗位、朝代的频繁更迭唏嘘不已的同时,会有所领悟。

编 者

2014年5月4日

导读
REVIEW

亚洲高原由两大褶皱山系——天山和阿尔泰山的海西褶皱与喜马拉雅山褶皱山系相碰撞而形成，这里曾经历了地球史上最壮观的地理运动。天山、阿尔泰山与喜马拉雅山把突厥斯坦和蒙古利亚包围起来，使之与其他地区隔离，如同悬在四周的平原之上。这个具有典型大陆性气候的亚洲大陆，被一条纵向的草原带覆盖着，从中国东北部一直延伸到克里米亚，从外蒙古的库伦（今蒙古乌兰巴托市）延伸到马里和巴尔赫地区。这片大草原在灌溉地区仍是肥沃的，但其中部已渐渐被沙漠吞噬。这片沙漠穿过北蒙古与南蒙古，成为妨碍蒙古帝国幸存下来的原因之一。

正是沙漠边上的草原之路，对今天突厥斯坦的塔里木盆地的历史起到了决定性的作用。这里的人们已经摆脱了草原上的游牧生活方式，使这条路上的绿洲具有一些都市的商业特征。也正是这条绿洲之路，连接了当时世界的几大文明板块——地中海文明、印度文明、伊朗文明和华夏文明，即著名的丝绸之路。从古至今，丝绸之路都是中西交往的一条重要通路，它维持了古代中国和印欧之间的联系，起到了贸易往来、宗教传播和文化艺术交流的作用，这也是自汉朝以来的帝王们一直要维持它畅通的原因。然而，在这条文明之路以北，却是一条截然不同的路，即无尽的游牧民族之路。斯基泰人、萨尔马特人、匈奴人、阿瓦尔人、突厥人、佩切涅格突厥人以及后来的蒙古人，都曾在此留下了他们的足迹。

草原秘史是突厥—蒙古各部落为了争夺肥沃的牧场而彼此吞并，从一个牧场到另一个牧场无休止迁徙的历史。也许我们对这些施加过霸权的突厥部落和蒙古部落有所耳闻，却并不清楚蒙古、突厥和通古斯（满族祖先的起源）这三大母族的原始分布情况。但毫无疑问的是，在相互的吞并和各自的迁徙过程中，这三个种族在生活习性、语言文字、宗教文化等方面相互融合、相互影响，并出现了伊朗突厥化、突厥蒙古化和通古斯汉化的现象。时至今日，通古斯人不仅占有北蒙古和东西伯利亚的大部分地区，还占有了中西伯利亚叶尼塞河中游东岸地区；而蒙古人则聚集在历史上的蒙古利亚；突厥人分布在西西伯利亚和东、西突厥斯坦。

如果突厥—蒙古族游牧部落的历史仅限于他们的远征或为争夺放牧场所而发生的小冲突，那么他们的历史几乎没有多大意义，至少就目前来看是这样的。人类史上的重要事实是，这些游牧民对南方的文明帝国反复施加压力，直至成功。草原牧民靠饲养牲畜过活，他们由于需要而成为游牧民：牧群追逐牧草，他们追随牧群。无论是东方的突厥—蒙古种人，或是西方的伊朗种人，是他们发明了骑马服。他们进而成为能在远距离射中敌人的马上弓箭手，他们在战争中所使用的武器，是他们用来捕捉野味或母马的箭和套索。然后，在草原的尽头和耕地的起点，他们瞥见了另一种完全陌生的奇特的生活方式，后者唤起了他们贪婪的欲望。在除了春季以外的各个季节里，他们把眼光投向了南方。他们一方面向往着南方温暖舒适的气候和肥沃的黄土地，一方面又不理解这些地区较为先进的文明生活方式。正因为如此，在他们占有了这些耕地之后，才会使之荒芜，把农作物变成牧草，把耕地变成牧场。13世纪的成吉思汗便是其中的代表人物。

成吉思汗征服北京地区以后，企图把河北平原上肥沃的玉米地变成牧地。尽管他对都市文明充满怀疑，但他对其中的机械产品颇为赞叹，并将其作为掠夺和洗劫的目标。事实上，他对舒适的文明生活的怀疑态度不无道理，因为他对其后代的担忧终成事实——当他的曾孙子们住进北京和桃里寺（古代波斯地区的名古城，即现在的阿塞拜疆省的省会大不里士城）的宫殿后，便随即堕落了。然而，成吉思汗及其后代始终把定居者看成是他们的"农人"，把城市和耕地看成是他们的"农场"，他们对"农人"和"农场"进行公开勒索，欣然接受他们奉上的定期贡赋，一旦对方有所抗拒，他们就会对其城市进行突然袭击和掠夺。纵观这部气势恢宏的草原史，我们会发现，从公元前2世纪至公元17世纪，突厥—蒙古人与汉人之间，大体已成为凶猛掠夺和勒索定期贡赋的固定模式。

当然，游牧民族中也出现了一些杰出的领导人物，他们不但了解定居帝国的腐朽状况，及时处理宫廷内部的矛盾，还会使尽各种手段使自己或后代登上帝国的王位。然而，过了两三代之后，这些汉化的蛮族人由于其游牧民族坚韧性格的消失，以及在文明社会的一无所获而遭到蔑视。他们的领土被那些仍留在草原深处的原始蛮夷觊觎。于是，新一轮的征服开始了。5世纪的拓跋人便是站在匈奴人和鲜卑人的肩上消灭他们并取代了他们的位置。崛起于12世纪的女真人，几乎还处于原始状态，却在几个月之内夺取了中都（北京）；然而，他们也很快受到汉文明的影响，一直处于停滞状态，于一个世纪之后被成吉思汗灭掉。欧洲的情况与亚洲相似：在俄罗斯草原（它是亚洲草原的延伸部分）上，在阿提拉的匈奴人之后，接踵而来的是保加尔人、阿瓦尔人、匈牙利人、突厥人、佩切涅格人、库蛮人和成吉思汗后裔。同样的，在伊斯兰境内，蒙古可汗和通古斯征服者成了苏丹，然而，他们也很快便让位给另一些更加凶猛粗野的

□ 成吉思汗出征图雕像

成吉思汗戎马一生，历经60余场战争，缔造了伟大的蒙古帝国。在他的统领下，蒙古军队南征北战、所向披靡，使蒙古帝国在鼎盛时期的疆域横跨中西亚和东欧。此图为位于内蒙古成吉思汗陵新景区内的成吉思汗出征图雕像。

同族……

草原游牧部落的这些定期性袭击，似乎成为了历史上的一种地理规律，草原游牧部落的可汗们登上了长安、洛阳、开封、大都、撒马尔罕或桃里寺的王位。但同时，它也存在着一种相反的规律，即游牧部落会被文明地区逐渐同化，那些野蛮的游牧民作为贵族，很快便淹没在密集的定居者中。其次，被征服的黄河和长江文明又陶醉和麻痹了这些游牧民族，一段时间之后，一切又和未被征服前一样了。而被文明化了的游牧民族，又会为保卫文明而反击其他游牧民族的攻击。公元5世纪的拓跋人（"拓跋"为姓氏，属于鲜卑族，但也有说法认为拓跋部属于突厥族）就是华夏文明的坚定守卫者；而元世祖忽必烈则完成了汉唐皇帝的"泛亚洲统治"梦想，统治了一部分文明的民族。

表面上看，成功的征服者们是统治者，然而，最终皈依的却是他们。这应该归功于文明的力量，文明才是最后的胜利者。因此，我们应该牢记，强大的军事力量固然有优势，而文明的力量亦能所向披靡。

目录 CONTENTS

前言 /1
导读 /1

第 1 章　草原的早期历史——斯基泰人与匈奴 / 1

上古时期的草原文明 …………………………………… 2
斯基泰人和萨尔马特人 ………………………………… 4
阿尔泰地区的前突厥文化 ……………………………… 10
匈奴的起源及艺术 ……………………………………… 12
匈奴的出击和月氏的迁徙 ……………………………… 15
匈奴与汉朝的冲突及东西匈奴的分裂 ………………… 19
丝绸之路与塔里木盆地的征服 ………………………… 22
上古末期和中世纪初期的塔里木绿洲文化 …………… 25
鲜卑人取代北匈奴 ……………………………………… 27
蛮族大入侵：匈奴与鲜卑对中原北部的征服 ………… 28
拓跋氏王国和柔然人的蒙古汗国 ……………………… 31
嚈哒匈奴人 ……………………………………………… 35
欧洲的匈奴人：伟大的阿提拉 ………………………… 38

第 2 章　中世纪初期：突厥、回纥、契丹和女真 / 41

突厥帝国及其分裂 ……………………………………… 42
唐朝和塔里木诸国的关系 ……………………………… 47
唐朝与回纥突厥帝国 …………………………………… 51
契丹人和女真人 ………………………………………… 56

第 3 章　13 世纪前的突厥人与伊斯兰教 / 61

抵御突厥的伊朗屏障：萨曼王朝 ……………………… 62
喀什噶尔和河中地区的突变：哈拉汗王朝 …………… 66
突厥历史上的塞尔柱人 ………………………………… 70

桑伽苏丹和阿姆河防线 …………………………………… 81
　　喀喇契丹帝国 ……………………………………………… 84
　　花剌子模帝国 ……………………………………………… 87

第4章　6至13世纪的南俄罗斯草原 / 91
　　阿瓦尔人 …………………………………………………… 92
　　保加尔人和马扎尔人 ……………………………………… 98
　　可萨人 ……………………………………………………… 102
　　佩切涅格人和钦察人 ……………………………………… 105

第5章　成吉思汗及其帝国 / 109
　　12世纪的蒙古 ……………………………………………… 110
　　成吉思汗 …………………………………………………… 115
　　与王罕决裂——征服克烈部 ……………………………… 121
　　征服乃蛮部，成吉思汗称帝 ……………………………… 124
　　征讨西夏、金国和契丹 …………………………………… 131
　　花剌子模帝国的灭亡 ……………………………………… 137
　　哲别和速不台入侵波斯和俄罗斯 ………………………… 144
　　成吉思汗之死 ……………………………………………… 146
　　成吉思汗的性格与成就 …………………………………… 148

第6章　成吉思汗的三个直接继承人 / 151
　　成吉思汗儿子们的封地 …………………………………… 152
　　窝阔台的统治 ……………………………………………… 154
　　蒙古对金的征服 …………………………………………… 156
　　蒙古对西波斯的征服 ……………………………………… 158
　　蒙古人在欧洲的战役 ……………………………………… 161
　　脱列哥那摄政 ……………………………………………… 165
　　贵由的统治 ………………………………………………… 166
　　斡兀立·海迷失的摄政 …………………………………… 168
　　蒙哥的统治 ………………………………………………… 170

第 7 章 忽必烈和元朝 /175

- 忽必烈与阿里不哥的争位 …………………………… 176
- 忽必烈征服南宋 …………………………………… 177
- 忽必烈对日本、印度支那和爪哇的战争 …………… 179
- 忽必烈与海都的斗争 ……………………………… 181
- 忽必烈的统治：蒙汉政策 ………………………… 184
- 元朝的宗教 ………………………………………… 186
- 马可·波罗的旅行 ………………………………… 190
- 元朝的经济繁荣 …………………………………… 194
- 元朝的天主教 ……………………………………… 196
- 蒙古人被逐出中国 ………………………………… 199

第 8 章 察合台家族统治下的突厥斯坦 /203

- 察合台汗国的起源 ………………………………… 204
- 阿鲁忽的统治：察合台人独立的尝试 …………… 206
- 海都宗主权下的察合台汗国 ……………………… 208
- 察合台汗国的第一次鼎盛时期 …………………… 210
- 察合台汗国的分裂——河中的统治 ……………… 213
- 察合台汗国的重新统一 …………………………… 215

第 9 章 伊儿汗国和旭烈兀家族 / 217

- 初期蒙古人在波斯的统治 ………………………… 218
- 阔儿吉思和阿儿浑的统治 ………………………… 221
- 旭烈兀的统治 ……………………………………… 223
- 旭烈兀对叙利亚的征伐 …………………………… 226
- 旭烈兀的晚年 ……………………………………… 230
- 阿八哈的统治 ……………………………………… 232
- 阿鲁浑的统治 ……………………………………… 234
- 海合都和拜都的统治 ……………………………… 236
- 合赞的统治 ………………………………………… 237
- 完者都和不赛因的统治 …………………………… 240

伊儿汗国的分解 ································· 243

第10章　钦察汗国 / 245
　　术赤家族的领地 ································· 246
　　拔都的统治 ····································· 248
　　别儿哥的统治 ··································· 251
　　那海和脱脱 ····································· 255
　　钦察汗国的末代王公 ····························· 258

第11章　帖木儿 / 263
　　帖木儿夺取河中 ································· 264
　　帖木儿与迷里忽辛的斗争 ························· 267
　　帖木儿帝国 ····································· 270

第12章　昔班王朝 / 275
　　钦察汗国的灭亡 ································· 276
　　克里米亚汗国、喀山汗国和阿斯特拉罕汗国 ········· 278
　　从昔班到昔班尼汗国 ····························· 283
　　布哈拉汗国、希瓦汗国和浩罕汗国 ················· 291

第13章　察合台王朝的后裔 / 295
　　歪思汗与也先不花 ······························· 296
　　天山东部的察合台后裔 ··························· 302

第14章　蒙古境内的最后帝国 / 307
　　1370年后蒙古的混乱 ···························· 308
　　卫拉特帝国 ····································· 310
　　最后的复辟国：达延汗和阿勒坦汗 ················· 312
　　满族对中国的征服 ······························· 313
　　17世纪的西蒙汗国 ······························ 316
　　清朝终结蒙古人的统治 ··························· 319

附：成吉思汗世系年表 / 321

第 1 章

草原的早期历史——斯基泰人与匈奴

CHAPTER 1

欧洲旧石器时代晚期，奥瑞纳文化沿着北方的草原之路从西伯利亚传入中国北方，这是迄今为止人类发现的最早的欧亚之路。公元前1200年，黑海以北俄罗斯草原上的辛梅里安人创造了青铜文明；公元前750年至前700年间，来自突厥斯坦和西西伯利亚的斯基泰人在俄罗斯草原上形成了斯基泰艺术，并过渡到铁器时代；公元前3世纪，入侵俄罗斯草原的萨尔马特人形成了萨尔马特艺术，创造了阿尔泰地区的前突厥文化；公元前3世纪后期，活动于鄂尔浑河上游山区的匈奴人带来了"鄂尔多斯艺术"；5世纪和6世纪上半叶，统治着外蒙古的柔然人创造了米努辛斯克后期文化……它们共同构成了欧亚草原的早期历史。

上古时期的草原文明

北方的草原之路是迄今为止人类发现的最早的欧亚之路。旧石器时代，奥瑞纳文化从西伯利亚沿着这条路传入中国北方，其文化遗址在宁夏的水洞沟黄土坡和榆林西南部的萨拉乌苏河流域均有发现。西伯利亚、中国东北和河北省都有出土的马格德林文化（欧洲旧石器时代的晚期文化）的代表物。新石器时代末期，西伯利亚的草原之路把俄罗斯中部的石梳形陶器带到了中国；公元前20世纪初期，源于基辅（位于乌克兰中北部）附近的特里波利耶的一种饰有螺旋纹的陶器沿此路传入中国，于公元前1700年在河南仰韶村发展起来，在甘肃半山地区也颇为盛行。产生于公元前1500年左右的西西伯利亚青铜器技术，不久后也传至中国。

一种独创的、日益风格化的动物艺术，成为了草原古代史的一个突出特征，它是游牧民用于装饰马具和装备的一种奢侈品。其代表作是出土于库班（今外蒙古乌兰巴托）的迈科普墓地的金银合金花瓶和一些反映亚述—巴比伦风格的纯金银动物形象。这些艺术品的年代在公元前1600年至公元前1500年，与米诺安中期文化（爱琴海地区的古代文明）同时。这种文化影响至6世纪左右，克勒姆斯青铜斧就是很好的证明。

大约从公元前1200年起，在黑海以北的俄罗斯草原上，开始有印欧种的辛梅里安人居住。他们普遍被当作是色雷斯—弗里吉亚人种，也许来自匈牙利和罗马尼亚。在第聂伯河流域和库班等地，发掘出大量的考古文物，其中有博罗季诺珍品、含青铜镰刀在内的斯特科夫珍品、尼科拉耶夫的青铜铸器、阿布拉莫威卡的青铜镰刀、金片和纯银的斯特拉米斯托夫卡雅公牛像等。著名的考古学家塔尔格伦认为，这些古物很大一部分应

□ **人像彩陶壶　奥瑞纳文化**

最早的女性人像发现于奥瑞纳文化，比中国塑造人像的历史早了几千年。格鲁塞认为，正是草原文明将奥瑞纳文化缓慢地传播开来。奥瑞纳文化曾经沿着草原之路传播到了中国北方，对古代中国文明产生了一定影响。

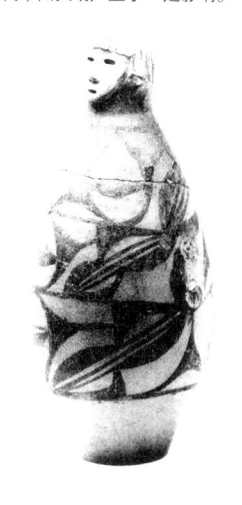

该归属于辛梅里安人。而南俄地区的所有这类艺术品，都和甘扎—卡拉巴克赫地区的外高加索文化相关联。在甘扎—卡拉巴克赫，人们发现了饰有几何纹动物图案的青铜纽扣。另外，辛梅里安人还和塔里锡文化有联系，大约在公元前1200年，塔里锡的青铜文明达到繁荣。

□ 狩猎纹腰带　辛梅里安文化　公元前10世纪

辛梅里安人创造了令人瞩目的青铜文明，动物的形象在这些青铜器物的装饰品上最为常见。与农耕文明相比，草原文明显然与野性的自然更加关系密切。图为以狩猎纹为装饰的青铜腰带。

从出土的公元前1300年至公元前1200年的波克（菲律宾城市）罗夫斯克木棺，可以推测出辛梅里安的青铜文明是经由伏尔加河传至乌拉尔山区和突厥斯坦的。出土于下诺夫哥罗德（位于伏尔加河流域）附近的色玛的一些珍贵文物，尤其是带孔战斧，则让我们了解到处于低级阶段的铜器和青铜器文化。安德罗诺沃文化则从哈萨克地区传到了米努辛斯克，最后由卡拉苏克文化延续下来。这应该是最早的西伯利亚青铜时代，该时期产生了带孔的斧子、扁平的匕首、色玛式的矛头和带有几何图案的装饰物。高加索的动物艺术对它毫无影响。靠北的克拉斯诺亚尔斯克地区的文明程度相对滞后，在很久以后才产生出铜石并用的艺术。

在公元前1150年至前950年间，辛梅里安文化继续向黑海北岸传播。诺沃格里格鲁夫斯克带孔的青铜斧和布格河畔的尼古拉耶夫的青铜时代都展示了其传播进程。还有捷列克草原上科本的纯青铜时代和格鲁吉亚的勒尔瓦尔文化极为相似，后者产生了一些饰有奇特人物和动物形象的青铜带，其形象呈几何图形，有耕作和打猎的场面，它们都是辛梅里安文化影响下的产物。

公元前900年至前750年，辛梅里安文化进入最后阶段。加利西亚地区的米海洛夫卡文物时期的金王冠，反映出辛梅里安文化与高加索文化和哈尔希塔特文化有相似之处。此后，辛梅里安的青铜文化相继流传到罗马尼亚和匈牙利。公元前900年至前700年间，高加索文化和哈尔希塔特文化超越辛梅里安文化进入铁器时代，而辛梅里安文化仍然停留在青铜器时代。但在辛梅里安文化晚期，地层中曾发现了哈尔希塔特的铁刀，表明这几种文化在当时是相互交融的。

斯基泰人和萨尔马特人

公元前750年至前700年间，来自突厥斯坦和西西伯利亚的斯基泰人掠夺了辛梅里安人所生活的南俄罗斯草原。"斯基泰"是希腊人给予他们的称谓。他们是今俄罗斯属突厥斯坦草原上最早的北伊朗游牧民族，也因此免受了亚述—巴比伦文明的影响。在库尔奥巴和沃罗涅什的希腊—斯基泰式花瓶上，仍保留着斯基泰人的生动形象：他们穿着束腰上衣和大裤子，戴着护耳尖顶帽，蓄着胡须，骏马时刻相伴，弓箭随身携带，驾着可以迁徙的篷车，随季节四处漂泊，大篷车载着他们的妻室儿女、财产和装饰品。这些装饰品的需求催生了斯基泰文化，并决定了它的形式和走向。斯基泰人在俄罗斯草原的统治一直延续到公元前7世纪至前3世纪。

虽然斯基泰人的生活方式和突厥—蒙古种匈奴人非常相似，比如弓箭手的服装和殉葬的风俗等，但今天的语言学家却认为，他们属于印欧家族的伊朗人，是印—伊种或雅利安种。在公元前750年至前700年间，他们从图尔盖河和乌拉尔河进入南俄罗斯草原，把在此居住了500年之久的辛梅里安人赶出了家园。一部分辛梅里安人逃亡到了匈牙利，并留下了不少文物，其余的则逃入小亚细亚，并于几十年后(约公元前630年)最终到达彭蒂斯。一些斯基泰人仍然不依不饶地追击他们，不过据希罗多德记述，他们走错了路，从打耳班关隘穿过高加索，与强大的亚述帝国军队狭路相逢。公元前678年，斯基泰王伊斯卡帕向亚述帝国发起进攻，但最终失败。而另一位斯基泰王巴塔图亚为了联手

□ 波斯的斯基泰人　浮雕

斯基泰人在游牧部落中享有盛名。考古学家在亚洲和俄罗斯，甚至在欧洲的匈牙利都曾发现过他们的踪迹。近东、亚述、希腊等文明也多少受到过他们的影响。

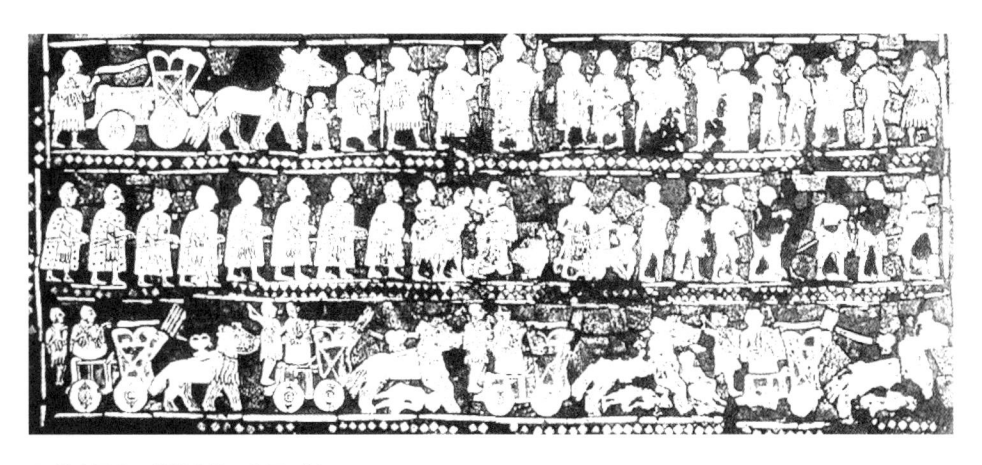

□ 徽章图案　波斯文化　公元2世纪

　　斯基泰人原属西亚种，虽然没有参与西亚文明的建设，但他们却也曾经屡屡涉足此地。图为西亚文化中描绘着斯基泰人形象的徽章，他们正赶着大马车转移牧场。

打击辛梅里安人，则和亚述帝国建立了友好关系；公元前638年，斯基泰军队和亚述帝国军队协同作战，彻底击败了最后一批辛梅里安人。公元前628年，亚述帝国遭受米底（古伊朗王国）的侵犯，应亚述国王的要求，斯基泰王巴塔图亚的儿子马代斯征服了米底。不久，米底人奋起反抗，杀死了斯基泰人的首领们，使其余部不得不穿过高加索退回到南俄罗斯。

　　斯基泰人入侵西亚的70年，标志着北方草原上的游牧民第一次进入南方古文明地区。

　　波斯人取代亚述人、巴比伦人、米底人成为西亚的主人以后，为了维护定居地伊朗的安全，一直对外来入侵严加防范和对抗。波斯皇帝居鲁士（波斯帝国的缔造者）领导的最后一次战争，便是对斯基泰人发起的。由于一直未达到预期的目的，大流士统治时期，希望以建立"泛伊朗联盟"来同化斯基泰人，可斯基泰人丝毫未受到影响，而是在南俄罗斯草原上平静地生活了300多年。大流士对斯基泰人的远征，虽然最终以失败告终，但至少使得西亚在之后的很长一段时间免受北方游牧部落的骚扰。

　　从斯基泰文化影响的逐步扩大中，我们可以大致推断出他们占领俄罗斯的进程。公元前700年至前550年间，其文化中心在东南方的库班地区和塔曼半岛，该时期的文物是零散分布的。直到公元前550年至前450年间，其文物才大量涌现在今乌克兰地区，且在公元前350年至前250年间达到顶峰。这些文物的分布显示，其疆域西至基辅南部的沃罗涅什地区，东北沿伏尔加河直到萨拉托夫。

南俄罗斯的斯基泰人也许只是一支曾对辛梅里安下层实施统治的贵族。而居住在斯基泰北部的，或许是一些与辛梅里安下层混杂的野蛮的非斯基泰游牧民族，考古学家称之为安德罗法吉人，他们可能属于芬兰—乌戈尔种。他们都曾加入斯基泰人反抗大流士的入侵战争。这些斯基泰北部所流传下来的文化遗迹，都只是一些简单的几何纹图案，毫无斯基泰文化的动物形象风格。

公元前7世纪，斯基泰人大举入侵高加索、小亚细亚、亚美尼亚和米底所产生的后果，远远超出了政治史的范畴。斯基泰人和亚述人是亲密的盟友，这一关系维持了近一个世纪，他们之间的交流，对草原文化史的发展极其重要。该时期的斯基泰人从青铜器时代过渡到铁器时代。当然，不能说哈尔希塔特的铁器技术文化对初期的斯基泰文化毫无影响，但后者确实更多地受到了亚述—巴比伦的美索不达米亚文明（即两河流域文明）的直接影响，从库班出土的克勒姆斯铁合金铸的斧子就能充分证明这一点。该斧子上的一对长着大弯角的野山羊和一群美丽的鹿的描绘手法，采用的是类似于亚述动物艺术中的现实主义手法，而装饰手法却是典型的斯基泰手法。从中我们可以看出，斯基泰动物艺术的兴起，可以被看作是斯基泰人把亚述的自然主义艺术转向为以装饰为目的的实用主义艺术。在科斯特罗玛斯卡雅墓里的金鹿上，这种艺术似乎有了它固定的形式——鹿角是程式化的螺旋形，可以肯定，这种艺术在公元前6世纪的库班就已经出现。

□ 王宫青铜装饰带　亚述文化　公元前3世纪

和匈奴人与中原政权的关系一样，斯基泰人与西亚的历代主人都打过交道。这个崇尚武力的民族更多的是选择战争。图为亚述人王宫内装饰中的浮雕，反映了亚述人与斯基泰人的战争。

几个世纪以来，草原美学以这种固定的形式长存于南俄罗斯草原，并向东发展着，最终流传到蒙古和中国。从最初的状态可见，这种艺术呈现出了两种趋势：一种是自然主义倾向——从亚述和希腊文

化中汲取养分；一种是装饰艺术倾向，它影响前者朝着纯装饰的方向发展。游牧民族的生活方式可以诠释这种艺术倾向——居无定所、四处游牧的他们，对现实主义的雕塑及绘画等都不可能有多么深刻和全面的了解，因此也只有在个人服饰和用品上加些修饰。他们的所有饰品都经过程式化的处理，或纹章学的处理——他们一贯采用规则的几何图形风格来制作动物形象。从该时期出土的文物中，我们能够看到弯曲状和螺旋形的鹿角、马鬃、猫爪，甚至还有像蜗牛的外壳一样蜷曲着的马的上唇。动物艺术的现实主义风格显然已被装饰艺术所取代。

由此，草原民族的艺术与邻近定居民族的艺术有了鲜明的对比：斯基泰艺术和亚述阿赫门尼德朝艺术相对；匈奴艺术和中国汉朝艺术相对。但在对狩猎和动物搏斗的场景描述方面，他们又有共同之处：定居民族多在简单虚构的背景中，以快速敏捷、刻画简单的风格加以描绘；而草原民族所表现的动物之间殊死搏斗的扭打场面却颇为戏剧：缺肢少翅的鸟、被庞大动物捕捉到的鹿与马等，这些牺牲者的身体普遍都是蜷成圆形的。

这种有着固定形式的草原艺术，在辽阔的草原地带参差不齐地分布着。安纳

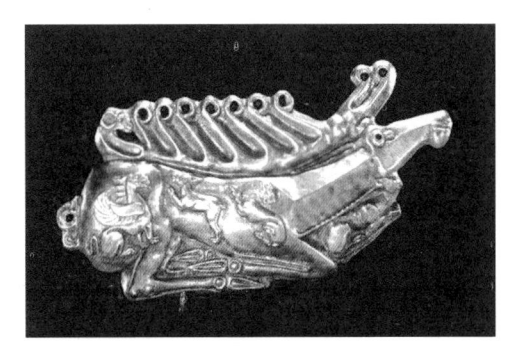

□ **金鹿　斯基泰文化　公元前6世纪**

图为斯基泰人制作的金饰，图中的鹿以优美的姿势跪卧着，昂起的头部与身体形成一条优美的向上的弧线，鹿角则被制作成抽象的卷曲波浪形，富有装饰性。而在鹿的身体上，还装饰着另外三个动物，似乎是一只鹰和两只兔子，这三只动物的形象更倾向于自然主义风格。

□ **金面具　斯基泰文化　公元前3世纪**

对于游牧民族来说，他们一般选择牛羊作为计价单位，实物交换的贸易形式在历史上持续了很长时期。金子更多地被游牧民族制作成精美的艺术品，而不是作为货币进行收藏。图为斯基泰人为其故去的王后制作的金面具，造型上显现了希腊文明的痕迹。

尼诺文化也同样受到了斯基泰草原艺术的些许影响，其局部采用了后者的动物艺术风格——身体皆呈蜷曲状，但其装饰则以几何图案为主。而西伯利亚的米努辛斯克的情况则有所不同。在青铜文化的繁盛时期，作为努辛斯克重要的金属加工中心的阿尔泰地区，仍然生产着一种饰有纯几何图形的有孔手斧。但是在受了斯基泰艺术的影响之后，该地区也出现了质朴简单的青铜动物像。随着这种影响的加深，这种青铜动物像的风格也逐渐变得复杂起来，开始有了身体扭曲的动物图像，并有制作精细的分支。

在乌拉尔山附近奥伦堡地区的普罗霍罗夫卡发掘了一些墓群，其中有萨尔马特人独有的武器"矛"，这标志着萨尔马特人首次出现在欧洲的俄罗斯。萨尔马特人与斯基泰人同源，都是伊朗的游牧民族，在咸海北岸活动和居住。他们可能于公元前3世纪下半叶渡过伏尔加河，入侵俄罗斯草原，把斯基泰人从南俄罗斯草原赶回了克里米亚。

萨尔马特人虽然和斯基泰人同源，但这两个民族在衣着装饰、使用武器以及艺术风格上都有所差别。斯基泰人是马上弓箭手，戴萨加帽，穿宽松外套；萨尔马特人则手执长矛，身披铠甲，头戴锥形帽。斯基泰人发展的是一种自然主义风格的动物艺术，萨尔马特人虽然也是以动物风格为主，却比斯基泰人对程式化和几何图案更加情有独钟。在希腊—罗马的造型艺术的基础上，他们喜欢以程式化的花纹来装饰——在金属品中镶嵌彩色瓷的表面装饰。由此可见，他们崇尚的是一种极为明显的"东方"格调。这种中世纪前的艺术第一次出现在欧洲，后经哥特人传播到了民族大迁徙中的日耳曼部落中。

从埃卡特林罗斯拉夫附近的亚历山大堡出土的文物可以推断，斯基泰艺术应该是在公元前3世纪初过渡到了萨尔马特艺术。公元前3世纪至前2世纪，萨尔马特艺术在南俄罗斯

□ **青铜镜子　萨尔马特文化　公元前2世纪**

铁器在游牧文明中发现得很少，可能是由于游牧生活影响了其生产力的发展。图为萨尔马特人制作的青铜镜的背面，上面有简约的动物纹装饰。

确立，这一点从库班的布诺瓦、莫吉拉、阿赫坦尼诺夫卡、阿纳帕、斯塔夫罗波尔、卡西斯科耶和库尔德泽普斯等地出土的宝石首饰反映出来，同时还反映在迈科普的银带——镶釉银质带上的图案是"格拉芬"正在撕扯一匹马。考古学家们认为，这根迈科普银带是公元前2世纪萨尔马特艺术的代表作，但也有人认为时间应是在公元前1世纪前后。

在米努辛斯克附近的俄格拉克提村，以及更东的西伯利亚中部所发现的该时期的头盖骨，被考古学家证实并不是突厥—蒙古人种，因此这些金银饰片或许得归属于与萨尔马特人有姻亲关系的各族，但也有人认为可能属于与斯基泰人、萨尔马特人、塞种人有往来的印欧种各族。

阿尔泰地区的前突厥文化

从公元前5世纪初期开始,米努辛斯克地区的金属加工中心成为了一种新的活动地点,阿尔泰地区的前突厥文化便位于此。考古学家认为,这一时期出现了长方形的石槽坟墓,与"青铜第三期",即麦哈特的"全青铜时期"(公元前500年~公元前300年)是同时期的。该时期的特点是出现了大量的动物图纹,图纹中的动物呈斜卧、直立、回首翘望、蜷曲等姿势,鹿是主要的动物形象。它们应该是起源于南俄罗斯。

就在这一时期,第一批西伯利亚青铜匕首和小刀,以及"杯状大锅"生产出来。这些小刀刀身薄,略弯曲,柄端饰有一颗精致鹿头。它们从米努辛斯克传播到了匈奴时代的鄂尔多斯和大入侵时代的匈牙利。在约公元前330年至公元前200年的米努辛斯克,铁器时代逐渐取代了青铜器时代,一种部分是铁部分是青铜的尖形斧诞生。该地区还发掘出了公元前2世纪至公元前1世纪的青铜饰片,上面的图案大多是相互顶头的公牛、战斗中的马等,这些动物的耳、蹄、尾、肌肉和毛都被画成"空心三叶草"形状。这一画法显然与南俄罗斯和西伯利亚的萨尔马特艺术有关,而且最终经米努辛斯克传给了鄂尔多斯地区的匈奴人,影响了他们的艺术。

在阿尔泰地区往西南,大阿尔泰山以北、鄂毕河和卡通河两河源附近的帕兹雷克,人们发现了一些大约是公元前100年的埋葬地,葬地中的文物显示,该时期的题材和斯基泰、希腊—斯基泰的现实主义动物

□ 突厥石人

近年来,人们在突厥人一直生活的草原上发现了大批突厥文物,这些突厥石人就是其中的一部分。他们多数为墓前殉葬品,身高在1.3米左右。这些石人是利用天然形状的巨石凿刻而成,雕塑线条流畅、逼真,表现出了古代突厥人高超的雕塑艺术。

艺术密切相关，但去除了繁杂的装饰，显得更为工整严谨。除帕兹雷克外，阿尔泰文化群还包括希柏、克拉科尔和奥罗丁的棺椁，它们皆可追溯到公元前1世纪，且与萨尔马特人有姻亲关系。

1~2世纪，处于过渡文化中的动物图案继续在米努辛斯克地区盛行。不久后，在阿尔泰山和米努辛斯克发现的那些与斯基泰—萨尔马特人密切相关的文化中心却无迹可寻了，它们发生了变化。直至7世纪初期，米努辛斯克地区还在生产青铜装饰品，其年代可以用唐朝初期的中国钱币来确定。但是，在两种文化的间歇期内，该地区显然是遭到了曾被中国历史学家们在5世纪时提到过的突厥各部的征服。考古学家们推测，大概是在3世纪以后，突厥各部在米努辛斯克接替了与萨尔马特人有关联的印欧贵族。但是，米努辛斯克等文化中心在消失之前，对蒙古和鄂尔多斯的匈奴各族传播草原艺术起到了极为重要的作用。

□ 匈奴当户跪举灯　青铜　西汉

这是西汉中山靖王刘胜生前使用过的照明用具，造型是一个匈奴人半跪托灯的形象。"当户"为匈奴高级军官，其服饰以直襟短衣为主。此造型的灯具反映了西汉诸侯王炫耀战功、以胜者自居的心态。

匈奴的起源及艺术

当斯基泰人和萨尔马特人在南俄罗斯草原、图尔盖河流域和西西伯利亚活动时，东部草原却被突厥—蒙古种族统治着。中国人把该种族中居于统治地位的民族称为"匈奴"，这与后来罗马和印度人称呼他们的名称同词源。也或许，在公元前9世纪时，中国人就把他们称为"猃狁"，或更早期的"荤粥"，或更笼统的"胡人"。中国人对胡人的了解，也仅限于住在鄂尔多斯、山西和河北北部的中国边境的少数民族。战国时期，他们曾和匈奴有过接触：赵武灵王降伏了一些匈奴部落，夺取了山西大同地区以及鄂尔多斯北部地区。为了防范匈奴的骚扰，他不但效仿匈奴建立了灵活的轻骑兵，倡导"胡服骑射"，还与邻近诸国筑起了长城。

从中国史学家司马迁的记述中可知，在公元前3世纪后期，匈奴发展成了一个统一的强大民族，其首领称为"单于"。"单于"的全称是"撑犁孤涂单于"，"撑犁"意为天，"孤涂"意为子，"单于"则为广大之意。单于由屠耆王辅佐，"屠耆"意为"正直的、忠实的"，屠耆王又分为左、右贤王。匈奴也是游牧民族，其整个民族的固定居所就只是单于所在的鄂尔浑河上游山区，单于的继承人左贤王住在东边的克鲁伦高地，右贤王住在西边的杭爱山区和乌里雅苏台附近。在屠耆之下，还有职务分权，它们依次为：左右谷蠡王、左右大将、左右都尉、左右大当户、左右骨都侯、千夫长、百夫长和十夫长。匈奴部落在游牧迁徙时，总像军队一样保持阵形不乱，

□ 匈奴人骑马铜像　汉代

在公元4世纪中叶，匈奴出现在伏尔加河流域，他们是一个游牧部落。他们不事耕种，四处游牧；喜欢整天骑在马上，行动迅速，使用带有磨制的骨镞的投标、剑和套索等武器。

且都是朝南行进。

匈奴人的肖像特征与突厥和蒙古人相似，他们"身材矮而硕壮，头大而圆，脸阔，颧突，鼻翼宽，浓密，颔下只有一小撮硬须，头部留有小撮头发。眉毛浓厚，杏眼，目光炯炯有神，长耳垂上总戴着耳环。身着齐小腿的宽松长袍，两边开衩，袖口收紧，头戴皮帽，用短毛皮做围巾，宽大的裤口用皮带扎紧在脚踝。腰带上系着的弓箭袋垂于左腿前；箭筒横吊在腰背部，箭头朝右"。从这些描述中还可以看出，他们的衣着习惯也都类似。另外，这几个民族的很多习俗也是一脉相承的，比如殉葬的习俗、将敌人头盖骨做饮酒容器、把敌人的头皮挂在缰绳上的做法等。

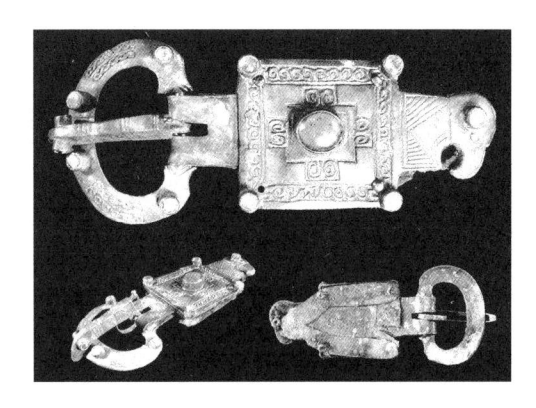

□ 鹰形金带饰　匈奴艺术　公元前1世纪

匈奴人留下的艺术品大多为各种各样的饰件，用以装饰腰带或马具。作为草原上的强者，他们更多地塑造了鹰、豹、虎等形象。这些凶残强悍的动物与匈奴人有着某些相似，他们都生活在草原上，都是王者。

作为游牧民，匈奴人的生活节奏一般会随着他们的羊群、马群和驼群的迁徙而调整。他们穿皮革、盖毛裘、住毡帐、崇拜长生天（蒙古语读作"腾格里"，即"苍天"，为永恒最高神）、信奉萨满教（其理论根基为万物有灵论）。他们也是聪明的掠夺者，经常在中国边境猎取牲畜、抢劫财产而不被发现，几乎总是满载而归。他们推崇诱敌深入的传统战术，以骑兵的灵巧和弓箭的杀伤力阻击追兵，从原始时期到成吉思汗时期一直如此。

从匈奴语言在突厥—蒙古种各民族语言中的地位方面来论，有学者把他们归为蒙古人；但从其领导人的极为突出的突厥特点方面来看，一些学者认为他们更应被归为突厥种人。

匈奴人的艺术极富特征性，被称为"鄂尔多斯艺术"。其主要是以饰有程式化的动物纹或其他形态的青铜饰片，以及马具、座架、饰钉、饰钩和末端刻有牝鹿形状的棍棒为代表。匈奴艺术是草原风格化动物艺术的一个组成部分，与中国美学存在联系，二者相互影响，相互作用。

据考证，蒙古和鄂尔多斯地区的匈奴艺术就像斯基泰艺术一样源远流长，从热河的滦平、宣化出土的青铜器文物，大致可以追溯到公元前3世纪初，甚至公元前4世纪后半期。因此，来自鄂尔多斯艺术的影响应该是中国青铜器从"中周式"转变为"战国式"的重要因素之一。

从贝加尔湖到河北、山西、陕西的北部边境地区，是匈奴艺术文物遗址的主要分布区域。在外贝加尔省的赤塔墓地和蒙古高原恰克图北部的德瑞斯特克墓地，出土了西伯利亚饰片和公元前118年发行的中国汉代钱币；发现于外蒙古诺恩乌拉的一座匈奴王子的墓地和鄂尔浑河岸的杜尔伯斤以及伊勒克—埃里克的壁画，则反映出了萨尔马特—阿尔泰艺术的影响力；在鄂尔多斯、绥远的归化城、察哈尔，以及滦平、宣化等地区发现的大批鄂尔多斯青铜器，即内蒙古匈奴人的青铜器，其产生年代与中国汉朝同时期。该艺术在汉朝和匈奴的共同繁荣，说明匈奴题材的中国青铜钩乃汉朝艺术家复制鄂尔多斯原物而成。可以肯定的是，在中国六朝乃至成吉思汗时期，鄂尔多斯草原艺术对中国的影响极大。

匈奴的出击和月氏的迁徙

公元前3世纪末，匈奴作为一股强大的力量登上了历史的舞台。刚刚完成中原六国统一的秦始皇嬴政，立即命大将蒙恬修筑长城，以防止匈奴骚扰，这一浩大的工程约在公元前215年完工。公元前214年，蒙恬驱逐匈奴人至鄂尔多斯地区。匈奴在头曼单于的带领下，转而进攻住在甘肃西部的月氏（音译词，东方学者认为他们就是吐火罗人，希腊学者则认为他们属于印度—塞人，其实这不过是月氏人在不同时期的两种称谓罢了，他们和斯基泰人有过姻亲关系）。头曼单于的儿子冒顿继位后，击败了东胡〔因居匈奴（胡）以东而得名〕。公元前201年，冒顿趁着秦汉交替之机入侵山西，围攻太原。汉高祖刘邦亲自上阵，却落败于匈奴，被围困在平城附近的

□ 匈奴第一次登上历史舞台

匈奴第一次出现在历史上是公元前3世纪末，其势力不容小觑。当时秦始皇刚完成国家的统一，为了抵御匈奴的入侵，他下令修筑长城。

匈奴第一次登上历史舞台

序号	国名	今地	人口	城镇名	经济状况
31	卑陆后国	今吉木萨尔一带	户462，口1137，胜兵350人	王治番渠类谷	
32	郁立师	今奇台西	户190，口1445，胜兵331人	王治内咄谷	
33	单桓	今乌鲁木齐西北	户27，口194，胜兵45人	单桓城	
34	蒲类	今巴里坤一带	户325，口2 030，胜兵799人	王治疏榆谷	
35	蒲类后国	今巴里坤西	户100，口1 070，胜兵334人		
36	西且弥	今乌鲁木齐西南	户332，口1926，胜兵738人	王治于大谷	
37	东且弥	今乌鲁木齐南	户191，口1948，胜兵572人	王治兑虚谷	
38	劫国	今乌鲁木齐东北	户99，口500，胜兵115人	王治丹渠谷	
39	狐胡	今吐鲁番北	户55，口264，胜兵45人		
40	山国	今库鲁格塔格山北麓	户450，口5 000，胜兵1000人		山出铁，民山居，寄田籴谷于焉耆、危须
41	车师前国	今吐鲁番交河故城一带	户700，口6 050，胜兵1890人	交河城、石城	
42	车师后国	今奇台南	户595，口4774，胜兵1890人	王治务涂谷	
43	车师都尉国	今吐鲁番高昌故城	户40，口333，胜兵84人		
44	车师后长城国	今奇台西	户154，口960，胜兵260人		
45	大月氏	今伊犁河流域	户100 000，口400 000，胜兵100 000人	监氏城（今阿富汗巴尔赫）	原为行国，随畜移徙，与匈奴同。迁阿姆河后，与安息同俗
46	乌孙	今伊犁河流域	户120 000，口630 000，胜兵18 880人	赤谷城（在特克斯河流域）	不田作，种树，随畜逐水草，与匈奴同俗

□ 汉代统计的西域资料（部分）

　　公元前2世纪后期，中国史籍对西域的记载越来越多，也较为翔实。此表是根据《汉书·西域传》的记载顺序列出的西域诸国人口、城镇、经济等方面的情况。表中所列的国家中，大月氏、乌孙为天山以北的游牧国家，大月氏在后来被匈奴、乌孙所逼，迁至今中亚阿姆河以北一带，征服大夏后定居于此。

白登山，后经谈判才得以解围。谈判的条件中不但包括了汉朝向匈奴贡献出大量物资，还达成了与匈奴联姻的协议。

　　公元前177年或前176年，冒顿单于征讨并大败甘肃西部的月氏人。后来，其子老上单于彻底击溃了月氏人，并把月氏王的头盖骨做成饮器，以解除月氏的威胁。月氏人被赶出甘肃，整个部落穿过戈壁仓皇西逃，即历史记载中的第一次民族大迁徙。

月氏人在向西逃亡的过程中，有小部分选择在南山（秦岭山）南部地区的羌人或吐蕃人中定居下来。一段时间之后，他们的语言被当地原住民同化，中国人称之为"小月氏"，其余的月氏部落被称为"大月氏"。大月氏人原本征服了伊犁河流域和伊塞克湖盆地的乌孙人，并想在此定居，不料匈奴介入，使之遭遇惨败，只得继续向西逃生。公元前160年，大月氏人最终在锡尔河上游的费尔干纳，即被中国人称为"大宛"的地方定居下来，与巴克特里亚的希腊王国比邻。

原本居住在塔什干、费尔干纳和喀什噶尔地区的，都是些"亚洲的斯基泰人"，他们属于斯基泰—萨尔马特大家族中的一支，是来自西北草原的伊朗种游牧民，被中国人称为"塞人"。从和田发现的大量手稿证明，他们的方言是塞语。但大月氏部落的到来，挤压了他们的生存空间，让他们不得不拓宽自己的领地。公元前140年至前130年间，塞人穿过索格底亚那地区，从希腊人手中抢夺了巴克特里亚地区，成功取代了希腊人，而大月氏人也从中分得一杯羹。

公元前128年，中国西汉使者张骞出使西域时，大月氏人以监氏城为都，居住在索格底亚那地区。公元前126年，月氏人渡过阿姆河，击败塞人并成为巴克特里亚的主人，他们的五位"叶护"（即首领）瓜分了这些领地。总的来说，月氏人的这场大迁徙，是各游牧民族大混乱和横扫东伊朗的游牧民浪潮的标志。而塞人在被月氏人驱逐后，则占领了德兰吉亚那和阿拉霍希亚。这次占领完全是永久性的，因为自此以后，这些地区就成了"塞人之

□ 蒙恬

　　蒙恬，秦朝著名将军，被称为"中华第一勇士"。他曾率三十万大军北击匈奴，收复鄂尔多斯地区。他主持修筑了西起陇西临洮、东至辽东的万里长城。在他征战北疆的十多年里，匈奴闻之丧胆。

□ 张骞出使西域　壁画　唐代

图中壁画描绘了张骞自西域启程回国时，向当地高僧拜别的情景。丝绸之路的开通为佛教的传入提供了路线，而佛教的传入则对中国文明产生了深远影响。

地"，伊朗语为"萨迦斯坦纳"，近代波斯语为"锡斯坦"。

所有这些游牧部落从锡斯坦猛扑向提亚帝国，几乎快要将其摧毁。公元前129年，帕提亚国王弗拉亚特斯二世为了消除叙利亚国王安提柯七世的威胁，转而出兵攻打叙利亚，并引来一些野蛮部落的支援。但在公元前128年或前127年，这些野蛮部落却倒戈，将弗拉亚特斯杀死。继任的帕提亚新王阿特班努斯二世，在公元前124年或前123年反攻吐火罗人的战争中深受重伤。勇敢的帕提密特里达提二世继位后，不光阻止了各个游牧部落的入侵，还征服了整个锡斯坦（位于阿富汗与伊朗之间），并取得了锡斯坦塞人的宗主权。

随后，塞人从锡斯坦和坎大哈扩张到了喀布尔和旁遮普，却再一次遭到了大月氏人的驱逐，不得不迁徙到马尔瓦和吉莱特，并一直在此生活到公元4世纪。大约公元1世纪，大月氏人在巴克特里亚建立了贵霜帝国，国王是"岳就却"，在经历了几代人的扩张之后，他们的疆土延伸到了北印度的旁遮普和马图拉。

这段历史告诉我们，匈奴人的首次出击，把月氏人赶出甘肃，引起了连锁反应：月氏人使希腊化特征在阿富汗地区消失，帕提亚的伊朗也受到了冲击，被赶出甘肃的月氏人部落在喀布尔和印度西北部建立了帝国。这就说明，草原某端的一点异动，就可以引起整个草原的动荡，此之谓牵一发而动全身。

匈奴与汉朝的冲突及东西匈奴的分裂

对于中国汉朝来说，月氏西迁之后，匈奴的威胁性愈发显现。东戈壁的南北两面，即外蒙古的鄂尔浑河地区和内蒙古的万里长城脚下，都处于匈奴的控制之中。公元前167年，匈奴的骑兵进入陕西，直捣彭阳（位于宁夏境内）。公元前158年，他们重返渭河北岸，对西汉都城长安造成直接威胁。公元前157年，时值汉武帝即位，匈奴对中国的多处边境虎视眈眈。当时匈奴单于的常驻地是在鄂尔浑河河源处，而被汉人称为另一个"龙庭"的地方，则被认为是在靠近翁金河下游的南面戈壁滩上。雄才伟略的汉武帝即位后，决心把匈奴赶回老家。公元前138年，汉武帝派张骞出使西域，去联合曾经被匈奴人赶出甘肃并已定居索格底亚那的月氏人前后夹击匈奴。在此过程中，张骞被匈奴扣押了10年，当他逃出并最终到达索格底亚那时，月氏人却变得安于现状而不思进取。公元前126年，张骞无功而返。

既然得不到月氏人的支援，汉朝只能凭借一己之力来征讨匈奴。公元前129年，趁匈奴骑兵进犯上谷、渔阳等地，汉武帝采取避实就虚的战术对之实施反击。他派遣年轻将领卫青率大军从山西北部出发，穿过戈壁远征翁金河畔的"龙庭"，把匈奴人赶跑。公元前127年，汉武帝下令在鄂尔多斯和阿拉善之间的朔方修建军屯，以

□ **战场上的匈奴人　现代**

在这幅油画中，作者极力刻画出在散发着寒光的长矛的丛林前，匈奴勇士剽悍的身体及无所畏惧的霸气。苍莽的草原没有提供给游牧民族丰富的资源，却使他们保存了原始的、野蛮的生命气息。在定居文明统一且强大之时，游牧文明会选择和平的外交手段来保护自己的生存空间；而当定居文明自身走向衰落或分裂时，剽悍的草原骑士必然会成为其挥之不去的噩梦。

保卫河套地区。公元前124年,卫青利用朔方的军屯大败入侵该地的匈奴。公元前121年,少年英雄霍去病率一万骑兵,将匈奴赶出了甘肃部分地区,并降伏了两支小匈奴部落,将他们安置在南山北边,在鄂尔多斯形成了一个移民区。公元前119年,卫青和霍去病对匈奴帝国的中心发起夹击,使之备受重创,不但赶跑了伊稚邪单于,还把匈奴人赶回了外蒙古。公元前117年,战功赫赫的霍去病英年早逝。

为防止匈奴人卷土重来,汉武帝随即在甘肃建立了一系列郡和军府,从兰州延伸到玉门关,一路设有凉州武威郡、甘州张掖郡、肃州酒泉郡和敦煌郡,以便能时刻关注匈奴的动静,同时保证丝绸之路的畅通。公元前108年,西汉将军赵破奴一路向西北深入地区进军,征服了楼兰和车师国,取得了他们的宗主权,并和费尔干纳建立了商贸往来。中途费尔干纳反悔,派兵暗杀了汉朝使者,但被将军李广利出兵降伏,从而恢复了贸易关系。

北方战败的匈奴一直心有不甘,并在西汉将军李陵率领5000步兵远征外蒙时,遣八万大军将其包围。西汉除400余人突围以外,李陵将军和其余的士兵全部被俘。这次惨败迫使西汉朝廷不得不停止了反攻外蒙的政策,所幸西汉边境并未受到牵连,因为受它拖累的只是一支分遣队。自此以后的很长一段时间里,汉朝和匈奴把内蒙的冲突从长城脚下转移到塔里木北边的绿洲带,二者展开了对丝绸之路控制权的争夺。公元前77年,匈奴和楼兰国联合起来反对西汉对楼兰的宗主权,却被西汉出兵平定。汉宣帝统治时,西汉在塔里木地区的扩张得到了进一步深化。通过打击反对者和扶持亲西汉政权,以及设立军营屯兵渠犁国,汉朝牢牢地掌握着塔里木地区的局势,最终夺取了对丝绸之路的控制权。

在此期间,匈奴却因公元前60年的

□ 马踏匈奴 西汉

霍去病(前140—前117年),西汉名将,河东平阳(今山西临汾)人,为大将军卫青之甥。元狩六年(前117年),霍去病在长安病逝,年仅23岁。为了纪念他,汉武帝特命把他的墓冢建成巍峨的祁连山形状,墓前陈列"马踏匈奴"等大型圆雕石刻,以表彰他远征匈奴的战功,并谥予他"景桓侯"的封号。

内战元气大伤，无心外战。匈奴的两位野心家——呼韩邪和郅支都在争夺单于的称号。公元前51年，呼韩邪来到长安宫，表示愿意归顺汉朝，希望得到汉宣帝的支持。从公元前49年起，他在汉朝的帮助下战胜了郅支，并于公元前43年在其家族的鄂尔浑河营地定居下来。公元前33年，归顺于汉朝的呼韩邪觐见了西汉的天子，并被允许与汉朝公主联姻。

战败的郅支带领着自己的人马离开蒙古，向俄属突厥斯坦迁徙。一路上，他们击败乌孙人，占领伊犁河畔、额敏河畔和咸海草原，还侵犯了盟友索格底亚那的康居人，最终扎营在楚河和怛罗斯河畔的草原上。公元前36年，西汉大将陈汤直捣楚河畔，大败郅支部落，并将郅支杀死，使这个初具雏形的西方大匈奴帝国就此夭折。至此，这支远迁的匈奴人退出了历史的舞台，并最终成为被历史遗忘的角色。

西匈奴的离开和东匈奴的归顺，使西汉在中亚的霸权得以稳固。然而好景不长，重新恢复了"狼"之本性的匈奴，又以西汉的灭亡为契机，一举夺下了吐鲁番的宗主权，并进攻中国边境。这就导致东汉政权在建立之后，还得重新恢复在塔里木地区的地位。但幸运的是此时匈奴再生内乱。公元48年，八个南方匈奴首领归顺汉朝，联合起来反抗北方的蒲奴单于。汉光武帝在戈壁南部边境、山西与甘肃的边境上将他们安置下来，南匈奴国由此建立。至此，鄂尔浑河畔的北匈奴成了东汉唯一的敌人。公元49年，东汉联合乌桓部落和鲜卑部落夹击北匈奴，大大削弱了北匈奴的力量，使其变得不足为惧，东汉北部的威胁暂时得以解除。

丝绸之路与塔里木盆地的征服

东汉由于成功地恢复了对塔里木绿洲的保护权而获益。所有这些绿洲沿着塔里木盆地的南、北两缘形成了两条弧线，进而演变成连接伊朗文明、印度文明和华夏文明的南北两条交通线。南面的绿洲有敦煌、楼兰、于阗、莎车、帕米尔山谷和巴克特里亚；北面有敦煌、哈密、吐鲁番、焉耆、库车、阿克苏、乌什吐鲁番和喀什。塔里木盆地上的这些小王国在经济上的重要性不容小觑，因为联系中国与印伊和希腊之间的伟大商路——丝绸之路穿过这些绿洲。丝绸之路在喀什分成两道，在敦煌重新会合，然后进入中原本土，经酒泉和张掖直达长安和洛阳。

东汉帝王们一直致力于对丝绸之路控制权的争夺。汉明帝、汉章帝和汉和帝在位的47年间，都坚持不懈地进行着这项事业。公元73年，东汉将领窦固和耿秉征服了南车师和北车师，赶走了匈奴。班超则率小队人马，勇斩匈奴使者，使鄯善臣服，随后又征服了于阗和库车。公元75年，在汉明帝去世前不久，匈奴支持塔里木爆发了一次大规模的反对汉朝保护权的叛乱。班超和耿恭遭到围攻，情况不容乐观。汉章帝继位后，经再三权衡，认为维护塔里木保护权的代价太高，便命令班超和耿恭撤离。但班超以"将在外君命有所不受"为由，在撤回途中又决意重返喀什。78年，在于阗和喀什辅助军的帮助下，班超收复阿克苏和吐鲁番，汉朝甘肃驻军再次征服南、北车师，打败匈奴。凯旋而归的班超在呈给皇帝的奏章中，总结了"以夷养兵，以夷制夷"的著名策略。

80~88年，班超怀着誓将匈奴赶回外蒙古以保护丝绸之路的大志，平定了喀

□ 彩绘陶载物骆驼俑

该骆驼俑驼背上铺着花边形状的毯子，驼架上有花纹华丽的袋囊，里面装有丝绸和箭囊，这是丝绸之路上的常见景象。

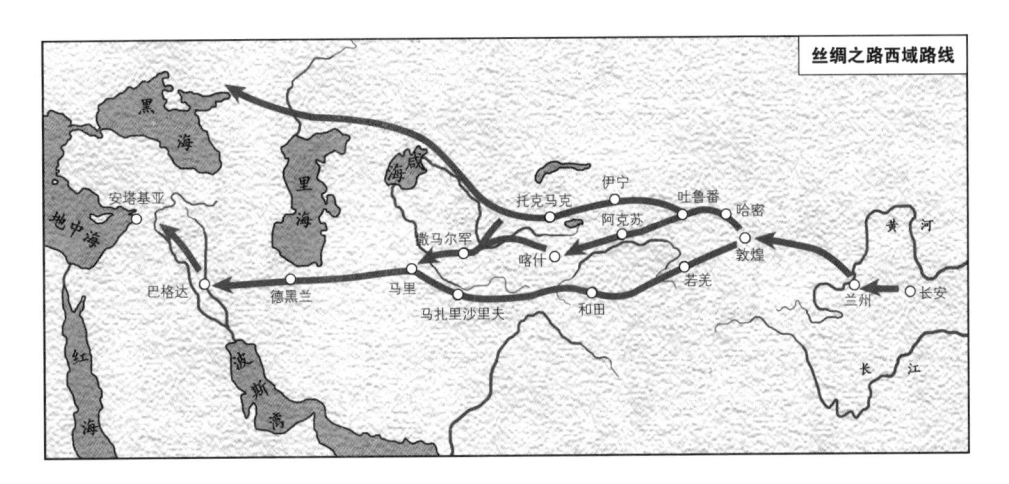

丝绸之路西域路线

丝绸之路是古中国和西方的交通路线，从中国经过叙利亚，连接了欧洲和北非，它为世界主要文化的传播提供了有利条件。历史上无数民族和这条道路有过联系，来往于这条道路的旅客也不计其数，最著名的有张骞、法显、玄奘、耶律楚材、长春真人，还有觐见忽必烈的马克·波罗。

什和叶儿羌的叛乱，并与乌孙人结为盟友。90年，库车和东汉建立了友好往来关系。窦宪和耿秉大败匈奴后，南、北车师相继恢复了和汉朝的关系。91年，耿夔给匈奴单于以惨重的打击，单于被废，其弟继位。93年，蒙古族鲜卑人杀死叛乱的新单于，使北匈奴元气大伤，再无力恢复。失去了匈奴和印度—塞人的依傍，库车、阿克苏和吐鲁番只好转而向汉朝投降。随后，班超被封为"西域都护"。94年，班超率领库车和鄯善的辅助军进攻焉耆，使其投降，至此，汉朝征服了整个塔里木全境。

102年，班超在回国不久后去世。继任的西域都护未能灵活运用"以夷养兵，以夷制夷"的策略，以致在106年和107年，塔里木地区再次爆发大叛乱。此时的东汉王朝已疲于应付接二连三的叛乱，于107年撤回了在塔里木、鲁克沁和伊吾的全部驻军。108年，一直在青海以西和以南地区过着游牧生活的野蛮的吐蕃人，对甘肃的汉朝据点发起攻击，企图截断敦煌之路。汉朝将军梁慬经过几次激战才把他们阻止，丝绸之路得以保持畅通。109年，内蒙古的南匈奴侵犯汉朝边境，中国度辽将军耿夔游说一些鲜卑部落起来对之加以反抗，但收效甚微。直到110年，梁慬和耿夔才最终打败南匈奴，使其与东汉和解。

119年，东汉开始重建塔里木地区的关系。随着伊吾移民军团的建立，鄯善

□ 阳关遗址

阳关因位于玉门关的南面而得名,是我国古代通往西方的交通咽喉,也是举世闻名的丝绸之路南路的必经之地。

和吐鲁番相继归附汉朝。但没过多久,伊吾驻军就因遭到北匈奴和车师的突然袭击而全军覆没。最后,班超的儿子班勇恢复了其父曾经的声威。123年,班勇屯兵鲁克沁,扶持鄯善王巩固其统治,随后,见势不妙的库车王和阿克苏王也归附东汉,并派遣了一支军队帮助班勇把匈奴匪帮赶出吐鲁番。126年,班勇使北匈奴呼衍部臣服,并赶走了具有野心的北匈奴主力。127年,班勇带兵进入焉耆,再一次完成了对塔里木盆地的征服。此后的若干年里,除了南匈奴左支进行过4年的短期叛乱外,来自巴里坤的呼衍部匈奴人成了东汉的主要威胁。131年,呼衍部进攻北车师,并大肆蹂躏当地居民;151年,东汉费了九牛二虎之力才使几乎被摧毁的伊吾军屯区得以保住。170年,汉朝将军们利用来自吐鲁番、焉耆和库车的小分队,以地区纠纷仲裁人的身份进行了一次远达喀什的警告性远征。168至169年间,中国护羌校尉段颖击退了沿甘肃边境入侵的吐蕃人。

上古末期和中世纪初期的塔里木绿洲文化

东汉对丝绸之路的控制，既保证了古代贸易的畅通无阻，也促进了佛教文化的传播和印度文学、希腊文学的传入。

从考古探险所发现的古文物来看，当时最繁华的商道应是南道，即经过莎车和于阗的那条道。在古于阗，探险家们发现了瓦伦斯皇帝统治时期的罗马钱币。在于阗东部剌窝，他们发现了一组纯犍陀罗式风格的希腊—佛教式浅浮雕，上面刻有精致的希腊服饰。再往东的尼雅境内的一个遗址上，发现了罗马图章和印度—塞人的钱币。他们还在罗布泊西南的米兰，即原鄯善国境内，发现了一些美丽的希腊—佛教式壁画，壁画内容包括佛陀、僧侣和有着罗马—亚洲外貌的带翼天使，据考证，它们全都属于3~4世纪。

在中国的和平时期，大批佛教使者沿着南道来到中国。148年，帕提亚人安世高来到中国，在此生活了22年后，于170年去世。同年，印度僧人竺朔佛和月氏人支谶同时来到中国，在汉朝都城洛阳建立了宗教社团。223~253年，月氏使者的儿子支曜把部分佛经译为汉文，反映出这个在当时地跨阿富汗、犍陀罗、旁遮普的贵霜帝国，利用丝绸之路对塔里木盆地及中国的佛教文化传播作出了重大贡献。很多来自印度和帕提亚的佛教信徒，也在亚洲草原和远东地区进行改宗工作。另外还有一些来自东伊朗和西北印度的僧侣，在塔里木地区从事将梵文译为当地方言的工作，其中最著名的莫过于鸠摩罗什。鸠摩罗什出生在库车一个显赫的印度家庭，其祖辈在当地很有地位。但他并未贪图荣华富贵，而是选择了随母亲去克什米尔学习印度的文学和佛教。他学成回塔里木时，在喀什逗留了一年，因为当地的印度思想非常活跃，所以像他这样学识渊博的僧侣备受爱戴，统治者也极力挽留他。他执意回到库车后，对库车和莎车两地的佛教文化传播产生了巨大的影响。后来，他被攻伐库车的中国将军吕光带回长安，又对汉朝的佛教文化传播起到了不可估量的推动作用。

这个时期的亚洲大陆文明，明显地被分为了两个长条形地带：北方从黑海地区的俄罗斯到满洲地区和鄂尔多斯，属草原艺术，主要以装饰性较强的程式化的

□ 克孜尔千佛洞壁画　魏晋

1世纪，佛教自印度传入西域，逐渐流行并广为传播。位于丝绸之路要冲的龟兹王国，在3~4世纪成为西域佛教的中心地之一。克孜尔千佛洞为龟兹石窟的代表。其早期壁画受犍陀罗绘画风格的影响，画面基调呈褐色，中、后期的少量壁画则融汇了中原画风。

动物艺术为主；南方则从阿富汗到敦煌的丝绸之路，经过围绕塔里木盆地的两条绿洲链，受到沿丝绸之路传播进来的希腊、伊朗和印度艺术和佛教文化的影响，产生了绘画和雕塑艺术。上古末期和中世纪初期的这种塔里木艺术，可能起源于阿富汗，从考古学家们对萨珊（最后一个前伊斯兰时期的波斯帝国）钱币、巴米安和卡克拉克的伟大壁画，以及喀布尔附近发现的萨珊—婆罗门雕塑和杜克塔—依—奴细尔汪的纯萨珊式壁画群的研究中，可以证实这一事实。从纯萨珊式壁画群中，我们还可以看出，当时的阿富汗地区应该是印度宗教、印度文学与古波斯文明的交汇之地。

产生于450~650年的克孜尔第一期风格的壁画，与巴米安壁画有一定的传承关系，其特点是造型逼真、高雅，用色慎重、偏深。其中的旃陀毗罗婆王后舞壁画，与阿旃陀（位于印度马哈拉施特拉邦北部城镇）石窟中的美妙的印度裸体画像相似，体现出印度文化的影响；而孔雀洞和画师洞中，画家把自己的形象画为年轻的伊朗君子，这明显是受了萨珊文化的影响。第二期风格的克孜尔壁画产生于650年至750年间，其特点是造型不固定、色彩明快。其中的萨珊服饰占主导地位。现存柏林的克孜尔和库姆吐拉佛教壁画中画有男女施主的队伍，他们身上的服饰和5至8世纪库车国的宫廷装一样。也就是说，他们在宗教和文学上受印度的影响，在服饰和物质上受伊朗的影响。在塔里木南部的于阗、吐鲁番，这种伊朗—佛教的混合物也有发现。由此推断，在8世纪后半期突厥各部落征服塔里木盆地以前，他们的文化是来自伊朗和印度的文明，而非阿尔泰文明和草原文明。

鲜卑人取代北匈奴

当希腊—佛教文化和伊朗—佛教文化在塔里木绿洲的居民中自由地成长时，突厥—蒙古族的游牧部落却在北部草原上相互厮杀。约在155年，外蒙古鄂尔浑流域的北匈奴被鲜卑部落征服，他们接替了突厥人在北部草原的统治。鲜卑人起源于蒙古和满洲边境上的兴安岭，长期以来被认为是通古斯人，但研究发现，他们很可能是蒙古人。和匈奴一样，他们在统治了蒙古草原后，也开始觊觎南方的中原边境。鲜卑首领檀石槐分别在156年、158年、177年进犯中国，但都以失败告终。207年，鲜卑部落中势力最大的乌桓入侵热河地区，被曹操击败。215~216年，南匈奴被曹操分别安置在陕西、山西、河北北部等五处地方，单于则被囚禁在汉朝宫廷。

220年，曹丕篡夺东汉王权，改国号为"魏"，东汉结束。不久，魏、蜀、吴三国鼎立，三分天下。三国发生内战期间，曾遭到帝国军队严重打击的北方草原游牧部落并没有借机做出什么小动作。而塔里木绿洲的印欧人还继续忠于三国之首，即华北的主人魏国。因此，在224年，鄯善、库车和于阗都先后向魏王曹丕示忠。280年，随着东吴被晋击败，三国灭亡，晋朝重新统一中原。285年，库车王派其子入宫廷任职。鲜卑人则大胆进攻凉州附近的甘肃边境，于279年被中原将领马隆击退。

至此，中原似乎已经解除了来自草原的威胁。然而，公元4世纪，野蛮的游牧民族又掀开了入侵中原的序幕。这次入侵类似于5世纪欧洲的民族大迁徙，唯一不同的是，此次入侵是因中原力量的衰落而引起的。

□ **鲜卑族的服饰　魏晋**

鲜卑族的上衣为窄袖斜襟，下衣腰部有绳，为绑束之用；腿部较细，底端有一横带可踩于足下，以适应其骑射生活。

蛮族大入侵：匈奴与鲜卑对中原北部的征服

匈奴的力量由于不断的分裂而削弱，自公元前3世纪起，匈奴人在单于的统治下控制着内、外蒙古地区，单于则驻扎在鄂尔浑河流域。公元前44年，其首领郅支因被对手赶出蒙古而向巴尔喀什湖地区迁徙，其间分成了东西两部。公元48年，东匈奴帝国内部分裂，形成了外蒙古鄂尔浑河流域的北匈奴和长城以北的内蒙古的南匈奴。如上所述，北匈奴在大约155年被鲜卑人降服，后者控制着从满洲边境到接近哈密和巴里坤之间的地带。

东汉末年，为躲避鲜卑人的打击，南匈奴逃入黄河河套、鄂尔多斯草原和阿拉善地区。三国时期，他们一直居住于此。作为中原的盟邦，他们似乎与魏朝和北晋王朝的皇帝之间有着比较亲密的关系——经常出入于两朝的都城——长安和洛阳，他们被朝廷视为亲信，给予一些统治方面的经验传授。

南匈奴的部队由于要时刻为皇帝效劳，便向南推进到了山西中部的平阳，呼厨泉单于选择在此居住。当时汉朝内战迭起，正值崩溃前夕，而这位呼厨泉单于又及时地想起他的一位远祖曾是汉朝公主，便立刻改了姓，采用大汉帝国的父姓——刘氏。在此特殊时期，在中原被废止的汉皇室正统却被这群南匈奴人在山西恢复了。304年，匈奴首领刘渊盘踞在山西太原，被晋朝授予五部落单于的封号。308年，刘渊打着汉朝合法继承人的幌子，率领5万匈奴军在太原建立了北汉王朝，并自立为帝。

刘渊的儿子刘聪继承王位后，进一步扩大了北汉的领土和影响。311年，他率部占领都城洛阳，俘虏了晋怀帝，将其带回平阳当了一名斟酒侍者，并于313年将其赐

□ 毡帐模型　魏晋

毡帐是鲜卑族"逐水草而居"时的住所。上有两个通气口，为采光和通风之用，阴雨天可关闭。

死。316年，刘聪包围长安，迫使新帝晋愍帝投降。归降的晋愍帝的命运同样悲惨——被迫在宴席上洗碗刷碟，并于318年被处死。继两位皇帝被杀之后，中原北部感受到了蛮族入侵的威胁，于是一位皇族成员逃到建康（今南京市），以长江为屏障，于317年在此建立了第二个晋朝，称为"南晋"或"东晋"。在近3个世纪（317~589年）中，建康取代了长安和洛阳的地理位置。

刘聪因在中原北部的胜利而显赫一时，成为长安和洛阳两大故都的拥有者（其都城设在山西平阳），统治着山西中部和南部、陕西（除汉水流域以外）、河南（除开封以外）和山东北部。由于他从小耳濡目染了中原文化，所以尽管过着游牧民族的生活，却依旧保留了中原文化的习惯。但是，一些具有纯蛮族特征的其他游牧部落却涌向了这一匈奴王国的北部。公元260年，突厥拓跋部在山西北部居住下来。其后数年间，这些拓跋人逐渐移到长城以南，进入了大同地区。310年，他们已在这些地区彻底定居下来。在此时期，蒙古种鲜卑族的慕容部也在辽东和辽西建立了新王朝。

□ 苻坚　线描　当代
苻坚（公元338—385年），十六国时期前秦皇帝。公元370~376年，前秦先后攻灭前燕、前凉和五代，统一北方，成为十六国中政权最强大的国家，其疆域东极沧海，西并龟兹，南包襄阳，北尽沙漠。新罗、大宛、康居、天竺等62国遣使通好。

这些游牧民族各部落之间展开了激烈的纷争，引发了这些地区的动荡。318年，刘聪死后，他的后裔们能够保住的只不过是以长安为中心的北汉疆域的西北部。而刘渊的部将石勒，却在河北南部的襄国周围割地为王，建立国家。329年，石勒废刘聪皇室（即北汉王朝），以邺城为都城，洛阳为第二都城，建立了自己的王朝，改国号为"赵"，史称"后赵"。333年，石勒去世后，其继承者石虎进一步拓展了后赵领土。349年，石虎去世，其后裔发生了冲突和争吵，当时已在辽东建国的鲜卑人则趁乱占领了他们的领土，并以北京为都城建立了"前燕"王朝。

但是，前燕的统治也在极短的时间内覆灭，它和"后赵"一样，成为了历史舞台上稍纵即逝的烟火。

石虎手下有一名军官，名叫苻洪，是蒙古人。350年，后赵灭亡后，他在陕西建立了前秦，以长安为都城。苻洪的孙子苻坚是突厥—蒙古族统治者中的佼佼者。他由衷地认同中原文化，并标榜自己是仁慈之主和佛教的守卫者。369年，他从慕容氏手中夺取了洛阳，俘虏了慕容氏国王，统治了整个北部中国。376年，他吞并了位于甘肃的小国——凉国。382年，他派部下吕光征服了塔里木盆地的鄯善、南车师和焉耆，并带回了学识渊博的佛教僧侣鸠摩罗什。在征服了北方中国之后，他又产生了征服长江以南的东晋王朝、建立一个统一的中国的想法。383年，他带着庞大强悍的军队讨伐东晋，在淮河上游的淝水与东晋将军谢玄展开激战，即历史上著名的淝水之战。最后东晋大败苻坚，前秦元气大伤，士气大跌，其帝国也被部下趁乱瓜分，使后燕、西燕、后秦、西秦和后凉等小国并立的局面形成。

拓跋氏王国和柔然人的蒙古汗国

与一些昙花一现的游牧部落相比,同时期的拓跋部却因不断地吸收其他部落的力量而壮大起来,他们在北部中原统治了较长时间。由于该部落的汉化程度很深,因此他们能够与中原主体融合在一起。此外,他们对佛教事业也非常狂热。他们守卫着黄河,以对付那些来自草原故乡深处仍处于原始状态的蒙古游牧部落。在拓跋珪从后燕慕容氏手中先后夺取了晋阳、中山、邺城以后,拓跋部落迎来了好运。之后,他采用中原王朝的名称"魏",以大同东部的平城为其固定都城,形成了拓跋氏的北魏国,其疆域包括山西和河北,直达黄河边。

但北魏国很快受到了柔然的威胁,柔然属于真正的蒙古种游牧民族,当时已击溃了敌对部落高车(即敕勒,属于原始游牧部落。继匈奴、鲜卑之后,他们和柔然人活动在中国大漠南北和西北一带),统治着整个北戈壁。柔然的统治者也改称为

□ 统万城遗址

统万城曾为大夏国都城,为东晋时匈奴族首领赫连勃勃所建。它始建于413年,距今已有近1600年的历史。统万城是匈奴族在人类历史上留下的唯一一座都城遗址,也是中国北方最早、最著名的都城。

□ 龙门石窟

龙门地区的石窟和佛龛始凿于北魏孝文帝时期（471~499年），大规模营建于北魏和唐朝。龙门石窟南北长约一公里，现存石窟1 300多个，窟龛2 345个，题记和碑刻3 600余品，佛塔50余座，佛像97 000余尊。

"汗"或者"可汗"。如今，他们直接威胁到北魏的安全。

面对这个新的游牧部落的威胁，北魏的统治者们坚决对其进行反击。402年，拓跋首领拓跋珪发动了一系列穿越戈壁的反击，把柔然可汗社仑从黄河河套地区赶了出去。拓跋珪的继位者拓跋嗣在北方继续保卫通往长城的地区时，又趁机夺取了东晋的洛阳和河南地区，使北魏在南方的力量也充实起来。拓跋嗣的儿子拓跋焘刚一继位，就击溃了柔然的进犯。为了彻底解除柔然的威胁，425年，他率骑兵反击柔然，期间又乘机领兵北上穿越戈壁，转而把矛头对准了另一个野蛮部落——匈奴赫连氏建立在陕西的夏国。427年，拓跋焘趁夏国军队掠夺长安之机，突然袭击了夏国都城统万城（位于陕西靖边县红墩间乡白城子村，又称"白城子""赫连城"）。431年，拓跋焘灭了赫连氏的夏国，把陕西收入囊中。436年和439年，慕容氏的北燕和甘肃的北凉国先后被拓跋焘征服。至此，拓跋人完成了对北部中国的所有突厥—蒙古王国的征服，使这些领土全部归并北魏。

统一北部中原后，拓跋焘先后三次深入戈壁，大规模征讨柔然，都取得了较大的胜利。445年，他对曾阻止拓跋西归的鄯善人施以报复，随即又征服了库车和焉耆，从448年起，拓跋定期向库车和焉耆征收贡赋。

由于具有着强于中原的军事实力和其他游牧部落的组织能力，拓跋部落不管面对的是汉人还是游牧部落，都能以己之长击彼之短，战胜对方。而作为拓跋家族中最杰出、最有个性的代表，强悍的拓跋焘着实让柔然人寝食难安。他深谋远虑，既吸收中国传统文化，又竭力避免被同化，同时还不断地加强拓跋部军队的战斗力，这就是他建都于草原边缘，拒绝迁都繁华都市长安和洛阳的原因。另外，他还保留了处死登基新王的母亲这个突厥—蒙古族的风俗，以避免日后国家被王太后左右。他对佛教深恶痛绝，于438年强令僧侣还俗，并在446年正式颁布法令迫害佛教僧侣。

随着拓跋焘的孙子拓跋濬（452~465年在位）的继位，拓跋部停止了对佛教徒的迫害。拓跋濬是在一次宫廷政变后继位的，在他统治时期，产生了大同附近的云冈佛教石窟中最好的凹刻，以及一些能使北魏名垂千古的作品。经过一段时间之后，拓跋人的突厥活力才因受到中国的影响和皈依佛教而被削弱。拓跋濬在位期间，拓跋人于456年占领了哈密绿洲，并对戈壁地区的柔然人发动了一次反击（458年）。柔然则于460年占领了吐鲁番，推翻了该地的沮渠王朝，以一个臣属王室取而代之。在拓跋濬的长子拓跋弘统治期间（465~471年），拓跋人以牺牲南方中国王朝为代价，又取得了一系列的辉煌胜利：446年，占领彭城；467年，将淮河流域纳入其统治中；469年，攻克山东；470年，打败鲜卑人。

拓跋弘是一位虔诚的佛教徒，他于471年让位给年幼的儿子拓跋宏，自己则出家为僧。拓跋宏受其父影响，对佛教有着同样的热情，其法规也比较人道。494年，拓跋宏迁都洛阳，拓跋人从此彻底被汉化。从494年起，拓跋宏发起了修建洛阳龙门石窟的工程。云冈石窟和龙门石窟是当时拓跋人征服中国的最有力证据，也是佛教文化在中国盛行的印迹。但是，在拓跋人采用中国文化及佛教信仰的同时，却渐渐丧失了突厥种族的坚韧和英勇。他们想要征服中国南部王朝的愿望，也迟迟未能实现。507年，当时在位的元恪作了最后一次努力，却依然未能攻克代表两国边界的淮河防线，中国的军队力量在防线后的钟离要塞一次次挡住了他们的进攻。

515年，元恪死后，其遗孀胡后统治北魏直到528年。她身上有着突厥种族的强悍，是一位追逐权力的野心家，必要时会使出血腥手段。但她同时又对佛教文化推崇备至，为龙门石窟的圣殿增色不少。她派佛教朝圣者宋云出使印度，宋云沿途作下了许多关于中亚的记录，并带回一些胡后感兴趣的佛经。

拓跋人被中国文化同化后，也爆发了类似于中国王朝的宫廷革命、内乱和分裂。534年，北魏分裂成了东魏和西魏两支。东魏建都彰德，统治着山东、山西、河南和河北；西魏以古城长安为都，统治着甘肃和陕西。东、西魏后来被他们自己的大臣推翻，并在彰德建立北齐王朝（550~577年）以取代东魏，在长安建立北周王朝（557~581年）以取代西魏。值得一提的是，这些王朝的主人已经是汉人了，它们不再属于草原历史的组成部分。

现在，让我们回到依然在亚洲草原上过着游牧生活的部落上来。之前我们曾经谈到的柔然人，他们在整个5世纪和6世纪上半叶统治着外蒙古。在对他们的原领地进行系统发掘时，我们注意到了该时期繁荣在柔然西北境以外的西伯利亚叶尼塞河河岸和米努辛斯克附近的一种新文化，即被人们称作"游牧的牧马人"的文化。该时期的文化留下了大量的装饰品、青铜带状饰片、纽扣、马具、马镫、马嚼子、小刀、匕首、马刀、矛头、马鞍等物。据考证，此种文化似乎与柔然人是同时期的，而且在柔然人之后还存在了一段时间，直到9世纪才结束。在此阶段中，这种米努辛斯克后期文化具有特殊意义，因为它不光与6~8世纪匈牙利的阿瓦尔文化异常相似，还与9世纪的原始匈牙利文化，即列维底亚文化相似。尽管我们不能把它确定为柔然人是欧洲阿瓦尔人的直接祖先的确凿材料，但它至少证明了二者都曾受到同一文化中心的影响。

嚈哒匈奴人

在柔然之后,我们接下来将讲述与柔然有着亲缘关系的嚈哒部落,在同一时期内,他们是西突厥斯坦的主人。嚈哒人是一支蒙古—突厥族游牧部落,与蒙古人更为接近。他们起源于阿尔泰山,后扩张到俄属突厥斯坦草原。5世纪初,他们臣属于柔然,是一支具有中等规模的游牧部落。而425~450年的领土西扩,使他们的地位变得举足轻重。他们的统治东起焉耆西北,西至咸海,并占领了索格底亚那和巴克特里亚。此时萨珊正处于巴赫拉姆·哥尔的统治,东方学者们认为,嚈哒人当时正定居在巴克特里亚。据猜测,他们应该曾入侵萨珊王朝的呼罗珊省,却被巴赫拉姆·哥尔在库什麦汗打败并赶走。然而,在萨珊王俾路支统治时期,正是这些嚈哒支进攻呼罗珊并取得了胜利,还杀死了俾路支。在此之后,他们占领了塔里寒地区、莫夫和赫拉特。嚈哒人还参与了波斯萨珊王朝的宫廷斗争,与被赶下王位的喀瓦德联姻,并给予他一支军队助其重夺王位。此时的嚈哒人已经成为了亚洲中部的一支重要力量。

虽然俾路支被打败,但嚈哒人依然无法征服防卫森严的萨珊波斯。随后,他们转向了东南的喀布尔方向。这里有必要提一下,似乎在大约5世纪中期,贵霜王朝被从巴克特里亚分离出来的另一支月氏人(即吐火罗人)取代。而伊朗史料里提及了与萨珊王朝交战的"基达里王朝"(应该是建在阿姆河以南,在巴尔赫和莫夫之间),萨珊王朝俾路支王曾先后同该王朝的首领以及同名英雄基达拉和孔加士父

□ **嚈哒骑士**

嚈哒人是匈奴人的一支。虽然与其他匈奴人的习俗颇有差别,但同样忠于游牧民族的使命:对周边国家进行骚扰和抢劫。他们对死者实行土葬,如果埋葬的对象是其首领,通常会用其20名生前好友来陪葬。这与匈尼特人实行火葬的习俗有明显的区别。

子发生战斗。孔加士被俾路支打败之后，离开巴克特里亚（哒哒人迅速地占领了此地），越过兴都库什山进入喀布尔，赶走了居住在此的贵霜王朝的末代君主们。然而现在，哒哒人紧跟其后，沿着同一条道路越过了兴都库什山。于是，原月氏国全境，即巴克特里亚、喀布尔和坎大哈皆被哒哒人掌控。此时的哒哒人又秉承了之前贵霜人的意愿，从喀布尔出发去征服印度。但在印度皇帝塞建陀笈多统治之初，在旁遮普的多阿布或马尔瓦附近，他们被塞建陀笈多的边境部队击败。直到哒哒人的第二次侵犯再次被塞建陀笈多击败后，印度才得以恢复和平。与此同时，哒哒人已经扎根在兴都库什山北的巴克特里亚和喀布尔。520年，宋云（北魏时期敦煌人，曾赴西域求经）朝圣时，哒哒王正住在兴都库什山北，并在他的度冬之地巴克特里亚和他的避暑驻地巴达克山之间作季节性的迁徙。在喀布尔，哒哒首领特勤驻扎于此，他在此建立了王朝。哒哒人在犍陀罗这个高度繁华的希腊—佛教文化圣地里，就如野蛮人一样，屠杀居民，残害佛教社团和信徒，他们的暴虐和破坏行径几乎摧毁了这里长达五个世纪的灿烂文化。

虽然两度被塞建陀笈多击败，但哒哒人依然对富饶的印度虎视眈眈，他们时刻准备着伺机而行。当塞建陀笈多死后，印度帝国开始走向衰落，这给哒哒人提供了可乘之机。印度帝国的衰落来自于笈多王朝内部两派分裂的结果，以佛陀笈多和巴奴笈多为代表的一派统治着马尔瓦地区；另一派统治着比哈尔和孟加拉。在此情况下，这些哒哒人恢复了对印度的入侵。领导这次入侵战斗的首领在印度文献中被称为头罗曼，但他并不是哒哒人的可汗，因为哒哒可汗是住在兴都库什山北的巴克特里亚和巴达克山，所以这位首领定是较低一级的喀布尔的特勤无疑。他不仅征服了印度河流域，还占领了马尔瓦。

头罗曼的儿子、继承人摩醯逻矩罗，以其大智大勇而获得了"太阳的家族"的赞颂。但他最终被笈多王朝的统治者那罗辛诃笈多击败，不得不退回克什米尔。征服克什米尔之后，摩醯逻矩罗回到犍陀

□ 匈奴金饰　汉代

此匈奴人金饰，将一只豹和蟒蛇搏斗的场面抽象化为一个有着豹和蟒蛇头的圆圈。游牧民族的艺术品多以此类的猛兽搏斗为主题，显示出他们剽悍的民风。

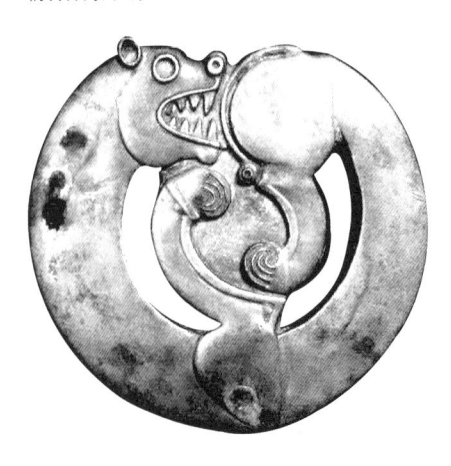

罗，并在此进行了骇人听闻的大屠杀，而他最终也没有逃脱惨死的命运。

至于在摩醯逻矩罗死后，旁遮普扎营的匈奴部落究竟发生了怎样的变化，我们无从知晓。即便他们不是危险的邻人，也必定仍旧是令人烦恼的。因为在6世纪后半期，塔内瑟尔邦主波罗羯罗在与他们的战斗中获得了权力和荣誉。605年，波罗羯罗的长子罗伽伐弹那也还在与他们作战。后来，他们的继承者、伟大的印度皇帝戒日王由于战胜了这些匈奴哓哒人而受到诗人们的歌颂。然而，从7世纪下半叶起，就再也没有这些匈奴哓哒人的消息，他们要么被旁遮普人消灭，要么被其同化，他们中的一些氏族或许被允许加入了印度的贵族阶级。

□ **鹰形金冠饰　战国**
蒙古人像其祖先匈奴人一样依靠金戈铁马征服世界。图中的金冠出土于战国匈奴墓，很可能是匈奴王的皇冠。此金冠由冠顶和额冠组成，冠顶呈花瓣状，上面饰有一只傲立的雄鹰。

欧洲的匈奴人：伟大的阿提拉

公元前36年，由于郅支单于兵败身亡，我们就再也看不见西匈奴的影踪。直到4世纪，他们进入欧洲，与罗马世界发生联系时，才又重新回到了人们的视线里。当时，在第聂伯河下游西部的哥特人和该河东方的萨尔马特各族人瓜分了南俄罗斯，克里米亚则依然处于罗马皇帝的统治之下。从3世纪起，萨尔马特人取代了同为伊朗种的斯基泰人，生活在伏尔加河下游和德涅斯特河之间。也有部分萨尔马特人过着独立的生活，他们中有在捷列克草原上游牧的阿兰人、有在顿河下游西岸居住的罗克索兰人，还有占据着蒂萨河和多瑙河之间平原的雅齐基人。大约200年，来自瑞典的哥特人的入侵开始威胁到萨尔马特人在南俄罗斯草原的权利。230年，哥特人到达了他们迁徙的极限，进攻黑海边的罗马帝国的奥尔比亚城。

哥特人分为三支：生活在顿河下游和德涅斯特河下游之间的东哥特人；生活在德涅斯特河下游和多瑙河下游之间的西哥特人；生活在西亚的吉别达伊人（在罗马人撤出西亚后，他们占领了该地）。

□ "上帝之鞭"阿提拉

阿提拉（406—453年），与中原历史上北魏太武帝拓跋焘同时代，是古代欧亚最伟大的领袖，曾多次率领大军入侵东西罗马帝国。

至于是什么原因使西匈奴后裔进入了欧洲，至今仍是一个谜。但他们从374年渡过伏尔加河起，就先后击败了阿兰人、东哥特人，赶跑了西哥特人。罗马世界和日耳曼世界对匈奴的入侵极度恐惧。匈奴人奇特的着装、野蛮的习性、忍饥耐寒的毅力、常年马背生活的骁勇、精准的箭术，都让他们颇具游牧民族的典型特征。他们占领了乌拉尔山和喀尔巴阡山的整个草原，接着又征服了匈牙利平原，迫使吉别达伊人归顺于他们，他们的扩张延伸到了多瑙河的右岸。大约在425年，西匈奴人也走向了分裂，卢噶斯、蒙杜克、鄂克塔三兄弟各统治一个部落，但又共同执政。434年，蒙杜克的两个儿子阿提拉和布勒达统治着这些部落。但阿提拉很快除掉了布勒达，成为西匈奴首领，从此开始了他伟大的征服之旅。

□ 罗马雕塑中的匈奴人　18世纪

阿提拉带领的匈奴战士给西方世界带来了巨大的恐慌，图为罗马浮雕中的局部，展示了罗马战士与匈奴人战斗的激烈场面。在此浮雕中，罗马人将自己塑造成了胜利者的形象。

441年，阿提拉向东罗马帝国开战。他率部渡过多瑙河，溯摩拉河而上，攻占尼什，掠取普罗夫迪夫，随后疯狂洗劫色雷斯，卢累布尔加菲也难逃厄运。448年，东罗马帝国只得签署不平等条约，把多瑙河以南的地区割让给阿提拉。451年1~2月，屯兵匈牙利平原的阿提拉又挥师渡过莱茵河，向罗马帝国的高卢地区发起进攻。4月7日，阿提拉火烧梅斯后，围困了奥尔良。7月14日，由于罗马军和西哥特军有救援兵助阵，阿提拉只得往特鲁瓦撤退。在特鲁瓦以西的莫里亚库斯驻地的激战中，阿提拉受到罗马人和西哥特人的阻截，双方胜负难分。这一仗虽然算不上一次决定性的战役，但它拯救了西方世界。

元气大伤的阿提拉在休养了一个冬天以后，于452年春发起了对意大利的入侵。经过长时间的围攻之后，他攻陷并摧毁了阿奎莱亚城，随后又征服了米兰和帕维亚，并声称将进军罗马，吓得罗马皇帝瓦伦丁三世仓皇出逃。然而，阿提拉并没有挺进罗马，而是听从了罗马主教利奥一世的劝阻——在罗马征收贡赋，同时得到了公主荷罗丽娜。阿提拉再次退回班诺尼亚，并于次年死于此地。

阿提拉是典型的匈奴人形象：矮个儿，大头颅，塌鼻梁，小而深陷的眼睛，宽胸部，皮肤几近全黑，蓄着稀疏的胡子。他用自己发怒时给敌人产生的恐惧感作为武器，有着匈奴人一贯的自私和狡诈。但在其子民心中，他却是公正廉洁的法官，慷慨为民，生活节俭，但对身边所有的人充满警惕。他还十分迷信萨满教。他通常采用灵活多变的政治策略，尽量"伐谋"，不得已才使用武力。在战

□ 利奥一世与匈奴王　阿加尔迪　浮雕　17世纪

在匈奴王阿提拉的时代，意大利北部地区遭到了匈奴人疯狂的攻击，所有的城市都被摧毁。随后，匈奴人挥师直捣罗马城。西罗马皇帝慌忙请罗马教皇利奥一世与匈奴人议和。这幅浮雕叙述了此事。

争中，他是统领全局的指挥官，而不是身先士卒的将军。再加上他的墨守法规，以及符合习俗的行为举止，让人觉得他时刻与正义同在。453年阿提拉去世后，其帝国也随之分崩离析。第二年，阿提拉长子埃拉克在班诺尼亚的大战中被反叛的东哥特人和吉别达伊人杀死，次子顿吉兹奇率匈奴人撤回南俄，其余的几个儿子都投靠了罗马，获得了罗马帝国的土地封赏。468年，顿吉兹奇在进攻东罗马帝国时兵败身亡，其首级在君士坦丁堡的一次马戏演出中被示众。

残留在黑海北岸的另一些匈奴部落分成了两部：库特利格尔和乌特格尔，前者在亚速海西北过着游牧生活，后者常在顿河河口放牧，彼此相安无事。但不久，在拜占庭皇帝查士丁尼的暗中挑唆下，他们反目成仇。就在他们自相残杀、兵力消耗殆尽时，来自亚洲的阿瓦尔部落打败了他们，并坐收渔利，将俄罗斯草原据为己有。

第 2 章
中世纪初期：突厥、回纥、契丹和女真

CHAPTER 2

中世纪初期的亚欧草原史，是草原上的各个游牧民族与中国王朝的抗争史。其间，突厥帝国从鼎盛走向分裂，东突厥最终被唐太宗李世民消灭，西突厥也随之瓦解，并臣服于唐王朝；8世纪，唐朝在中亚的扩张达到极点，但随后也因为怛罗斯河之战的失败而丧失了在中亚的霸权；中亚的回鹘与唐王朝的关系时而友好时而剑拔弩张，相互提防，直到9世纪中期回鹘汗国被黠戛斯消灭；9世纪，从原来的西突厥部落分裂出来的沙陀突厥废黜了唐王朝的最后一个皇帝，建立了"后晋"王朝，但它很快被野蛮的蒙古族契丹人推翻，后者建立了"辽"；12世纪，女真人征服契丹，建立金国，金国与宋朝之间一直摩擦不断，相互抗衡。

突厥帝国及其分裂

540年，草原帝国以突厥—蒙古种族三大民族鼎立割据的形式存在。属于蒙古族的柔然人统治着蒙古地区，所辖范围东起中国东北部边境，西至吐鲁番，北至鄂尔浑河，南达万里长城脚下。同属蒙古族的嚈哒人盘踞着谢米列契耶、俄属突厥斯坦、索格底亚那、东伊朗和喀布尔地区，其领土东西走向从焉耆以北至莫夫、南北走向从巴尔喀什湖和咸海至阿富汗中部和旁遮普。属于突厥族的欧洲匈奴人则统治着与亚速海和顿河河口毗邻的南俄罗斯草原，由于它的两支部落，即西部的库特利格尔人与东部的乌特格尔人之间充满敌对，因此其势力有所削弱。

□ 突厥人

突厥广义上包括突厥、铁勒各部落，狭义上专指突厥。突厥人属于中亚民族，其语言为阿尔泰语系突厥语族，文字为西方的阿拉米字母拼写。他们掌握冶铁技术，被柔然统治者称为"锻奴"。

中国人认为，突厥臣属于柔然，是突厥族的一个部落，汉文中的"突厥"一词应是"强壮"之意。他们是古代匈奴的后裔，以狼为图腾。6世纪初，他们定居在阿尔泰地区，以冶炼金属为业。当时柔然的力量因新近发生的一场内战而被削弱，内战双方分别是代表东、西部落的柔然可汗阿拉瑰和其叔叔婆罗门。

阿拉瑰最终击败了对手，但同时却面临着要平定突厥族各臣属部落反抗的局势。其中高车部曾于508年打败柔然，但柔然最终于516年杀掉了高车王，迫使高车部归顺。然而，高车部从未放弃重获自由的企图。546年，正当高车酝酿着新的反叛起义时，却被一直对柔然忠心耿耿的突厥击败。突厥首领布明借机请求阿拉瑰把柔然公主嫁给自己，但遭到了阿拉瑰的拒绝。颜面尽失的布明随后与在长安建立西魏的拓跋人联合起来攻打柔然，因为西魏答应把一位公主嫁给他。552年，在二者的联合打击下，阿拉瑰兵败自杀。突厥人占领了蒙古帝国的全部领土，布明自称可汗，并把新帝国建立在鄂尔浑河上游的山区地带，从古代匈奴时期一直到之后的成吉思汗后裔时期，此地常常被游牧部落选作他们的大本营。

□ 金杯　突厥文化

突厥与唐朝的战争持续了几百年，但两个民族的交流却在同时达到了高峰期。图为突厥人制作的金器，其风格与唐朝金银器非常相似。

552年，布明可汗去世，其新建的帝国也被瓜分。布明的儿子木杆得到了帝国称号和蒙古地区，并建立了东突厥汗国。布明的弟弟室点密继承了王侯的叶护称号，占据了准噶尔、黑额尔齐斯河和额敏河流域、裕勒都斯河流域、伊犁河流域、楚河流域和怛罗斯河流域，并建立了西突厥汗国。

东突厥帝国在木杆可汗的统治下所向披靡。560年，他打败了占据辽河西岸、热河附近的契丹人（这是一支从5世纪中期起就已经占据着辽河西岸、今热河附近的蒙古族部落）。中国长安的北周王也谦卑地向木杆之女求婚，希望建立盟邦关系。

西突厥首领室点密在怛罗斯地区（大概是在吉尔吉斯斯坦与哈萨克斯坦的边境，接近哈萨克斯坦的塔拉兹的附近地区）与哌哒人发生冲突。为了击败哌哒人，室点密与哌哒人的世仇波斯人订立和约，当时波斯人正处于萨珊王朝最伟大的君主库思老一世的统治之下。为巩固盟约，室点密把自己的女儿嫁给了库思老一世。大约在565年，在突厥与萨珊的夹击下，哌哒被彻底击溃，从此消失。哌哒的领土被西突厥人和萨珊波斯人瓜分。西突厥获得了索格底亚那地区，库思老一世则夺取了巴克特里亚地区。不过后来巴克特里亚地区终被突厥人夺取。于是，中世纪初期的东、西突厥汗国便形成了以大阿尔泰山和哈密以东的山脉为边界线的版图形状。

西突厥室点密为获取丝绸贸易的自由权，和拜占庭帝国联合对付波斯。在567年和568年互遣使者后，西突厥和拜占庭结成了牢固的反萨珊波斯联盟。从572年开始，他们和萨珊波斯进行了长达20年的战争。在此期间，室点密去世，其子达头继承其位。因为君士坦丁堡宫廷与柔然的余部——阿瓦尔人缔结了条约，达头很不高兴，两国关系变得紧张。此后西突厥甚至还出兵攻打拜占庭。但这并没有影响西突厥对波斯的战争。588~589年，西突厥攻占了巴克特里亚，并直捣赫拉特；597~598年，兴都库什山以北的吐火罗斯坦及其首都巴里黑和昆都士最终成为西突厥的属地。

正当中亚被分裂为东、西两大突厥帝国时，远东的中国也在分裂了3个世纪之后即将由隋朝重新统一起来。

东、西突厥帝国未能保持长久的鼎盛，外敌入侵对他们来说倒是不足为惧，两国间的相互敌对才是最为致命的。如果它们能够一直保持着东突厥居首位、西突厥居次位的状态的话，他们将是不可抗衡的力量。然而，582~584年，西突厥叶护达头不再满足于叶护的称号，他发动叛乱，摆脱了东突厥君主的统治，自立为可汗。在此次事件中，隋朝对达头是持支持态度的。这次叛乱使整个突厥部落一分为二，东、西突厥自此一直处于敌对状态，再未统一过。这种分裂局面为中国的隋、唐王朝恢复在中亚的政治活动提供了可能性。

西突厥的反叛和辽西契丹人的攻击让东突厥十分恼火，更为雪上加霜的是，此时的东突厥内部又四分五裂，新可汗沙钵略的权威受到了堂兄奄罗和大逻便的挑战。这种局势原本对西突厥的达头是最有利的，但隋文帝杨坚不希望达头重新统一突厥而变得太过强大，于是转而支持东突厥的沙钵略，共同对付达头。之后的东突厥几易其主，但始终持续着无望的分裂局面。

此时的西突厥可汗达头想趁东突厥内乱之机，再次实施自己的统一大业。他采取两种策略：一边威胁隋朝都城长安，企图不让隋朝插手；一边进驻鄂尔多斯，攻打处于隋朝保护下的东突厥突利可汗。603年，隋朝暗中使计，让西突厥窝里反——一支西部的主要部落突然反叛了达头。内外交困使达头腹背受敌，遭到惨败，只好逃往青海避难，从此销声匿迹。显赫一时的西突厥帝国瞬间土崩瓦解，达头之孙射匮只获得了他应得领土的极西部分和塔什干，而反叛可汗的处罗却成了伊犁地区的君主。之后处罗渐生得陇望蜀之心，企图统一突厥部落，却被隋朝所扶持的射匮粉碎了统一大梦。射匮击败了处罗，并归顺于隋朝。就这样，隋朝成功地分裂了突厥势力，消灭了不顺从的可汗，扶持承认隋朝宗主权的可汗，进而掌控全局。

598~614年，隋朝对高丽发起了三次大规模的征战，致使隋军损失惨重，隋朝国力大大削弱。此时，东突厥人显露出了"狼"的本性，在山西西北反叛了隋朝。618年，中国隋末农民起义推翻了隋朝的统治，唐朝建立。公元624年，东突厥可汗颉利骑马带兵对唐都城长安进行威胁，最后被李世民击败，颉利求和并撤退到蒙古地区。626年，年仅27岁的李世民登上了皇位，即唐太宗。

雄才大略的唐太宗使唐朝在中亚建立了真正的威信。他灭了东突厥汗国，瓦解了西突厥汗国——后来其子又完成了对西突厥人的征服——并使塔里木盆地的印欧族诸王国臣服于唐朝。

626年，即唐太宗即位当年，东突厥骑兵远征，直逼长安城。颉利可汗带兵10万于长安城北门外的便桥前，以攻城要挟唐太宗，妄图纳取贡赋。唐太宗采取大胆的行动，召集可用之人把守在各城门前，自己则亲自率小部骑兵向敌军行进。颉利可汗见唐朝皇帝如此英勇神武，不由大惊，立刻下马跪拜。唐太宗怒斥其背信弃义，破坏休战之约，颉利可汗羞愧难当。次日，双方言归于好，重新结盟。

为了削弱颉利可汗的势力，使唐王朝能在与突厥的交往中占据主动，唐太宗支持东蒙古的突利可汗、塔尔巴哈合的铁勒部、科布多的薛延陀部反叛颉利可汗。630年，唐太宗在颉利可汗的周围布下包围圈后，遂派李靖和李勣攻打颉利。东突厥四面受敌，颉利兵败被俘。此后的50年里，东突厥汗国一直承认唐朝的宗主权。唐太宗利用东突厥的辅助军，在20年时间里，征服了突厥斯坦的突厥人和印欧种人，把这些地方的绿洲都纳入自己的统治之下。他的不可战胜扑灭了游牧民族的气焰，树立了唐王朝在突厥地区的权威，让全亚洲认识了一个波澜壮阔史诗般的大唐帝国。

在平定了鄂尔多斯和内蒙古边境的疆

□ 突厥骑兵

突厥骑兵来去如风、骁勇善战，总是给人很深的印象。突厥军队人数不多，但往往能以寡敌众，在一系列的袭击战和遭遇战中占据上风，这是因为他们在装备水平和战术素养上丝毫不弱于中原军队。

域后，唐太宗把西突厥汗国当作下一个征服的目标。当时的西突厥地区已被射匮可汗重新统一，其继位者统叶护不但征服了铁勒部，还把吐火罗地区和巴克特里亚纳入自己的统治，其疆域已扩张到了塔里木盆地的部分地区。630年，唐朝的朝圣者玄奘西天取经，路经托克马克（位于吉尔吉斯斯坦与哈萨克斯坦的边界上）时，受到统叶护的盛情款待。玄奘离开后数月，强大的西突厥因为葛逻禄部反叛、统叶护被杀而土崩瓦解，并由此分裂为弩失毕部和咄陆部。两部以伊塞克湖为分界，弩失毕部在湖西部、西南部，咄陆部则位处该湖东北。咄陆部曾在进攻哈密的唐朝屯军时，被唐击败。唐太宗进而通过支持弩失毕部来打击咄陆部，迫使战败的咄陆可汗逃往巴克特里亚。

唐朝和塔里木诸国的关系

征服东突厥，打败西突厥后，少了后顾之忧的唐太宗开始重建中国在塔里木的霸权，以保障丝绸之路的贸易往来和文化传播的畅通。

在此之前，塔里木盆地的各个小王国也受到中国文化或伊朗—佛教文化的影响，比如库车的物质文明来自于伊朗，而吐鲁番则更多地受到了中国文化的影响，印—伊文化的特征已逐渐渗透到唐代美学中。焉耆在当时也是比较著名的印欧文化中心，其艺术模仿了阿富汗地区的希腊—佛教艺术风格。唐太宗凭着自己的文治武功，在这些小国烙下了深深的中国印记。

632年，唐太宗通过对焉耆施加军事压力，迫使其承认了唐朝的宗主权。640年，担心被唐朝吞并的焉耆联络西突厥一起反叛唐太宗，被唐将军郭孝恪平定。郭孝恪拥立焉耆国王之弟龙栗婆准登上焉耆王位。648年，得到库车和突厥人支持的薛婆阿那支废黜了栗婆准，取得了统治权。受唐太宗派遣的阿史那社尔（原东突厥颉利可汗的弟弟，忠心为唐朝服务，屡立战功）率军平定焉耆，砍下了篡位者的头，并另立新王，以便于唐朝统治。

□ **唐朝西域边城遗址**

图为塔克拉玛干沙漠腹地的边城遗址。这座曾经引起无数诗人无限感慨的西域边城，如今只剩下一片荒凉的废墟。

平定焉耆之后，阿史那社尔转而攻打拒绝纳贡的库车王国，后者还联合西突厥反叛、支持焉耆反叛唐朝。在前来支援库车的两个同盟部落被阿史那社尔击败后，库车变得孤立无援、不堪一击。库车王"神花"出逃，阿史那社尔穷追不舍，一直追到阿克苏西部才将其活捉。与此同时，曾去西突厥寻求援兵的库车贵族汉名那利出其不意地归来，在激战中突然袭击并杀死了中国将军郭孝恪。悲愤交加的阿史那社尔为此残酷地报复了库车，他攻破五座大城，砍掉11000余人的人头，震惊了当时的西域各国。唐朝另立叶护为库车新王，并对其统治进行严格的监督。遭此重创后，库车和印欧社会从此一蹶不振。一个世纪以后，即8世纪下半期，当库车再次摆脱中国的统治时，掌握其权力的不再是往日的印欧贵族，而是回纥突厥人。

喀什、于阗、莎车在唐太宗登基后不久便归顺于唐朝。此时的唐朝疆域已延伸到了帕米尔地区，整个中亚全被唐太宗征服。唐高宗继位后，与回纥、突厥人结盟打败了反叛的西突厥。西突厥咄陆部可汗逃到楚河流域，再次被前来追击的唐将苏定方打败。当他逃至塔什干后，最终被塔什干交给了唐朝。至此，唐高宗完成了唐太宗的大业，唐朝真正成为了中亚的主人。

唐高宗统治时期，由于宫廷阴谋的操纵，唐朝的辉煌没有得到延续，唐朝在中亚的影响也大大减弱。665年，西突厥的弩失毕部和咄陆部再次从唐朝的统治下脱离出来。吐蕃人也趁火打劫，夺得了塔里木的焉耆、库车、于阗和喀什四镇。更加重要的是，曾于630年被唐太宗灭掉的原东突厥汗国在原王室后裔骨咄禄的率领下，重新建立起来，鄂尔浑河源部和杭爱山脉为其活动的中心地带。突厥人暾欲谷因在汗国的重建中功劳赫赫，再加上其家族曾世袭唐朝政府的行政官职，接受过中国教育，深谙中国的政治和人文，更清楚唐朝当局的内幕，成为了骨咄禄的

□ 唐攻东突厥之战

为了削弱东突厥的势力，唐太宗于630年在颉利可汗的周围布下包围圈，同时派李靖和李勣攻打颉利。颉利四面受敌，最终兵败被俘。

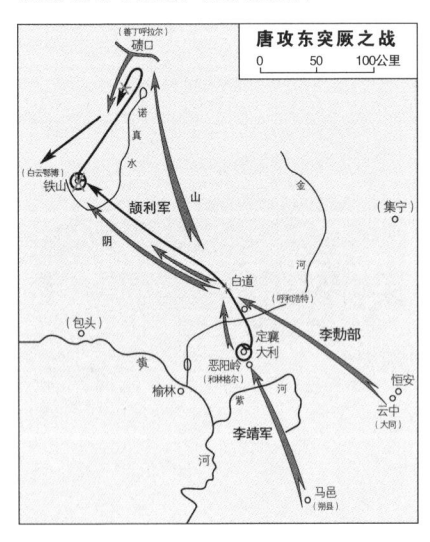

高参。682年，骨咄禄和暾欲谷进攻山西北部，开始反叛唐朝。683年，骨咄禄把妫州（今河北保岱）夷为平地，随后二人率部洗劫绥远。同年6月，他们攻陷幽州和蔚州（今河北蔚县），杀害了二州刺史，俘虏了丰州刺史，并把山西西北的岚州也抢劫一空。684年秋天，他们攻打了朔州。685年5月，忻州的唐朝守军也被这些突厥人打得溃不成军。687年4月，突厥进犯北京的昌平。同年秋天，当他们侵犯山西朔平时，被唐军一举击破。

□ 玄奘塑像

玄奘，唐代佛学家、佛教法相唯识宗创始人。唐太宗贞观三年（629年），他从京都长安出发，历经磨难抵达天竺。在天竺各地游学十六年后，于贞观十九年（645年）回到长安。途中，在路经托克马克时，他受到了西突厥可汗统叶护的盛情款待。

同一时期，唐朝的宫廷内部发生了政变，唐高宗过世后，皇后武则天于683年掌握国家大权。武后是一个专横跋扈却又很有统治天赋的女人，她在国内实行专制统治，对外却恩威并施。694年，唐朝再次征服了塔里木全境。可武后始终拿不出有效的手段来防范东突厥的骚扰。虽然她也曾联合突骑施（属于西突厥的一个边远部落，被安西都护府管辖）对东突厥进行夹击，但骨咄禄不但打败了突骑施，还让突骑施可汗乌质勒承认了自己的宗主权，使得这次联合行动以失败告终。

691年，骨咄禄可汗去世，其弟默啜继承汗位。默啜统治下的东突厥达到了鼎盛时期。默啜可汗在与唐朝的关系中充当着仲裁者的身份，他反对篡权的武后，极力维护唐朝的正统，并轻蔑地拒绝了武后侄儿要与自己女儿联姻的请求，甚至声称，如果武后废黜了李氏皇朝，他将大举入侵。话虽说得冠冕堂皇，但他一刻也没停止过对中国领土的侵犯，694年和698年，他先后入侵了宁夏的灵州和北京西部的蔚州。

默啜可汗还曾与唐朝联合夹击契丹，并取得胜利。他本人也因此获得了大唐丰厚的报酬。武后以为默啜可汗已被收买，但后者丝毫不领会她的好意，继续对河北北部、中部的定州等地进行征伐，杀死成千俘虏。702年，东突厥进攻山西北部的代州；706年，大败唐将沙吒忠义于鸣沙山。每次进犯唐朝领土，默啜总会满载而归，带回大批的俘虏和战利品。

在不断侵犯中原领土的同时，默啜可汗还成功地征服了突厥各部。他战胜了东方的拔野古部和北方的黠戛斯人，并用武力使西突厥的咄陆部和弩失毕部归顺。至此，突厥被重新统一起来。但是，随着默啜可汗的年事渐高，许多原本就不满其暴政的部落首领纷纷背叛他而效忠唐朝。克鲁伦上游的拔野古部率先有了动作，他们在默啜可汗讨伐拔野古部得胜回朝的途中对其设伏袭击，使默啜可汗兵败身亡，其首级被拔野古部当作效忠的证据送到了长安。

默啜可汗一死，突厥内部立刻群雄并起，内乱不断。其侄子（骨咄禄的儿子）阙特勤利用自己显赫的战功和"默啜可汗副手"的权威，笼络部分力量发动了宫廷政变，将默啜之子匐俱及前朝辅臣全部杀死，只留下暾欲谷（阙特勤兄的岳父），并将兄长默棘连推上了汗位。716~734年，默棘连可汗统治着蒙古地区。此前，由于默啜的去世和随之而来的王族内乱，几乎所有臣属部落都来反叛东突厥汗国。默棘连即位后，他和阙特勤在重新恢复秩序和使反叛部落归附的斗争中耗尽了精力。但东突厥汗国总算得以保住。

默棘连曾企图以入侵中原来弥合内战的伤痕，以巩固自己的统治，却遭到年迈的暾欲谷反对。默棘连转而设想让突厥人过定居的生活，同样遭到暾欲谷的反对。718年，在暾欲谷的劝解下，默棘连向唐玄宗求和。唐玄宗不但拒绝，还联合突厥拔悉密部和契丹人夹击东突厥。最后，在暾欲谷的调解下，默棘连击败拔悉密部，成功地与唐朝议和，并建立了友好关系。公元731年，阙特勤去世后，唐玄宗为了以示友好，在默棘连为其刻的祭文下补充了汉字碑文。

734年，就在东突厥人即将跨入文明的潮流时，默棘连却被他的一位大臣毒死。默棘连的死引起了一系列的动乱，动乱结束时，东突厥汗国已崩溃。随后，阙特勤之子乌苏米施即位。乌苏米施可汗面临着三个主要的臣属突厥部落的反叛，它们分别是拔悉密部、回纥部和葛逻禄部。744年，乌苏米施可汗被拔悉密人杀害，其首级被送往长安。东突厥王室的残余则在743年时已逃亡到中原。

在葛逻禄部的帮助下，回纥部成功夺取了蒙古帝国，其首领骨力裴罗在鄂尔浑河上游的帝国地区称汗，名"骨咄禄毗伽阙可汗"。他的登基得到了唐朝的认可，唐玄宗册封其为怀仁可汗，其统治疆域从阿尔泰山到贝加尔湖。至此，东突厥汗国被回纥帝国取代。

唐朝与回纥突厥帝国

714年，在托克马克的一次大捷中，唐朝阿史那献将军迫使咄陆部和葛逻禄部突厥人纷纷依附于唐朝。唯有游牧于伊犁河三角洲的突骑施部落一直没有归顺唐朝的意思，其可汗苏禄还趁乱入侵塔里木盆地。717年，苏禄包围了阿克苏，连续数月地骚扰着焉耆、库车、喀什和于阗四镇，并占领了托克马克。719年，苏禄在此被阿史那献击败，但在726年，抢劫成性的他又卷土重来，再一次蹂躏该四镇。736年，唐朝北庭都护盖嘉运大败苏禄于古城附近。738年，苏禄被小突厥部落处木昆部首领莫贺达干杀死。

739年，苏禄之子吐火仙企图复辟，但遭到莫贺达干和盖嘉运的联合阻止。但是，几乎所有的突厥小可汗都像吐火仙一样，有着重新统一西突厥的野心。莫贺达干很快与唐朝决裂，742年，他杀死了驻突骑施的都督阿史那献。744年，莫贺达干被前来征讨的唐将夫蒙灵察杀死，唐朝获得了最终决定权，得以重新主宰伊塞克湖地区和伊犁河流域。在塔里木盆地，安西四镇，即焉耆、库车、喀什和于阗一直忠于唐朝。而那些塔里木绿洲上的原印欧种居民们，也与唐朝建立了友好关系，因为强大的唐朝是他们抵抗阿拉伯人和土著居民吐蕃人入侵的坚强后盾。

击溃萨珊波斯帝国的阿拉伯人，在7世纪中叶征服了原波斯帝国领土后，就停止了前进的步伐。705年，占领着呼罗珊的库泰拔领导着阿拉伯人远征巴克特里亚的突厥王朝，随后又利用地方纠纷，对花剌子模和索格底亚那进行干涉。709年，布哈拉国因战败而被库泰拔降为臣属国，库泰拔扶持吐格沙达掌握政权，使其成为自己的傀儡。709~712年，在库泰拔的长期包围下，绝望的撒马尔罕人不得不选择投降，其间库泰拔还打败了前来增援的塔什干突厥人和费尔干纳人。值得一提的是，布哈拉国和撒马尔罕都曾求助于默啜可汗，每次默啜都会派阙特勤领兵去解救这些粟特人。胜利后的库泰拔又挥师远征塔什干和费尔干纳。715年，当他第二次进攻费尔干纳时，哈里发王朝发生了内乱，其部下杀死了库泰拔。这位阿拉伯将领真正希望的是征服西亚，他的去世和唐玄宗在中亚势力的复苏，让粟特人看到了收复失地的希望。715年，唐将张孝嵩将阿拉伯人扶持的费尔干纳王驱逐，恢复被阿拉伯驱逐者的王位。718~719年，阿拉伯人扶持的布哈拉王吐格沙达也要求归顺大唐，为示其诚，他还在726年派其弟去长安当人质。另外，撒马尔罕和吐火罗地区的统治者都向大唐寻求保护，以抵御阿拉伯人的蹂躏。

虽然唐玄宗也有扩张领土的愿望，但对派出远征军到粟特或巴克特里亚，以及公开与倭马亚王朝交战仍然犹豫不决，这使得撒马尔罕、布哈拉和昆都士的突厥—伊朗人依靠唐军赶走阿拉伯人的企图落空。唐玄宗通过授予粟特人和吐火罗人的特权来加强他们对阿拉伯人统治的抵抗。此后，在突骑施王苏禄的支持和鼓励下，布哈拉和撒马尔罕人都爆发了反对阿拉伯人的大起义。

唐玄宗的做法，无疑纵容了阿拉伯人在撒马尔罕和布哈拉的统治，只因此时的唐朝正在努力对付让他们颇为头疼的邻人——吐蕃人，这些吐蕃人在甘肃和塔里木盆地肆无忌惮地兴风作浪着。

早在700年，吐蕃人曾被唐将唐休击败，702年，他们在向唐朝求和后又很快反悔。唐军于737年、746年、749年分别派唐休、王忠、哥舒翰在青海以西三次击败吐蕃人，平定了叛乱。克什米尔和迦毕诚国都受到过唐朝的册封，并得到唐将高仙芝（被任命为库车副节度使）的帮助，摆脱了吐蕃人的控制。高仙芝在帕米尔

□ 步辇图　阎立本　唐代

《步辇图》以文成公主和松赞干布联姻这一历史事件为题材，展示的是唐太宗接见迎接文成公主入藏的吐蕃使者禄东赞时的情景。对于草原文明来说，臣服与征伐都是其生存所必需的策略，唐玄宗时，吐蕃对其臣服，从而获得唐朝的大力资助。而在唐王朝走向没落后，吐蕃则开始选择另一种策略——劫掠。

的胜利，维持了帕米尔高山谷地的交通顺畅，标志着唐朝在中亚的扩张达到了顶点：取得了塔里木地区、伊犁河流域和伊塞克湖地区、塔什干等地的宗主权，成为吐火罗地区、喀布尔和克什米尔的保护者。在库车驻地的高仙芝，已俨然是唐朝在中亚的总督。

然而，一切很快就崩溃了。可谓是成也高仙芝，败也高仙芝。高仙芝指责塔什干王未尽到保卫边境之职，于是将他杀害并夺其财产。这一暴行激起了塔什干人的强烈反抗，高仙芝也因此遭到了灭顶之灾。751年7月，葛逻禄和阿拉伯联军在怛罗斯河两岸彻底击溃了高仙芝，俘虏数千人。这场失败，使中亚从此转向了穆斯林（伊斯兰教信徒的统称）世界，唐朝则失去了在中亚的霸权，这一历史事件彻底改变了中亚的命运。

蒙古族契丹人安禄山发动的"安史之乱"，几乎覆灭了唐朝的统治。这位冒险家迅速占领了长安、洛阳两大都城，唐玄宗逃往四川。唐玄宗之子唐肃宗向突厥族回纥人求救，企图收回河山。

从前文可知，744年，回纥突厥人取代了蒙古东突厥。回纥的磨延啜可汗非常乐意接受唐肃宗的求助，而唐肃宗也把公主许配给他作为回报。757年，在回纥军与唐军的联合下，东都洛阳被夺回。唐肃宗不但对磨延啜可汗加封，还给予其丰厚的奖赏。

但是，中国的内战一直没有得到平息，以致磨延啜的继承者登里牟羽在叛军的引诱下，想要趁唐朝之危落井下石。为此，他甚至率军准备征伐唐朝。然而，在征伐途中，唐朝使者药之昂把他说服。他反过来又和唐军合作，联合夺回洛阳，但还是顺手牵羊掠夺了洛阳城。登里牟羽虽然算得上是唐朝的救星，但其实已经成了贪婪的保护者和危险的同盟军。763年3月，收获满满的登里牟羽终于踏上了回归蒙古的路途。在登里牟羽之后的可汗们的统治下，回纥汗国继续统治着中亚。他们也曾屡屡向唐朝请求联姻，唐朝深谙其中的利害关系，所以不敢拒绝。

登里牟羽在洛阳停留期间，摩尼教（即明教，发源于古波斯萨珊王朝，其教徒为粟特人）僧侣对他的精神世界带来了较大的影响。回蒙古时，他带上了摩尼教僧侣，并皈依此教。摩尼教成为回纥汗国的国教，其教条被用来处理国事。随着摩尼教一起传入回纥的还有基督教、马兹达哲学和伊朗艺术，摩尼教的传入对回纥族的文明作出了重大的贡献。768年，在回纥可汗的要求下，唐朝天子颁布了准许

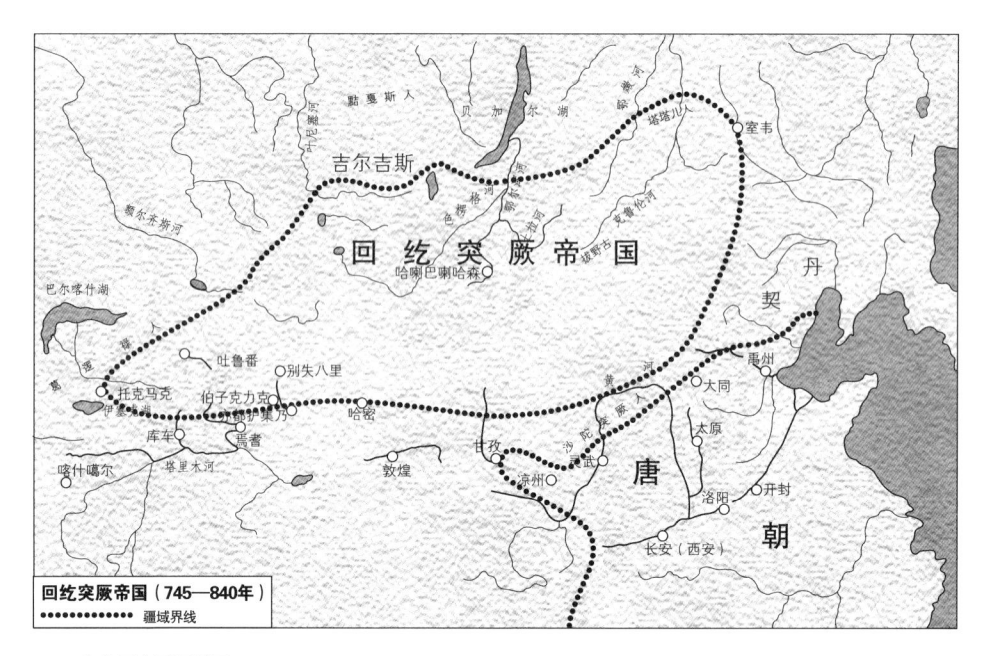

□ 回纥突厥帝国疆域图

　　744年，回纥突厥人取代蒙古东突厥之后，回纥汗国的疆域不断扩展。其最强盛时，疆域北至叶尼塞河，南跨大漠，东接室韦，西至伊塞克湖托克马克一带。840年，来自叶尼塞河上游的黠戛斯人攻陷了回纥突厥汗国都城，杀死了回纥可汗，推翻了回纥突厥帝国。

摩尼教徒在中国布教的法令。随后，荆州、扬州、绍兴和南昌等地都建起了摩尼寺庙，专供回纥使者歇息。788年，回纥可汗要求唐朝改称他们为"回鹘"。867年，他们要求在洛阳和太原另建摩尼寺。

　　在已经并入回鹘领地的吐鲁番地区，摩尼教也颇为盛行，回鹘都护所在地的波斯式小画像和精致的聂思托里教的壁画，以及栩栩如生的施主画像等，都是随摩尼教的传入一起被带进来的。

　　回鹘人不仅从伊朗借来摩尼教作为国教，他们还借来了源自叙利亚文的粟特字母，并在此基础上发明了自己的文字，即回鹘文。9世纪，回鹘文彻底代替了鄂尔浑河的古突厥字母。借助回鹘文，回鹘人创造了民族文学，最早的突厥文学就是他们把伊朗文的一些摩尼教经典和梵文、库车文和汉文的大量佛经译成的文学。由此看来，创造了文明的回鹘比其他的突厥—蒙古各族更为先进。

　　随着文明化进程的加快，回鹘人的政治却日益衰落。840年，来自叶尼塞河上游的黠戛斯人攻陷了回鹘都城，杀死了回鹘可汗，推翻了回鹘帝国。一百多年来，唐朝一直对回鹘这个太过强大的盟友诚惶诚恐，如今也乘他们衰弱之机，于843年通过对摩尼教僧侣有计划地迫害来摆脱他们。

黠戛斯人取代回鹘人之后，便移居到鄂尔浑河上游的哈喇巴喇哈森和和林附近，使蒙古地区又重新变成了蛮荒之地。回鹘汗国灭亡后，一部分回鹘人定居在塔里木北缘的高昌、济木萨、焉耆和库车；另一部分萨利回鹘人则居住在甘州一带，甘州回鹘国一直存在到1028年他们被唐兀人（党项人后裔）征服。从10世纪敦煌佛教的繁荣状况来看，萨利回鹘人必定是放弃了摩尼教而改信当地的佛教。

迁徙到吐鲁番和库车境内的回鹘居民，空前加剧了印欧语地的突厥化，也加速了回鹘文化和土著文化的交融。回鹘人从"吐火罗语"文学珍品中吸收养分，以此来延续这些吐火罗作品。回鹘文学常常被刻在木块上，这就意味着，它们将对之后的突厥—蒙古族政权时期的文化产生重大的影响。

由于唐朝皇帝的昏庸无能，以及沉重的苛捐杂税，从公元859年起，唐朝的农民起义频发，历时25年之久。在此期间，藩镇割据局面形成，唐朝政权日渐衰落。907年，藩镇朱全忠逼唐哀帝禅位，唐朝灭亡。唐都城长安落入起义军手里，唐朝廷只好向一支新的突厥部落——沙陀突厥求援。

沙陀原本属于西突厥部落，后从中分裂出来。从7世纪起，他们生活在新疆巴里坤湖以东。712年，此地遭到吐蕃人的劫掠，他们便朝古城方向迁移。808年，吐蕃入侵者又将他们赶走，他们只好向唐朝请求援助，唐朝遂把他们作为盟邦，安置在鄂尔多斯北部、灵州的东北部。

此后，沙陀突厥人一直留居在鄂尔多斯地区。直到878年，沙陀部的一位首领李克用趁唐朝动乱之机，攻占了山西北部大同边区，他企图更好地插手中国政权。880年，当农民起义威胁到唐都长安时，唐朝向李克用求援，后者立即伸出了援手。883年，李克用率兵把起义军赶出了长安城，他也因此被唐朝任命为节度使和左原的总督。他的忠诚最终打消了他想登上中国王位的念头。但与他同时代的匪首朱温却废黜了唐朝的最后一个皇帝而自己称帝，建立"后梁"王朝。李克用仍是山西的君主，其子李存勖继位后，推翻"后梁"王朝，建立了"后唐"王朝，成为了中原的皇帝（以洛阳为都城）。936年，另一位沙陀突厥人石敬瑭在契丹人的帮助下推翻了"后唐"皇帝，建立"后晋"王朝，以开封为都城。946年，这支已经完全中国化的古代突厥人，最终被真正野蛮的蒙古族契丹人推翻。

契丹人和女真人

405年，契丹人居住在辽河以西，即今热河地区。契丹是蒙古种族，他们所讲的蒙古方言已融入通古斯口语，出现颚化。696年，契丹人穿过山海关，攻陷河北永平，直抵北京城下。唐朝向当时极为强大的东突厥默啜可汗请求援助，697年，默啜可汗在契丹后方予其致命的一击，使他们在此后的三个世纪里没有再扩张。734~735年间，契丹和唐朝之间发生的边境战争也未能使形势发生任何改变。751年，契丹击败了入侵平卢［719年置镇，治营州(今辽宁朝阳)］的一支唐朝军队，而这支军队的领军人物，正是与契丹同族的、臭名昭著的安禄山（"安史之乱"时期，此地为安禄山的根据地之一）。

10世纪初期，精明强干的耶律阿保机统治着契丹，为耶律部夺取了拥有最高权力的可汗之位。耶律阿保机用中国的模式来统治其部落。947年，耶律阿保机的继位者把他们的王朝称作"辽朝"，中国历史上则称其为"辽国"。924年，耶律阿保机挥师鄂尔浑河上游，把在此居住了约一个世纪的哈喇巴喇哈森的黠戛斯突厥人赶回了西部草原。926年，耶律阿保机消灭了东方的通古斯—高丽人建立的渤海国，他在此次远征中去世。契丹还降伏了生活在中国东北部乌苏里森的通古斯女真人。

□ **契丹大字铜印**

图中的契丹镏金大字铜印为近长方形，印文为九迭篆字。印的右侧有五个契丹大字，其为研究辽代官职制度和契丹文字提供了宝贵资料。

耶律阿保机死后，其遗孀设法把自己最宠爱的次子耶律德光推上汗位。耶律德光执政之初，其母垂帘听政，耶律德光对她言听计从。羽翼渐丰以后，耶律德光便开始寻找机会干涉中国内政。936年，他和被自己扶持的后唐叛军石敬瑭一起，联手打败了后唐军队，并建立"后晋"王朝，推石敬瑭为皇帝。石敬瑭实际上是耶律德光的傀儡，任其摆布。古中国的完整,因石敬瑭的卖国行径而出现了第一道裂痕,之后越来越宽。这直接导致了整个北部中原的沦陷,甚至对13世纪蒙古人征服整个中原也负有不可推卸的责任。936~1368年,北京先后被契丹、女真和成吉思汗后裔占领,一直处于游牧民族的统治之下。938年,北京变成了耶律德光在南方的驻地,即"南京",其北方驻地是沙拉木伦河畔的临潢(今内蒙古巴林左旗东南波罗城),东方驻地是辽阳。

□ 契丹贵族驼车出行图 辽代

耶律阿保机在建国前后,对契丹传统的部族组织进行了重大的改革。一方面,他将若干部落重新加以组合,把过去以血缘组织为基础的氏族集团转变为帝国体制下的行政组织和军事组织,这种部落被通称为"部族";另一方面,他将若干氏族从部族组织中独立出来,如斡鲁朵、遥辇九帐、横帐三父房、国舅五房(通称为"宫帐")。上图为契丹贵族出行的情景,展示了契丹建国后阶级分明的社会面貌。

傀儡皇帝石敬瑭至死都效忠于契丹,而其继承者石重贵却妄图脱离契丹的控制,结果遭到了毁灭性的打击。947年1月1日,耶律德光在河间附近彻底击溃了石重贵的军队,并占领了"后晋"都城开封。这次,他开始自称为中国皇帝。虽然他一再向中国人表示亲善,却始终遭到中国人的反抗,抗辽的起义一波接一波。耶律德光在屠杀了彰德全城居民后,因疲于应付起义军而无奈返回热河,并虏走了全部的宫廷人员。同年,耶律德光在正定猝死,引起了契丹人的一片混乱,从而使中国获得了喘息机会。

在耶律德光撤退期间,时任山西节度使的沙陀突厥人刘知远于947年2月被其军队拥立为皇帝。在中国人的积极支持下,同年4月,他建立"后汉"王朝,在开封登基。

耶律德光死后,耶律阮和耶律璟先后继承了可汗之位。951年,后汉被后周驱逐到山西中部,建立了以太原为都的地区性小国——"北汉"。当时,先后在开封建立的统治王朝后周(951—960年)和宋朝(960年)为一方,在山西中部太原实施统治的"北汉"王朝为另一方,双方之间爆发了持续不断的战争。出于对后周的仇恨和保住自己小王朝的自私想法,北汉把自己置于契丹的羽翼下,这对契丹人来说自然是求之不得的。于是每有军队进犯北汉,契丹人都会及时出手相助,

□ 契丹金版画

图为契丹人制作的金版画，分别以车马游猎、骑马出行、帐中宴饮为主题。这套金版画沿用了唐代金银器加工的錾刻技术，同时体现了契丹民族艺术的独特性。这是契丹人仿效中原文化艺术的唯一遗迹。

保其政权。979年，北宋皇帝宋太宗不顾契丹的干涉，降伏了北汉国，使其归并。接着，宋太宗又对契丹开战，企图夺回包括大同、北京在内的"幽云十六州"。在契丹王耶律贤的顽强抗击下，宋军毫无进展，只得退兵。此后的许多年里，契丹和北宋之间一直战火纷飞，互有攻守。宋朝最为惨痛的一次失败是在986年。当时正值契丹年少的耶律隆绪执政，宋太宗觉得有机可乘，便兵分三路征讨契丹。岂料，除西进的军队占领了大同外，其余两路几乎全军覆没，宋朝也因此元气大伤。

11世纪初，藏族的一支唐兀人在鄂尔多斯和阿拉善地区建立了西夏国，建国者赵保机，又名李继迁。这个得到契丹认可的新国，成为了北宋的威胁。1001年，赵保机占领灵州，在兴庆府建立了都城。

1004年，契丹王耶律隆绪攻占保州、冀州、德清后，隔黄河与北宋都城开封相对。宋真宗御驾亲征，率兵直扑澶渊，双方在澶渊签订了合约，即历史上著名的"澶渊之盟"。之后的一百年里，双方相安无事，契丹满足于对北京和大同的占有，而宋朝却统治了除被契丹占据的地区外的整个中国，并放弃了收复北京和大同的愿望。

契丹随即把野心转向戈壁和高丽。在戈壁，契丹从回鹘手中夺取了甘肃西部城镇甘州（在1009年的远征中失去）和肃州。1014年，契丹对高丽发起进攻，却因高丽的顽强抵抗和来自乌苏里江畔的女真人的相助而遭到失败。

同时，西夏的唐兀人也把目光转向了西方。西夏王赵德明于1028年从回鹘手中夺取甘州。1036年，赵德明之子赵元昊从吐蕃人手中夺取了肃州和敦煌。1044年，赵元昊在鄂尔多斯附近粉碎了契丹发起的一次进攻。在元昊统治期间，唐兀人有了自己的文字，即西夏文，它源于中国文字。同样的，契丹人也创造了契丹文。

在契丹人的后方，即乌苏里森林和中国东北及今俄属沿海地带，住着一支被称为女真人的通古斯人,这是一个非常野蛮的民族。

1113~1123年,女真王室完颜部杰出的首领完颜阿骨打把女真人组织起来。他已经敏锐地觉察到,契丹在中国文化的影响下,逐渐变成了一支文明而温和的蒙古族人,其统治阶层也变得衰弱。1114年,完颜阿骨打起兵反叛契丹,夺取了契丹的领地。接下来的九年,女真人夺取了契丹的所有重镇。一心想从契丹人手中收复北京和大同地区的宋徽宗,立即和女真人签订了联盟条约,条约规定,女真将把北京归还给宋朝。然而,当时的宋朝根本没有能力收回北京。1122年,女真人夺取了北京。在北宋的强烈抗议下,女真人才于次年傲慢地将北京归还给北宋。契丹的最后一位国王耶律延禧仓皇逃往库库河屯,企图在武州落脚,但最终被女真骑兵捉住。

女真人征服契丹后,建立了金朝。1123年,战功卓越的完颜阿骨打去世,其弟吴乞买继承其位。当时,宋朝因为一些边境之地而与金国发生了摩擦,并暗中支持反金起义,这就导致了宋金之间的战争。短短数月内,金将完颜宗翰和完颜宗望双剑合璧,一路过关斩将,直抵开封城下,把整座城市围得水泄不通。宋徽宗与儿子钦宗开城门投降。这两个不幸的统治者与侍从及金银玉器一起,被金人押送回金国都城。

另一位宋朝王室成员赵构逃脱了这场灾难。1127年,他在南京被拥立为皇帝,建"南宋",自号宋高宗。虽有长江之天堑,南宋却没有因此而高枕无忧。1129年,完颜宗翰征服长江下游和淮河下游的地区后,又攻下了长江下游沿岸。另一支金兵渡江后又迫使南京投降,宋高宗逃往宁波,在金兀术的穷追不舍下,又避到温州,致使宁波和温州最后都落入了金兀术之手。纵横江南的金兀术差点被宋朝女将梁红玉围困击毙,最后在宋朝内奸的

□ **女子供养图 西夏**

西夏的历代帝王都笃信并提倡佛教。供养,是一个佛教名词,即以香花、灯明、饮食等资事三宝。供养分为两种——财供养和法供养。在佛教中,具备以上供养行为的人被称为"供养人"。下图为甘肃榆林窟壁画中的供养人,她们是几名西夏贵族女子。

□ 女真人

女真人是发源于东北地区的少数民族，以渔猎为生。他们在11世纪开始崛起，在首领完颜阿骨打的带领下于1115年建立大金政权。10年后，他们灭了契丹人建的辽国，随后又消灭了北宋王朝。500年后，这个民族中的另外一支再次攻破城门，进入北京建立清朝。

指引下渡江而逃。

长江以南的地区摆脱了金人的骚扰以后，宋高宗于1130年正式定都杭州。

以岳飞为代表的南宋主战派将领开始收复河山。1134年，岳飞带兵收复了军事重镇襄阳。1138年，当岳飞逼近开封准备痛击金兵时，懦弱的宋高宗却欲与金国议和。当时的金王合剌因为金国受到了来自蒙古人的威胁，也很想与宋朝议和。于是双方迅速签下了和约。签约后的金国拥有了包括山东、山西、河北、河南、江苏、安徽和陕西在内的领地，比契丹的范围还大。此时的中国被一分为二，南面是以杭州为都的中国人的南宋，北面是通古斯女真人的金国。

此时的蒙古人（第一次以"蒙古人"这一名称出现）已经登上了历史舞台，他们在合不勒可汗的领导下组织成部落联盟。1135~1139年，他们分别向金国的后方发起攻击。1147年，金人被迫割让了大部分领土给蒙古。

1149年，迭古乃弑君之后登上了金国王位。1153年，这位贪图享乐、耽于肉欲的金王放弃了金初的中国东北驻地，迁到了北京宫廷。在鞑靼人和蒙古人都加紧对中国东北进攻的情况下，他的迁移无疑就是放弃了上述地区。但迭古乃也是有野心的，他想统一中原，做真正的中国皇帝。1161年，在金国进攻宋朝的过程中，迭古乃因对部下太过残暴而被部下杀死。

乌禄在辽阳自立为金王，他是一位贤明能干、识时务的好君主。他继位后立即与宋朝重修旧好，乌禄的继位者是其孙子麻达葛。在麻达葛统治时期，军纪有所松散，但依然保持着对南宋的震慑。不过，麻达葛的继位者永济的日子则不那么太平了，因为蒙古人的入侵开始了。

第 3 章
13世纪前的突厥人与伊斯兰教

CHAPTER 3

13世纪前的中亚河中地区的历史,是波斯人与突厥人、伊斯兰教与非伊斯兰教之间的战争史。9~10世纪,伊朗人的萨曼王朝统治着中亚河中地区。从893年开始,萨曼王朝君主伊斯迈尔发起了对突厥世界的伊斯兰战争,伊斯兰穆斯林社会向突厥人敞开了大门。962年,突厥奴隶阿尔普特勤在阿富汗的加兹尼城建立了伽色尼王朝,这是信奉伊斯兰教的伊朗境内的第一个突厥人国家。999年5月,伽色尼王朝击败萨曼王朝,把呼罗珊地区纳入自己的版图。1041年,另一个突厥王朝——哈拉汗王朝消灭了伽色尼王朝,抢夺了其统治下的河中地区。12世纪,起源于辽河西岸的蒙古族契丹人夺取了哈拉汗王朝可汗的统治权,在东突厥斯坦建立了伊斯兰历史上的"喀喇契丹帝国"。1207年,花剌子模帝国打败喀喇契丹帝国,统治了整个河中地区。

抵御突厥的伊朗屏障：萨曼王朝

在751年的怛罗斯战役后，阿拉伯人巩固了对河中地区的统治，这使一个世纪之后的伊朗民族大受其益。阿拉伯总督认为，把中国和当时还是非伊斯兰教徒的突厥这两大威胁从河中地区消除之后，他们便是在哈里发（继任伊斯兰教国家政教合一领袖的人）的名义下，为了自己的利益而工作。然而，从850~875年，由历史上的古粟特人后裔组成的本地伊朗人，逐渐从阿拉伯人手中接过了统治布哈拉和撒马尔罕的权力，由此而形成了由纯伊朗人组成的萨曼王朝（源于巴尔赫附近萨曼的一个统治家族）。875~999年，萨曼王朝以布哈拉为首都，成为河中地区的统治者。至于这种统治权力的转移，并非经过了暴力或者革命，而是发生在哈里发的内部机构。萨曼王朝表面上谦虚地满足于"埃米尔"（意为"受命的人""掌权的人"）称号，假装充当着巴格达哈里发的代表。然而事实上，依照所有事情的进展来看，他们又好像是完全独立的，他们的主张表明：在非正统的伊斯兰教外壳下，实现伊朗民族国家的复辟才是其真正的目标。

□ 萨曼王朝的军队　插图

萨曼王朝是中亚地区的一个封建割据政权，其首领为"埃米尔"，他们表面上尊奉的是阿拉伯帝国阿拔斯王朝哈里发。该王朝的领土包括今乌兹别克斯坦的南部和土库曼斯坦的东南部、伊朗东北部、阿富汗西北部一带。图为萨曼王朝的军队。

萨曼王朝的真正建立者是纳斯尔·伊本·阿赫穆德。874~875年间，阿拉伯哈里发穆塔米德把河中地区赏赐给纳斯尔作为封地，纳斯尔以撒马尔罕作为驻地。随即，他把自己的兄弟伊斯迈尔任命为布哈拉的"瓦利"，即总督。885~886年，纳斯尔与伊斯迈尔之间爆发冲突，这在当时的河中各王朝统治者内部是极为寻常的。892年，纳斯尔逝世，伊斯迈尔一统河中天下，布哈拉也顺理成章地成为了萨曼王朝的新都城。

伊斯迈尔·伊本·阿赫穆德（892~907年在位）是萨曼王朝一位伟大的君主。900年春季，伊斯迈尔亲自率兵，在巴尔赫附近一带彻底击败了呼罗珊的萨法尔王朝（867年建立于波斯东部的伊斯兰教封建割据王朝），俘虏了其君主阿马尔·伊本·埃-勒斯，并占领和吞并了呼罗珊全境，使伊朗的国土扩大了一倍。902年，伊斯迈尔又对另一个王室发起战争，把包括剌夷（今德黑兰）和加兹温在内的塔巴里斯坦据为己有。从893年开始，伊斯迈尔对位于东北部突厥地区的怛罗斯发动了一场旷日持久的战争。在他攻占了怛罗斯之后，就立即把当地的一座名叫聂思托里的基督教教堂变成了清真寺。此次远征中，伊斯迈尔还夺得了突厥游牧民大量的马、羊、骆驼等战利品。在这场战争中，他又回到了古代萨珊国王们所遵循的防御性反击策略。这次战争也被称为波斯人对突厥世界的伊斯兰战争。处在边境地区的这些突厥游牧部落，在逐渐皈依伊斯兰教之后，其面对的冲突形势才变得缓和起来。萨曼王朝为改变突厥游牧部落的宗教信仰所进行的努力，却为自己未来的衰落与灭亡埋下了伏笔。因为萨曼王朝的这种努力，使伊斯兰穆斯林社会向突厥人敞开了大门，也使不少突厥首领把进入伊斯兰社会当作他们最终取代萨曼王朝的第一步。

□ **伊斯兰教风格的陵墓　插图**

10世纪中叶，通过几次扩张战争，萨曼王朝的版图已经扩大到中西亚的大部分地区，其范围之广，远胜于罗马帝国的全盛时期。与此同时，萨曼人信仰的伊斯兰教也在整个中亚乃至西亚地区传播开来。该图描绘的是当时伊斯兰教风格的陵墓。

纳斯尔二世统治时期（914~943年），萨曼王朝的疆域达到了鼎盛时期：北至塔什干，东北至费尔干纳，西南至剌夷，甚至远如喀什噶尔都在它的实际控制范围之内。但是，纳斯尔二世转而信奉伊斯兰教什叶派的举动，引发了当时河中地区狂热信奉伊斯兰教逊尼派的伊朗教徒的严重骚乱，最后导致他被迫退位。

努赫一世统治时期，萨曼王朝开始走向衰落。伊朗军事贵族不断地挑起反叛。同时，萨曼王朝逐渐对另一个伊朗王朝——统治波斯西部的布威王朝产生敌视，两个王朝之间的冲突因宗教信仰的不同而加剧。萨曼王朝信奉的是逊尼派，而布威王朝信奉的是什叶派，但是，宗教的分歧只是借口，战争的实质是都想争夺剌夷城。这场战争使萨曼王朝抵御突厥人的力量受到了严重的削弱，而且影响到了伊朗内部的历史，当时，因为不少突厥人集体皈依了伊斯兰教，并成为河中地区的雇佣军，从而使伊朗各重镇的钥匙转入了这些突厥人之手。

阿布德·阿尔-马立克一世统治萨曼王朝时，一位名叫阿尔普特勤的突厥奴隶被提拔为王朝卫队的统帅，后来又被任命为呼罗珊总督。但是不久之后，却遭到了继任萨曼王的曼苏尔一世的罢免。阿尔普特勤逃到巴尔赫城，在萨曼王朝军队的攻击下，又于962年退出巴尔赫，逃到阿富汗的伽色尼（即加兹尼）城。最后，阿尔普特勤及其家族靠着承认萨曼王朝的宗主权，在加兹尼建立了自己的伽色尼王朝，这是信奉伊斯兰教的伊朗境内建立的第一个突厥人的国家。963年，阿尔普特勤去世。977年，阿尔普特勤在加兹尼创建的突厥雇佣军被另一名前突厥奴隶赛布克特勤统率。赛布克特勤成为吐火罗地区和坎大哈的君主，并开始征服喀布尔。

当萨曼王朝处在努赫二世统治时期时，由于伊朗军事贵族闹独立，王朝内部已四分五裂。992年，贵族阿布·阿里向位于楚河河畔的巴拉沙衮城内的哈拉汗朝统治者博格拉汗·哈仑求援，以期联合对抗努赫二世。博格拉汗率军远征，于同年5月攻入萨曼王朝都城布哈拉，但他并不想留在该城。为了抵抗阿布·阿里的叛乱和哈拉汗朝的进攻，努赫二世向伽色尼王朝的赛布克特勤王求救。995年，精明的赛布克特勤率军从伽色尼出发，以保护萨曼王朝的名义占据了呼罗珊。就这样，萨曼王朝的疆域只剩下了河中地区，而该地区的两侧各有一个虎视眈眈的觊觎者：一是阿富汗和呼罗珊的主人——伽色尼突厥王朝，一是统治着楚河草原、伊犁河流域、喀什噶尔的哈拉

□ 伽色尼王朝的钱币

伽色尼王朝为中亚萨曼王朝将领阿尔普特勤所建，阿尔普特勤是突厥族奴隶出身，该王朝因都城在伽色尼而得名。阿尔普特勤在位期间，努力加强王朝的中央集权，注重厘定税收制度，重垦荒田，兴修水利，大力招揽人才，使伽色尼王朝的实力逐步提升。

□ **布哈拉的建筑**

位于今乌兹别克斯坦西南部的布哈拉始建于公元前1世纪,距今已有2 000多年的历史。9~10世纪时期,它是萨曼王朝的国都和文化艺术中心。1220年,布哈拉被成吉思汗占领,后来又被卡拉罕王朝和契丹人统治,并于1370年被阿木尔·帖木儿控制。图为萨曼王朝时期布哈拉的建筑物。

汗王朝。不管怎样,萨曼王朝是气数将尽了。

999年5月,赛布克特勤的儿子马赫穆德在莫夫附近打败了刚继位3个月的萨曼王朝君主马立克二世,迫使其永久地放弃了呼罗珊。同年10月,哈拉汗朝君王阿尔斯兰·伊列克·纳斯尔率军进攻河中地区,攻占了布哈拉,马立克二世被俘,萨曼王朝宣告灭亡。

就这样,整个伊朗王国被两个信奉伊斯兰教的伊斯兰突厥王朝瓜分:河中地区并入了喀什噶尔的哈拉汗朝的版图,呼罗珊地区则成了阿富汗的伽色尼王朝的疆域。

喀什噶尔和河中地区的突变：哈拉汗王朝

塔里木盆地北部的火州、别失八里、焉耆、库车，是回鹘突厥人在蒙古失势后的定居点。虽然这个古老的吐火罗地区因此而变成了突厥地区，但这些突厥人依然尊重该地区的佛教和聂思托里教。然而，在一个世纪以后，由于居住在喀什西部和东南部、伊犁河流域、伊塞克湖地区的哈拉汗王朝突厥人皈依了伊斯兰教，这些地区的特征被改变。在伊斯兰教和突厥人的双重影响下，这些地区的面貌都将不复存在了。

从10世纪中叶到13世纪初期，哈拉汗王朝一直统治着喀什噶尔，但我们对这个王室的起源几乎一无所知。如苏联东方学家巴托尔德所认为的那样，他们最初可能是一支九姓乌古斯突厥部落，后来从葛逻禄突厥人手中夺取了位于伊塞克湖西面的巴拉沙衮城。从伊斯兰文献的记载来看，喀什王博格拉汗萨图克是哈拉汗王朝的第一位统治者，其统治时期信奉并推广伊斯兰教。在10世纪末至整个11世纪期间，博格拉汗萨图克家族的成员瓜分了塔里木盆地西部各绿洲、楚河流域、怛罗斯平原。虽然他们信仰伊斯兰教，但对突厥人与伊朗人之间的恩怨却从没有忘记过，所以也从未停止过对河中地区萨曼王朝统治者的战争，尽管在当时的中亚细亚地区，萨曼王朝的统治者们正充当着伊斯兰教逊尼派这一正统教派的官方卫士。前面讲到，992年5月，哈拉汗王朝的博格拉汗·哈仑发动了对萨曼王朝都城布哈拉的战争，这是突厥人对萨曼王朝统治地区

□ **神灵奉献王冠　浮雕**

哈拉汗王朝依靠对军队和宗教的控制来维持统治。宗教被用于对王室权力神圣地位的肯定。图中这座位于纳克西－鲁斯太姆的古代浮雕就描绘了神灵向统治者奉献王冠的情景。

一系列入侵的开始。而哈拉汗王朝在费尔干纳乌兹根地区的另一个统治者——阿尔斯兰·伊列克·纳斯尔则胜利地攻入了布哈拉，俘虏了萨曼王朝的末代君主马立克二世，并吞并了河中地区。当时由西北印度杰出的征服者马赫穆德苏丹统治的另一个突厥王朝——伽色尼王朝，夺得了萨曼王朝遗产中的阿姆河以南的呼罗珊。两个穆斯林突厥王朝最初的关系是友好和睦的，阿尔斯兰·伊列克·纳斯尔还将自己的女儿嫁给了马赫穆德为妻。但这种友好的关系是十分短暂的。哈拉汗王朝不仅统治着喀什噶尔，还统治着伊犁河和楚河流域这一大片原突厥国土，因此它以正统的突厥王朝自居，视曾经为奴隶的伽色尼王朝的统治者们为暴发

□ **课功 插图**

哈拉汗王朝的统治者信奉并提倡伊斯兰教，因此伊斯兰教义，尤其是"课功"的教义，得以在哈拉汗王朝内广泛传播。"课功"又称"天课"，它是一种以安拉名义而征收的宗教赋税，后来逐渐演变为一种伊斯兰教法定的施舍。伊斯兰教徒认为，通过交纳课税，可使自己的心灵和财富变得更为纯洁。

户。另一方面，伽色尼王朝的马赫穆德在1004年至1005年间，又把印度的旁遮普并入了自己的阿富汗和呼罗珊，同时还掠夺了大量的财富，可谓是权力财富都达到了顶峰，所以全然不把印度王公贵族世界放在眼里。他把一直定居在北部贫瘠草原蛮荒之地的哈拉汗王朝突厥人看作是野蛮的同族人，并把他们视为印—伊帝国的一个长期性的威胁。不出马赫穆德所料，1006年，哈拉汗王朝的阿尔斯兰·伊列克·纳斯尔在其堂兄于阗王喀迪尔汗·优素福的援助下，乘马赫穆德被印度事务缠身之机，大举进攻呼罗珊，洗劫了巴尔赫和尼沙普尔。1008年1月4日，返回伊朗的马赫穆德在巴尔赫附近的沙尔希延大败伊列克，并把他赶出了呼罗珊。伊列克死后，哈拉汗王朝的第三位可汗托甘汗却被马赫穆德争取了过去。

如果说以上还只是"突厥家庭"间的纠纷，那更为严重的莫过于来自外敌的侵犯——就在伊列克与马赫穆德在阿姆河沿岸交战时，哈拉汗王朝的后方却受到了北京的契丹王国的攻击。1017年，契丹王国的一支军队入侵喀什噶尔，却被哈拉汗王朝君主托甘汗击败。从研究学者米诺尔斯基发现的一份证据来看，契丹王

国曾派一位使臣到马赫穆德那里，毫无疑问，二者之间达成协议共同对付哈拉汗王朝。事实上，当时的马赫穆德正处在征服印度的旷日持久的战争中：他于1014年攻占塔内瑟尔；1019年攻占马图拉；1020~1021年间围困瓜廖尔；1025年攻占索姆纳特。一系列的征战使伽色尼王朝的疆域延伸到了恒河和马尔瓦。1025年，马赫穆德开始回过头来对付正统治着布哈拉和撒马尔罕的哈拉汗朝的阿里特勤。阿里特勤对马赫穆德的强势攻击难以招架，后者很快进入撒马尔罕。与此同时，哈拉汗王朝的另一位统治者——喀什王喀迪尔汗·优素福进入河中地区，在撒马尔罕城与马赫穆德进行了友好的会晤，共商瓜分河中地区事宜。然而，这二人的图谋并未实现。1026年，当马赫穆德刚返回呼罗珊，阿里特勤就重新夺回了布哈拉和撒马尔罕。1032年，马赫穆德的继承人即其子马苏德派兵攻击阿里特勤，再度占领布哈拉，但未能守住该城，其主人仍然是阿里特勤，直到阿里特勤于次年去世。1041年，河中地区落入了哈拉汗王朝另一位统治者——贝里特勤手中，其统治一直持续到1068年。

1040年5月22日，伽色尼王朝的统治者们在莫夫附近的丹丹坎战役中被另一支突厥人——塞尔柱人击败，对方夺取了呼罗珊，并把他们赶回阿富汗和印度。1089年，第三代塞尔柱苏丹马立克沙赫夺取了布哈拉和撒马尔罕。从此，统治着布哈拉和撒马尔罕的哈拉汗王朝只不过是作为塞尔柱苏丹们的代理人而存在，而此时的河中地区也只是塞尔柱帝国的一个属地而已。

正当河中地区的哈拉汗王朝处在抗争和衰亡时，伊犁和喀什噶尔的哈拉汗王朝的统治者们却有幸远离了这些残酷的纷争。喀迪尔汗·优素福把巴拉沙衮、喀什、于阗等领地上的家族成员重新统一起来。他去世之后，他的儿子阿尔斯兰汗

□ 布哈拉城　彩绘

布哈拉城是伊斯兰教的圣地，在整个伊斯兰世界中占据着崇高的地位，被视为"高贵布哈拉"，因此有"为所有伊斯兰教徒带来荣耀与欢愉"的美誉。马赫穆德和阿里特勤曾为了争夺它而进行了多次战争。

统治巴拉沙衮、喀什和于阗，其在位时间约为1032~1055年；他的另一个儿子博格拉汗·穆罕默德则统治着怛罗斯，其在位时间约为1032~1057年。1055年，博格拉汗·穆罕默德从阿尔斯兰汗手中夺取了喀什噶尔，重新统一了该地（但随后又分裂了）。在11世纪末博格拉汗·哈仑的统治时期，巴拉沙衮、喀什、于阗再次统一起来。大约1069年，一本著名的突厥文写成的《福乐智慧》，就是歌颂博格拉汗·哈仑的。

当后来的蒙古人，即契丹人征服喀什噶尔、伊塞克湖地区时，穆斯林突厥的统治已经深深地扎根于此，这还得归功于哈拉汗王朝的统治者们。

突厥历史上的塞尔柱人

10世纪的波斯地理书《世界境域志》记载道：在巴尔喀什湖以北的萨雷河、图尔盖河和恩巴河之间，即现在的吉尔吉斯—哈萨克地区的草原上，居住着古兹人。古兹人又称乌古斯人，拜占庭编年史则称之为奥佐伊人，他们是突厥种。从语音的发音上来看，他们无疑是比较特殊的，因为他们把"y"音读成了"j"音。从成吉思汗时代开始，这些古兹人就被称为土库曼人，即我们现在的突厥人。

11世纪时，古兹人发展成了一个关系松散，内部之间冲突不断的部落群，和现在的土库曼人很相似。大约在1054年，俄罗斯编年史开始有了关于南俄罗斯古兹人的记载，因此他们应该是在稍早一点的时候就在此求生了。但这些古兹人一直遭到另一支突厥人，即居住在鄂毕河或额尔齐斯河中游的基马克人中的钦察人驱赶，被迫迁徙至多瑙河下游，并越过多瑙河进入巴尔干地区。1065年，他们在该地被击溃。而另一支古兹人部落的命运则完全不同，他们朝着另一个方向迁徙，并征服了波斯和小亚细亚，他们就是前面所说的打败哈拉汗王朝的塞尔

□ 塞尔柱骑兵

突厥塞尔柱战士在10世纪的西亚享有极高的声誉，他们甚至曾组建成雇佣兵，为各个王朝作战。在他们建立起自己的帝国后，这些剽悍的勇士开创了突厥史上最伟大的帝国。

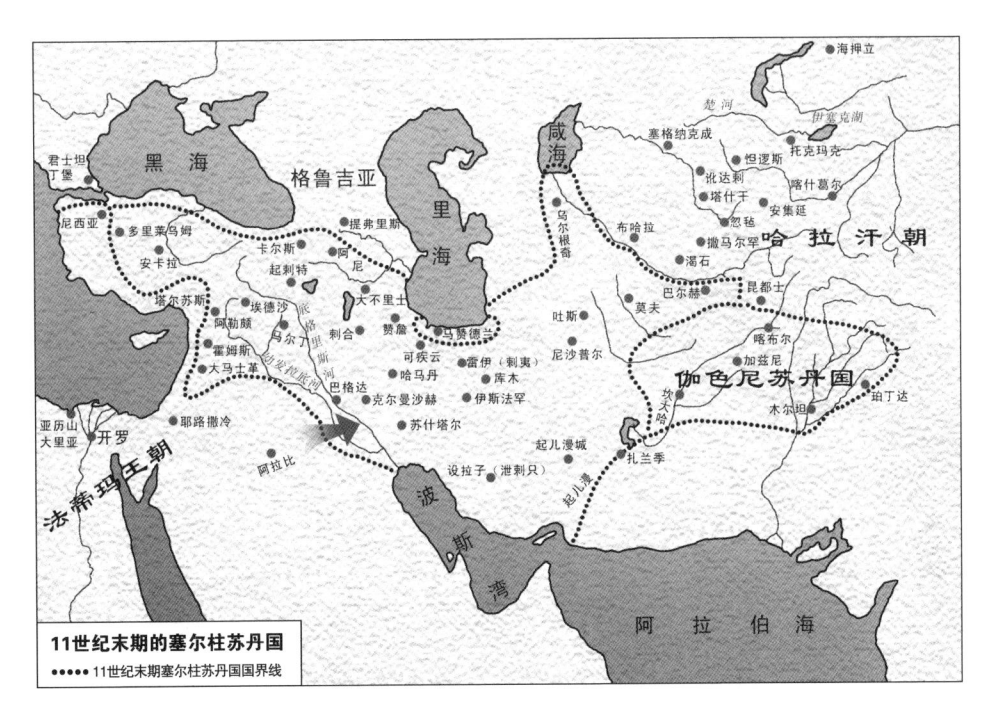

11世纪末期的塞尔柱苏丹国
●●●●● 11世纪末期塞尔柱苏丹国国界线

□ 塞尔柱帝国版图

11世纪末期，塞尔柱帝国达到顶峰，其版图东起中亚并与宋朝接壤，西至叙利亚及小亚细亚，南达阿拉伯海，北至基辅俄罗斯边境，形成强大的军事封建帝国。

柱人。

塞尔柱部落的得名来自于其头人塞尔柱克之名。塞尔柱克的父亲名叫杜卡克，外号"帖木儿雅里赫"，据传是古兹乞尼黑部落的一位酋长。985年，塞尔柱克率领乞尼黑部落从古兹主体脱离出来，驻扎在锡尔河下游的右岸，即现在的波罗威斯克附近的克孜勒奥尔达的真德方向。据考证，塞尔柱克的几个儿子分别名叫米凯尔、穆萨和伊斯莱尔，所以有人推测塞尔柱应该信奉了聂思托里教。然而，这也是不确定的，因为在基督教的《圣经》以及伊斯兰教中也有这些名字。还有一种可能是，塞尔柱家族在萨曼王朝统治下的河中边境地区定居时，被迫放弃了古老的突厥—蒙古族的萨满教而皈依了伊斯兰教。

当萨曼王朝艰难地抵抗塞克湖和喀什噶尔的哈拉汗王朝入侵时，塞尔柱人明智地选择与萨曼王朝的伊朗王公们站在一起，共同反对哈拉汗王朝。然而，这个时期的塞尔柱人刚从萨雷河和伊尔吉兹河草原上走出来不久，且又来自异教地区，所以事实上他们比哈拉汗王朝人更野蛮；而此时的哈拉汗王朝人已经信奉了伊斯兰教一个多世纪，在东面的回鹘人和西面的伊朗人的共同影响下，已经比较开化了。

萨曼王朝灭亡后，趁着河中的哈拉汗王朝与呼罗珊的伽色尼王朝之间为争夺萨曼王朝遗产而争吵不休之际，塞尔柱人用现在土库曼人的方式一步步地不断向前推进，驻扎在河中腹地。985年，布哈拉的东北部布满了塞尔柱人的帐篷。1025年，一个名叫阿尔斯兰的塞尔柱人被推举为首领。他率领其部落辅助哈拉汗王朝在河中地区的统治者阿里特勤，共同抗击伽色尼王朝的马赫穆德。阿尔斯兰被马赫穆德俘虏，押解到加兹尼。马赫穆德采取严格的约束措施，企图迫使塞尔柱部落的其他人臣服。但是这些措施对于过着游牧生活的塞尔柱人毫无效果。无奈之下，伽色尼王朝依然让阿里特勤当了河中的主人。1032年，阿里特勤去世，一直忠于阿里特勤的塞尔柱人却起来反对他的儿子们。就此，塞尔柱人开始为自己的利益而战。1038年，塞尔柱人首领吐格利尔拜格在向伽色尼王朝的苏丹马苏德索取呼罗珊部分地区遭拒后，便率兵强占了尼沙普尔。1040年5月22日，塞尔柱人在莫夫附近的丹丹坎战役中大败马苏德，后者被迫退回到阿富汗地区。塞尔柱人占领了整个呼罗珊。

在所有信奉伊斯兰教的各突厥部落中，塞尔柱人是最不开化、最缺乏传统意识的一支，他们只是靠一次意外的成功而成为了东伊朗的主人。所幸这个部落的首领们还算比较明智，否则塞尔柱人此次的成功对文明世界来说可能是一场灾难。塞尔柱人的首领们并没有对阿拉伯—伊朗文化进行野蛮的摧毁，而是充当了保护者的角色，因为他们已经意识到了这种文化的优越性。吐格利尔拜格进入尼沙普尔后，就规定塞尔柱人必须遵守伊斯兰制度。塞尔柱人的征服仍以草原游牧民的方式进行，每个家族成员都要自己去掠夺战利品，首领的亲属们也不例外，但同时他们都必须承认吐格利尔拜格的最高权威。1042~1043年间，吐格利尔拜格的兄弟查基尔拜格占领了花剌子模。剌夷则成了吐格利尔拜格的表兄弟易卜拉欣·伊本·伊纳尔的定居点，但由于游牧民作风太过强盛，致使他的军队在当地犯下了一些暴行，吐格利尔拜格不得不对他加以干涉，以恢复当地人的正常秩序。在进一步进入阿拉伯—波斯世界之后，吐格利尔拜格越来越多地从这些文明世界的行政管理意识中获取教益，这也使他由一个野蛮部落的联盟首领逐渐升华成为一个正规的国家领导人，从而保证了他对自己的亲属，即其他部落酋长的绝对权威和支配地位。

西波斯长期由纯波斯人组成的布威王朝统治。布威王朝的确是真正的波斯王朝，他们甚至不顾自己只是以与巴格达的伊斯兰逊尼派哈里发之间并行的"埃米尔—乌尔—乌马拉"身份，而信奉在波斯地区颇有争议的伊斯兰什叶派，他们使巴格达的哈里发处于无权地位，并以宫廷侍长的身份代他们行使大权。但是布威王朝在11世纪时处于衰落时期。1029年，伽色尼王朝的马赫穆德夺走了他们在伊剌克—阿只迷（Iraq-Adjémi，对今伊朗西部与伊拉克东北部的合称）的大部分地区。1048~1055年塞尔柱人入侵时，布威王朝的末代君主库思老·俾路支·拉希姆仍然以"埃米尔—乌尔—乌马拉"的头衔，统治着巴格达、伊剌克阿拉比、设拉子、法尔斯等地区，他的一个兄弟统治着起儿漫地区。

□ 星期五清真寺　摄影

塞尔柱帝国统治时期，伊斯兰教的文化得到了广泛的发展，尤其是在建筑领域。图中的星期五清真寺正是这个时期发展起来的建筑风格的典范，至今仍具有深远的影响。

当后来的塞尔柱人首领吐格利尔拜格征服伊剌克—阿只迷时，该地区已是一片混乱。但这些古兹游牧民竟不知道怎样去占领城市，所以伊斯法罕的抵抗持续了一年，最后因饥荒而投降。征服了伊剌克—阿只迷之后，吐格利尔拜格被定居生活所吸引，于是决定在此建立都城。就是在这种政治动荡、封建分裂、文化混乱的状态下，吐格利尔拜格代表并建立了一种秩序，且被人们所接受。1054年，桃里寺、刚加等阿塞拜疆地区的君主们纷纷归顺吐格利尔拜格；阿拔斯哈里发阿尔·哈伊木、哈里发卫队统帅贝撒希瑞亲自把吐格利尔拜格召到巴格达，表示希望摆脱布威王朝的统治。因此，1055年，吐格利尔拜格趁机进入巴格达，将布威王朝末代君主库思老·俾路支·拉希姆彻底推翻。

1058年，哈里发承认吐格利尔拜格是哈里发世俗权力的代理人，并赐给他"东方和西方之王"的称号，即认可了他推翻布威王朝这一事实。在获得了这个前所未有的荣誉之后，吐格利尔拜格又马不停蹄地回过头来镇压其表兄弟易卜拉欣·伊本·伊纳尔的反叛，后者与贝撒希瑞结成了同盟。1058年12月，贝撒希瑞曾利用这对表兄弟的内部战争，在短期内重新攻占巴格达，然后在此宣布，阿尔·哈伊木哈里发下台（他认为阿尔·哈伊木哈里发对塞尔柱人太过友善），并转而支持伊斯兰教什叶派。在此形势下，吐格利尔拜格倒显得很沉着果断，他先是在刺夷附近打败并处死易卜拉欣·伊本·伊纳尔，随后又重新夺回巴格达，杀死贝撒希瑞，并于1060年初将阿尔·哈伊木哈里发迎回了都城。自此，吐格利尔拜格这位古兹部落联盟的酋长，不仅完全把自己的部落、氏族和家族置于一定的纪律之下，同时还拥有了一个正规政府领导人的地位，并被承认是阿拉伯哈里发国的正式代表；更重要的是，因为拯救了哈里发，他获得了伊斯兰教正统教派——逊尼派的高度赞扬。

就这样，突厥的苏丹国家代替原来波斯的埃米尔国，成为了阿拉伯哈里发世俗权力的代表。这是一种漫长的代替，尽管突厥塞尔柱人才皈依伊斯兰教没多久，但是与信奉伊斯兰教什叶派的伊朗人相比，他们有幸信奉了伊斯兰教正统的逊尼派。当然，他们也谈不上是狂热的信徒，因为最初的几位塞尔柱苏丹都是异教什叶派的后代，又太粗野，不可能很快就接受逊尼派的意识形态。但在向西方进行征服扩张时，他们却发现这种意识形态是可以利用的。于是，他们打着伊斯兰教圣战的旗号，把征服扩张标榜成了正当的行为。由于当时西亚社会的财力基本消耗殆尽，因此他们几乎没有使用战争手段或暴力行为，就把阿拉伯帝国纳入了其突厥帝国的版图。征服了阿拉伯帝国以后，塞尔柱人也未对其进行摧毁，而是注入了新的活力，这就使得他们的突厥帝国显得合法化了。

吐格利尔拜格的继承者、他的侄儿阿尔普·阿尔斯兰·伊本·查基尔拜格自1063年继位开始，就不得不担负起废除氏族成员内部不遵守法规的陋习的任务，因

□ 吐格利尔拜格的军士　插图

吐格利尔拜格是11世纪塞尔柱人的领袖，在其统治下，塞尔柱社会发展到顶峰。图中正襟危坐的便是吐格利尔拜格。

为这些塞尔柱的氏族成员们对于把他们组织在一个正规的国家十分不满。1064年，阿尔普·阿尔斯兰打败了堂兄库吐尔米希和企图在起儿漫起兵反叛的叔叔喀乌德，他处死了堂兄，赦免了叔叔。1070年，西方阿勒颇的米尔达西王朝向阿尔普·阿尔斯兰称臣。次年8月19日，阿尔普·阿尔斯兰又在亚美尼亚的曼吉克战役中一举打败拜占庭，俘虏了拜占庭皇帝罗曼努斯·狄根尼斯。这次战役在当时也只不过是打上了塞尔柱人征服亚美尼亚的印记而已。但是从长远来看，它却具有

□ 作战中的塞尔柱人　油画

11世纪，塞尔柱帝国内存在着许多小部落，这些部落之间经常为了争夺战利品而进行战争，塞尔柱帝国在这些内耗中逐渐衰落。

重大的历史意义——确保了突厥人对安纳托利亚的征服。阿尔普·阿尔斯兰很快就给予拜占庭皇帝自由，并没有过多地为难他。在处理国内事务上，阿尔普·阿尔斯兰极为明智地把行政管理权交给了波斯首相。

1072年，阿尔普·阿尔斯兰去世，其年仅17岁的儿子马立克沙赫继位。趁着塞尔柱帝国新老统治者更替之际，当时河中地区的哈拉汗王朝统治者沙姆斯·乌尔·莫尔克入侵呼罗珊，占领了巴尔赫。新上任的马立克沙赫立即发动了抗击哈拉汗王朝的战争。当塞尔柱人的军队推进到撒马尔罕时，沙姆斯只好请求议和，最后向马立克沙赫俯首称臣。马立克沙赫把巴尔赫交给弟弟塔卡什管理，但不久塔卡什便起兵发起叛乱。为此，马立克沙赫两次出兵远征镇压塔卡什，并于1084年派人挖掉了塔卡什的眼睛。而在此之前的1078年，马立克沙赫的叔叔喀乌德在起儿漫发动叛乱，马立克沙赫发兵将其镇压，并把喀乌德处以绞刑。

这些事件表明，尽管有波斯首相尼查姆·乌尔·莫尔克的精明管理，马立克沙赫要引导其古兹部落去接受一个以他为苏丹的阿拉伯—波斯国家体制，还是非常困难的。莫尔克和波斯的官僚机构都力图把塞尔柱部落联盟的作用限制在过去突厥卫队的范围内。但是，要使这些不安分的氏族成员服从命令，要使这些尚未开化的游牧民定居在土地上，确实是极其艰巨的任务。最后，苏丹马立克沙赫

和首相莫尔克一致认为：必须把塞尔柱帝国的冒险建立在一个稳定的基础上，必须强行让这些古兹部落的游牧民接受波斯人的定居生活方式，从而使塞尔柱帝国成为传统式的波斯帝国。马立克沙赫本人就非常乐意在都城伊斯法罕的豪华宫廷里，延续古代伊朗沙赫们的世系。

1080年，为了反对东北方的哈拉汗王朝，马立克沙赫发动了第二次远征河中的战争，打击了沙姆斯·乌尔·莫尔克的继承者、他的侄儿阿黑马德。马立克沙赫先是把阿黑马德监禁起来，后来又启用他作为自己的属臣派驻撒马尔罕。1081年，马立克沙赫的堂弟塞尔柱幼支苏里曼·伊本·库吐米施不受他的控制，在小亚细亚的尼西亚驻扎下来，这对拜占庭很不利。当时处于内战的拜占庭人却轻率地向苏里曼求援，后者最后建立了塞尔柱的罗姆苏丹国。罗姆苏丹国先是以尼西亚为都城，之后迁都伊康。

塞尔柱帝国作为一个定居的政权，实际只控制了波斯，那些独立的古兹部落联盟却在小亚细亚的原拜占庭疆域内非常活跃。这些古兹部落有的是由像苏里曼这样的塞尔柱幼支统领，有的则是由来历不明的突厥酋长统率。正如卡帕多细亚的丹尼什门德王朝的埃米尔们一样，这些部落显然是从1084年开始统治锡瓦斯和凯撒里亚的。随着流浪的古兹部落的迁徙，这些古文明地区被他们以吉尔吉斯草原上的方式分割了。为了避开这些流浪的"兄弟"，避免富饶的伊朗领土受到他们的侵扰，塞尔柱帝国的苏丹们选择将他们安置在边境的小亚细亚一带。这就很好地解释了一个事实——为什么波斯本土没有被突厥化，而安纳托利亚却变成了第二个突厥斯坦。

在这些独立的古兹部落之间，酋长们为了争夺战利品而展开战争。1086年，在占领了小亚细亚大片地区之后，苏里曼·伊本·库吐米施攻打了叙

□ 大马士革古城　摄影

11世纪末，塞尔柱帝国王室诸子争位，皇族内讧，各地军事封建主割据称雄，从而使塞尔柱帝国开始解体，罗姆苏丹国在小亚细亚独立。最后，帝国分裂成以巴格达、大马士革等城市为中心的许多小塞尔柱苏丹王朝。

利亚。他在叙利亚与马立克沙赫的弟弟突吐施发生了战争冲突，后者已于1079年在大马士革为自己开辟了一块封地，双方在阿勒颇附近为争夺大马士革大战了一场。突吐施杀死了苏里曼，将阿勒颇并入了大马士革。1087年，正当突吐施在阿勒颇筹建一个独立的塞尔柱王国时，他的哥哥马立克沙赫来到了叙利亚，强迫突吐施交出阿勒颇并退回到大马士革。马立克沙赫在阿勒颇举行了觐见仪式，重新全面地分配酋长们的封地。

同其先辈们一样，马立克沙赫终其一生都致力于对西部领土的征服合法化。他主要采取了两种征服方式：一是让一支古兹队伍以游牧迁徙的方式，渗入到叙利亚周围的鄂克里德朝、小亚细亚的希腊等境内；二是利用如拜占庭帝国、阿拉伯帝国这样的内乱机会，采取直接入侵的方式。

□ 宣礼员　油画

塞尔柱人在攻占一个地区后，通常会将行政管理权力交给当地的酋长，并在当地推行伊斯兰教。伴随着塞尔柱人的征战，伊斯兰教逐渐在许多突厥部落中流传开来。图为伊斯兰教中的宣礼员，主要负责召唤教徒前来礼拜。

在波斯地区，马立克沙赫有赖于首相莫尔克实施阿拉伯—波斯传统的行政管理，维持了统一的局面。在东方和叙利亚地区，马立克沙赫则完全依靠自己的黩武政治加以控制。而在小亚细亚地区，由于山高皇帝远，这里的古兹部落完全处于无政府状态。

1092年，马立克沙赫去世（首相莫尔克已先他去世了），塞尔柱帝国的统治地区立刻陷入了一片无政府状态。第二年，马立克沙赫的长子巴尔基雅鲁克继位后，遭到了所有亲属的反叛。首先反叛他的是叔叔突吐施，他已经再次把阿勒颇并入了自己的领地大马士革，并企图夺取波斯。1095年2月26日，突吐施在剌夷附近战败而死。此后一直到1104年间，巴尔基雅鲁克一直处在与自己的亲属们的战争之中。最后，他被迫与他们瓜分了波斯，塞尔柱帝国从此分裂成为三个王国：巴尔基雅鲁克和他的兄弟们占有波斯苏丹国；突吐施的儿子们占有阿勒颇和大马士革王国；苏里曼的儿子凯佐尔·阿尔斯兰拥有小亚细亚苏丹国。

这三个王国进入了长期的并存状态，它们各自的命运也截然不同。阿勒颇和大马士革的叙利亚塞尔柱王国虽然很快就表现出阿拉伯特征，但没过多久就被突吐施家族自己的卫队消灭了。小亚细亚的塞尔柱王国却存在了整整两个世纪，其主要原因在于统治阶层成功地维护了持久的秩序，土耳其人的历史就是从这个王国中产生的。波斯的塞尔柱王国虽然在呼罗珊、阿塞拜疆、哈马丹形成了突厥中心地区，但其主要居民仍然是伊朗人。在叙利亚，突厥人因为太分散而难以侵犯阿拉伯大部分地区。

在小亚细亚，塞尔柱人不单进行政治上的征服，还有效地改变和利用这里的土地。这里的拜占庭农民逐渐被土库曼牧民所取代，因为安纳托利亚高原的海拔高度、气候和植物环境，本来就是中亚草原的延伸带。来自吉尔吉斯的游牧民与这块土地之间有一种自然的联系，因为他们定居于此感到很习惯，因此不自觉地把这里的耕地变成了牧场。古兹人从咸海的荒凉之地来到这里，迅速占领卡帕多细亚和弗里吉亚，把突厥人的特征连同类似草原的特征，一并带给了这些古老的行省地区。但是，研究者发现，在这些突厥人后来征服的色雷斯，即便是在亚德里亚城堡的大门边，也没有发现过这些草原的特征，也就是完全看不到未开垦的土地和骆驼群。这就证明，在塞琉古王朝、阿塔鲁王朝和罗马人时代，塔塔湖盆地就已经是半沙漠化的草原地区。色雷斯则因长期被充当战场而变得荒凉。

与其说是塞尔柱王朝本身促进了安纳托利亚的突厥化，倒不如说是该地区的埃米尔和土库曼各氏族起了关键的作用，因为他们并非完全地服从塞尔柱王朝的命令。从文化方面来看，安纳托利亚的塞尔柱人明显地希望他们能够像在波斯的同族人一样被伊朗化。由于当时的西亚没有突厥的书面语，塞尔柱人的科尼亚宫廷一直使用波斯语作为他们的官方语言，直到1275年。因此，在12世纪和13世纪的塞尔柱时期，其文化属于在土库曼基础上的波斯文化层。这些土耳其人讲波斯话，写波斯文字，就像在波兰、匈牙利讲拉丁语一样。但这些表象依然掩盖不了古兹部落把根本性的突厥化带给卡帕多细亚、弗里吉亚和加拉太地区的事实。

然而，伊朗的情况就有所不同了，不管多么深刻的突厥特征都很难渗入，因为伊朗本身的文明和种族特征就很明显，反倒是突厥入侵者逐渐被伊朗化了。突厥的王室几乎在入侵之初就被伊朗化，而突厥的军队则在几代领导人之后才被伊朗化。1040~1055年间，随着塞尔柱人的入侵，伊朗的大门被打开，草原上游牧民们如洪水般涌进来，伊朗丧失了防御。塞尔柱的统治者们在成为泛伊斯兰社会的苏丹之后，为了阻止中亚突厥—蒙古各部落效法自己的冒险行为而涌进来，便打算立刻关闭伊朗这扇大门，堵住进口。但是，这些已经波斯化了的塞尔柱人最终没能如愿，尽管有像"莱茵河防线"这样的阿姆河岸防线，他们依然无法有效抵御那些突厥游牧民对波斯的侵犯。在不经意间，他们反倒成了花剌子模、成吉思汗、帖木儿在历次入侵中的军需官。

内乱似乎成了塞尔柱历史中的一大"特色"，正是这种"特色"，使塞尔柱人力图恢复萨珊波斯国的愿望，或者想要重建9世纪阿拔斯帝国组成的"新萨珊型"坚实机构的愿望全部破灭。历史事实表明，即便有着像吐格利尔拜格和马立克沙赫这样伟大的君主，整个塞尔柱帝国也不可能永久地接受阿拉伯—波斯国家的概念。这和加洛林王朝（自751年统治法兰克王国）何其相像，它们也产生过诸如查理曼这样纵横驰骋的领袖，却始终无法接受罗马国家的概念。

1105年，巴尔基雅鲁克的继承者、其弟穆罕默德继位后，由于遭到阿拉伯哈里发的暗中反叛，不得不为此展开斗争。此时，伊斯法罕的塞尔柱宫廷与巴格达的阿拔斯宫廷之间表面的亲近关系，也因为哈里发的反叛而变得尖锐和紧张起来。12世纪下半叶，哈里发们在此次斗争中获胜。这标志着突厥苏丹国与阿拉伯哈里发之间的曾被吐格利尔拜格自称为"牢不可破的团结"的关系，已逐渐有了裂痕。之后的两位塞尔柱苏丹，即1118~1131年在位的马赫穆德·伊本·穆罕默德和1133~1152年在位的马苏德统治时期，塞尔柱国一直处于战乱状态，塞尔柱苏丹与阿拉伯哈里发的关系愈加僵化，裂痕越来越大。塞尔柱苏丹们大多居住在哈马丹，除了伊剌克-阿只迷，几乎没有什么地盘。其余的行

□ 科尼亚建筑　摄影

11世纪后期，塞尔柱帝国分裂为三个部分：波斯的苏丹国、阿勒颇和大马士革的王国、小亚细亚苏丹国。图中这座阿拉伯清真寺建于1220年的新苏丹国首都科尼亚。

省，如阿塞拜疆、摩苏尔、法尔斯等，已经处于突厥军人和被称为阿塔卑（世袭突厥长官）的世袭封建主统治之下。其中阿塞拜疆的阿塔卑伊尔弟吉兹和他的儿子帕烈文，最后都成了塞尔柱苏丹们的宫廷侍长，前者服务于阿尔斯兰·沙赫苏丹，后者服务于吐格利尔三世苏丹。1190年，阿塔卑帕烈文的继承者、他的弟弟凯佐尔·阿尔斯兰，把企图独立的吐格利尔三世监禁起来。直到凯佐尔·阿尔斯兰于该年去世后，吐格利尔三世才在自己的伊剌克-阿只迷王室领地上重获独立。尽管吐格利尔三世身上有着11世纪的伟大的塞尔柱克人的某种狂野，但他姗姗来迟的地区性的塞尔柱小王国，也如昙花一现。1194年，花剌子模突厥人攻克伊剌克-阿只迷，吐格利尔三世被迫投降。

桑伽苏丹和阿姆河防线

塞尔柱帝国的最后一位苏丹桑伽是马立克沙赫的幼子。这位典型的伊朗化的突厥人，竭尽全力地保卫着波斯文化，阻止塞尔柱帝国灭亡。他勇敢大度，是波斯历史上的一位传奇英雄。

1096年，当马立克沙赫的儿子们分割封地时，未满12岁的桑伽分得了呼罗珊，其主要驻地在莫夫。1102年，喀什噶尔哈拉汗王朝的喀迪尔汗·贾布拉伊尔入侵呼罗珊，桑伽为了保卫自己的封地而奋起反击，最后在帖木尔兹附近大败喀什噶尔哈拉汗王朝，杀死了贾布拉伊尔。就在贾布拉伊尔入侵之前，哈拉汗王朝的地区统治者阿尔斯兰汗逃到呼罗珊寻求桑伽的庇护。打败贾布拉伊尔之后，桑伽把阿尔斯兰汗作为自己的封臣派驻河中。1130年，桑伽与阿尔斯兰汗发生冲突，桑伽攻占了撒马尔罕，罢黜了阿尔斯兰汗。之后，受桑伽庇护的哈拉汗王朝的王公哈桑特勤和鲁肯·阿德丁·马赫穆德先后继任了阿尔斯兰汗的职务。1117年，阿富汗地区的伽色尼王朝的诸王们发生内乱，桑伽趁机侵入此地，攻克了加兹尼城，并拥立该王室的另一个王子巴赫拉姆沙赫登上王位。如此一来，桑伽不但是伊朗东部大苏丹国的君主，还成了当时伽色尼王朝统治下的阿富汗地区和哈拉汗王朝统治下的河中地区的宗主。

花剌子模沙赫阿特西兹作为桑伽的封臣，为了独立而与桑伽展开斗争。1138年，他在赫扎拉斯普被桑伽打败，并被赶走。1141年，阿特西兹重新返回，宽宏大度的桑伽赦免了他。同年，从中国迁徙到伊塞克湖的喀喇契丹人（是蒙古族而非突厥族）入侵河中地区。这些蒙古人并非伊斯兰教徒，而是佛教徒，所以令伊斯兰社会感到惊恐万状，都以恐惧的眼光注视着他们。勇敢的桑伽亲自率军迎战喀喇契丹人。1141年9月9日，桑伽在撒马尔罕附近的卡特文被喀喇契丹人击败，只得逃回呼罗珊，整个河中地区被喀喇契丹人占领。这时，花剌子模沙赫阿特西兹趁桑伽失败之机起兵反叛，攻入呼罗珊，占领了莫夫和尼沙普尔城。桑伽再次奋起反击，把阿特西兹逐出了莫夫和尼沙普尔城。1143~1144年，桑伽两次攻打花剌子模。在第二次攻打中，桑伽兵临乌尔根奇城下，迫使阿特西兹再次承认封臣地位。然而，在接二连三的战争中，桑伽的英雄气概逐渐被消磨殆尽。1153年，桑伽在各地推行他的波斯式的行政和财政制度时，因遭到巴尔赫附近的古兹部落的叛乱而被俘，古兹部落抢占了呼罗珊的莫夫、尼沙普尔及其他城市。1156年，桑伽获得自由，但是，英雄末路的他于次年去世了。

桑伽一生都为在伊朗建立一个稳固的塞尔柱王国而努力，却最终失败。古兹人的叛乱说明：要把那些曾经与塞尔柱征服伊朗相关的游牧部落纳入阿拉伯—波斯的行政机构是极为困难的。早在塞尔柱帝国各支王朝崩溃以前，塞尔柱人所采用和维持的传统式的波斯行政机构就已经名存实亡了。当新波斯苏丹国消失后，这些关于塞尔柱人征服伊朗和小亚细亚的历史，也只不过是土库曼部落的一次武力运动。为了争夺伊朗和小亚细亚，从1053年的古兹部落到15世纪的喀喇科雍鲁和阿克科雍鲁部落，从卡拉曼人到塞尔柱人，无不是按照中亚草原内他们祖先部落所采用的方式而彼此交战。

不管这些从根本上伊朗化了的塞尔柱人的文化倾向如何，他们的胜利无疑使伊朗和小亚细亚这两个地区在经济上和社会上都变成了草原的延伸带。这的确是人文地理的一次大灾难，游牧方式毁坏了耕地，改变了地球的面貌。而伊朗的情况相对小亚细亚要稍微好些，在伊朗各城市周围的绿洲上，在那些被奥玛尔·卡雅姆和撒迪歌颂为柏树园和玫瑰园的耕地上，塔吉克人还可以继续耕种。但是，当最后一片园地消失时，这些城市的四周被草原淹没，那些赶着牛羊群的游牧部落把他们黑色的帐篷搭在了水源处。

突厥人是天才的统治家，某些精明的部落首领通过平息定居居民内部无休止的纷争而得到了这些居民的承认，并被拥立登上汗位。在几十年的时间里，塔吉克人的都市社会和黑色帐篷的游牧社会，因互补而融合在一起，但最终又分散开来。游牧民们又开始了新的迁徙，国家的概念被他们抛弃。直到某个

□ **突厥游牧部落　插图**

桑伽一生的梦想是在伊朗建立一个稳定的塞尔柱帝国，然而，其王国内部存在着众多的突厥游牧部落，而这些突厥的酋长只是为了利益才臣服于桑伽。因此当桑伽受到古兹部落的攻击时，这些突厥部落便从帝国内部分化出来。

游牧部落因获得王位而定居下来，然后又重新开始新一轮的聚散过程。这种循环过程被不断地注入外来的活力，所以它没有完结的时候。于是，从11世纪到17世纪期间，在吉尔吉斯或土库曼草原边缘的耕地上，一旦有新的游牧民出现，都会在与塔吉克人融合的过程中，力求取得他们的地盘。在桑伽苏丹统治的时代里，甚至就发生过这种双重现象。在桑伽时代之后，塞尔柱人曾一心要在东伊朗建立大突厥—波斯帝国的梦想，被其同族花剌子模的沙赫们重新点燃——这个大突厥—波斯帝国实行的是突厥的军事机构，波斯的行政体制。同时，来自远东地区的喀喇契丹人（蒙古族）夺取了东突厥斯坦，预示着一百年之后成吉思汗蒙古人这支草原主体力量的到来。

对塞尔柱帝国的这段历史，我们不妨做一个总结。成为波斯苏丹的这些塞尔柱首领们，并没有让波斯突厥化，这显然出于他们毫无此种愿望。相反，正是因为他们主动地成为了波斯人，而且以古代萨珊王的方式，全力保护伊朗人民免受古兹部落的掠夺，从而使伊朗文化免遭土库曼人的蹂躏。然而，在乌兹特—乌尔特高原与莫夫之间的阿姆河下游南岸的人口密集区域，即后来在种族上完全伊朗化的成为土库曼斯坦的地区，他们没能阻止住土库曼人在此定居，这也许是古兹人打败桑伽的重要因素之一。同时，塞尔柱人幼支领导的土库曼部落把安纳托利亚高原上的古代拜占庭的土地，完全变成了突厥人的土地，从而导致——在科尼亚苏丹们的统治下，以及在穆斯塔法·基马尔·阿塔图克的统治下，他们渐渐演变成了近代史上的土耳其人。

喀喇契丹帝国

要了解1125~1150年间东突厥斯坦内发生的骚乱，就得考虑到同一时期中国北部所发生的变革。936~1116年间，一支起源于辽河西岸的蒙古族契丹人在北京统治着中国的河北、山西北部、热河和察哈尔地区。1116~1122年间，这支蒙古契丹人被属于通古斯族的女真人即金人取代，北部中国的统治权也随之落入金人之手。

契丹人变成了金国的臣民之后，其主体仍居住在原来的领地上，即满洲西部和热河东部之间的区域内。他们中的一部分西迁至塔里木北部边缘，取得了吐鲁番、别失八里、库车等回鹘突厥人地区的宗主权。1128年，似乎又有一支契丹人从这些地区出发，向喀什噶尔进军，结果被喀什噶尔的哈拉汗王朝统治者阿尔斯兰·阿黑马德汗击溃。于是原契丹王室王子耶律大石率领这支被击溃的契丹队伍，向西北方向流亡。他们在塔尔巴哈台，即现在的楚固恰克附近建立了额敏城。与此同时，来自伊犁河下游的葛逻禄人和咸海以北的康里突厥人正威胁着哈拉汗王朝在伊塞克湖以西的巴沙拉衮地区。巴沙拉衮的哈拉汗王朝可汗向契丹首领耶律大石请求援助。于是耶律大石率兵开进巴沙拉衮，夺取了哈拉汗王朝可汗的统治权，并以此为都城。耶律大石自称"古儿汗（意为"世界之王"）"，这个称号从此世代沿袭。不久，这个新一代的契丹古儿汗就征服了哈拉汗王朝在喀什、于阗地区的统

□ 交纳赋税　插图

喀喇契丹帝国的统治模式仍然具有明显的中原色彩，其政治制度要求帝国的属民定期向帝国交纳赋税。正是由于具有完整的税收制度，喀喇契丹才有足够的财力去加强自己的军事实力。

治者。自此，在东突厥斯坦的土地上，一个新的契丹帝国诞生了，它就是伊斯兰历史上的"喀喇契丹帝国"，又称"黑契丹"。

在北京统治了两个世纪的蒙古契丹人，已经明显地汉化了。喀喇契丹帝国建立以后，他们的子孙虽然居住在突厥斯坦穆斯林突厥人中间，却依然尊崇中国文化，敌视阿拉伯—波斯文化——信奉佛教和儒教，敌视伊斯兰教，穆斯林视他们为"异教徒"。与其他游牧部落不同的是，他们的每个家庭的主要负担是赋税，这与中国的情况一样；其次古儿汗们并不分赏"封邑"和"属地"来讨好自己的亲属，这些都直接证明喀喇契丹帝国采用的是中国式的行政管理思想。巴托尔德甚至认为，喀喇契丹帝国行政机构中使用的可能是汉语。还需提到一点，即与佛教并存的基督教在喀喇契丹帝国内也十分盛行，在喀什，我们发现了该时期的一位基督教主教；而发现于楚河流域的最古老的基督教碑文，也属于这一时期。

□ 哈密　摄影

11世纪中后期，喀喇契丹帝国的领土遍布整个中西亚地区，从哈密到咸海和忽毡之间的广袤地区全部置于喀喇契丹帝国的版图之下。

事实上，喀喇契丹帝国的建立，对于哈拉汗王朝所推行的伊斯兰教化事业起着一种反作用。

1130~1142年，喀喇契丹帝国处于第一代古儿汗耶律大石的统治时期。耶律大石以牺牲东哈拉汗王朝的利益巩固了契丹国在伊塞克湖、喀什噶尔的地盘，并向河中的西哈拉汗王朝展开进攻。此时，在西哈拉汗王朝西面，是桑伽统治的东伊朗塞尔柱苏丹国。1137年5月至6月，耶律大石在费尔干纳的忽毡打败了哈拉汗王朝的撒马尔罕统治者马赫穆德。1141年9月9日，率军赶到河中来援救封臣的桑伽苏丹，在撒马尔罕北部的卡特文被喀喇契丹帝国古儿汗击败。后者从桑伽手中夺走了布哈拉和撒马尔罕的宗主权，这些地区的哈拉汗王朝统治者们从此作为古儿汗的封臣留在撒马尔罕。同年，花剌子模沙赫阿特西兹在喀喇契丹帝国的攻击下也被迫自称是契丹的纳贡臣。他的继承者阿尔斯兰（1156~1172年在位），虽然满怀继承塞尔柱人在东伊朗之统治的雄心壮志，却不得不向契丹古儿汗称臣纳贡。

如此一来，从哈密到咸海和忽毡，都已经是喀喇契丹帝国的领土；从叶尼塞河上游地区到阿姆河，喀喇契丹帝国都拥有宗主权。对穆斯林来说，伊斯兰突厥疆域内的这支异教蒙古人的霸权，简直是一个极大的障碍和奇耻大辱。他们关注的只是赖以汲取文化源泉的中国，而非处于他们统治之下的伊斯兰社会。古儿汗耶律大石堪称是最杰出的人物，也是优秀的中国学者，而中原对这些原北京君主们的子孙也很感兴趣。有趣的是，喀喇契丹人只被阿拉伯—波斯的历史地理学家们冠以某种轻蔑的称呼而间接地提及过，以至人们通过汉文译名才知道了他们。1142年，耶律大石古儿汗去世后，其遗孀塔不烟成了摄政者（1142~1150年）。耶律大石的儿子耶律夷列的统治时期是从1150~1163年。耶律夷列去世后，他的姐姐耶律诗摄政至1178年，其间喀喇契丹帝国于1165年入侵呼罗珊，掠夺了巴尔赫。在耶律夷列的儿子耶律直鲁古统治时期（1178~1211年），喀喇契丹帝国与其封臣花剌子模沙赫爆发了冲突，虽然时间不长，却导致双方因元气大伤而走向衰落，最后蒙古人渔翁得利。

花剌子模帝国

与契丹人的"异教"和中国化的蒙古社会不同，花剌子模的沙赫们代表着穆斯林突厥社会，尤其是在塞尔柱帝国的桑伽苏丹死后无继承人的时期。自1153年意外地获得胜利以来，呼罗珊王国内的乌古斯首领们一直独断专行。所以在君主空缺期间，他们或多或少地承认过花剌子模沙赫们的宗主权。

1172年，花剌子模沙赫阿尔斯兰去世后，他的两个儿子塔喀什与苏丹·沙赫为争夺王位而交战。塔喀什被苏丹·沙赫击败，向喀喇契丹帝国寻求帮助。为了帮助塔喀什登上王位，把苏丹·沙赫驱逐出去，喀喇契丹帝国的摄政耶律诗派丈夫率军进入花剌子模。同年12月，塔喀什在喀喇契丹帝国的帮助下成功地登上了花剌子模的王位。但是，喀喇契丹帝国开始向塔喀什强征贡赋，且极为苛刻。塔喀什虽然感恩于喀喇契丹帝国帮自己登上王位，但不得不对其苛刻的贡赋条件进行抗争。在此情况下，喀喇契丹帝国转而支持塔喀什的兄弟苏丹·沙赫，联合对抗塔喀什，但苏丹·沙赫并未成功地重登王位。于是喀喇契丹帝国借给苏丹·沙赫一支军队，帮助他去征服呼罗珊。苏丹·沙赫成功地夺取了莫夫、萨拉赫斯、图斯等城市，成为了呼罗珊的统治者。1193年，苏丹·沙赫去世，花剌子模的塔喀什重新吞并了呼罗珊。

吞并了呼罗珊之后，塔喀什转向对塞尔柱末代苏丹吐格利尔三世的王室领地伊剌克-阿只迷的征服。1194年3月19日，塔喀什与吐格利尔三世在剌夷附近展开了一场大决战，吐格利尔三世战死，塔喀什夺取了伊剌克-阿只迷、剌夷和哈马丹，把它们纳入了花剌子模的疆土，塞尔柱人在波斯的统治宣告结束。

1200年，塔喀什的儿子阿拉·阿德

□ 花剌子模钱币

花剌子模帝国是古代西亚地区的一个重要国家，其文明在很大程度上具有中原特色，从下图中该国的钱币上，我们可以看出一些端倪。

丁·摩诃末继承父位，在他统治的20年里，花剌子模帝国达到了鼎盛时期，一跃成为中亚的主要帝国。他第一次行动，就从古尔人手中夺走了阿富汗地区。

正当摩诃末的前两代沙赫——阿尔斯兰和塔喀什在阿姆河下游创建花剌子模帝国时，另一支强大的伊斯兰势力却在阿富汗地区内崛起，而当时的阿富汗与印度的旁遮普都处在伽色尼王朝的统治之下。直到1150年，在赫拉特和巴米安之间的古尔山区里，苏里阿富汗人中一个名叫贾汗·索兹的首领率领其部反抗伽色尼王朝苏丹们的统治，并夺取了伽色尼王朝的都城加兹尼。从1173年起，贾汗·索兹的继承者吉雅斯·阿塔丁永久地占领了加兹尼，伽色尼王朝的统治者们逃至旁遮普的拉合尔，把阿富汗地区让给了这个来自古尔山区的王朝。在古尔王朝著名的希哈布·阿德丁·摩诃末统治时期（1163~1206年），古尔帝国向东进行了一次

□ 塞尔柱突厥与花剌子模国（11~13世纪）

1194年，塔喀什战胜吐格利尔三世，把伊剌克－阿只迷、剌夷和哈马丹纳入花剌子模的疆土，以此终结塞尔柱人在波斯的统治。1200年，塔喀什之子阿拉·阿德丁·摩诃末成为花剌子模帝国的苏丹，在他统治期间，花剌子模帝国成为中亚的主要帝国。

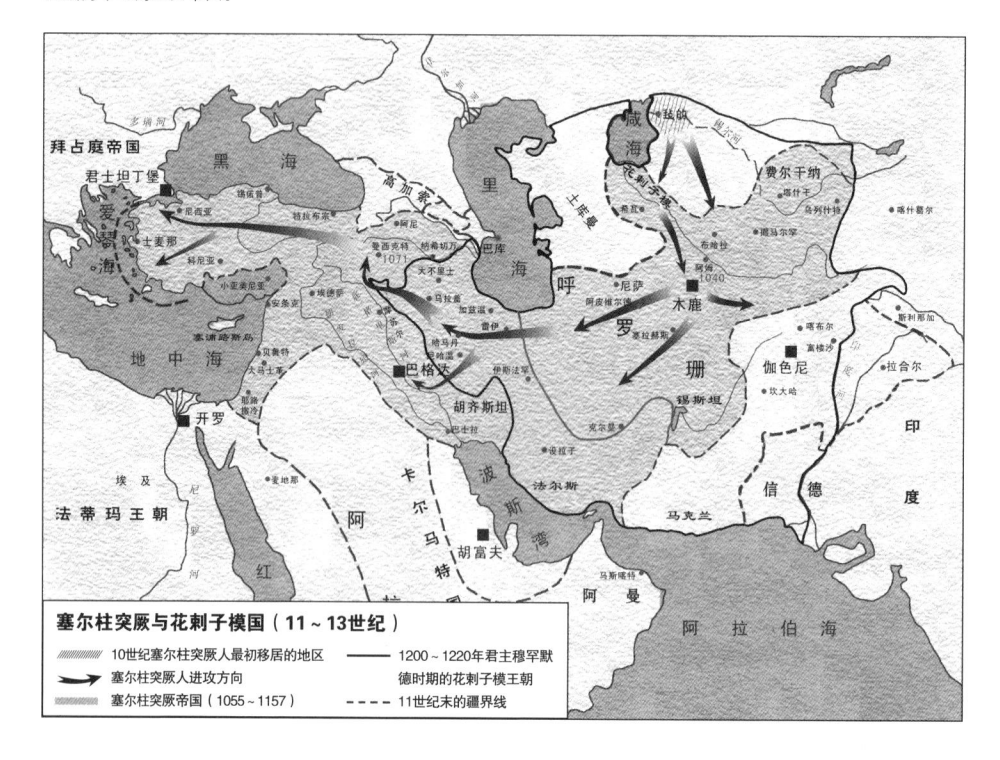

有影响的扩张。希哈布·阿德丁·摩诃末废黜了印度旁遮普的伽色尼王朝的末代统治者们，吞并了旁遮普（1186年），并把恒河流域从印度的王公们手里夺了过来（1192~1203年）。这些成就，是在与他同名的花剌子模帝国的沙赫摩诃末向他进攻之前所取得的。

1203年，古尔王朝的摩诃末与花剌子模帝国的摩诃末之间爆发了第一场战争，古尔王朝获胜，掠夺了花剌子模帝国的本土。花剌子模帝国的摩诃末只好向宗主国喀喇契丹帝国求援。古儿汗立即派遣了塔延古·塔拉兹和封臣乌斯曼·伊本·易卜拉欣（哈拉汗朝王子）一同率军前去支援。1204年，在喀喇契丹帝国援军的帮助下，花剌子模帝国在赫托拉斯普打败了古尔王朝军队，并把其从花剌子模本土上赶了出去。喀喇契丹帝国援军对古尔王朝摩诃末紧追不放，在巴赫尔以西的安德克霍给予他沉重的打击。这次战争表明花剌子模在力量上对古尔王朝绝对占有优势。1206年3月13日，古尔王朝的摩诃末去世，同年12月，花剌子模帝国的摩诃末夺取了古尔人的赫拉特和古尔山区。1215年，花剌子模帝国攻占了加兹尼，完成了对阿富汗地区的征服。

□ 努冉撒墓碑　雕刻

图中墓碑的主人是努冉撒，他是花剌子模帝国的一位贵族。其碑文用阿拉伯文雕刻，大意为："他已抵达至高无上的真主世界，愿真主照耀他的坟墓，使他从尘世迁居永世乐园。"

花剌子模帝国的摩诃末把战胜古尔人的功劳归于宗主喀喇契丹帝国古儿汗。不过，这种感恩难以维持较长时间。当权力达到顶峰，摩诃末便开始自称苏丹，并把伊朗三分之二的地区都归于自己的统治之下，他再也不能忍受向喀喇契丹帝国这个异教蒙古族纳贡称臣了。而此时，同属喀喇契丹帝国封臣的哈拉汗朝撒马尔罕王乌斯曼也同样对喀喇契丹帝国心怀不满。1207年，在与哈拉汗朝的乌斯曼达成了一项协议之后，花剌子模帝国的摩诃末占领了布哈拉和撒马尔罕，取代了喀喇契丹帝国在这个地区的宗主权。自此，整个河中地区全都纳入了花剌子模帝国的版图。之后，喀喇契丹帝国进入撒马尔罕，对花剌子模帝国发起了反击。但是，1210年，在费尔干纳安集延附近的伊拉米什草原发生的一次战斗中，喀喇契丹帝国的塔延古将军被花剌子模人俘虏。

在哈拉汗朝的撒马尔罕王乌斯曼的配合下，花剌子模的摩诃末击败了喀喇契丹帝国的进攻，乌斯曼转而效忠摩诃末。1212年，不能再忍受服从地位的乌斯曼对花剌子模帝国发动了反叛。摩诃末迅速派兵进行镇压，占领并洗劫了撒马尔罕，将乌斯曼这位哈拉汗王朝统治家族的最后一个代表处死。至此，统治突厥斯坦长达两个多世纪的哈拉汗王朝覆灭了。

1217年，花剌子模帝国的摩诃末骑马穿越波斯，进行了一次凯旋旅行，并接受沿途来自波斯各省独立的和世袭的突厥总督们的示忠，尤其是法尔斯的萨尔古尔王朝人的效忠。就连不属于他此次出巡范围的阿塞拜疆的阿塔卑，也主动向他称臣纳贡。摩诃末一直骑行到扎罗斯山的霍尔湾，当他就要跨过阿拔斯领地伊剌克阿拉比的边界向巴格达前进时，却与哈里发发生了争吵。不管怎样，此行后，花剌子模帝国囊括了整个河中、大半个阿富汗以及几乎整个波斯地区，其疆域范围北至锡尔河、东至帕米尔和瓦济里斯坦山区、西至阿塞拜疆和卢里斯坦以及胡齐斯坦山区。

此后不久，花剌子模帝国的摩诃末与成吉思汗爆发了冲突。

前面我们提到，当蒙古进攻之时，花剌子模帝国才刚刚建立，还没来得及巩固自己的地位，甚至没有建立起国家的组织机构，它以这样的形式只存在了几年。因此，当成吉思汗入侵之初，这个匆忙组合起来的帝国就被轻易击溃了，所以不能说是成吉思汗的计谋有多高超。在花剌子模帝国各构成部分之间，唯一的内聚力只有摩诃末苏丹本人，尽管他似乎比其他地方的统治者要好运些，但就像极易燃起热情一样，他也是很容易丧失勇气和信心的。要知道，当成吉思汗征服花剌子模帝国的时候，布哈拉和撒马尔罕被纳入其版图尚不足八年，而且撒马尔罕城是在受到残酷的屠杀之后才归属的。而在成吉思汗入侵的四年多前，整个阿富汗地区还尚未并入花剌子模帝国，加兹尼城是在1216年才并入的。且西波斯被纳入花剌子模帝国也才三年。也就是说，成吉思汗所入侵的花剌子模帝国，还不算是一个真正意义上的国家，而只是帝国的胚胎，连国家的骨架都尚未形成。所以，当成吉思汗面临一个真正的国家——中国北部的金国时，才将是真正面对艰巨的任务。

第 4 章
6至13世纪的南俄罗斯草原

CHAPTER 4

自从南俄罗斯草原上的阿瓦尔人（可能是蒙古族柔然人）在拜占庭帝国查士丁尼统治末期进入欧洲以后，拜占庭帝国在6~13世纪的几个世纪中，相继抵抗了一个又一个部落对它的进攻，它们分别是阿瓦尔人、保加尔人（突厥种族）、马扎尔人（匈牙利人）、可萨人（突厥种族）和佩切涅格人（突厥种族）。最后，佩切涅格人把在俄罗斯草原上的地位让给了乌古思人和钦察人。在成吉思汗入侵（1222年）之前，钦察人一直都是俄罗斯草原上的主人。

阿瓦尔人

不管是从地理学还是历史学的角度来看，南俄罗斯草原都属于亚洲草原的延伸地带。我们可以从上古时代的史实中，看到它与斯基泰人、萨尔马特人和匈奴人的联系；而中世纪初期从阿瓦尔人到成吉思汗后裔的历史，也能说明这种联系。

拜占庭历史学家塞俄菲拉克特斯·西摩卡塔曾经描述过阿瓦尔人从中亚迁徙到南俄罗斯草原的情况，并对真假阿瓦尔人作了详细的区分。他认为，真阿瓦尔人是蒙古族柔然人，是整个5世纪蒙古的主人，直到552年才被突厥人击溃并取代（这与马迦特所指出的一样）。另一方面，他指出，假阿瓦尔人源自欧洲中世纪的阿瓦尔人，他们盗用了"阿瓦尔"这个令人害怕的名称。据传，假阿瓦尔人是由瓦尔部落（其名称的源头）和昆尼部落（表示其匈奴起源）组成，二者合起来就表示阿瓦尔与匈奴人。然而有人指出，瓦尔和昆尼是乌戈尔的两个部落，即是一些东方学者所认为的回鹘人的两个部落，是突厥种。但是历史上的回鹘人属于突厥种族，而欧洲的阿瓦尔人应该是蒙古种族。除此之外，在阿尔伯特·赫尔曼的地图册中，有一张图是把瓦尔人和昆尼人与蒙古族的柔然人等同起来的。但是，米诺尔斯基指出，这些判断真假阿瓦尔人的推论略显证据不足。如果像赫尔曼推测的那样，那些在6世纪下半叶迁徙到欧洲的阿瓦尔人不是

□ 阿瓦尔骑兵　插图

阿瓦尔人属于古代欧亚大陆的一个游牧民族，他们约于6世纪迁徙到欧洲中部和东部。现在，大部分人认为他们属于泛蒙古—突厥族，不过也有人认为他们是中国典籍中记载的古代游牧民族——柔然。

柔然人，那他们就有可能是嚈哒匈奴人。我们提到过，嚈哒匈奴人在5世纪时占有伊犁、河中和巴克特里亚，他们与柔然人一样属于蒙古种族。大约在565年，嚈哒匈奴人也和柔然人一样，被突厥人击败，从而失去了其领地。

不管这些争议是否正确，阿瓦尔人正是在拜占庭帝国查士丁尼统治末期进入欧洲的。正如塞俄菲拉克特斯曾经描述的，"拥挤在他们前面前进的是昆奴格尔人、沙比尔人和其他匈奴部落"。拜占庭人称为萨骆秀斯的阿兰国王，极力与阿瓦尔人保持着友好关系。拜占庭人眼中的阿瓦尔人在相貌上和古代匈奴人相像，唯一不同的是他们身后拖着两根长辫子。阿瓦尔人是萨满教徒，他们中有一个叫坎迪赫的男巫师，于557年作为阿瓦尔人的使者，去会见查士丁尼并向其索取土地和贡赋。随后，查士丁尼派遣使臣瓦伦丁去鼓动阿瓦尔可汗攻打昆奴格尔部落和沙比尔部落，阿瓦尔人最终获胜。此外，阿瓦尔人还打败了分别在亚速海西北和顿河河口一带游牧的库特利格尔和乌特格尔两个匈奴部落，把他们编入自己的部落中。库特利格尔和乌特格尔匈奴部落都是阿提拉匈奴人的后裔，而匈奴人属于突厥种族，阿瓦尔人则是蒙古种族，在他们的故事中，我们看到了突厥—蒙古两大支中的一支是怎样把另一支纳入自己的帝国的。阿瓦尔王国作为拜占庭帝国的盟友，把这些匈奴王国一一消灭了。560年，阿瓦尔王国的版图已经从伏尔加河延伸到了多瑙河河口，多瑙河的北岸驻扎着阿瓦尔可汗的篷车。接着，阿瓦尔可汗向北攻打包括安特人、斯洛文尼亚人、文德人在内的斯拉夫各部，向西攻打日耳曼地区，最后于562年在图林的一场大规模战斗中，被奥地利的法兰克王、克洛维的孙子希格贝特击败。阿瓦尔人向黑海撤退。

大约在565年，新可汗巴颜登上了阿瓦尔王位。巴颜这一名字应该是非常明确地归属于蒙古语名。巴颜是一位卓越的战略家，更是一位精明强干的政治家。567

□ 查士丁尼和廷臣　雕刻

查士丁尼是拜占庭帝国的一位皇帝（526~565年在位），在其统治期间，不仅阻挡了野蛮民族在边疆的骚扰，还恢复了昔日罗马帝国的辉煌。后人把他统治的这段时期称作拜占庭帝国的"第一次黄金时代"。

年，他联合居住在班诺尼亚的日耳曼人中的伦巴德人，消灭了另一支属于日耳曼人的吉别达伊人（他们定居在匈牙利和特兰西瓦尼亚）。夺取了匈牙利之后，巴颜把王宫建在了古代阿提拉都城的附近。匈牙利平原自古以来就被视为亚洲草原最远的延伸地带，如今，突厥—蒙古帝国体系在这块平原上又重新复活，阿瓦尔王朝的统治疆域从伏尔加河延伸到了奥地利。这支从突厥大军追杀下幸运逃脱的柔然部落的意外成功，令突厥人深感不安，因此他们就查士丁尼与阿瓦尔人之间达成的条约而不满于拜占庭。575~576年间，西突厥首领达头在库车以北的裕勒都斯河上游地区接见了拜占庭使臣瓦伦丁，并就此事强烈地谴责道："让阿瓦尔人等着我们的骑兵到来吧！我们一挥马鞭，他们就会逃到地底下。我们不用剑就能把这个奴隶种族消灭掉，让他们像蚂蚁一样被踩死在我们的战马铁蹄下。"

576年，为了惩罚拜占庭，西突厥首领达头派波汗率领骑兵进入俄罗斯草原，与乌特格尔匈奴人的末代首领阿纳盖联合，攻打拜占庭位于亚速海入口处（即现在的克里米亚—刻赤附近）的博斯普鲁斯城。

582年，巴颜可汗与拜占庭公然敌对，占领了锡尔米蒙这个萨瓦河上的桥头堡。突厥族保加尔人（有可能是库特利格尔匈奴人后裔）迫于阿瓦尔人的压力，只好在比萨拉比亚和瓦拉几亚定居下来，后因受到马扎尔人的驱逐，又被迫迁徙到麦西亚，后来他们把麦西亚变成了保加利亚。在西部，巴颜约于570年恢复了对法兰克人的战争，一举打败奥地利王希格贝特。紧接着，他又对拜占庭帝国展开进攻，夺取了辛吉杜蒙，洗劫了麦西亚，一直打到布尔加斯附近的安齐阿卢斯。587年，巴颜在亚德里亚堡附近被拜占庭击败，

□ 君士坦丁堡　油画

在历史上，拜占庭帝国是一个强大的王朝，它具备完善的行政管理制度和先进的科学技术，它长时间统治着整个地中海地区，并拥有强悍的军团。拜占庭不仅保持了原本属于古罗马帝国的领土，还进一步占领了中东和希腊地区。图为拜占庭帝国的中心——君士坦丁堡。

☐ **拜占庭战舰　油画**

在抵抗阿瓦尔人的进攻中，称霸于博斯普鲁斯海峡的拜占庭舰队起到了重要的作用。拜占庭的海上舰队拥有良好的火炮体系和坚固的防甲，而阿瓦尔人作为一个游牧民族并不精通造船业，以至于他们在面对拜占庭战舰时毫无抵抗力。

被迫暂时休战。592年，巴颜再次对拜占庭发动攻势，并一路占领安齐阿卢斯、色雷斯，一直推进到祖鲁姆。在这里，他遇上了克星普利斯卡斯——一位能征善战的拜占庭将军。普利斯卡斯先是阻止了巴颜的攻势，然后渡过多瑙河对其进行反击，一直打到阿瓦尔王国的腹地匈牙利。601年，巴颜在蒂萨河岸被普利斯卡斯彻底打败，他的四个儿子被杀，他本人也于次年去世。

继任的阿瓦尔王国可汗改变了先帝的策略，转而进攻属于伦巴德人势力范围的意大利。他们趁伦巴德人从班诺尼亚迁往伦巴底的机会占领了班诺尼亚。610年，阿瓦尔可汗占领并洗劫了弗留利。619年，阿瓦尔可汗趁色雷斯的赫拉克利庞蒂亚与拜占庭皇帝举行会谈之机，偷袭了拜占庭皇帝希拉克略，遭到失败；随即他又向君士坦丁堡发动进攻，仍未获得成功。但是，这时的阿瓦尔可汗意外获得了一个极好的机会——一度仇视拜占庭的波斯王库思老二世请求与他联手对付拜占庭。随后，波斯王和阿瓦尔可汗分别从小亚细亚和色雷斯发兵，对君士坦丁堡展开围攻。626年6~7月，波斯将军沙赫巴拉兹率军穿越小亚细亚，驻扎在博斯普鲁斯入口处的卡尔西登；阿瓦尔可汗则率军直抵君士坦丁堡城下。这时的拜占庭皇帝希拉克略正在高加索前线，其行政长官波努斯把守着君士坦丁堡。7月31日至8月4日，阿瓦尔人对君士坦丁堡发起了接连不断的猛烈攻击，这是西方文明在相当长的一段时期所面临的最大危险。如果君士坦丁堡这座基督教世界的都城被蒙古族阿瓦尔人攻陷的话，那么西方文明的未来实在令人堪忧。幸运的是，拜占庭舰队发挥了其博斯普鲁斯海峡海上霸主的风范，成功地阻止了波斯军队与阿瓦尔人的联合进攻，后者的每一次攻击都付出了惨重的代价。惨败的阿瓦尔可汗只好黯然退回到匈牙利。

经过此次重创，阿瓦尔人的嚣张气焰被压制下去。630年，阿瓦尔王朝可汗去世后，阿瓦尔人的同盟——保加尔人提出由其汗库弗拉特继承阿瓦尔可汗的位置。阿瓦尔人不得不对保加尔人这种谋夺霸权的行为进行武力镇压。但最后，他们还是被迫让保加尔人做了"保加利亚"（位于今天的瓦拉几亚和巴尔干山区以北）的主人，正如他们不得不放弃多瑙河与萨瓦河之间的领土而任由斯拉夫人去占领一样。直到8世纪末期，在匈牙利平原上还能看到阿瓦尔人的身影。但查理曼给予了这支蒙古部落最后的打击。791年8月，查理曼率军对阿瓦尔汗王朝发动了第一场战争，一直打到多瑙河和拉布河的汇合处。795年，在弗留利大公伊里克的支持下，查理曼的儿子丕平攻打了阿瓦尔人带有围墙的城堡，夺走了阿瓦尔人在两个世纪中从拜占庭世界抢夺来的一部分财宝。796年，在对阿瓦尔人发起的第三次战争中，丕平摧毁了阿瓦尔的城堡围墙，并夺走其全部财宝。一位有着古代突厥—蒙古族"吐屯"称号的阿瓦尔人首领，在798年前来到埃克-拉-夏佩勒，接受了基督教的洗礼。他领导阿瓦尔人进行了最后一次斗争——反抗法兰克人的统治，结果遭到失败。从803年起，阿瓦尔人的新首领佐登就长期臣服在法兰克人的统治之下。805年，阿瓦尔人处于查理曼的属臣——一位教名为塞俄多尔的可汗的统领下。

饱受灾难的阿瓦尔人，已无力抵御来自斯拉夫人和保加尔人的双重压迫。查理曼在位末期，塞俄多尔可汗征得他的许可，率领阿瓦尔人迁徙到卡农图姆和沙巴里亚之间的班诺尼亚西部居住，就此放弃了多瑙河北岸。9世纪末，原阿瓦尔汗国的土地被一分为二：一个是斯维雅托波尔克统治的大摩拉维亚国的斯拉夫人的帝国，其范围包括从波希米亚到班诺尼亚之间的地区；另一个是保加尔人的突厥汗国，他们统治着匈牙利南部、瓦拉几亚、巴尔干山以北的保加利亚。其中保加利亚的乌基尔部落占据着喀尔巴阡山山脉以东和以南地区（后被匈牙利夺取）。

　　从现今发现于匈牙利的考古文物来看，阿瓦尔人也拥有着自己的重要艺术。其艺术品上弯曲的动物形体表明，这种艺术显然是草原艺术的一个分支，尤其是那些能产生一种固定的装饰效果的螺旋形几何图案和错综交织的植物图案。这些艺术品和草原传统的装饰品一样，大多是青铜做成的，包括有带状片、扣子、各种设备和马具装饰物、钩、饰针等。这些阿瓦尔人的遗物与中国黄河河套地区、鄂尔多斯草原上发现的属于匈奴、柔然和突厥时期的青铜器很相似，它们之间存在的紧密连续性也是极其有趣的。在人们发掘的蕴含阿瓦尔人丰富遗物的匈牙利遗址中，值得一提的有凯斯特海伊、琼尼、内麦斯沃尔吉、帕希普兹塔、琼格拉德、森特什、舍拉吉—索姆利欧、于勤、小克勒什等。正如南朵尔·费蒂奇所指出的那样，米努辛斯克的西伯利亚艺术的晚期游牧骑士风格，与阿瓦尔人艺术极为相似。他曾拿明曾特、费内克和普兹塔托蒂出土的文物与阿瓦尔人的相比，二者在艺术风格上的差别对后世有很大的启发作用。还需强调的是：欧洲的马镫，很可能是阿瓦尔人传入的。

□ 巴西尔二世与保加尔人　11世纪

　　在这幅袖珍画中，巴西尔二世（976~1025年在位）以一个胜利者的形象出现，那些被他击败的保加尔君主匍匐在他的脚下。在他统治期间，拜占庭享有大量的财富和权力。草原上的保加尔人在被拜占庭打败后，渐渐消失在了草原上。

保加尔人和马扎尔人

阿瓦尔人衰落之后，保加尔人暂时成为了突厥—蒙古人统治下的欧洲的主角。这些保加尔人似乎属于突厥种族，与库特利格尔匈奴人有着某种关系。7世纪的20~50年代，在乌基杜尔部首领库弗拉特汗的统治下，保加尔人在高加索西北的库班河谷与亚速海之间的区域建立了一个强大的王国。642年，库弗拉特去世后，入侵的可萨人把保加尔人各部分为两部分：一部分由库弗拉特的儿子巴颜率领，他因承认可萨人的宗主权而得以继续留在原领地上居住。人们认为，巴颜统领的这支保加尔人的后裔，后来向卡马河和喀山方向迁徙，在那里建立了大保加尔国，该国在13世纪时被蒙古人成吉思汗的铁蹄覆灭——现在的楚瓦什人或许是这支保加尔人的子孙。另一部分由库弗拉特的另一个儿子伊斯泊利克率领，他于679年渡过多瑙河向西迁徙，在古代的麦西亚境内定居下来。在拜占庭内战中，伊斯泊利克的继承者特尔维尔可汗（701~718年在位）保护了查士丁尼

□ 激战图　油画

阿瓦尔人衰落后，其地位被保加尔人暂时取代，他们成为突厥—蒙古人统治下的欧洲的主角，尤其是在克鲁姆执政时期，保加尔人的势力达到顶峰。图为与拜占庭帝国激战的保加尔军队。

二世，才使得这支保加尔人被正式承认占有麦西亚。半个世纪后，即大约762年，新继位的特莱茨可汗率领麦西亚的保加尔人进攻君士坦丁堡，在安齐阿卢斯被拜占庭皇帝君士坦丁五世打败。811年，保加尔可汗克鲁姆击败拜占庭皇帝尼基弗鲁斯一世，并把他的头盖骨按照古代匈奴的方式制作了一个饮酒器具。813年，与之前的阿瓦尔人一样，克鲁姆在围攻君士坦丁堡时战败。克鲁姆的继承者奥慕尔塔格（814~831年在位）即位后，与拜占庭帝国议和。

9世纪中叶，由于鲍里斯大公皈依了宗教，再加上受斯拉夫人的影响越来越大，保加尔人逐渐脱离了突厥主体，融合到基督教的欧洲当中。9世纪末期，马扎尔人（匈牙利人）占据了原阿瓦尔人的疆域。匈牙利语并不属于突厥—蒙古语系，而是属于芬兰—乌戈尔语系中的鄂布·乌戈尔语，在芬兰—乌戈尔语系和突厥—蒙古语系之间还未发现最初的联系。但是，匈牙利人的政治很可能是在这段时期内由突厥贵族阶级组织起来的。阿拉伯的一些地理学家似乎区分了两个马扎尔人群体：一群依然生活在乌拉尔山区，即今天的窝古尔人；一群先迁至亚速海北面的列维底亚，然后迁到了位于第聂伯河下游、喀尔巴阡山脉、谢列特河、多瑙河三角洲和黑海之间的阿特尔库祖。同一时期，这些阿拉伯地理学家们把"马扎尔"当作突厥人谈起，因为保加尔人已经把这两支属于芬兰—乌戈尔种族的马扎尔人组织起来：卡马的保加尔人把在乌拉尔山的马扎尔人组织起来；乌基杜尔人把在阿特尔库祖的马扎尔人组织起来，9世纪时他们占领了喀尔巴阡山脉的东南地区。匈牙利人这一名称，可能起源于9世纪下半叶与他们杂居的这些乌基杜尔人。另外一派则认为，这些芬兰—乌戈尔种族的马扎尔人与另一支突厥部落卡巴尔人相关联，而卡巴尔人与可萨人有关系，因此他们认为是卡巴尔

□ 进献 插图

历史证明了保加尔人是拜占庭帝国最可怕的敌人，甚至超过了阿瓦尔人。这个画面中的碗和杯子是用拜占庭帝国皇帝尼基弗鲁斯一世的骨头制成，保加尔的臣民正准备拿着这个碗献给自己的国王克鲁姆。

人派遣阿尔帕德家族来担任马扎尔王室的。乌基杜尔或卡巴尔的突厥贵族在马扎尔人中的存在，可以解释拜占庭的备忘录。根据这些备忘录，君士坦丁·波菲罗吉里斯特统治时期，在交换使者的仪式上，马扎尔的首领们总是被称为"突厥王公"。

大约在833年，马扎尔人定居在顿河与第聂伯河之间的列维底亚，该地属于突厥可萨大帝国的保护范围。大约在850年或860年，他们被佩切涅格突厥人赶出了列维底亚，并迁徙到阿特尔库祖。大约在880年，他们又迁至多瑙河三角洲定居，但仍然属于可萨突厥国的臣民。据记载，一位匈牙利可萨可汗以宗主的身份，任命卡巴尔部中一名叫阿尔帕德的年轻贵族为匈牙利人的大公。此后不久，与保加利亚大公西蒙打仗的拜占庭皇帝尼禄六世，请求得到匈牙利人的支援。于是，阿尔帕德率领匈牙利人渡过多瑙河，洗劫了保加利亚人。处于危急中的保加利亚人便求助于南俄罗斯草原的佩切涅格人，佩切涅格人给予匈牙利后方以沉重的打击，阿尔帕德及匈牙利人逃到了特兰西瓦亚山区。当时，日耳曼尼亚国与大摩拉维亚国正处于交战中，日耳曼尼亚国王阿尔努尔希望能与匈牙利人联手，一起打败大摩拉维亚国的斯拉夫王斯维雅托波尔克。阿尔帕德领兵赶来，打败了斯维雅托波尔克，后者在战争中失踪，大摩拉维亚国崩溃，匈牙利人占领了该国，并从此定居于此。899年，他们还用自己的名字重新命名了这个国家，并由此拉开了掠夺欧洲的序幕：900年，入侵意大利，足迹远至帕维亚；910年，将德国加洛林王朝的最后一位国王——年幼的路易斯打败；919年，进攻洛林，火烧帕维亚；924年，越过阿尔卑斯山，到达法兰克王国的勃艮第、普罗旺斯；926年，进攻香巴尼地区的阿蒂尼；930年，掠夺兰斯、桑斯和贝利；954年，掠夺洛林、香巴尼和勃艮第。自此，欧洲人又回到了阿提拉时代，且似乎没有尽头。然而，正当整个欧洲处于一片恐慌之

□ 尼禄六世　雕塑

尼禄六世是9世纪拜占庭帝国的一位皇帝，在其当政期间，拜占庭与保加利亚发生了数次战争，拜占庭帝国的实力也因这些战争而日渐削弱。

时，日耳曼人充当了救护神。955年8月10日，在奥格斯堡战役中，日耳曼土奥托一世一举打败了匈牙利人，终结了匈牙利人在欧洲的横行。

997年，匈牙利王瓦伊克登位，他先是自称大公，后来又改称国王，最后还皈依了基督教，被命名为斯提芬，从此改变了匈牙利人的命运。在他的统治之下，匈牙利人开始了新的事业，这个欧洲过去的威胁者，逐渐转变成了欧洲的可靠的保卫者，被称为"基督教之盾"，并使欧洲免遭亚洲游牧民族的攻击。

从13世纪到17世纪，匈牙利人以锲而不舍、英勇顽强的精神和光荣的十字军生涯，抗击了蒙古人的入侵和奥斯曼人的扩张。

□ 日耳曼战士　插图

作为10世纪欧洲最重要的军事力量，日耳曼人在抵抗匈牙利人入侵的战争中作出了重大贡献。955年8月，日耳曼国王奥托一世率领军队击败了匈牙利人，从而结束了匈牙利人对欧洲的肆意掠夺。

可萨人

7世纪初,在俄罗斯草原西南部和达吉斯坦,可萨帝国崛起。

可萨人是一支信奉腾格里的突厥民族,其首领称可汗或达干。巴托尔德认为他们属于西突厥,或者说就是西匈奴。626年,当可萨人的可汗札比尔与拜占庭皇帝希拉克略在梯弗里斯会晤时,其就已经是一个强大的民族了。札比尔借给希拉克约四万军队,帮助其踏平了萨珊波斯的阿塞拜疆省。拜占庭帝国与可萨帝国因此而缔结成联盟,并多次联姻,使两国关系得到加强和巩固。695~705年间,流亡的拜占庭皇帝查士丁尼二世到可萨帝国避难,娶可萨可汗之妹为妻,即后来的塞俄多拉皇后。732年,君士坦丁五世娶可萨可汗的女儿为妻,即后来的伊拉尼皇后。他们的儿子就是以其浑名"可萨人利奥"而广为人知的利奥四世皇帝(775~780年在位)。这种联姻方式对于拜占庭帝国反对阿拉伯人的战争是极为有用的。例如,764年,拜占庭帝国的军队在小亚细亚进攻阿拉伯人的时候,可萨人就在外高加索攻击阿拉伯人的后方。

拜占庭帝国与可萨帝国的亲密关系,在其他方面也可以得到证明。比如可萨人的文明程度在欧洲各突厥民族中算是最高的,就像回鹘人在中亚各突厥民族中是最文明的一样。虽然可萨人从未有过定居或农耕的生活方式,但他们已经形成了一个很有秩序的国家,以贸易致富,并在与拜占庭和阿拉伯世界的接触过程中,其文化发展到了一个相当高的程度。可萨帝国最初似乎是以捷列

□ 可萨建筑 摄影

在欧洲各个突厥民族中,可萨人的文明程度是最高的,因为它受了拜占庭和阿拉伯文化的影响。此外,由于可萨处于贸易的交通要道,与各个国家的商人来往密切,其文化上的交流也随之得到强化。图为具有明显伊斯兰色彩的可萨建筑。

克草原地区为中心。他们在捷列克河南部支流苏拉克河源头处的巴伦加尔建立了第一个王室。722~733年间，巴伦加尔遭到了阿拉伯人的摧毁，可萨王室迁往被阿拉伯人称为"白城"的拜达城。拜达城就是后来在伏尔加河口上修建起来的伊提尔都城，但此处只是可萨可汗们过冬的地方。每到夏季，可萨人便会像其祖先匈奴人一样，在草原上（很可能在库班方向）来回游牧。833年，可萨可汗请拜占庭皇帝狄奥菲勒斯派工程师来为他们建造一座稍隐蔽的能够抵御游牧部落攻击的都城。后者派遣总工程师帕特罗纳斯为可萨帝国建造了第三座都城沙克尔。沙克尔的具体位置有所争议，一说是位于顿河入海处，一说是位于顿河大拐弯处，后者的可能性稍大。此后，可萨人又在克里米亚对面塔曼半岛的原法纳戈里亚的废墟上建造了贸易据点马他喀。

□ 与阿拉伯人战斗的拜占庭军队　插图

　　8~9世纪，阿拉伯哈里发为了争夺领土而与拜占庭帝国进行了多次战争。这种情况一直持续到11世纪初，二者之间的矛盾才趋于缓和。

　　可萨帝国的贸易比较繁荣。来自拜占庭、阿拉伯和以色列的商人们成群结队地到伊提尔和沙克尔城收购北方来的各种皮毛，其中还不乏一些基督教、伊斯兰教和犹太教人。851~863年间，拜占庭帝国委派的基督教教士圣西利尔来到可萨帝国，受到了热烈的欢迎。在西利尔的传记中，记述着他与犹太教教士在可萨可汗宴会上的论战。为了在可萨境内传播基督教新约，拜占庭皇帝利奥六世在可萨的马他喀建立了一个主教区。从690年开始，不少可萨人皈依了伊斯兰教。从865年开始，尤其是965年以后，伊斯兰教成为该地的一个大宗教。但以色列的犹太教更受欢迎。767年，伊沙克·圣格里成为可萨人的犹太教牧师。在哈仑·阿尔·拉施德哈里发统治时期（786~809年），可萨的可汗和贵族们都信奉犹太教。919~944年间，以色列受到拜占庭皇帝罗马努斯·尼卡彭奴斯的大肆迫害，大批的以色列难民涌入可萨国内。

　　948年，一位以圣经中"约瑟"为名的可萨可汗写信给犹太教教士希斯达伊，向他描绘了可萨境内犹太教盛行的概况。但是，马迦特却对该信件表示怀疑，他

□ 圣索菲亚大教堂　摄影

11世纪，基辅是欧洲最重要的城市之一。图中这个位于俄罗斯国家的圣索菲亚大教堂建于11世纪初期，我们从图中可以看出教堂的内部结构。在俄罗斯众多的教堂中，只有这个教堂才具有明显的拜占庭色彩。

认为其出现的时间应在11世纪之后。从伊本·法德罕的记载中可见，萨曼塔尔（位于达吉斯坦境内）的可汗、总督、王公、高级官员们都信奉犹太教。然而，可萨人民对伊斯兰教和基督教的信奉，似乎超过了对犹太教的信奉。大约在965年，一位可萨可汗由于政治上的原因信奉了伊斯兰教，但1016年塔曼半岛的可汗乔治·佐勒斯，却是一名基督教徒。

9世纪时，可萨突厥人开始走向衰落，他们所信奉的犹太教的文明，也受到了野蛮的同族异教部落的入侵。来自咸海草原的乌古斯突厥人（拜占庭历史学家们称其为"奥佐伊人"），把恩巴河地区和乌拉尔河地区的佩切涅格突厥人驱赶到了西方。850~860年间，穿越了可萨帝国领地的佩切涅格人赶走了居住在亚速海北岸的可萨属民马扎尔人，使其退居到第聂伯河和多瑙河下游之间的阿特尔库祖。889~893年间，佩切涅格人又把马扎尔人从新居住地上赶走，并定居于此。这样一来，佩切涅格人占据了位于顿河河口和摩尔达维亚之间的俄罗斯草原，只剩下了顿河下游、伏尔加河下游与高加索山脉之间的地区属于可萨人。

965年，基辅的罗斯王公斯维雅托斯拉进攻并占领了可萨人建在顿河河湾上的都城沙克尔。所幸可萨王国在这次灾难中幸存下来，保住了其在伏尔加河下游地区、库班河地区、达吉斯坦草原等地的地盘。1016年，在罗斯军队的支持下，拜占庭皇帝巴西尔一世派出舰队，进攻最后一批可萨人，占领了其塔曼半岛和克里米亚属地。1030年，可萨人作为一支政治力量从历史上永远地消失了。尚未开化的野蛮游牧部落消灭了他们，从此控制了黑海草原。然而，对于拜占庭帝国来说，帮助罗斯人消灭了自己忠实的同盟者——已经文明化了的可萨突厥人，是最大的失算。

佩切涅格人和钦察人

我们已经知道，佩切涅格人属于突厥部落的一支。马迦特指出，佩切涅格部落曾经是西突厥联盟的一个组成部分，被葛逻禄突厥人驱赶，退往锡尔河下游和咸海。他们继续西迁，到达了乌拉尔河与伏尔加河之间的地区。大约在913年，他们又被可萨人与乌古斯人联合驱赶出这个新的居住地，然后继续西移，赶走了亚速海以北的列维底亚的马扎尔人，并占领了该地。不久，在继续西进的过程中，佩切涅格人又占领了位于第聂伯河与多瑙河下游之间的俄罗斯草原西部地区的阿特尔库祖，并迫使居住在这里的马扎尔人离开。于是，佩切涅格人便利用第聂伯河河口和多瑙河河口之间的牧场来放牧。934年，佩切涅格人在色雷斯加入了匈牙利大军的队伍，一起攻击拜占庭帝国。944年，佩切涅格人帮助罗斯王公伊戈尔袭击了拜占庭帝国本土。1026年，渡过多瑙河的佩切涅格人被康士坦丁·台吉内斯击败。1036年，他们又遭到了来自基辅的罗斯王公雅罗斯拉夫的打击，被迫结束了对草原的统治，只好再一次入侵拜占庭帝国。1064年，佩切涅格人穿越色雷斯直抵君士坦丁堡的大门，进行了更加深入的入侵。对于拜占庭帝国而言，佩切涅格人的这次深入的入侵得以发生，是基于以下事实：为了对付亚洲的穆斯林突厥人的威胁，拜占庭帝国在欧洲的异教突厥人中招募雇佣军，但这些异教突厥人对拜占庭

□ 弗拉基米尔的圣母　壁画

从12世纪开始，俄罗斯形成了许多圣像艺术流派，然而最受人们欢迎的仍然是11世纪末期君士坦丁堡的"弗拉基米尔的圣母"。这幅圣母像是最早表现玛利亚神采的作品之一，后来曾被许多俄罗斯的艺术家描摹。

君王的忠诚，却不如他们对突厥同族人的亲属感那么强烈。这一点更是在1071年的曼吉克特战役前夕表现出来——佩切涅格人不再为狄根尼斯·罗曼努斯服务，而是转为阿尔普·阿尔斯兰苏丹效力。在阿历克塞·科蒙勒努斯统治时期，佩切涅格人于1087年再次入侵色雷斯，直攻库莱（位于埃洛斯与君士坦丁堡之间），但被打败，他们在战争中抛弃了首领翟古尔。但是，阿历克塞·科蒙勒努斯错误地追随了佩切涅格人，于同年秋天在锡利斯特拉反被他们击败。由于另一支突厥人部落——钦察人从俄罗斯赶来，在多瑙河畔打败了佩切涅格人，拜占庭帝国才得救。1088~1089年间，当钦察人退回到俄罗斯后，佩切涅格人再一次进攻了色雷斯，一直攻打到亚德里亚堡以南的伊普萨拉，在此地，阿历克塞以交纳财宝为条件，得以让他们撤军。1090年，佩切涅格人与小亚细亚的塞尔柱人联合进攻君士坦丁堡。他们穿过马里查山谷（位于巴尔干半岛东南部），从亚德里亚堡来到埃洛斯；从士麦那出发的塞尔柱舰队攻打海岸地区，从尼科亚出发的塞尔柱军队威胁尼科美底亚。

□ 福音书　书封

俄罗斯基督教的艺术受到了它所继承的拜占庭遗产的广泛影响，我们可以从图中这个11世纪的金制福音书的封面上看出端倪。

这种形势是当年希拉克略与阿瓦尔人的再现，但拜占庭帝国此次是遭到来自欧洲的非基督教突厥人和来自亚洲的穆斯林突厥人的两面夹击，他们因血缘纽带而联合对付拜占庭帝国。佩切涅格人冬季住在与拜占庭帝国边境线相对的卢累布尔加兹，拜占庭帝国边境线则后退至乔尔卢。阿历克塞·科蒙勒努斯再次求助于钦察人。托加尔塔克和曼尼亚克率领钦察人自俄罗斯出发，南下进入色雷斯，攻击佩切涅格人的后方。1091年4月29日，拜占庭帝国和钦察联军在列瓦尼恩山击败佩切涅格人，使其十分之一的士兵战死。残余的这些佩切涅格人在瓦拉几亚重新集结起来，其后代于1121年进行了最后一次冒险尝试——对巴尔干山以北的保加利亚发起进攻。1122年，约翰·科蒙勒努斯袭击并屠杀了佩切涅格人。自此，乌古斯人和钦察人取代了佩切涅格人在俄罗斯草原上的地位。

乌古斯人常在里海东北部和咸海以北地区游牧，阿拉伯人称之为古兹人，他们的亚洲后裔就是现在的土库曼人。塞尔柱人作为乌古斯人的一个分支，皈依了伊斯兰教，并于11世纪远征波斯，在那里建立起了以吐格利尔拜格、阿尔普·阿尔斯兰、马立克沙赫等为首的突厥穆斯林大帝国。与此同时，乌古斯人的另一个分支（非伊斯兰教），即拜占庭历史学家们所称的"奥佐伊人"，与钦察人几乎同时出现。根据拜占庭历史学家们的记载，1065年，即拜占庭皇帝君士坦丁十世杜卡斯统治时期，60多万奥佐伊人渡过多瑙河，掠夺了巴尔干半岛，并一直深入到塞萨洛尼基和希腊北部，但不久就被佩切涅格人和保加尔人击败。其余部越过伏尔加河西岸，最终被钦察人消灭或同化。

□ 天使报喜 壁画

俄罗斯的圣像风格明显地继承了拜占庭风格，颇具拜占庭圣像艺术的美丽外观和内在神韵。这幅11世纪的圣像"天使报喜"是由一位俄罗斯雕刻家创作的。

"钦察人"是突厥语的称呼，俄罗斯人称他们为"波洛伏齐人"，拜占庭称他们为"马洛伊人"，阿拉伯地理学家埃德利斯称他们为"库曼人"，匈牙利人则把他们称作"昆人"。迦尔迪齐认为，钦察人起源于居住在西伯利亚的额尔齐斯河中游沿岸的基马克突厥人的一个分支。但米诺尔斯基却认为，基马克人可能居住在鄂毕河沿岸。但不管怎样，基马克人与乌古斯人是密切相关的，因为喀什噶里曾经指出，他们都把首写字母"y"音念成"j"音，这是他们与其他突厥人的主要区别。约在11世纪中叶，钦察人从基马克人的主体中分离出来，向欧洲进发。1054年，俄国编年史第一次提到他们在黑海以北的草原上出现，同时出现的还有遭到他们驱逐的乌古斯人。钦察人摘取了乌古斯人对佩切涅格人所取得的胜利果实：1065~1066年间，乌古斯人对巴尔干发动了一次远征，却被拜占庭帝国和保加尔人击败而逃，钦察人留在了俄罗斯草原上，成为这里唯一的主人。大约在

1120~1121年间，几个蒙古部落从中原的满洲边境迁徙到乌拉尔河和伏尔加河流域。这些蒙古部落与契丹人有着密切的联系，他们应该是与西迁的喀喇契丹人杂居。他们到来之后，加入了钦察人的主体并获得了一定的统治地位，后因接受了突厥的生活方式而很快被钦察人同化。在成吉思汗入侵（1222年）之前，钦察人一直都是俄罗斯草原上的主人。当时，一些钦察人首领在罗斯人的影响下，逐渐接受了基督教。虽然他们最终被消灭，但他们的名字留给了在蒙古人统治下的俄罗斯大草原。因此，当时建立在该地区的成吉思汗汗国被称为钦察汗国。

在几个世纪中，拜占庭帝国抵抗了一个又一个部落对它的进攻，它所取得的成就是值得肯定的。对于基督教文明来说，相对于1453年的危机，那些尚未开化的突厥人和蒙古人——从阿提拉部落到乌古斯部落，才是更加可怕的危险。

第 5 章
成吉思汗及其帝国

CHAPTER 5

1162年,在斡难河(今鄂嫩河)右岸的跌里温盘陀山,蒙古乞颜部首领也速该的妻子月伦生下了改变草原历史的铁木真(即后来的成吉思汗)。1184年前后,铁木真被推举为蒙古乞颜部可汗。随后,他铲除一系列的障碍,统一了蒙古各部。1206年春天,在斡难河源头的大会上,铁木真被诸王和群臣尊为"大汗",即"成吉思汗"。在成吉思汗的统治下,新兴的蒙古帝国走上了扩张之路:征讨西夏和金国,征服喀喇契丹国,灭亡花剌子模帝国,入侵波斯和俄罗斯。1227年8月25日,成吉思汗在平凉以西地区去世,享年65岁。

12世纪的蒙古

12世纪末期的亚洲地图是：中国被一分为二，南部是中国人建立的南宋，以杭州为都，北部是通古斯族女真人的金朝，以北京为都；在中国西北部的鄂尔多斯和甘肃，是唐兀惕人建立的西夏国；在塔里木河西北，即从吐鲁番到库车的广袤土地上，是回鹘突厥人的居住地，他们具有佛教和聂思托里教文化；楚河一带则被喀喇契丹国统治着，他们是一支具有中国文化的蒙古人，占据着伊塞克湖地区和喀什噶尔；花剌子模的苏丹们几乎统治着整个伊朗的河中地区，他们是具有阿拉伯—波斯文化的伊斯兰突厥教徒；巴格达的哈里发、叙利亚和埃及的阿尤布王朝的苏丹们和小亚细亚的塞尔柱土耳其苏丹们瓜分了穆斯林亚洲的其余地区。

在亚洲北部的西伯利亚—蒙古边境上，向着阿尔泰山、杭爱山和肯特山延伸的戈壁滩的北部草原上，漫游着无数仍过着游牧生活的部落。他们分属于阿尔泰语系的三个种族：突厥、蒙古和通古斯种族。因为在相同的气候条件下过着同样的生活，因此他们在语言上的差别让人无从分辨。他们的外形在东西方史料中大都被描述成：阔脸、扁鼻、高颧骨、细眯眼、厚嘴唇、稀疏胡须、粗糙的黑发，被日光、风、霜染成的黝黑皮肤，五短身材，弓形脚支撑着粗壮笨拙的身躯。因为生活在风沙弥漫、冬季严寒、夏季酷热难当的荒野上，这些游牧民族变得非常强悍，足以抵御任何恶劣的环境。

但是，大多数部落的真实位置并不精准，也只是大致估计而已。

乃蛮人是突厥—蒙古种族中的主要民族之一，居住在今天的科布多地区和乌布萨泊郊区，西至额尔齐斯河和斋桑湖，东至色楞格河上游。虽然其

□ 乃蛮人陶器

乃蛮人是突厥—蒙古种族的主要民族之一，他们居住在今天的科布多地区和乌布萨泊郊区。图为乃蛮人形象的陶器。

名称看似是蒙古语，但其官号系统是突厥语，由此推断，他们很可能是蒙古化的突厥人。他们当中的大多数人皈依了聂思托里教。史料表明，13世纪初期乃蛮王的继承人、著名的屈出律是在聂思托里教的熏陶下成长起来的。不过，《秘史》表明，萨满教对乃蛮人有着同等重要的影响，战争时期，他们利用萨满教来乞求风暴和自然力的帮助。乃蛮人还向他们南面的回鹘人借用了很多的文化要素。13世纪初，乃蛮王任用回鹘学者塔塔统阿作为其掌印官兼文书，因为回鹘突厥语是他们的官方语言。

□ 带刺马镳

图为内蒙古赤峰地区马家店上层文化出土的带刺马镳，这种带刺的马镳在12世纪的蒙古草原上很流行。使用时将带刺的一面朝向马的两颊，拉绳时马就会感到刺痛，以便达到制马、驯马的目的。

乃蛮人以北的叶尼塞河上游，分布着突厥族的黠戛斯诸部落，其酋长称为亦纳勒。大约在920年，他们被契丹人赶出鄂尔浑河上游地区，从此销声匿迹，并未对草原的历史产生进一步的影响。

乃蛮人最大的对手是克烈人，一些学者认为他们应该活动在色楞格河以南、鄂尔浑河上游和翁金河与土拉河流域，即后来的赛音诺颜境内。但另外一些学者却认为，他们的位置还要向东移至哈拉和林，从哈拉和林起开始属于克烈部。克烈人通常被看成突厥人，"蒙古起源的传说没有任何一处提到他们，或许他们是受到突厥强烈影响的蒙古人，又或者是已经蒙古化了的突厥人"。但许多克烈人的称号确实是突厥语的。比如脱斡邻勒，与其说是一个蒙古名，不如说是突厥名。有学者指出，克烈人在1000年后不久便皈依了聂思托里教。据说，克烈汗曾在草原上迷途，得到圣·薛儿吉思的引导方才脱险。之后，他受到克烈人境内的基督教商人们的鼓动，要求呼罗珊的莫夫主教伊伯杰苏亲自前来，或者派一位牧师来给他及他的部民们施洗礼。伊伯杰苏在写给巴格达总主教约翰六世的信中提及了此事："20万克烈部突厥人与他们的汗一起接受洗礼。"

马儿忽思不亦鲁是成吉思汗祖父辈的克烈部汗，他像塔塔儿人和北京的金朝皇帝一样，企图得到东戈壁的霸权。然而，塔塔儿人不仅打败了他，还将他引渡给金朝，金朝统治者残忍地把他钉死在木驴上。其遗孀为替他报仇，策划暗杀了塔塔儿汗。马儿忽思留下了两个儿子：忽儿察忽思和菊儿罕，前者继承了汗位。

忽儿察忽思死后，其儿子脱斡邻勒继承了克烈王位。但不久，脱斡邻勒就被其野心勃勃的叔叔菊儿罕抢夺了王位，后者得到了乃蛮王亦难赤的扶持。流亡中的脱斡邻勒得到了蒙古酋长也速该——成吉思汗父亲的鼎力相助，最终把菊儿罕逐出部落，重新夺回了统治权。

1199年，在北京金王朝的帮助下，脱斡邻勒以金王朝的名义打败了塔塔儿人，成为当时蒙古最强大的统治者。金朝以中原"王"的称号来封这位克烈首领，以此树立他的权威。他也以"王罕"——中原的"王"和突厥的"罕"相结合的双重头衔书写于史册之上。"一代天骄"成吉思汗是作为王罕的藩属崭露头角的。

克烈部以北的贝加尔湖南岸的色楞格河下游，是蔑儿乞人的地盘，他们属突厥种或蒙古种。贝加尔湖西岸住着蒙古种斡亦剌惕人。

在满洲北端的额尔古纳河和黑龙江之间的"口袋"形地区里，生活着通古斯种的肃良合人。塔塔儿人则游牧在克鲁伦河南岸和贝加尔湖附近直到兴安岭的区域，人们大都认为他们属于通古斯族，但伯希和指出，他们明显说的是蒙古语。12世纪时，塔塔儿人加入了最勇猛的民族行列，成为草原上一支颇具危险性的力量。在满洲方向，他们严重威胁着汉化通古斯人的金国。正是保持了对塔塔儿人西部的牵制力量，成吉思汗早期的活动才得到了金国的支持。

真正的蒙古人，从狭义上讲，指的是成吉思汗所在种族的蒙古人。他们随着季节的变化，在今外蒙古东北斡难河和怯绿连河之间迁徙。此前历史上所出现的一些民族，譬如3世纪的鲜卑人、5世纪的柔然人和嚈哒人、6~9世纪欧洲的阿瓦尔人，都是说的蒙古语。另外我们还得承认，8~12世纪的曾经辉煌过的契丹人，也是讲的一种蒙古方言。这些民族中的一些也曾建立过广泛的统治，但都没有造成像成吉思汗及其后裔那样的世界性的影响，因此，"蒙古"一词也就成了成吉思汗所在民族的专称。

据传，蒙古人在早期被突厥人打败后，避难于额儿古涅昆山区，大约9世纪时，他们进入了色楞格河和斡难河平原。同样的传说还有关于女祖先阿兰豁阿的故事。据传，她在其丈夫朵奔蔑儿干死后，感天光而怀上了尼鲁温蒙古人的祖先。而尼鲁温蒙古人孛端察尔便是成吉思汗的八世祖。

12世纪，蒙古人由许多兀鲁思（蒙语中指"部落"和"小民族"）组成，兀鲁思之间既互相争斗又联合对抗他们共同的邻居和敌人——塔塔儿人。成吉思汗出身于孛儿只斤氏族和乞颜分族。成吉思汗成功之后，根据是否与乞颜族有关系而把蒙古部落分为了两支：有关系者称为尼鲁温族，由纯种蒙古人组成；无关系者纳入都儿鲁斤族，享有低一等的血统。尼鲁温族包括泰赤乌惕部、乌鲁尔德部、忙古惕部、札只剌惕部、巴鲁剌思部、八邻部、朵儿边部、今杜尔伯特部、撒勒只兀惕部和哈答斤部；都儿鲁斤族包括阿鲁剌惕部、伯牙吾惕部、火鲁剌思部、速儿都思部、亦乞剌思部和弘吉剌惕部。

从生活方式看，12世纪末期的蒙古人分为草原畜牧部落和森林渔猎部落。这些蒙古—西伯利亚边境上的蒙古人的家，的确就是在南部的草原地带和北部的森林地带之间的马背上。但格纳德认为，他们最初并不属于草原民族，而是来自森林山区的民族。这可以从他们所使用的大量木制车、木制桶、用桦树皮搭的小棚等得到证实。

畜牧部落相对比较富裕，领导他们的是一个很有权势的贵族阶级。他们的首领通常带有下列称号：巴哈秃儿或巴阿秃儿（勇士）、那颜（领主）、薛层或薛禅（蒙古语，"贤者"）、必勒格（突厥语，"贤者"）、太子（汉语，"王子"）。这些首领统治下的社会各阶层有：武士或亲信、哈剌抽（平民）、孛斡勒（奴隶）。森林渔猎人的部落中由萨满支配，其贵族阶级的地位没有畜牧部落中那么重要。萨满们通过王室地位与魔力的结合，取得了"别乞"的称号。成吉思汗时代，斡亦剌惕部和蔑儿乞部的首领们就拥有"别乞"称号。事实上，这些区别远不如"牧人"和"林中百姓"这两个名词的区别明显。畜牧部落的贵族用猎鹰狩猎，牧民用套索、弓箭追捕猎物。森林渔猎部落即使在严寒的隆冬，也要捕捉西伯利亚松鼠和貂鼠，以换取食物和生活必需品。二者相比，与世隔绝的渔猎部落生活得更为艰苦；畜牧部落则从与之邻近的回鹘、契丹、金国的交往中获益。渔猎部落的圆形毡帐是用大量的杆和木条支撑的；而无

□ **磁州窑白地黑花龙纹扁壶　元代**

此壶的造型来源于蒙古人骑马时所佩带的扁形水壶，为典型的蒙古瓷风格。壶形为小口四系的扁方形，腹部扁平微鼓。在白底的两侧分别绘有酱色龙凤纹，龙凤纹外饰以双线纹作框，侧腹绘卷草纹。在纹饰上采用绘画与划刻相结合的装饰方法，使纹饰绘画笔法具有遒劲雄浑的风格。

林木可用的畜牧部落只得搭建低矮、宽大的羊毛毡。森林渔猎部落更加野蛮，因为他们无法接触到文明生活；游牧民却在与回鹘人、契丹人、女真人等相对比较先进的民族交往中被文明浸淫。他们模仿城市——在迁徙过程中搭起帐幕群阿寅勒，即把毡帐围成圈。

与9世纪相比，12世纪的蒙古人在文化上反而衰退了。840年，回鹘人被黠戛斯人从鄂尔浑流域的农业中心赶走，使该地区恢复到草原生活，摩尼教徒们带来的叙利亚—粟特文明也随之被扼杀。出土于鄂尔浑河畔的突厥或回鹘碑文有着相当高的文明程度，是成吉思汗时期从未达到过的。920年，黠戛斯人被赶出鄂尔浑河河畔，但此时已经定居在济木萨和吐鲁番的回鹘人却拒绝返回该地，使得这一地区处于无政府状态。沿着这条道还传来了聂思托里教。正如史料所表明的那样，在蒙古，聂思托里教变得大不如从前，在与萨满教争夺蒙古首领的精神世界时，它已经退回到与萨满教相当的水平了。

成吉思汗

12世纪以前，蒙古人曾经尝试过建立一个有组织的国家。一位名叫海都的蒙古首领，因击败敌对的札剌儿部而出名，并开始把其他一些部落的家族当作自己的属民。获得汗号的正是海都的曾孙合不勒，据史料记载，他是在死后才获得该封号的。合不勒汗是第一位敢于起来反对强大的女真宗主们的人。蒙古最初臣属于金朝，与金国的关系相对融洽。但是，后因合不勒汗不懂文明礼仪习俗，双方的关系恶化，并引发了战争。1135~1139年，金国对蒙古游牧民族发起了战争，金将胡沙虎被蒙古击败，金国被迫求和，并奉上大量财物。当时，有可能是蒙古人忽图剌汗和金国签订了议和条款，他是蒙古传说中的英雄，他的"汗"和"皇帝"称号为后人所追封（1240年）。忽图剌汗为报堂兄被金国钉死在木驴上之仇，大举进攻金国，烧杀抢掠无所不作。1161年，蒙古人在贝加尔湖附近被塔塔儿人和金兵夹击打败，蒙古的王权再次回到了部落、氏族和小氏族的旧秩序中。

成吉思汗的子孙坚信，成吉思汗的父亲也速该是合不勒汗之孙，即合不勒汗次子把儿坦巴阿秃儿之子。然而，巴托尔德怀疑这种关系的真实性，因为史料显示，也速该从未当过汗，更不要说合罕（可汗），他只是谦虚地取了乞颜部的首领巴阿秃儿的称号，这充其量只算得上是一个勇敢的氏族酋长的所作所为罢了。也速该率领部民同蒙古人的世仇——塔塔儿作战，他还帮助克烈部落的脱斡邻勒从其叔

□ **成吉思汗像　绢本　台湾故宫博物院藏**

在充满纷争的乱世，无疑需要一位像成吉思汗这样伟大的军事家来一统天下。成吉思汗不仅统一了蒙古各部，还四处征战，其汗系所建立的元朝曾是世界历史上统治人口最多、土地最辽阔、财富最多的王朝。

叔菊儿罕手中抢回了王位。在当时，这一援助的目的可能只是受利益驱使，可在之后的历史看来，这件事却具有相当重要的意义，每当成吉思汗屡遭挫折时，王罕都会给予他宝贵的援助。也速该在征服蔑儿乞部的过程中，抢劫了酋长年轻的妻子月伦，娶其为妻。1162年，在斡难河右岸的跌里温盘陀山，月伦生下了改变草原历史的铁木真（即后来的成吉思汗）。也速该为年幼的铁木真订下了娃娃亲，对方是弘吉刺惕部首领的幼女。也速该死于一次草原宴会，是被塔塔儿人设计毒死的。

也速该死后，月伦额格和铁木真共同统治孛儿只斤部。年幼的铁木真尚无力统治他的部落，虽然母亲月伦额格很能干，但没有人敢对这对孤儿寡母怀抱什么希望。1179年，就连最忠实拥护也速该的部众也带着牧群离他们而去，只留下月伦额格和六个孩子，其中哈撒儿、哈亦温、铁木哥、铁木真乃同胞兄弟，别克台尔和别里古台为同父异母的兄弟。这时，泰赤乌惕部的首领——塔儿忽台乞邻勒秃黑和托多颜·昔惕两兄弟趁火打劫，夺走了铁木真的孛儿只斤部的首领地位。这是铁木真一生中最艰难的时期，一家人只得在肯特山区以渔猎谋生。正是这段粗野的渔猎生活，让年轻的铁木真变得勇敢和强壮，不但能抵抗严寒和酷暑，还练就了超人的忍耐力，以至后来的他能够泰然自若地面对创伤、失败、撤退和被俘等厄运。塔儿忽台乞邻勒秃黑得知铁木真还活着之后，为了斩草除根，在肯特山区擒获了铁木真。在速尔都思部首领锁尔罕失剌及其儿子赤老温和赤不拜的救助下，铁木真得以逃出虎口。不久，在阿鲁剌惕部首领博尔术的鼎力支持下，铁木真和箭术精湛的弟弟哈撒儿一起，成功地重振家族。脱离贫困生活后，铁木真向弘吉剌惕部首领德薛禅的女儿孛儿帖求婚，德薛禅同意了他的请求，并把一件黑貂皮斗篷送给女儿作嫁妆。后来，铁木真把帐幕迁到怯绿连河河源，开始了

□ 成吉思汗画像

当成吉思汗还只是"铁木真"的时候，他的人生遭遇无疑是惨烈的。但是作为一名目光远大、具有宏韬伟略的征服者，他后来所建立的赫赫功绩，对于蒙古人来说是空前绝后的。此幅成吉思汗画像被收藏在内蒙古博物院内。

他的戎马生涯。

铁木真朝见克烈部首领脱斡邻勒时，把德薛禅送的黑貂皮斗篷作为礼物献给了他，以示效忠。脱斡邻勒为回报也速该当年的援助之恩，和铁木真结为盟友，把他纳为属臣。不久之后，蔑儿乞人在脱脱别乞首领的率领下袭击了铁木真。铁木真虽得以逃脱，其妻孛儿帖却落入敌手。这时，脱斡邻勒和札只剌惕部首领札木合向他伸出了援助之手，二人联手，在布拉河共同打败了蔑儿乞人，夺回了孛儿帖。恢复了至尊地位的孛儿帖不久就生下了长子术赤。关于术赤是铁木真还是蔑儿乞人赤勒格儿力士的儿子，无人知晓，铁木真也从未深究。

尽管札木合和铁木真是结拜义兄弟，但二人的目标都是要恢复蒙古王室，并获得汗号，所以不久便发生了争执。二人以选举来决定对蒙古部落的统治权。就铁木真而言，他不仅拥有"木华黎预言"（据《秘史》记，有一天，札剌儿部木华黎提醒当时正在合儿郭纳黑·朱布儿扎营的铁木真，在同一地点，同一棵树下，取得汗号的最后一位蒙古首领忽图剌曾经在此歌舞宴会，庆祝自己登位。木华黎说："从那时起，蒙古人经历了苦难的日子，他们中不再有汗。但长生天没有忘记忽图剌家族，蒙古人中必将产生英雄，一位令人恐惧的汗，为他们的苦难报仇……"）等有利的宗教因素，还得到了蒙古贵族联盟中地位最高的代表——其叔叔答力台·斡赤金的支持。另外，蒙古王室后裔合不勒汗的长支后裔阿勒坦斡赤斤也站在铁木真这一边，他们认为铁木真守旧的世界观更容易控制，而性格活跃、思想前卫的札木合则难以驾驭。1196年，占有各种有利因素的铁木真当选为蒙古汗。阿勒坦和撒察别乞是最早宣布铁木真为汗（蒙古人的王）的人。作为王，铁木真采用"chinggiskhan"一名，一般史书写成"Jenghiz khan"，对其准确含义，学者仍有争议。

对于成吉思汗的这个新的蒙古政权的崛起，克烈部首领脱斡邻勒本应有所顾虑，但他似乎对此不以为意。况且成吉思汗总在不失时机地、十分谨慎地向他表示忠心，让他心里十分踏实，再加上蒙古当时的形势的确比较无害，因为成吉思汗正忙于应付心腹大患——内部羽翼丰满的札木合和世仇塔塔儿人。

作为成吉思汗忠实的支持者之一，札剌儿部的木华黎劝成吉思汗称汗，是他唤起了成吉思汗向塔塔儿人报仇的决心。塔塔儿人成为东戈壁主人后，经常去侵扰金国边境。不胜其烦的金国和克烈部脱斡邻勒结盟，联手对付塔塔儿人。作为克烈部的忠实属臣，成吉思汗终于有机会向世仇塔塔儿人复仇了。1198年，南方的金军和西北的克烈人、成吉思汗部落同时夹击塔塔儿人，使之遭到了灭顶之灾，塔塔儿王蔑古真·薛兀勒图兵败被杀。脱斡邻勒被金国封赏为"王"，即历史上的"王罕"。成吉思汗作为克烈人的属臣，也得到了金国的赏赐，但比王罕的封赐要少得多。这次战争后，成吉思汗处死了合不勒的曾孙、主儿乞部首领撒察别乞和另两位王公泰出和不里勃阔，因为他们拒绝随他和王罕出征去攻打塔塔儿人。在他写给王罕的著名的声诉信中，他声称是为了给克烈人报仇而牺牲了他"深深热爱着的兄弟们"。事实上，他只是趁机找了个看似不错的借口，得以摆脱所谓的"蒙古正统性"的代表人物形象。

在成吉思汗与王罕联盟之初，也许王罕确实保护了成吉思汗，让其免遭敌人的侵害，但成吉思汗也向王罕尽了同样的义务。后来，在乃蛮王的支持下，王罕的弟弟额儿客合刺推翻了王罕的统治，篡夺了他的王位。孤立无援的王罕来到成吉思汗处避难，成吉思汗帮助他击败了叛军，使他得以重新统治克烈部。此乃成吉思汗为克烈部立下的大功之一。他的第二大功就是派人护送在金避难的王罕的另一个弟弟扎阿绀勃回营，使他免受蔑儿乞人的袭击。但是，王罕对成吉思汗的这些功绩似乎是不以为然的，他甚至背着成吉思汗对蔑儿乞人发动了一次大袭击，并在大获全胜之后独自侵吞了大批战利品（包括俘虏和牲畜等）。

不过，作为王罕的属臣，成吉思汗还是跟随王罕一起出征内讧中的乃蛮人。他们首先攻打不亦鲁统治的阿尔泰山地区，将他逼至乌伦古河。但是，这年冬天，不亦鲁的一名部将发起了异常凶猛的反扑，使这场战斗异常艰苦。王罕在夜里偷偷撤军，把成吉思汗一人扔在阵地上，无奈之下，成吉思汗也只好撤退。

即便王罕如此背信弃义，成吉思汗仍对他忠贞不贰。当王罕军队被来犯的乃蛮大军击打得节节败退而厚着脸皮向他求援时，他二话不说便派出博儿术、木华黎、博罗浑和赤老温四名大部将，把乃蛮人赶出了克烈部，并夺回被掠财物，还救回王罕的儿子桑昆和弟弟。最后，成吉思汗的大弟哈撒儿大败乃蛮人，结束了这场惨烈的战争。这是成吉思汗为王罕立下的第三件大功。

不久之后，成吉思汗和王罕联合，在斡难河畔打败了幼年迫害他的赤乌惕部，赤老温将军将泰赤乌惕部首领塔儿忽台乞邻勒秃黑杀死。乃蛮部和泰赤乌惕部的相继惨败，使很多部落受到惊吓，纷纷欲行白马结盟，想要联合偷袭成吉思汗和王罕。因为得到了岳父弘吉剌惕部德薛禅的及时通报，成吉思汗早有准备，他和王罕军队一起大败盟军于捕鱼儿湖附近。这是成吉思汗为王罕立的第四大功。

话说王罕虽然是蒙古最强大的王公，但他的权力根基并不稳固。为保住自己在克烈部的王位，他先后和叔叔菊儿罕、弟弟额儿客合剌和札阿绀孛等反叛者兵戎相见，甚至在战斗中也曾有过被驱逐出境的遭遇。即便在获胜之后，还险遭另一个弟弟札阿绀孛推翻。

蒙古内部的领导权争夺异常激烈。成吉思汗通过和王罕的结盟，已经逐步建立了霸权，而札只剌惕部首领札木合则联合泰赤乌惕部、弘吉剌惕部、亦乞剌思部、火鲁剌部、朵儿边部、哈答斤和撒勒只兀惕部，同时拉拢塔塔儿人、乃蛮人、蔑儿乞人、翰亦剌惕部，形成了一个反对成吉思汗和王罕的同盟。1201年，札木合在怯绿连河畔的阿勒忽不剌自立为"古儿汗"（即"世界之汗"，蒙古皇帝）。

□ 陶马俑

在蒙古人南征北战的岁月中，蒙古马发挥了巨大的作用，图为蒙古马陶俑。

蒙古帝国的逐步形成，亟须一位领导者来统治，于是成吉思汗和札木合展开了角逐。成吉思汗的优势在于，他性格顽强、政治嗅觉灵敏，善于利用正义的力量来坚定忠实地保护自己麾下的部落，更重要的是他得到了王罕的支持。同样优秀的札木合虽然思维活跃、善工心计，但他在同盟里缺乏凝聚力、不讲道义，常常掠夺自己的盟友。

无疑，在这场角逐中，王罕的立场是至关重要的。王罕自然是坚定地站在成吉思汗一边，与他联手在阔亦田击败札木合。斡亦剌惕部和乃蛮部巫师的相助对札木合来说也无济于事。他被迫退到额尔吉纳河下游。最后，成吉思汗把泰赤乌惕部彻底粉碎，杀掉了一部分反叛的泰赤乌惕人，迫使幸存者归顺，使孛儿只斤氏族恢复了统一。此次战争中，成吉思汗收获了神箭手哲别和他的同伴速不台，二人后来成了蒙古历史上最杰出的将领。

接下来，拥有强大力量的成吉思汗转而向蒙古人的世仇、自己的杀父仇人——塔塔儿人复仇。为增强部队的战斗力，成吉思汗严明军纪，禁止部下私自掠夺财物。在成吉思汗力量的强烈猛攻下，塔塔儿人被大肆屠杀，遭到惨败，幸存者则被分配到蒙古各部充当奴隶。成吉思汗在其中挑选了也速亦和也速根两位塔塔儿美女作为妃子。此次战争中，阿勒坦、火察尔和成吉思汗的叔叔答力台违反军令私自掠夺财物，被成吉思汗责令没收其掠夺的全部财物。气急败坏的三人与成吉思汗脱离了关系，不久就投靠敌方阵营。塔塔儿人东边的高丽人见势不妙，只好归降，并向成吉思汗纳贡。

据《元史》记载，塔塔儿人被灭后，蔑儿乞人首领脱脱从他曾经被迫避难的外贝加尔省返回，并对成吉思汗发起了新的攻击，但被成吉思汗击败。随后，脱脱加入了乃蛮部不亦鲁麾下，和朵儿边部、塔塔儿部、哈答斤部和撒勒只兀惕部残余结成新联盟，再次向成吉思汗和王罕的军队发起进攻。双方在山间的风雪中激烈地交战。战争过程中，他们从蒙古的一端移到另一端，从大阿尔泰山打到兴安岭。他们为了季节性的战役，或为了暂时的战争而团结起来，但是，以脱脱和乃蛮部为首的新联盟，由于每个部落都要求自由，他们随即又解散了，把胜败抛弃。唯有成吉思汗，凭着他那周密的征服计划和坚强个性，使战局始终保持着有利的形势。

与王罕决裂——征服克烈部

尽管王罕三番五次不公正地对待成吉思汗,但成吉思汗却一直对他忠心耿耿,这位蒙古英雄认为这是他作为属臣的职责所在。但当他代自己的长子术赤向王罕之女察兀儿别吉公主提亲而遭到拒绝之后,他深深地受伤了。

王罕也许没有料想到成吉思汗会强大至此,所以他没有在成吉思汗称汗时击垮他,这无疑是一个极大的失误。当他模糊地意识到成吉思汗已成为强劲的对手时,却无奈自己年事已高,而对方正是羽翼丰满时。当然,王罕也希望自己能安享晚年,但事实并不遂人愿。他的儿子桑昆以及正在可烈部避难的札木合和阿勒坦一起,怂恿他说成吉思汗有谋反之心。1203年,王罕在桑昆、札木合、阿勒坦的蛊惑下宣告与成吉思汗决裂,并发兵去攻打成吉思汗。曾经作为王罕左右手的成吉思汗,为了自己的权力和地位,为了维护蒙古的统一,不得不奋起反击,与王罕拼死决战。

交战过程中,克烈人谋划以言和为幌子骗杀成吉思汗,但消息走漏,他们的计划破产。于是他们又计划对他发起突然攻击,不料又被牧马人乞失力和把带听见,他们及时通报了成吉思汗,使之逃过一劫。后来,成吉思汗封这二人为贵族。

成吉思汗不得不加紧备战。他在卯温都尔高地留一支警戒部队,然后在离此较远的沙丘附近的阿兰塞安营扎寨。尽管巡逻骑兵(阿勒赤歹那颜的人)及时通报了王罕军逼近的消息,但成吉思汗这次还是碰到了他一生中最严峻的考验。双方军队在兴安岭山嘴一带的合勒卡河畔展开激战。尽管成吉思汗的部将个个奋勇争先,以一抵十,但由于双方

□ **蒙古骑兵用过的箭袋**

蒙古骑兵通常要随身携带两三张弓和三个装满箭的箭袋。这个箭袋装饰华丽,应为蒙古贵族之物。

人数的悬殊，寡不敌众的成吉思汗为了保存实力，只得在夜间从战场撤退。当他看到颈部受箭伤的爱将博罗浑拼死救回三儿子窝阔台时，不禁热泪盈眶。劣势已定，成吉思汗不得不沿合勒卡河向董哥泽一带撤退。合勒卡河河口处是成吉思汗妻子原来的部落——弘吉剌惕部的领地，成吉思汗以亲戚的名义向他们求援并得到援助。

在贝尔湖和达赉诺尔地区，成吉思汗想方设法向王罕带去口信，回忆了他和王罕曾经的美好岁月，并细数自己为王罕所做的每一件事，试图以此打动王罕，重新获得他的信任。信中，成吉思汗称王罕为自己的父亲——"艾奇吉汗"，并陈述自己恪守属臣之本分，忠肝义胆，还强调了他为人和为盟友的原则。这些话让王罕既为自己过去的眼拙而悔恨，又为自己的背信弃义深感惭愧。但与此同时，他又遭到儿子桑昆的反叛要挟和部下的干扰，在摇摆不定间，只得硬着头皮继续与成吉思汗为敌。而事实上，此时的王罕由于诸多不利因素已很难驾驭局面了，除非他能排除这些隐患，否则实在很难和成吉思汗抗衡。

阿兰塞一役的挫折，使一些追随者离开了成吉思汗，严重的减员和物质的匮乏让成吉思汗进入人生最艰难的时期。此时的他被迫撤到了蒙古的最边缘——今外贝加尔地区的边境上。一部分忠实的支持者随他退到了今满洲里以北的班朱河畔，并在此艰难地度过了1203年的夏天。而这些与他共患难的人们，后来都得到了优厚的回报。

然而，反成吉思汗的联盟又一次随季节自行瓦解（这些联盟中处于动荡的游牧民们只能想到季节性的盟约），这让成吉思汗获得了宝贵的喘息机会。不久，答力台、火察儿、阿勒坦、札木合等几位蒙古将领联合起来，密谋杀死王罕，却因走漏风声而失败。随后，札木合、火察儿和阿勒坦投奔了乃蛮部，答力台投奔了侄子成吉思汗。

毋庸置疑，对于成吉思汗来说，此时的形势已有所改观。1203年秋天，成吉思汗进军斡难

□ 牵马陶俑

图中陶俑头戴风帽，身穿窄袖长衣，腰束带；马背披甲，备有马鞍，并系有马镫，其整体造型雄健，是描绘蒙古骑兵与战马的陶塑珍品。

河，准备进攻王罕。成吉思汗的弟弟哈撒儿的家人都落入克烈军手中，成吉思汗利用哈撒儿之名带口信给王罕，再次向王罕表达了求和的意愿，以消除王罕的疑虑。王罕确信了，同意和谈，还派人准备歃血以备结盟时用。而此时，成吉思汗却暗中派兵从背后袭击克烈人。猝不及防的克烈人作鸟兽散，王罕和桑昆向西逃跑，准备投奔乃蛮部塔阳王。在乃蛮部边境，王罕被不认识他的乃蛮部将杀死，他的首级被送给了塔阳王并得到厚葬，塔阳王的母亲也前来祭拜他。桑昆则流落到西夏边境，以抢掠为生，最后可能是在进入柴达木盆地后被回鹘人杀死。

无人统领的克烈人投降了成吉思汗，成为他最忠诚的属臣，成吉思汗将他们分化到蒙古各氏族中去。由于成吉思汗本人娶了王罕之弟札阿绀孛的女儿亦必合别吉，其幼子拖雷又娶了札阿绀孛的另一个女儿唆鲁禾帖尼公主，所以他对札阿绀孛的族人特别关照。

征服乃蛮部，成吉思汗称帝

克烈部被征服后，蒙古唯一的幸存政权是塔阳统治下的乃蛮部，或者更确切地说，在成吉思汗成为东蒙古的主人时（1203年底），塔阳仍占据着西蒙古。所有被成吉思汗击败的人都聚集在塔阳王麾下，如札木合、脱脱别乞、忽都花别吉，以及其他部落的残余。这些人都急不可待地准备向成吉思汗开战。塔阳王企图和金国边境卫队汪古部突厥人联合，共举大事，而汪古部突厥人不但没有攻打成吉思汗，反而加入到成吉思汗一边。

1204年春，成吉思汗为严明军纪，在蒙古军队中颁布了一系列的组织法令。他还召开了库里勒台大会，正式宣布征讨乃蛮部，并商讨了攻打计划。大多数军事首领认为春季马瘦，宜待秋季行动。成吉思汗的幼弟铁木哥和叔叔答力台则力排众议，主张攻其不备、出奇制胜。成吉思汗对他们的战斗热情赞赏有加，遂决定立即对乃蛮部采取攻势。紧接着，他率蒙古大军进入乃蛮境内，而塔阳王和其盟友们则向杭爱山进发，双方在杭爱山狭路相逢。塔阳王曾想退至阿尔泰山再和蒙古人展开持久战，但遭到其部将火力速八赤的嘲讽。于是，塔阳王立即和成吉思汗展开了一场你死我活的战斗。在这场激烈的遭遇战中，哈撒儿显示出了卓越的军事才能，他领导部下给予乃蛮人以重创：塔阳王重伤将死；火力速八赤率领一批人与蒙军死拼，抵死不从，直至全军覆没；塔阳王之

□ 建国斡难河　元代

13世纪的蒙古高原部落林立，征战不休，部落结构经常被打破，跨部落的军事联盟成为必然趋势。1206年春，铁木真完成了历时18年的统一战争，在斡难河源头被各部推举为蒙古大汗，尊号"成吉思汗"，创立蒙古国。从此，成吉思汗的旗帜——九尾白旄纛成为整个蒙古草原的旗帜。

子屈出律率领部分乃蛮人朝额尔齐斯河方向逃窜；其余大部分乃蛮人向成吉思汗俯首称臣。

蔑儿乞部首领脱脱追随屈出律而去。蔑儿乞部小酋长主动归降成吉思汗，并把女儿忽兰嫁给了他。脱脱、屈出律、不亦鲁和札木合在额尔齐斯河上游、斋桑湖与乌卢陶山一带相继战败。1206年，正在狩猎的不亦鲁被成吉思汗的骑兵队袭击并杀死。1208年秋，成吉思汗对也儿石河上游的"最后一批反叛者"采取行动，并接受了斡亦剌惕部首领忽都花别吉的不战而降，战斗中，脱脱阵亡，屈出律逃去了喀喇契丹国；札木合被迫与盗贼为伍。1208年，札木合被手下引渡给了成吉思汗，成吉思汗念及义兄弟情谊，赐给他王子式的死（不流血的死）。

1207年，蔑儿乞残部被蒙古将领速不台消灭。不久，叶尼塞河上游的黠戛斯也向蒙古人投降。至此，整个蒙古草原被成吉思汗征服，他的九尾白旄纛将成为所有突厥—蒙古人的旗帜。

□ **库里勒台大会　元代**

"库里勒台"是蒙古语，意为"大聚会"。蒙古人从氏族部落时代起，关于氏族部落酋长的选举、战争、围猎、隆重的宗教活动等，都是由库里勒台大会决定。成吉思汗便是通过库里勒台大会成为蒙古大汗的。元朝建立后，库里勒台制度仍长期作为皇亲国戚的特权被保留下来。

1204年，成吉思汗把乃蛮部塔阳王的掌印官塔塔统阿收为己用，这就为后来蒙古政府形成"回鹘文书处"这一机构做了准备。

为了使自己的权力得到各部的承认，1206年春，成吉思汗在斡难河河源附近召集大会，归顺于他的所有突厥—蒙古人都参与此会。在这次会议上，他被全体突厥和蒙古的部落一致尊称为"合汗"。他宣布这个古老帝国又回到蒙古人手中，突厥和蒙古人都合并于这个新的蒙古国家中。此后，克烈部、乃蛮部、孛儿只斤部都随着"毡帐帝国"而为人所知。

萨满阔阔出（又称帖卜腾格里。传说他是一个有魔力的人，常乘一灰斑色马至天上，并能与神通话，因此蒙古人十分敬畏他）利用长生天的威力和命令，让所有人信服地承认了成吉思汗"合汗"的地位和称号。他正是凭借着自己在蒙古人中所享有的较高威望，给成吉思汗的统治奠定了宗教基础。与此同时，由于他的巫术和其父在皇族中的地位，他不仅举止傲慢，甚至还想用他在超自然领域中的威望来挟制成吉思汗，统治帝国。他利用一个别有用心的天命预言，妄图借成吉思汗之手除掉与自己不和的哈撒儿，后被成吉思汗的母亲月伦额格识破，才避免了手足相残的悲剧发生。

阔阔出并未因此而警醒，接下来他又公开侮辱成吉思汗的弟弟铁木哥。对于阔阔出的所作所为，明智的孛儿帖及时提醒了成吉思汗。成吉思汗幡然醒悟，便授意铁木哥除掉这个隐患。几天后，在萨满阔阔出和其父蒙力克拜见成吉思汗时，早有预谋的铁木哥将萨满阔阔出拖出廷帐，果断地以不流血的方式处决了他。他的别乞一职由八邻部的长老兀孙顶替。这场斗争的实质是宗教与国家、法师和大汗的角力，成吉思汗先发制人，将战争之火熄灭在胎腹之中。

萨满阔阔出虽然被铲除，但新兴的蒙古帝国仍以萨满教为基础，其宣扬的"万物有灵论"夹杂着部分聂思托里教和汉文化。它让人们确信：大汗就是神的体现，是腾格里的化身。蒙古的腾格里和汉民族的上天、伊朗人的阿马兹达神属于同类的信仰载体。成吉思汗及其子孙的统治就是腾格里的统治，反对他们就是反对腾格里。

□ 接受贵族们献礼的成吉思汗

成吉思汗王国的版图在13世纪横跨蒙古至阿富汗，并延伸至俄罗斯和伊朗。牛津大学人类基因学教授布莱恩·赛克斯在其有关男性染色体研究的新书《亚当的诅咒》中声称，成吉思汗可能是历史上最成功的"播种者"，这位统治者至少有1 600万后裔，即便在英伦三岛也有其子孙的踪迹。

成吉思汗似乎特别崇拜斡难河源肯特山上的神。当年战败，孛儿帖被蔑儿乞人抓去时，他就是在肯特山上渡过难关的。因此，他总会像朝圣者一样按传统的蒙古习俗来祭奠山神。每次祭奠山神，他都按蒙古习惯，先脱帽解下腰带搭在肩上，以示顺从，然后跪拜九次，并用乳酒（马奶酒）作奠祭仪式。每次出征前，他也都会到肯特山上重复这一朝圣仪式，以此向长生天祈求保佑。而每每得胜后，他就会对山神更加崇拜。一些史籍还表明，成吉思汗每次出征前，总要将自己闭于帐中三天，独自与神在一起。第四天，这位得到天助的"合汗"才会走出帐篷，宣布苍天将保佑他获胜。

蒙古人在信奉萨满的同时，还明智地兼信其他教派，如聂思托里教的教士、佛教的僧侣、道教的道士、西藏的喇嘛和伊斯兰教的毛拉。普遍的迷信恐惧产生了普遍的容忍，他们容忍其他宗教的存在，反而保证了他们的腾格里信仰。直到突厥斯坦和波斯的成吉思汗后裔们不再迷信，也失去了恐惧之后，他们的世界观和行为才变得不再宽容。

蒙古借用回鹘人的文明来作为自己的文字和官方语言。回鹘人塔塔统阿负责教导成吉思汗的儿子们用回鹘文字书写蒙古语，以及用"塔马合"（帝国印章）来签署官方法令。从1206年起，成吉思汗任命失吉忽秃忽为大断事官，专门负责用回鹘文书写蒙古语，记录审判的决议和判罚，同时掌管各贵族居民分配情况的花名册。早期的这些工作导致了实用法典的产生，家系手册也随之产生。

□ 参见大汗图

成吉思汗生于蒙古乞颜部贵族世家。后因其父被害，随母艰难度日；稍大的时候，他依附蒙古高原最强大的克烈部首领脱斡邻勒，并尊其为父；又与札只勒部首领札木合结为安答，其势力得到发展；后又广结盟友，选贤任能，宽厚待人，吸引许多蒙古部众和乞颜氏贵族来投，最后被推为可汗。此图描绘的是宝座上的成吉思汗受人参拜的场景。

成吉思汗后裔的"规章"和"公共法典"是以"札撒"的形式公布的。得到天意的大汗通过札撒制定了严格的纪律和法典，用来约束人民和军队。札撒规定：谋杀、盗窃、密谋、通奸、以幻术惑人、受赃物等杀无赦。札撒既是民法典又是行政法典，是用来实现社会管理的工具，其内容大多是成吉思汗的名言和箴言，遗憾的是都未能流传下来。

札撒产生的结果令人大为吃惊。在1206年库里勒台之后的约40年的时间里，蒙古人坚决服从自己的统治者。他们尊敬长官，从不撒谎，路不拾遗，顺从统治者。这一时期民风淳朴、和睦相处，一扫之前的混乱状况，整个社会的道德水平显著提高。

成吉思汗家族居于蒙古社会结构中的最高层，即"黄金家族"：以大汗为首，他的儿子们是王子。"黄金家族"在自己分封的地区行使行政和财产权。这是成吉思汗诸多蒙古帝国的胚胎。草原贵族，即勇士贵族巴哈秃儿和部落贵族那颜，继续统率和操纵着社会各阶层：战士或称亲兵（他们是完全自由的人）；普通百姓（平民）；奴隶（乌拉干、孛斡勒），按理他们由非蒙古人组成。

蒙古军中也同样有森严的等级，由低到高是十夫长（阿儿班）、百夫长（札温）、千夫长（敏罕）、万夫长（土绵）。百夫长、千夫长、万夫长一般是由地位较高的那颜担任。在他们之下，军队的骨干是自由人中的一些小贵族，他们取古突厥称号"达干"，他们有权保留战利品和猎物，其中一些勇敢、机智的达干还可升为那颜。

大汗还拥有一万余人的精锐护卫军。这些士兵原则上分值日班者和值夜班者，此外还有弓箭手。据记载，"值夜班人数是800至1 000，值日班人数是1 000，弓箭手是400至1 000人"。护卫军由贵族和达干以及特权自由人集团成员组成。即使是其中的一个普通士兵，其地位都在其他军队的千夫长之上。成吉思汗的大多数将领就是从这支护卫军中挑选出来的。

蒙古军队分为左翼军、中军和右翼军，三军向南展开。在成吉思汗统治时期，蒙古军队的实际力量已经达到129 000人。木华黎统率的左翼军有62 000人，按习惯在军队的东边；阿鲁剌惕部博儿术统率的右翼军有38 000人，其余的都分配给八邻部那雅的中军和察罕（从小就被成吉思汗收养的唐兀惕族青年）的护卫军。

蒙古军的列阵和其随后的攻击目标是吻合的。三军朝南方各国呈扇形展开，左翼的目标是东方的中国；中部指向突

□ 宣布《大札撒》的成吉思汗

成吉思汗在建立蒙古国前就已经意识到制定法律、加强统治的必要性，于是在建国后，他颁布了《大札撒》作为蒙古帝国的最高法典，该法典成为断事官和其他行政官员处理日常事务的主要依据。《大札撒》是蒙古国首部比较完整的成文法，对蒙古国及以后元朝法制的建立起到了重要作用。

厥斯坦和东伊朗；右翼的攻击目标则是俄罗斯草原。

然而还有一个问题似乎比较有趣——成吉思汗这位草原英雄的形象究竟是怎样的呢？史料里是这样描述的：他高高的个子，硕壮的体格，宽阔的前额，眼里时刻闪烁着猫一样凌厉的灵光，晚年蓄着胡须。平日里，他"头戴有护耳的皮帽子，脚穿长筒毡袜和皮靴子，长皮外衣覆盖至膝盖以下"。战场上，他"头戴皮制头盔，一直遮到后颈，身穿黑色皮条编织成的坚韧的胸甲。他的进攻武器是两张弓弩和两个装满箭支的箭囊、一把弯形马刀、一把短柄手斧、一把悬挂在马鞍上的铁钉头锤、一支能把敌人从马上拖下来的带钩的长矛，还有一条条有活结的马鬃绳"。

战马伴随着蒙古人的一生，他们如影相随，同生共死，彼此之间也颇为相似：蒙古人身材矮小，骨骼健壮，体格结实，

□ 黄金家族　壁画　元代

这幅画像是从成吉思汗灵柩中取出的，"黄金家族"是对成吉思汗家族的尊称。位于内蒙古鄂尔多斯伊金霍洛旗的成吉思汗陵一直受到海内外的关注，这里每年都要举行大祭仪式，蒙古民族视其为圣地。

具有超强的忍耐力；蒙古马同样体形小而壮实，体态不优美，脖子很强健，腿短而粗壮，毛厚厚的。它们以刚烈的性格、充沛的体力、超常的耐力和平稳的步伐闻名于世。它们曾驮着匈奴人征服了中国和罗马帝国，而今又驮着蒙古人直指北京、桃里寺和基辅的金色宫殿。

蒙古的战术历来备受人们推崇，丝毫不比腓特烈和拿破仑的逊色。它传承了古匈奴人和突厥人的老战术——在对定居民族的不断攻击中，以及从草原上大规模的狩猎中积累发展而成的完美的游牧战术。成吉思汗有一句经典名言："白天以老狼般的警觉注视，夜间以乌鸦般的眼睛注视，战时像猎鹰般扑向敌人。"另外，游牧民们还从鹿群那里学到了派暗哨观察探听敌情的方法，而狩猎中一排拍打器的使用则让他们懂得了如何拦截行进中的敌人，然后两翼包抄。

蒙古牧民们总是从声势上震慑对手，让人未战先怵。当敌方固守时，他们不

□ 蒙古人出征图　国画　现代

蒙古人在作战时自有他们的一套战略战术。在面对小众敌人时，他们会以闪电般的速度将其歼灭，而当遇到大股敌人时，他们一般会假装溃逃，待敌人追击他们时，便会掉入他们的埋伏圈中，最后遭到伏击，全军覆没。他们还会将树枝拴在马尾巴上，使之扬起尘土以造声势；有时候，他们也会让假人骑在多余的马上，给敌人以大部队在行军的假象。此图描绘的是蒙古人出征作战时的情景。

进反退，在对手放松警惕时再卷土重来，把对方杀个措手不及。他们还会在对峙时佯装撤退，敌人一旦追来，便正中圈套，被引入他们的埋伏圈，然后被乱箭射死或乱刀砍死。阵地战中，阵前或两翼的蒙古轻骑兵往往先用弓箭攻击敌阵。当敌阵受到挫伤或被引出阵地，居中的蒙古重骑兵便涌向敌阵，用长刀消灭敌人。他们还十分擅长运用自身奇特的身材、丑陋的面相、恶臭的体味，以及短兵相接时发出的鬼哭狼嚎的尖叫声来给敌人制造恐惧。他们在著名的河中和匈牙利战斗中所运用的经典战术就是：采取大规模围猎形式，用各种方法让"猎物"疲乏、恐惧，从而失去战斗力，然后再对这些"猎物"进行"围剿"。

罗马教皇使节普兰·迦儿宾曾栩栩如生地描述过蒙古人的一些战术：他们一旦发现敌人，便会立即发起攻击，每人向敌人射出三四支箭。如果敌人太强大，他们就会假装撤退（这是一种诱敌深入的计谋）。如果面对的是一支大军，胜算不大，他们就会策马离开，在距离敌人一天或两天路程的地方逗留，沿途进行扫荡；或精心挑选有利地形扎营，待敌人路经此处时，再突然发起进攻……他们的战术五花八门，数不胜数。作战时，他们通常是以辅助军与敌人正面交战，主力却守在左、右方位，便于包围敌人。如果敌人顽强抵抗，他们就会放开一条路，让敌人从缺口逃走，然后尽可能多地杀死急于逃命的敌人。但是，他们尽量避免进行肉搏战，他们一般都是用箭射伤或射死敌方的人和马。

征讨西夏、金国和契丹

统一蒙古之后,中国北部成了成吉思汗的下一个征服目标。

他首先进攻唐兀惕游牧民建立在甘肃、阿拉善和鄂尔多斯的西夏国。唐兀惕人属于藏族,信仰佛教,受中原文明的影响,其文字来源于汉字。为了考验蒙古军队的素质,并借机控制通往中原的通道,便于更有利地包围金国,成吉思汗把西夏国(原中国版图分裂为三个国家,西夏是其中最弱的一个)作为首攻对象,这也是他对定居的文明民族采取的第一次征服行动。然而,蒙古军攻打不设防地区如秋风扫落叶,攻打设防地区却完全不在行。1205~1207年间,成吉思汗几次席卷西夏,都未能攻下宁夏和灵州。迫于形势,西夏王李安全只好向蒙古人称臣纳贡才得以暂时保住王位。1209年,心有不甘的成吉思汗卷土重来,再度包围了宁夏。他企图引黄河水灌城而夺取中兴府,却未能成功。这一次,为求得和平,西夏王又向成吉思汗献上了自己的女儿。

西夏归属后,成吉思汗又把目标对准通古斯人建立的金国。金国疆域广袤,统治着满洲和汉水、淮水以北的中国北部地区。它以北京为第一都城,以热河的大定、辽阳,山西的大同和河南的开封为第二都城。我们应该还记得,成吉思汗曾因与王罕抗击塔塔儿人而获得金王封赐,因此蒙古一直是金国的属臣。金王麻达葛生前,成吉思汗尚与之保持臣属关系。但金王麻达葛的继位者永济则是一个碌碌无为之辈,成吉思汗对之抱以轻蔑的态度。此时的金国对蒙古来说只是一个虚弱而又妄自尊大的敌人。

□ 古籍书影 西夏

西夏王朝(1038—1227年)曾与北宋、辽抗衡,后与南宋、金鼎立,最后在连年的战争中被成吉思汗率领的蒙古铁骑消灭。这是一个曾经兼收并蓄,有过盛极一时文化的王朝。他们不仅留下了大量的壁画和佛教造像,还留下了大量文字。图为西夏王朝遗留下来的古籍书影。

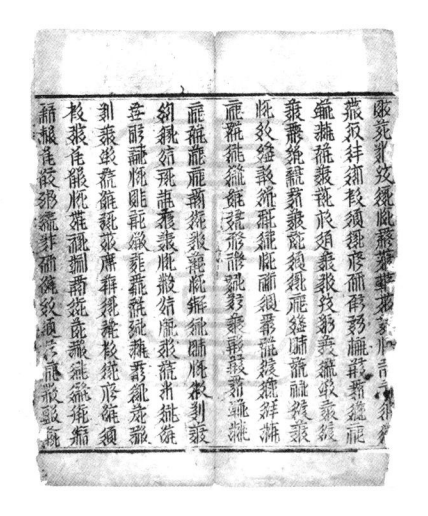

为金国戍守山西北部边境的是汪古部突厥人，他们信仰聂思托里教，扼守着通往长城的北部地区。早在蒙古内战中（1204年），汪古部突厥首领阿剌忽失的斤就是成吉思汗的盟友。这一次，汪古部突厥人再一次站在了蒙古一边，向他们敞开了进攻金国的北部大门，并于1211年把边境献给了他。作为回报，成吉思汗把女儿嫁给阿剌忽失的斤的儿子波姚河。

成吉思汗把这场入侵变成了一场民族战争。他高喊着为被金国钉死在木驴上的蒙古汗们复仇的口号，高举着替北京前君主——被金撵走的契丹人雪耻的旗帜，开始了他的入侵之旅。为此，他获得了契丹人的大力支持。1212年，原契丹王室的继承人耶律留哥代表成吉思汗在满洲西南、辽河一带的原契丹国境内起兵反金。成吉思汗派哲别领军对其进行支援。1213年1月，留哥在哲别的帮助下从金国手里夺回辽阳，同时承认蒙古的宗主权，并以"辽王"的身份统治这片祖上的领地。至此，蒙古人依靠西北边的盟友汪古部和至死不渝的属臣契丹人，在金国的西北和东北打开了门户。

成吉思汗征服金国的战争从1211年开始，直至1227年他去世时也未能取得胜利。虽然蒙古骑兵机动灵活、骁勇善战，在劫掠农村和不设防城镇时无往不利，但对于攻打布防的城池，他们还是新手。造成这种局面的原因有几种：第一，他们无法掌握攻占金国兵士守卫要塞的艺术，缺乏懂得高超设防技术的参谋；第二，他们不懂如何利用城市，只会和在草原上一样，反复地攻击后就携带战利品撤退，给了金人重新夺回城市和在废墟上重建和修整工事的时间。如此一来，他们不得不一而再再而三地反复攻占一些城市；第三，他们习惯用屠杀、全面驱逐，或在白旗之下用整编入册的方法处置俘虏，然而对于人口众多的金国来说，屠杀收效甚微。第四，金人仍然保留

□ 石经版　西夏

居于西北的西夏国佛教盛行，西夏统治地区过去大部分受吐蕃王朝管辖，遗留了不少寺院和僧侣，因此这一地区的人们早已普遍信奉佛教。1047年，元昊在兴庆府（今宁夏银川市）奴役民夫修建高台和佛塔，高数十丈，用来储藏宋朝赠送的大藏经，并翻译成西夏文。图为西夏文石经版。

着女真血统的全部活力，勇猛的女真人自古就是蒙古人的强劲对手。

1211~1212年，成吉思汗御驾亲征。他集中兵力攻打山西大同边境、河北宣化和保安。除了设置的堡垒之外，这一地带被夷为平地。1212年，哲别以佯装撤退的方式突然攻占了满洲南部的辽阳，但在山西北部的成吉思汗却没有攻下大同。1213年，成吉思汗攻占宣化后，兵分三路进攻。一支人马由术赤、察合台和窝阔台统率，攻占了太原和平阳；成吉思汗及其幼子拖雷统率的中军，夺取了河间和济南；成吉思汗的弟弟哈撒儿和幼弟铁木哥统率另一支军队，进军永平的门槛和辽西。

1214年，三路军骑马挺进之后，成吉思汗在北京城下会合他的军队，意欲封锁金国都城北京。此时，金朝宫廷刚掀起过一场内乱，大将胡沙虎弑金帝永济，立同样软弱无能的吾睹补为新帝。然而，因缺乏攻城工具和攻城技术，成吉思汗不顾手下将领的反对，再一次谨慎地接受了吾睹补的求和，在获得金人奉上的大量贡品的同时，他还顺便带回了一名女真公主。

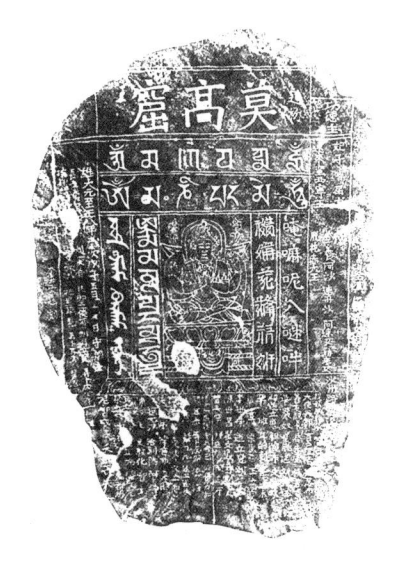

□ 敦煌莫高窟六体文字石刻　元代

此碑发现于敦煌莫高窟，刻于元至正八年（1348年），上用梵文、藏文、汉文、八思巴文字、回鹘文、西夏文六体文字刻写了唵、嘛、呢、叭、咪、吽六字真言。

成吉思汗走了之后，吾睹补深感北京的不安全，遂决定迁都开封。他的这一举动，实际上是放弃了北京。而在成吉思汗看来，金人迁都，无疑是想过早地重新开战。于是，他单方面地撕毁了休战协议，再一次出兵河北，包围北京。金国的一支运送粮饷的援军在霸州被击溃，北京守将完颜承晖在弹尽粮绝的绝望中自杀。蒙军占领北京，大肆抢劫和屠杀居民达一个月之久，最后纵火焚城（1215年）。

蒙古人幸运地占有了北京这座高度文明的城市，却完全不懂得大城市的价值，更不知道如何利用它来巩固和扩大自己的政权。他们完全没有花时间和心思来了解城市的功能，最后只有沿袭一贯的做法——到处烧杀抢掠——他们所认为的最好的处置方式。无疑，他们的无知给文明带来了毁灭性的灾难。从成吉思汗蒙古人的角度看，他们没有做错，他们只是服从于札撒——一部荣誉和诚实的法典。但是，如果将他们与10世纪的契丹人以及12世纪的女真人相比，他们明显要迟钝很多。女真人在小规模的屠杀后，至少能快速地继承前王朝，并从此不再毁坏将属于他们自己的财产。成吉思汗的蒙古人虽然不如其前辈残酷和更具破坏性，但与他们之前的匈奴、柔然、突厥和回鹘比起来，文化上的差距使他们显得更野蛮，其所作所为完全可以构成一部野蛮风尚的总集。

成吉思汗和蒙古人的历史意义应一分为二地看待：一方面，成吉思汗的果敢机智、深谋远虑和道义性，把他自己的和其部落的行为纳入了具有健全常识的原则，牢固地建立起了正义；另一方面，他们没有完全摆脱原始野蛮，对投降的敌人异常残忍。同时，他们对定居生活及城市功能、农业耕作一窍不通，使定居文明面临一场空前巨大的灾难。

攻陷北京后，成吉思汗从俘虏中挑选出气度不凡的契丹王子耶律楚材，后者不但融入了中国的高度文明，且颇具政治家气质。成吉思汗任命他为重要辅臣，就像任用回鹘大臣塔塔统阿一样。耶律楚材让成吉思汗及其继位者窝阔台熟悉了定居文明国的行政管理和政治活动，使他们受益匪浅。

□ 石雕力士像

蒙古国的建筑物饰件中，有着大量的力士石雕像。这类雕像一般用一整块石头雕刻而成，且多以蒙古兵的形象为原型。此图中的力士呈站立状，面目威严，手执利器，具有很强的攻击性。

现在的金国，除了新都开封，领土就只剩下环绕其周围的河南及陕西的一些设防边区。1216年，蒙古泰赤乌惕部将三木合·巴儿秃占领了潼关，隔断了陕西和河南的联系。但由于成吉思汗分心于突厥斯坦事务，没有对金朝的战事保持连贯性，使得金朝趁机收复了除北京以外的大部分地区。

然而，成吉思汗在对付中亚屈出律的喀喇契丹国之前，曾派自己的心腹——最杰出的将领木华黎指挥对金作战。尽管是一支疲惫之师，但凭借木华黎出色的指挥能力，在经过7年艰苦的战斗和周密的计划后，他率领的23 000蒙古军和部分辅助军再次把金国的领土限制在河南省内。1217年，木华黎攻占了大名（位于河北省东南部）；1218年，占领

蒙古骑兵押送俘虏图　波斯

善战的蒙古人对战败国很残忍，他们在抢夺财宝后，还会残酷地处置战俘，并把战败国首领的头颅挂在城墙上示众。这幅画是波斯史学家拉施特《史集》中的插图，描绘了蒙古军队用木枷押送战俘的情景。

了太原和平阳；1220年，攻陷山东首府济南；1221年，从金国手中抢占了陕西西部的保安县；1222年，攻占长安；1223年，在夺取河中重镇蒲州后，木华黎终因操劳过度而亡，金国人趁机收复了河中要塞蒲州。在这个人口密集的地区，处处是天然堡垒，战争也变成了没完没了的围攻战。蒙古人在总结了初期战争的不足后，编入了大量的契丹辅助军、女真支持者和中国工兵，使他们通过学习攻城拔寨的技术来适应新式战争。

在成吉思汗向西夏和金国开战之时，乃蛮部逃亡的王子屈出律却在中亚窃取了喀喇契丹国，成为该国君主。

我们在前面讲到过，中原北部的一支契丹人，即历史上被称为喀喇契丹或黑契丹的人，他们在伊犁河、楚河、怛罗斯河流域和喀什噶尔建立了契丹国。他们是一支吸收汉文化的蒙古种民族，统治过那些信奉伊斯兰教的突厥人地区。他们以伊塞克湖以西、楚河上游的八拉沙衮为都城，其统治者取突厥帝号——古儿汗，即"世界之汗"。

古儿汗耶律直鲁古统治时期，喀喇契丹国开始走向衰落。这位君主虽有勇有谋，却终日不务政事，只图享乐，最后导致帝国分崩离析。1209年，回鹘王亦都护巴背叛古儿汗，向成吉思汗称臣，喀喇契丹国的东北大门从此向蒙古人敞开。1211年，葛逻禄王阿尔斯兰和阿力麻里王布札儿也投到成吉思汗的麾下，不再承认耶律直鲁古的宗主权。

众叛亲离的喀喇契丹国苟延残喘着，直到屈出律给予它致命的一击。乃蛮部被蒙古人击败后，屈出律逃难到东突厥斯坦，被喀喇契丹年迈的古儿汗耶律直鲁古收留。耶律直鲁古非常信任和器重他，还把女儿嫁给了他。然而屈出律却有着强大的野心，迫切地渴望能掌握喀喇契丹国的权力。1210年，他忘恩负义地与花刺子模苏丹摩诃末狼狈为奸、里应外合，企图推翻古儿汗，瓜分喀喇契丹国土。古儿汗耶律直鲁古奋起抗击，击溃了花刺子模人，并占领了撒马尔罕。此时，屈出律却在伊犁河流域起兵造反，洗劫了古儿汗藏在费尔干纳的宝藏，然后挥师直扑都城巴拉沙衮。如梦初醒的古儿汗耶律直鲁古在反击中击败了屈出律。但在怛罗斯附近的另一个战场上，耶律直鲁古的部将塔延古却被花刺子模人俘虏。当喀喇契丹军从怛罗斯战场撤退回来的时候，发现他们都城的门已经被叛变的居民们关闭，这些居民肯定是那些想借机摆脱契丹人统治的突厥人。愤怒的喀喇契丹军强攻下八拉沙衮后屠城。

在这场动乱中，屈出律袭击并俘虏了古儿汗耶律直鲁古（1211年）。但他对自己的岳父还是很尊重的，在古儿汗死之前，他一直以老人的名义统治着喀喇契丹国。古儿汗死后，窃取了喀喇契丹汗位的屈出律立即与盟友花刺子模反目成仇，兵戎相见。为防患于未然，花刺子模苏丹把居民从难于防守的锡尔河北岸迁到锡尔河南边。

屈出律对喀喇契丹国的统治从1211年一直持续到1218年。当时他已统治了大部分的定居民族，但由于经验的匮乏，他不知如何统治臣属的游牧部落。他残酷地迫害当地的穆斯林，企图使他们放弃伊斯兰教，转而接受佛教或基督教，这就为日后蒙古人来犯时，于阗、喀什噶尔、阿力麻里等部落纷纷对他倒戈埋下了伏笔。但此时的屈出律并没有意识到自己的所作所为的严重性，依然故我。他处死了投靠成吉思汗的阿力麻里王布札儿，使其子苏格纳黑特勤更加坚定地站到了蒙古人一边，誓死与他对抗。

对于夙敌屈出律的喀喇契丹君主身份，成吉思汗是绝不能容忍的。1218年，他派哲别率部两万余人进攻屈出律。屈出律闻风逃至喀什噶尔，使哲别不费吹灰之力就夺取了巴拉沙衮。哲别追赶屈出律至喀什噶尔，穆斯林居民把他当救星一样对待。屈出律继续往帕米尔方向逃亡，最后在撒里豁勒河畔被哲别的随从追上并杀死（1218年）。至此，整个东突厥斯坦——伊犁河、伊塞克湖、楚河和怛罗斯河流域并入了蒙古帝国的版图。

花剌子模帝国的灭亡

现在，蒙古帝国和花剌子模帝国接壤了。

在蒙古汗国，大部分是土著的蒙古人种和突厥人种，他们要么是萨满教徒、佛教徒，要么是聂思托里教教徒。喀喇契丹国归顺后，又多了喀什噶尔地区的伊斯兰教徒，他们具有纯突厥文化，几乎没有受到伊朗的影响。而在花剌子模国，则是一个文化上基本属于伊朗的伊斯兰突厥王朝，突厥—伊朗人分布在河中地区，纯伊朗人居住在呼罗珊、阿富汗和阿只迷。

这两位帝国统治者之间的对比十分鲜明：成吉思汗遇事冷静、精明理智、勇猛顽强、思维有条不紊；花剌子模的摩诃末脾气暴躁，思维毫不连贯，缺乏组织能力，喜欢居功自傲。成吉思汗的第一次进攻就使摩诃末完全崩溃，只留下一副怯懦的可怜相。在两人的角色对比中，成吉思汗无疑是统治者，摩诃末则不过是一位游侠罢了。

据考证，花剌子模帝国的建立不会早于1194年。实际上，直到1212年，摩诃末取代撒马尔罕的末代哈拉汗王乌斯曼后，才将花剌子模帝国的都城迁到撒马尔罕。这是一个尚不成熟的帝国，或者说只是临时君主利用武力建立起来的一个新的版图，既没有完善的法典来管理国家，也没有与原可汗们的复辟帝国的巨大权威相抗衡的资本。从种族上来看，这个由塔吉克人和突厥人组成的帝国实际上暗藏危机。它不像早期的塞尔柱人那样，有一个具有军事封建结构的穆斯林突厥氏族作为基础。事实上，花剌子模帝国出自一个塞尔柱的显贵家族，没有忠实的部落在后面支持它，而它的本土——希瓦地区，也因地盘太小而无法支撑一个巩固的土库曼封建帝国。花剌子模帝国的军队征集的是吉尔吉斯草原的古兹或康里部落中的雇佣兵，并无忠诚的感情纽带维系。这些雇佣兵的宗旨是"有奶便是娘"，一旦他们的欲望得不到满足，便随时会叛变，甚至加入到成吉思汗的大军中，对摩诃末进行反击。此外，处于帝国最高层的苏丹家庭因不可调和的仇恨而产生分裂。苏丹的母亲，可怕的秃儿罕可敦怨恨她的孙子札兰丁，处处与之针锋相对，但札兰丁却是摩诃末的宠儿，是这个衰亡家族中唯一有作为的人。

伊斯兰教的纽带可能给这些冲突和倾轧的人们带来了团结和凝聚力。摩诃末把自己鼓吹为伟大的塞尔柱苏丹桑伽的继承人，以期得到国民的信服。他以伊斯兰世界代理人的身份发动圣战，打击不信教者，或者信仰佛教或聂思托里教的蒙古人。他希望恢复大塞尔柱土耳其人帝国，像桑伽一样成为伊斯兰世界的苏丹。但他十分愚蠢，与巴格达的哈里发发生了尖锐的冲突，几乎就要兵戎相见。哈里发纳昔儿（1180~1225年在位）对摩诃末恨之入骨，声称宁愿要蒙古人也不要他。二者之间的矛盾使得分裂孤立的穆斯林世界根本无法抵御蒙古人的入侵。

花剌子模帝国率先点燃了与成吉思汗蒙古国的战火。成吉思汗一度想和花剌子模人建立正常的商贸往来。但是，1218年，成吉思汗所派遣的一支商队在经过花剌子模国边境城市讹答剌时被劫，花剌子模国非但没有向他们伸出援手，其总督亦纳乞克甚至还杀害了蒙古商队的一百多人。索赔未果的成吉思汗决定讨伐花剌子模帝国。

1219年夏天，蒙军集中在也儿的石河上游。秋天，成吉思汗率蒙军到达海押立，葛逻禄人和阿力麻里、回鹘人的首领全都率兵前来助阵。尽管花剌子模军队在数量上占有绝对的优势，但只有10万~15万兵力的蒙军也不容小觑，他们的纪律相当严明，是一个团结紧密的集体。

摩诃末把防线布在锡尔河一线与河中沿线的整条边境上，准备全面阻击成吉思汗。结果花剌子模虽然兵力众多，却因为太过分散而造成每一个点上的人数不如蒙军多。成吉思汗从锡尔河中游的讹答剌附近进入花剌子模境内，他的两个儿子察合台和窝阔台率领另一支分队围攻讹答剌城，经过艰苦卓绝的战斗之后终于攻陷了该城。成吉思汗的长子术赤率部顺锡尔河而下，占领了塞格纳克和真德。被派往锡尔河上游的五千蒙军攻占了别纳客忒，赶跑了顽强

□ 成吉思汗率军西征　国画　现代

草原的历史就是一部征战史。12世纪，成吉思汗带领蒙古勇士先后征服了中亚和俄罗斯，成为草原上的王者。成吉思汗西征开始于1219年，结束于1225年。

的帖木儿灭里，拿下了忽毡。巴托尔德指出，穆斯林中出现的英雄行为和勇士比蒙古人更多，但一盘散沙的他们注定无法对抗有组织有纪律的蒙军。

1220年2月，成吉思汗及其幼子拖雷兵临布哈拉城下，大批突围的花剌子模将士被杀死，被遗弃在城中的居民只好无奈投降。布哈拉沦陷后，400名守城官兵全部被杀，那些企图起来抵制胜利者渎圣暴行的人，尤其是伊斯兰教士，全部被处死。

成吉思汗从不花剌进入撒马尔罕城，与察合台和窝阔台会合于此。勇敢的伊朗居民试图突出包围，却遭到了蒙军的镇压，只得退回城里。五天后，撒马尔罕全城投降。但是它依然未能逃脱浩劫，除宗教领袖和能工巧匠外，其余的守军和居民绝大部分被杀。城里的财物也被蒙军洗劫一空。

1221年4月，在术赤、察合台和窝阔台的围攻下，花剌子模原都城玉龙杰赤沦陷。但是，蒙军的这场胜利来得并不轻松，因为受到很大的牵制，他们在得到增援后也没能立即攻破城池，最后还是靠引阿姆河水淹没玉龙杰赤才取得胜利。

一再的失利使摩诃末方寸大乱，他怀着沮丧与绝望的心情四处避难。他从玉龙杰赤逃到巴尔克赫，再逃到呼罗珊西部的尼沙普尔，最后到了阿只迷西北的加兹温。但成吉思汗并不打算放过摩诃末，他派出哲别和速不台的骑兵分队对摩诃末展开了疯狂的追捕。一路上，哲别和速不台征服了尼沙普尔，速不台洗劫了图斯、达姆甘和塞姆南。他们进入阿只迷后，又对剌夷发起了突然进攻，破城后屠杀了大量的男性居民，奴役了妇女儿童。在他们火速穿过哈马丹、抵达哈仑后，几乎活捉了摩诃末。但是，在摩诃末奇迹般地逃脱之后，赞詹和加兹温却遭到了毁灭性的摧残。最后，摩诃末逃到里海的一个孤岛上躲起来，于1220年落魄而死。哲别和速不台继续进攻阿塞拜疆、高加索和俄罗斯南部地区。

在对付了花剌子模苏丹后，成吉思汗于1221年春率部渡过阿姆河，欲从花剌子模残军手中夺取阿富汗的呼罗珊。他攻占了巴尔克赫，并对其进行全面的摧毁。在呼罗珊，他派幼子拖雷去攻取莫夫城。接下来，拖雷在莫夫导演了一场大屠杀，除全城400工匠被留了活口外，其余按男女和小孩分类杀害，拖雷坐在金椅上目睹了整个过程。桑伽苏丹的陵墓被毁，墓室内也被抢劫一空。然后，拖雷又去惩罚尼沙普尔，因为蒙古将军、成吉思汗的女婿脱合察前不久曾在此战死。这一次，尼沙普尔遭到了彻底的毁灭，脱合察遗孀主持了此次大屠杀。他们将人头砍下来垒成金字塔状，连城中的猫狗等动物都未能幸免。与此同时，他们还毁坏了哈伦拉斯特陵墓、桑伽陵墓等象征波斯文明的建筑。随后,拖雷又攻克了也里,屠杀再次上演,但开城门的百姓得到了饶恕。

事后,拖雷、成吉思汗、察合台和窝阔台在塔里寒城会师。

毁掉塔里寒城之后,成吉思汗越过兴都库什山,围攻巴米安。察合台之子、成吉思汗之宠孙木阿秃干在这次行动中牺牲。成吉思汗在一次宴会上亲自把这个噩耗告诉了察合台,并以札撒的名义禁止他悼念木阿秃干,但他给予这个宠孙以流血葬礼的荣誉。巴米安被攻克后,这座城市遭到了疯狂的报复,"一切生物都遭到了屠杀",他们还称巴米安为"可诅咒的城市"。

在巴米安遭遇惨剧时,花剌子模末代苏丹摩诃末之子札兰丁在阿什哈巴德东突破了蒙军的防线,逃到阿富汗的腹地加兹尼。他重整旗鼓,组织一支新的军队,在喀布尔以北的八鲁湾大败蒙将失吉忽秃忽于。成吉思汗立即挥师加兹尼,誓为副帅报仇。札兰丁闻风弃城而逃,加兹尼不战而降。但是由于成吉思汗急于追赶札兰丁,加兹尼的摧毁被推迟。1221年11月24日,成吉思汗在印度河岸追上了札兰丁,并大败其军队。溃败的札兰丁全副武装地冒雨逃到河中。之后他幸运地上了岸,并由此前往德里苏丹宫廷避难。由于对南亚酷暑天气的不适应,蒙军最后放弃了追击札兰丁,但没有放过他的家人,而是将其家族的所有男性残忍地杀害。

蒙军在八鲁湾的失败,使东伊朗尚未沦陷的一些城市增添了几分抗击蒙军的勇气。成吉思汗赶走札兰丁后,回头向加兹尼城人清算,该城除工匠被送往蒙古服役而幸免于难外,其余居民全部被屠杀。1222年6月14日,备受八鲁湾胜利鼓舞的赫拉特城民起兵反蒙,蒙古将军宴只吉率兵围攻6个月后,再次占领了赫拉特。蒙古人再次给反叛者以沉重的教

□ 彩绘陶骑马俑　陶瓷　元代

俑是古时陪葬用的偶人,多为男女奴仆,并附有甲马、牛车等,可考见当时的生活习俗及雕刻艺术水平。图中的彩绘陶骑马俑为头戴尖笠帽的蒙古骑士,其神情安详,双手作提缰状,欲策马疾行。

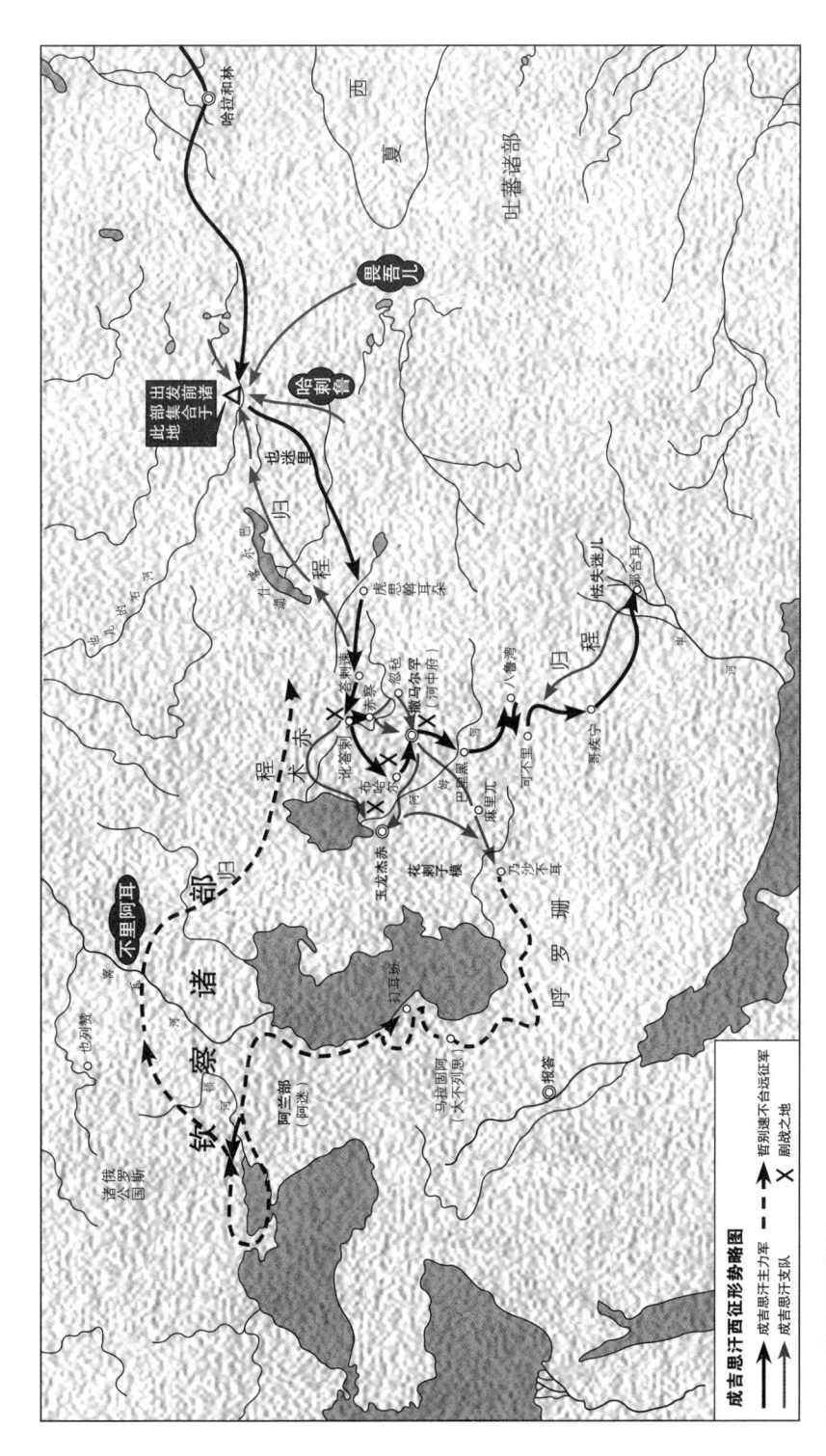

□ 成吉思汗西征形势图

1219年，成吉思汗亲率二十万大军，进攻西亚的花剌子模帝国。他的四个儿子术赤、察合台、窝阔台、拖雷，以及大将速不台、哲别随行。蒙军分成几支分队，从多方围攻花剌子模帝国，并最终将其打败。1225年，成吉思汗率部凯旋东归。

训：为期一周的屠杀后，全城居民全部遇难。紧接着，吉忽秃忽又率军镇压曾经拥戴札兰丁的莫夫居民，因为他们曾杀死了拖雷任命的波斯长官。莫夫的居民无一逃脱——就连那些事先躲起来而后又出来的居民，也因遭到蒙军的"回马枪"而惨烈被杀。

显而易见，蒙古人在征战河中和东伊朗的设防城市时，比他们在中原领土上的战事要容易得多。其中的大部分原因在于，他们与中原人民是多年的老邻居，汉人对他们没有太大的畏惧感。另外，在河中和东伊朗，他们充分运用了以夷制夷的战术：他们会让俘虏自相残杀，以达到消耗守军实力的目的；有时候，他们把大量的俘虏赶到护城河边，让这些俘虏被自己的同胞杀死，然后他们把这些尸体填满河渠；有时候，他们会用俘虏去攻城，用俘虏冒充蒙古军去虚张声势，恐吓敌军，达到不战而屈人之兵或以少胜多的效果。不过，当他们达到目的后，那些活着的俘虏还是难逃一死——他们将其全部屠杀。以上这些可怕的战术，被有组织有纪律的蒙古军使用得越来越得心应手：布哈拉抓来的俘虏被成吉思汗用来攻打撒马尔罕，撒马尔罕的俘虏则被用来进攻玉龙杰赤；呼罗珊的村民被拖雷利用来攻下了莫夫城。这些手段使被攻打城市的居民产生了极为强烈的恐惧感，以致无人敢抵抗。当内萨城陷落以后，蒙古人将其居民赶到一块空地上，命令他们相互将手捆绑在身后。这时，如果他们不服从，并趁机四下逃散，一定会有一部人能逃脱噩运，但恐怖的是，他们全都服从了，结果全部被蒙古人用箭射死。

蒙古人对其占领地秩序的行政意识和军事意识一直很强烈。每当他们撤退的时候，都会留下一个达鲁花赤来管理幸存下来的1/5居民的事务。达鲁花赤是平民官衔，通常由回鹘人、波斯人担任，另配有书记员，负责整理用回鹘文和波斯文写的名册。

成吉思汗对东伊朗造成的破坏，再也没有恢复过来，很多城市至今都残留着蒙古人破坏的痕迹。即便是15世纪该地区的铁穆耳文艺复兴运动，也没能掩盖这些痕迹。虽然成吉思汗给阿拉伯—波斯文明带来了毁灭性的打击，但他本人并不敌视伊斯兰教。他的一些与伊斯兰教义相悖的禁令，也只是出于伊斯兰教义与蒙古习俗相抵触的部分，而并非恶意而为之。

成吉思汗在蒙古西南边境上制造了一个人为的草原地带作为保护带，以防止蒙古帝国受到侵犯。由此可见，他身上具有着双重性，即统治者和游牧者的统一。作为草原的统治者，他反对宗教战争；作为游牧者，他对定居生活一无所知，因此，为了方便自己管理，他常常摧毁定居者的城市文明，把农耕地变作适合蒙古人生活方式的牧场。

战争胜利后，成吉思汗在兴都库什山以南的阿富汗逗留了一段时间。1220年，他向中国道教长老丘长春发出邀请。1222年5月，当丘长春不远万里来到阿富汗后，成吉思汗迫不及待地想从这位道教魔师那里得到长生不死的仙丹。这年秋天，他又渡过阿姆河，沿不花剌道继续前进，在途经布哈拉时，他询问了伊斯兰教的主要教义，并对这些教义表示赞同，但他认为不必千里迢迢去麦加朝圣，普天之下都是腾格里的归宿。在撒马尔罕时，他命令穆斯林以他的名字祈祷，因为他已经取代了苏丹摩诃末。他甚至免除了穆斯林教士伊玛目和民事法官卡迪的赋税，以此表明他对穆斯林世界犯下的暴行只是战争行为，无关宗教。1223年春，成吉思汗在塔什干附近的奇尔奇克河河谷举行了一次觐见礼。紧接着，他与他的儿子们又在忽兰巴什草原召集了一次库里勒台。与此同时，蒙古大军展开了一次大规模的狩猎活动。成吉思汗在怛罗斯河和楚河草原上度过了这年夏天，第二年夏天则是在额尔齐斯河河畔度过的。1225年，成吉思汗班师回朝。

哲别和速不台入侵波斯和俄罗斯

现在,让我们暂且转回到成吉思汗的两员副将——哲别和速不台巴阿秃儿远征里海的情景。这两名蒙军中最杰出的兵法家,率领着2.5万人的骑兵团一路追逐着正穿过波斯而逃亡的苏丹摩诃末。摩诃末死后,他们继续向西推进,洗劫了装饰陶瓷之都——木刺夷,使之从历史上彻底消失。此时,一些逊尼派穆斯林邀请他们去毁掉死敌什叶派的中心城市库木,哲别和速不台当然愿意帮这个忙。但出于哈马丹已经投降的考虑,他们仅仅索取了赎金,并没有大加杀戮。接下来,他们破坏了赞詹,攻占了加兹尼,后者的居民因奋起反抗而大遭屠戮。而马木路克王朝的统治者老月即别——阿塞拜疆的最后一位突厥阿塔卑(封建主)因为向蒙古人大量行贿,才使桃里寺城得到了解救。哲别和速不台继续前行,在隆冬时穿越木干草原入侵格鲁吉亚,这是一个基督教王国,当时在布里安特的统治下正处于鼎盛时期。1221年2月,哲别和速不台在第比利斯击溃了格鲁吉亚军。他们沿用一贯的战术:强迫俘虏率先冲向城堡,退缩者杀无赦;攻陷城市之后,大肆屠杀居民,然后伴装撤走;等到逃脱了的居民回来之后,其后卫部队迅疾返回,将他们全部杀掉。此后,他们从格鲁吉亚返回阿塞拜疆,击败马腊格。接下来,哲别和速不台将目标对准巴格达,妄图推翻阿拔斯朝哈里发的统治。如果他们的计划得以实施,对阿拉伯世界来说无疑是一次巨大的灾难。因为同时,十字军已经攻占了埃及的达米埃塔,聚集在达古格的少数阿拔斯军根本就守不住伊剌克阿拉比。但巴格达的哈里发非常幸运。哲别和速不台最

□ 骑射图

蒙古人在世界范围内刮起了一股蒙古旋风,他们当中出了很多军事天才,这得益于他们熟练的骑射技术。此图描绘了蒙古人骑射的形象,箭在弦上蓄势待发,大有"弯弓射大雕"之势。

后改变计划，放弃攻打巴格达而返回哈马丹，再次向他们索要贡赋。这一次，哈马丹居民进行了反抗，但蒙古人很快就攻陷了哈马丹，全城居民惨遭屠杀，蒙军最后纵火焚城。这两位收获颇丰的蒙古统帅从哈马丹出发，返回格鲁吉亚，中途洗劫了阿尔达比勒城。

  在当时的欧洲，格鲁吉亚骑士是最剽悍的骑士之一，但游牧民族的蒙古人用传统战术击溃了他们。速不台佯装败退，将他们引入了哲别的埋伏圈，夹击之下，格鲁吉亚骑士惨败。虽然该国的南方被夷为废墟，但格鲁吉亚人依然庆幸第比利斯城得以保住。接下来，蒙军又入侵了失儿湾、洗劫了舍马合。他们袭击高加索北部草原时，与当地的阿兰人、列兹基人和契尔克斯人以及钦察突厥人组成的民族同盟军发生了冲突。聪明的哲别和速不台以突厥—蒙古的兄弟情分和分给其部分战利品为由，成功地使突厥钦察人背叛了其同盟，退出了战斗。在他们对同盟中的其他成员进行各个击破以后，又迅速地追上钦察人并打败他们，夺回了战利品。

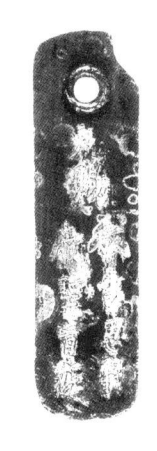

□ 成吉思汗圣旨牌

  成吉思汗圣旨牌，一面刻着"天赐成吉思汗皇帝圣旨"的汉字，一面刻着相同意思的蒙文，这是一种被称作硬译公牍的文体，其语汇源自汉语口语，但语法却为蒙古式。

  不甘失败的钦察人向罗斯人求援。钦察可汗忽滩把女儿嫁给了加利奇的罗斯王公"勇士密赤思腊"。然后他联合女婿和其他的罗斯王公一起反对蒙古人。罗斯王公们率领8万联军沿第聂伯河而下，集中在亚历山德罗夫毗邻地霍蒂萨。蒙军避其锋芒，高挂免战牌，直到敌人等得不耐烦，以及各军团分散后才发起进攻。1222年5月31日，双方在卡利米乌斯河附近展开激战，加利奇王和钦察人为逞匹夫之勇，不等乞瓦军队到达就投入战斗，结果被蒙军击溃，只好落荒而逃。乞瓦王公被抛弃在蒙军阵前，固守三天后不战而降。投降后的乞瓦王公及其麾下全部被杀死。

  这次灾难并没有立即给罗斯人带来严重的政治后果。因为弗拉基米尔的尤里大公率军姗姗来迟，所以其军队丝毫无损。蒙古人满足于抢夺萨波罗什城内热那亚人的店铺，并没有对罗斯人采取下一步的行动。哲别和速不台在察里津附近渡过了伏尔加河，打败了保加尔人和康里突厥人。在这次声势浩大的大劫掠之后，他们带着丰厚的战利品班师回朝，与成吉思汗大军会师于锡尔河北岸草原。

成吉思汗之死

1225年春,成吉思汗回到蒙古,在土拉河河畔的营帐中平静地度过了1225年的冬天和1226年的夏天。现在的他足以使北京到伏尔加河的世界为之震颤。他派长子术赤统治咸海至里海之间的草原。同时他也深感忧虑:羽翼渐丰的术赤越来越难以驾驭,父子间的分裂倾向日益明显。然而,1225年术赤的去世,使得二人的矛盾未能公开激化。

此时的西夏虽然已经成为蒙古人的属臣,却不愿履行职责派军队参加攻打花剌子模。甚至当蒙古人向他们正式求援时,其贵族阿沙甘不还冷嘲热讽地说:如果成吉思汗没有足够的军队,他就不配行使至高无上的权力。如此的忤逆言行,对于成吉思汗来说自然是无法容忍。在处理了花剌子模的善后事务后,他立即出兵征讨西夏。对于此次行动,成吉思汗还有更深层的考虑:如果要完全地征服金朝,对甘肃、阿拉善和鄂尔多斯这些战略重地的占有是十分必要的。1226年秋,

□ 成吉思汗陵

成吉思汗一生戎马生涯,他于1227年8月在西夏病逝,时年65岁。但当时蒙古秘不发丧,待到西夏王投降被处死后,才发丧北归。图为成吉思汗陵墓。

他发兵征讨西夏，于当年年底攻陷了灵州，随后展开对西夏都城，即今宁夏城的围攻。蒙古人再次使用了在阿富汗屡试不爽的"以夷制夷"的手段。为躲避蒙古人带来的噩梦，西夏人到处藏身，但还是伤亡惨重，尸横遍野。在此期间，成吉思汗在清水河河畔和隆德地区扎营。1227年8月18日，壮志未酬的他在平凉以西地区去世，享年65岁。此后不久，蒙军攻破了宁夏，按成吉思汗的最后命令，他们屠杀了全城居民。

□ 成吉思汗陵内供奉的马鞍与蒙古刀

成吉思汗是个天才的军事家，他组建了一支直接归他指挥的护卫军。他规定全蒙古的青壮年男子一律为兵，由各级长官统领，实行军政合一的制度，平时生产，战时作战。

蒙古人把成吉思汗葬在斡难河和怯绿连河河源边的肯特山上，成吉思汗曾多次在此得到腾格里的鼓励和保佑。1229年，成吉思汗的继承者窝阔台以蒙古方式举行了盛大的仪式来祭奠他：为他的灵魂供三日饭菜，从那颜和将军家族中挑选40名美女，使之穿戴华贵，连同骏马一起为成吉思汗陪葬。

成吉思汗的性格与成就

成吉思汗被看作是人类的灾难之一。他是草原游牧部落入侵定居文明的典型。他给人类带来的噩梦远远超过其祖先。他把恐怖当作一种政体,把屠杀变为一种有条理的制度。他对东伊朗的破坏所产生的恐怖,远胜于阿提拉和摩醯逻矩罗对欧洲和印度的破坏。但是我们应该记住,他的这种残暴并非与生俱来,而是他所处的复杂而危险丛生的环境造就的。成吉思汗用集体处死来惩罚那些投降后又背叛他的人,或投降不及时的人。更糟糕的是,他对农业、都市经济和城市文明的无知,导致他的每一次征服行动都给定居文明以毁灭性的打击。他每征服一个地方,都会很自然地就把城市夷为平地,把农田变成草原。把在文明的门槛边和农耕边缘的掠夺当作最大的乐趣,似乎是游牧民上千年的传统。成吉思汗曾说:"男子最大之乐事,莫过于压服乱众和战胜敌人,将其根绝,夺取其所有,迫使其妻痛哭,纳其美貌之妻妾。"另一方面,他也会担忧其子孙将会被汉族人同化,变得向往定居生活,从而忘记他们这一代所作出的贡献。

1220年到1223年,曾与丘长春一起访问过成吉思汗的李志常建议给这位征服者立一块道教碑。1229年,此碑落成。碑文以富于哲理性的道教语言,精辟地概括了这位游牧民皇帝的生活方式及丰功伟绩:"天厌中原骄华太极之性,朕居北野嗜欲莫生之情,返朴还淳,去奢从俭。每一衣一食,与牛坚马圉共敝同飨,视民如赤子,养士若兄弟,谋素和,恩素畜。练万众以身人之先,临百阵无念我之后。七载之中成大业,六合之内为一统。非朕之行有德,盖金之政无恒,是以受天之佑,获承至尊。"

依照成吉思汗的生活方式、周围环境和种族结构来看,他似乎是一个有健全常识、勤于思考、从善如流、善于权衡利弊和把握时机的人。他对友谊忠贞不贰,对同盟者慷慨大方、深情不移,总是予其坚决的保护。他具有游牧民统治者的素质,却对定居经济的概念极端模糊。在此范围内,他对秩序和统治的天赋得以充分体现。在他身上还融合了粗野的游牧民族感情和另外一种高贵和崇高的思想。在他的头脑中,有着对反叛者的强烈憎恨,但凡那些卖主求荣和没有做人原则的小人，都会被他处死；对于那些忠贞不贰的人，他不但给予奖励，还吸纳他们为自己服务。他集种种品质于一身，表明他的统治有着健全的道德基础。他坚定不移地守护着那些弱小的同盟者，并因此获得了广泛的尊重，吸引着为他效忠的人。汪古部首领阿剌忽失的斤、征服后的回鹘人和契丹王耶律留哥，都曾得到过他的庇护和照顾。他虽然贵为皇帝，却保持着极度的谦恭，从未因位高权重而飞扬跋扈。

成吉思汗虽然坚定不移地执行着他的政策，但也并非完全地抗拒文明的经验。他的许多辅臣都成了他的良师益友：回鹘人塔塔统阿、穆斯林马合谋·牙剌洼赤、契丹人耶律楚材……塔塔统阿原本任职于乃蛮部，后来成了他的大臣，并充当着他的儿子们的回鹘文老师；牙剌洼赤成了成吉思汗在河中地区的代理人，是该地区第一位蒙古人长官；汉化契丹人耶律楚材成功地引导成吉思汗接触了一些中国文化，向他宣扬施行仁政的好处，通过机智、果断的斡旋避免了一些大屠杀。另外，耶律楚材还负责寻找药品，用以防治因大屠杀带来的流行病。同时他还收集遗书，以保存当地文化。他精通鞑靼文化和汉文化，且为此作出了很大贡献，被一些学者誉为压迫者与被压迫者之间天生的调停者。成吉思汗征服宁夏的时候，有蒙古将军建议把那些对他们无用的近一千万汉人消灭掉，这样一来，其耕地还可以用作广袤的牧场。成吉思汗准备采纳，却遭到了耶律楚材的驳斥。他向成吉思汗分析，从农田和各种劳作中可以获得贡赋和税收。他指出，从对这些汉人土地和商业的各种税收中，他们每年可以获得"五十万两银子、八万匹帛和四十余万石粟米"。成吉思汗最终被说服，并让他着手拟订税收制度。

在耶律楚材和成吉思汗的

□ 成吉思汗铜像

成吉思汗虽然有冷酷嗜杀的一面，但他同时也是一位高瞻远瞩的统帅。他发展了自己的战争理论，创造了闪电战和包围战等进攻战术。在他的领导下，蒙古人建立了一个横跨欧亚大陆的大帝国，重新勾画了世界版图。

□ 商贸往来

尽管成吉思汗在征战的过程中采取了最野蛮的屠城方式来对待被占领的国家，致使死伤无数，但是在其扩张帝国版图的同时，也将各种物质文化融会贯通，大大促进了世界各地的商贸往来。

回鹘辅臣们的作用下，蒙古行政机构的雏形产生了，尽管它依然伴着血雨腥风。当然，这与成吉思汗及其继位者的文化倾向不无关系，他们似乎对突厥—蒙古社会中文明程度最高的契丹人和回鹘人有一种天然的亲近感。契丹人耶律楚材让成吉思汗帝国在保持自己民族性的同时，又把汉文化引荐给了他；而回鹘人则把鄂尔泽和吐鲁番的古代突厥文明、摩尼教、聂思托里教和佛教的文化遗产与蒙古人分享。回鹘人像教语言和文字一样，把民政管理机构的使用方法传授给了成吉思汗及其继承者们。蒙古人还根据回鹘文创造了蒙古字母，二者大同小异。

蒙古人此时的行政机构是成吉思汗的札撒和回鹘人的行政体系的混合体。虽然它还不尽完善，但对文明无疑是非常有利的。与成吉思汗同时代的人对他作出了较高评价。马可·波罗说："他的去世是一大遗憾，因为他是一个正义、明智的人。"约因维尔说："他使人民保持了和平。" 这些言论虽然看似荒谬，但经过推敲，却发现不无道理。由于蒙古帝国统一了所有突厥—蒙古民族，由于铁的纪律被强行贯彻在亚欧大陆上，成吉思汗平息了草原各民族之间无休止的内战，为商旅们提供了前所未有的安全。阿布哈齐曾写道："在成吉思汗的统治下，从伊朗到图兰（突厥人的地区）之间的一切地区是如此平静，以至一个头顶金大盘的人从日出走到日落都不会受到任何人的一丁点暴力。"虽然札撒在成吉思汗时代无疑是可怕的，但在其继承者们的统治下，札撒似乎变得温和了一些，并为14世纪的旅行家们的成就提供了可能性。毋庸置疑，在保证和平、促进东西方商贸正常往来等方面，成吉思汗堪称野蛮人中的亚历山大——他开拓了通往文明的新道路。

第 6 章
成吉思汗的三个直接继承人

CHAPTER 6

根据成吉思汗的遗愿,在他去世后,其三儿子窝阔台继承他的汗位。窝阔台统治时期(1229~1241年),蒙古帝国征服了金国和西波斯,并在欧洲开战。窝阔台去世后,其遗孀脱列哥那摄政(1242~1246年)。1246年8月24日,脱列哥那把亲生儿子贵由推上汗位(1246~1248年)。贵由死后,其遗孀斡兀立·海迷失宣布摄政。拖雷之子孛儿只斤·蒙哥很快推翻了斡兀立·海迷失的统治,自己坐上了汗位。蒙哥统治期间(1251~1259年),继续了窝阔台的远征事业,他派弟弟旭烈兀征讨波斯,并亲自带兵侵略南宋。

成吉思汗儿子们的封地

成吉思汗生前就分给四个儿子每人一份兀鲁思（一定数量的部落）和一块"禹儿惕"，足够维持这些部落放牧的草原。由此产生了"引主"，即一份与宫廷和奴仆们开支相应的税收，其中包括在中国、突厥斯坦和伊朗的臣属地区内定居民所上交的赋税。这可能是蒙古人把草原看成是唯一可分财产的可靠解释。北京和撒马尔罕的农耕地区仍属于蒙古帝国。但成吉思汗的儿子们在瓜分领土时从没想过要把瓜分定居地规划在内，更没想去做中国皇帝、突厥斯坦可汗或波斯苏丹。直到1260年，他们才开始萌发这种想法。不过这种想法对于他们来说是完全陌生的。因为他们一贯认为，瓜分草原绝对不会引起成吉思汗帝国的土崩瓦解，这种分封将在"封地联合"下保持兄弟间的和睦。然而事实上，蒙古可汗的权威并不受重视，草原是属于整个王室，而不是属于某一个人的私有财产。

□ 蒙古大帐中的拖雷　元代

拖雷（1193—1232年），成吉思汗第四子。成吉思汗生前分封诸子，拖雷被留在父母身边，继承父亲在斡难河和怯绿连河的所有斡耳朵、牧地及军队。成吉思汗留下的军队共有12.9万人，其中大部分由拖雷继承。1227年，成吉思汗死后，窝阔台即位，拖雷监国。1232年，拖雷领兵打败金军，同年在返军途中病逝。至元三年（1266年）谥号"景襄皇帝"，庙号"睿宗"。

成吉思汗长子术赤于1225年2月在咸海北部草原去世，其子拔都继承了他的封地管辖权。传说中，拔都是位聪明、机智、高贵的统治者，被人们称为"好汗"，罗斯人则称他是残酷的征服者。在帝国后期的王位争夺中，他以成吉思汗家族首领的身份起着举足轻重的作用，他的形象是"拥立大汗者"。但是，他当时年纪尚幼，再加上其父的血统疑点，因而使得其"术赤家族"在帝国事务中无足轻重。但是按照蒙古的法律，长子的领地是在离父亲驻地最远之处，术赤家族面向欧洲，形成了蒙古帝国的攻击翼。其领地从也儿的石河西岸直至谢米巴拉金斯克、阿克摩棱斯克、图尔盖、阿克纠宾斯克、乌拉尔斯克和花剌子模，以及伏尔加以西的前钦察人的全部领地。

成吉思汗次子察合台奉父命管理札撒和负责蒙古纪律，他是一位令人尊重的严厉法官，严格执行成吉思汗的法典。他还是一位能征善战的英武骑士，但缺乏想象力。他对自己的父亲及其继承人绝对忠诚，即使父亲任命弟弟窝阔台继承汗位，他也没有任何异议。他得到的封地是从回鹘地区到布哈拉和撒马尔罕的原喀喇契丹国的领土，以及河中地区和喀什噶尔。但布哈拉和撒马尔罕由大汗委派官吏管理。据考证，察合台常驻于伊犁河南岸。

□ 成吉思汗家族图　壁画　13世纪

这是目前已知最早描绘成吉思汗家族的壁画，人物从左到右依次为：呼伦皇后、也速该皇后、成吉思汗、孛儿帖皇后、术赤、察合台。成吉思汗戴四方瓦楞帽，三位皇后戴罟罟冠，端坐于白色高台上，接受众人的行礼。

成吉思汗的第三个儿子窝阔台接受的封地是在巴尔喀什湖以东和东北部地区，即叶密立河和塔尔巴哈台，也儿的石河和乌伦古河流域。乌伦古河流域在原乃蛮部境附近，而窝阔台常扎营在叶密立河畔。

成吉思汗的幼子拖雷，蒙古人称之为"斡赤斤"，意为"关系着火和家灶的儿子"，他继承了土兀剌河、斡难河上游和怯绿连河上游之间的地区。传说他是一心只想征服的勇士和将领，但缺乏敏锐的洞察力。他还是个十足的酒鬼，这导致他于1232年10月英年早逝，年仅40岁。按蒙古的法律和拖雷的守护家业者身份，从成吉思汗死后到新大汗选出期间，拖雷一直监国摄政。他还得到了父亲扎营的拥有101 000军人的宫营——斡耳朵，而当时蒙军的总数才不过129 000人。成吉思汗当时是这样分配的：术赤家族、察合台和窝阔台各4 000人，成吉思汗幼弟铁木哥5 000人，另一位弟弟哈撒温的儿子们3 000人，三弟哈撒儿的儿子们1 000人，母亲月伦额格家族3 000人。拖雷娶了原克烈王室的唆鲁禾帖尼公主，她是一名非常聪明的女人，后来正是她为她的儿子们保住了大汗位。

成吉思汗的两个弟弟哈撒儿和铁木哥也分得了封地。哈撒儿得到了额尔古纳河、海剌尔河附近的封地，铁木哥得到了蒙古东端原女真国附近的封地。

1229年春，蒙古诸王公在怯绿连河畔召集了库里勒台，这次会议的主要内容是推举大汗。根据成吉思汗的遗愿，其三儿子窝阔台继承汗位。

窝阔台的统治

窝阔台是成吉思汗诸子中最明智的。虽然不及他父亲的天才和统治能力,但同样有着敏锐的判别能力。他行动缓慢、生性随和、无忧无虑、嗜酒如命,待人非常宽厚和慷慨。他利用自己的绝对权威随心所欲地饮酒作乐。蒙古帝国的事务因为有札撒而得以自行运转。

窝阔台把营驻扎在鄂尔浑河上游的哈拉和林。该地具有历史性的意义。因为古代突厥—蒙古的大多数帝国都建都于此。早在成吉思汗统治时期,哈拉和林就成了他理想的都城,只是直到1235年,窝阔台在此筑起防护墙,使得该城初具规模,它才成为新帝国的真正意义上的都城。

耶律楚材得到了窝阔台的信任。作为被中国化了的契丹人,耶律楚材试图建立一个中国式行政管理机构。他采纳回鹘学者的意见,在蒙古中书省的机构内设立中国、唐兀惕、回鹘、波斯等局。为适应军事需要,蒙古人长期使用传令制度,耶律楚材带人沿着这些道路在每隔一定的距离设立粮仓。他给蒙古帝国制定了一种固定预算,中国人照此交纳赋税,蒙古人交纳其马、牛、羊的10%。1230年,整个中国被分为十路,每路收税的行政管理人员都有蒙古官员和中国文人。耶律楚材还在北京和洛阳办学,让年轻的蒙古封建主在学堂接受教育。另外,他还吸纳大批中国人进入蒙古民政机构。他告诉窝阔台,可以

□ 窝阔台 元代

窝阔台(1190—1241年),大蒙古帝国的第二代大汗,为成吉思汗正妻孛儿帖所生第三子。1219年,窝阔台被确定为大汗的继承人。1227年,他随成吉思汗征西夏。1229年,即成吉思汗死后的第三年,窝阔台即大汗位。即位后,他强化了国家机器,提高了大汗的权威,改革朝仪、税法;后因纵情声色、挥霍无度而暴死,追庙号"太宗"。

在马上打天下，但不可在马上治天下。

除了耶律楚材之外，窝阔台还信任聂思托里教教徒、克烈部人镇海，成吉思汗生前对他也颇为赏识。镇海相当于是帝国的丞相，蒙古所公布的每一条法令，都附有他的印章和一行回鹘文字。

窝阔台统治时期，蒙古人完成了对中国北部、波斯和南俄地区的征服。

□ **蒙古包验马图**

　　蒙古人之所以能驰骋沙场，是因为他们有最勇敢强壮的骑兵。蒙古人爱马如痴。图为蒙古人在蒙古包外检验马匹。

蒙古对金的征服

木华黎死后，成吉思汗忙于西方事务，金国得以收复了一部分失地。有着通古斯人血统的这支女真民族显示出惊人的战斗力。他们不但继续待在新都河南开封附近，还主动出击，收复了陕西中部的渭水流域，包括扼守通往河南的要塞潼关。他们还夺取了山西西南角、黄河以北、与潼关相对的要塞蒲州。金朝末代皇帝金哀宗仿佛看到了复兴的希望。

1231年，蒙古人卷土重来，夺取了渭水流域上的平凉和凤翔，蒙金再次开战。蒙军制定了一个大规模的作战计划，但还是无法攻下潼关，于是从东北方和西南方夹击它。窝阔台率领主军带着大量军需物资夺取河中城（方便了他以后顺流而下渡过黄河）的同时，拖雷率三万骑兵穿过宋境到达潼关的西南方，与之形成夹击之势。1232年2月，窝阔台率主军渡过黄河，从北面入河南。两军会师于河南中部的禹州。

此次战争中，金军将士的勇气令蒙军钦佩。他们果敢英武，视死如归，但所处的形势十分险恶。1232年3月，蒙军占领了潼关。欧战中战功赫赫的速不台奉窝阔台之命，围攻金国都城开封。1233年5月，开封城在坚守了一年零两个月后最终沦陷。在耶律楚材的劝阻下，窝阔台收回了毁城的命令，将开封并入蒙古领土。在开封城沦陷之前，金哀宗已仓皇出逃，企图在其他地方继续组织抵抗。他先后在开封城外的归德和蔡州避难。1234年2~3月，蒙古人发起最后的攻击，胆小的金哀宗在蔡州城内自杀，但城内的金兵却同仇敌忾、誓死抵抗。最后，蒙古人在金的死敌——宋朝的帮助下才得以

□ 双面人头形金花银饰

图中的双面人金花银饰可能是蒙古军头盔上的饰物。该饰品上为双面人头，下连梯形六面体，且每面均有金色牡丹花纹，是非常精良的头盔饰品。

夺下蔡州。

蔡州沦陷，蒙古人完成了对金国的征服，并从此成了中原宋王朝的近邻。为报答宋朝的相助之恩，窝阔台允许宋朝收复今河南东南部地区。但宋朝廷并不满足于此，他们想要把河南全境收入囊中，于是率先对该地区的蒙古人发起进攻。最初的战事出乎意料地顺利，1234年7~8月，他们兵不血刃地占领了开封和洛阳。

1235年，窝阔台在哈拉和林举行库里勒台，决定征服宋朝。按照传统阵势，蒙军兵分三路进攻宋朝。窝阔台的次子阔端统率右翼军，进攻四川，夺取了成都（1236年10月）。窝阔台的另一个儿子阔出和将军铁木台统率中军，攻占了湖北襄阳（1236年3月）。孔不花王子和察罕将军统率左翼军，从汉口顺流而下，兵至长江边的黄州，但是未能取得预期的战果。1239年，宋朝收复襄阳。事实上，这场战争长达45年之久，窝阔台此时所经历的，

□ 巢 车

在宋代，战争器械较发达，并被广泛地应用于战争中。然而，这些战争器械依然无法阻止蒙古铁骑入侵中原，南宋政权最终覆灭于蒙古人的铁骑下，随后蒙古人建立了元朝。图中的这个巢车主要用于观察敌情，据说在蒙古人攻打襄阳时，它就开始应用于战争中。

只不过是这场旷日持久的战争的初期阶段而已。第四路蒙军前往攻打高丽。1231年12月，蒙军攻陷高丽都城开城，将其变成自己的属地，并派72名达鲁花赤统治它。1232年，鲁莽的高丽王王瞰下令屠杀了所有的蒙古驻军。当年7月，王瞰逃到汉城西的江华小岛避难。1236年，窝阔台派军占领了高丽的大陆地区。另外，江华小岛上的高丽朝廷也宣布投降，并于1241年派使者去蒙古宫廷承认自己的属臣地位，但继续在江华岛上苟且偷生了30年。

蒙古对西波斯的征服

由于札兰丁在伊朗的犯乱，窝阔台即位之初就不得不对伊朗再次发起征讨。

1221年11月，为逃避成吉思汗的追赶，花剌子模帝国的末代君主札兰丁逃往印度避难。德里苏丹、突厥人伊勒特迷收留了他，并招他为女婿。1223年，札兰丁阴谋篡位，被伊勒特迷放逐。

成吉思汗率蒙古大军回到突厥斯坦，留在他们身后的呼罗珊和阿富汗地区是一片废墟，城市和乡镇渺无人烟，成为了无人区，直到他们离开，也没有在此建立起正规形式的行政管理。而哲别和速不台对波斯中部和西部的征服，导致国界混乱。尽管这是正规部队采取的正规军事行动，且蒙古人还在这些地方待了三年，但它仍算不上是真正意义上的征服，充其量也就是游牧民席卷而过的旋风罢了。

趁着蒙古人放松警惕，札兰丁于1224年返回伊朗。他以蒙古入侵前的最后一位合法权代表的身份，很快就得到了起儿漫和法尔斯的阿塔卑的支持，被承认为苏丹。随即，札兰丁打败了其弟嘉泰丁，夺取了伊斯法罕和阿只迷；接下来，他又出兵征讨阿塞拜疆。该城曾在成吉思汗入侵时，因阿塔卑月即别向成吉思汗交纳贡赋而免遭哲别和速不台的蹂躏。然而这次，札兰丁的到来使他们在劫难逃。1225年，桃里寺被迫投降，并承认了札兰丁的宗主权。充满野心的札兰丁又前往攻打格鲁吉亚，该国正在乔治三世的妹妹、著名的女继承人鲁速丹皇后的统治下进行着战后重建。在1225年8月的哈儿尼一战中，札兰丁击败格鲁吉亚；次年，札兰丁攻陷第比利斯城，毁掉了该城的全部基督教教堂。1228年，札兰丁再次入侵格鲁吉亚，将顽强抵抗的伊万涅率领的格鲁吉亚军队大败于闵多尔。一系列的胜利巩固了札兰丁在高加索和格鲁吉亚的统治。

此时，札兰丁已经成了起儿漫、法尔斯、阿只迷和阿塞拜疆的主人，统治着整个西伊朗，以伊斯法罕和桃里寺为都。原花剌子模国的部分领地得以恢复。然而，具有卓越军事才能的札兰丁，其政治意识却相当匮乏。在占领波斯后，他并不急于巩固自己的新帝国政权，做好抵抗必将返回的蒙古人的准备，而是忙于和那些能够成为他天然盟友的西亚的主要穆斯林王公们争吵不休。

1224年,札兰丁进攻巴格达,妄图以此威胁其哈里发,久攻不下后,他又把矛头对准了大马士革的阿尤布王朝苏丹阿尔·阿昔剌夫。经过长期的围攻,他于1230年4月2日从大马士革的阿尤布王朝苏丹阿尔·阿昔剌夫手中夺取了起剌特要塞。他的所作所为激起众怒,阿尔·阿昔剌夫、科尼亚苏丹国突厥王和塞尔柱土耳其苏丹凯库巴德结成联盟,共同对抗他。1230年8月,两位王公在埃尔津詹(幼发拉底河上游)附近彻底击败了札兰丁。正在这个时候,蒙古人卷土重来。

为了铲除这个新复辟的花剌子模帝国,窝阔台派那颜绰儿马罕统率三万蒙军进攻波斯。1230~1231年冬,蒙古人以迅雷不及掩耳之势抵达波斯,直取札兰丁的常驻地阿塞拜疆。札兰丁惊慌失措,慌忙从桃里寺逃往阿拉斯河和库拉河河口附近的木干和阿兰草原,然后又逃到迪亚巴克尔。蒙古人的紧追不舍,使札兰丁像其父当年一样,惶惶然如丧家之犬。1231年8月15日,库尔德族农民在迪亚巴克尔山中将他杀死。

1231~1241年,绰儿马罕一直统领着驻扎在波斯西北部的军队,并在库拉河和阿拉斯河下游的木干和阿兰平原上建立了固定的司令部,这里也成为了波斯的蒙古汗们喜爱的留居地之一。

札兰丁失踪后,绰儿马罕派蒙古小军团到伊朗—美索不达米亚边境进行抢掠。在亚美尼亚,他们屠杀比特利斯和阿尔吉斯居民;在阿塞拜疆,他们占领蔑剌合,对其居民进行大肆屠杀;在南部,他们疯狂地洗劫了迪亚巴克尔和埃尔比勒地区。识时务的桃里寺城民在蒙古人来临时投降了,并投其所好,倾尽所有。1233年,他们还送了一件为大汗窝阔台织的珍贵手工织品,以博得绰儿马罕的开心。

□ 蒙古武士　元代

关于蒙古武士精良的兵器装备,在有关历史文献中均有明确记载。通常情况下,一个蒙古武士身上具有以下装备:两三张弓、一把斧及拖兵器的绳子。图为蒙古西征武士像。

□ 伊朗与蒙古的战争　13世纪

蒙古军队给当时的伊斯兰—波斯文明带来的打击几乎是毁灭性的。当时的波斯画家真实地记录下了蒙古人攻城和两军作战的细节。此图表现的是波斯勇士对外来侵略的英勇反抗。

1236年，蒙古人摧毁了高加索的格鲁吉亚，鲁速丹皇后从第比利斯逃到了库塔伊西。第比利斯纳入蒙古人的保护之下，格鲁吉亚的封建主在战争中协同蒙军作战。1239年，绰儿马罕在大亚米尼亚洗劫了属于格鲁吉亚城主伊万涅家族的阿尼和卡尔斯城。

虽然绰儿马罕对格鲁吉亚和亚美尼亚发动了战争，但蒙古人并不仇视基督教。窝阔台指派叙利亚基督徒西蒙（又被称作列班·阿塔）作为处理叙利亚基督教教务的专员，后者为保护亚美尼亚的基督教会作出巨大的贡献。

作为绰儿马罕的继承者，那颜拜住于1242~1256年一直担任着蒙军驻波斯的统帅。他曾征服了小亚细亚的塞尔柱土耳其苏丹国。当时的塞尔柱土耳其苏丹国在凯库思老苏丹的统治下，正处于鼎盛时期。1242年，那颜拜住攻克了额尔哲鲁木城后，又于次年在埃尔津詹附近的柯塞山给塞尔柱土耳其军以沉重的打击。此次胜利使拜住占领了锡瓦斯，该城居民见势立马投降，但仍遭到了抢掠。负隅顽抗的托卡特和开塞利被夷为平地。凯库思老见大势已去，也随即向蒙军投降。至此，蒙古帝国的领土扩张到了东罗马帝国的边境。

1244年，亚美尼亚的国王海屯一世主动向蒙古请降，并承认蒙古的宗主权。其继位者也奉行这一政策，他们把蒙古当作对抗塞尔柱土耳其和马木路克的保卫者。1245年，拜住占领了起刺特和阿米德，巩固了蒙古在库尔德斯坦的统治。摩苏尔的阿塔卑别都鲁丁卢也自知不敌，未作任何抵抗就承认了蒙古的宗主权。

蒙古人在欧洲的战役

与此同时，窝阔台汗派出一支由15万精兵组成的蒙古大军在欧洲开战，由统治着咸海草原和乌拉尔山区的拔都汗亲自率领。这支无坚不摧的军队会集了成吉思汗各支的代表们：拔都的三个兄弟，斡儿答、别儿哥、昔班；窝阔台之子贵由、合丹和孙子海都；拖雷之子孛儿只斤·蒙哥；察合台的儿子拜答儿和孙子不里。而这场战争真正的领导者是60岁的杰出将军速不台，即征服波斯、罗斯和中国的胜利者。

1236年秋，速不台带领蒙军攻打保加尔人的卡马突厥国，攻占并摧毁了他们的都城，由此拉开了欧战的序幕。

1237年春，蒙军入侵俄罗斯草原上处于半原始状态的突厥游牧部落，一部分钦察人投降。钦察人首领八赤蛮躲藏在伏尔加河岸，一年后被蒙军擒获于该河下游的一个孤岛上，蒙哥将其腰斩。1238年，别儿哥发动的第三次战役使钦察人再次遭受惨败，4 000户钦察人在首领忽滩的率领下逃往匈牙利，并在此皈依了基督教。1239年12月，蒙哥率部攻占了阿速人都城蔑怯思城。自此，蒙军完成了对南俄罗斯草原的征服。

在征服钦察人期间，蒙军还发起了对罗斯诸公国的远征。这些罗斯公国的领地支离破碎，使蒙古人的征服进程便利了许多。里亚赞大公尤里和罗曼兄弟二人各自守住里亚赞和科罗姆纳。1237年12月21日，里亚赞被攻陷，尤里被杀，全城居民无一幸免。虽然有罗斯王

□ **自杀的高卢人 雕塑**

蒙古人远征欧洲，对战败地区的人民进行了灭绝性的屠杀。面对蒙古人的淫威，一部分欧洲人选择了不战而降，但也有人宁死不屈。这座雕塑表现了一位高卢人在战败后，为了避免敌人的侮辱，先杀死自己的妻子再自杀的情景。

公中实力最强的苏兹达里亚大公尤里二世派军支援，科罗姆纳城依然没能保住，罗曼被杀，连莫斯科也被摧毁。尤里二世同样没能阻止他的苏兹达尔被烧毁。1238年2月14日，弗拉基米尔沦陷，居民们躲到教堂里避难，但最终全部被杀。1238年3月4日，尤里二世在莫洛加河支流褐塔河畔的决战中战败被杀。雅罗斯拉夫城和特班尔遭到蒙军洗劫。1240年12月，蒙军攻陷并洗劫了切尔尼戈夫后，又夺取了基辅。接下来，罗斯的加利奇公国也惨遭蒙军蹂躏，国王丹尼尔逃往匈牙利。

在此次远征中，蒙古王公们产生了分歧：窝阔台之子贵由和察合台之孙不里两人因不满拔都的最高统帅地位，对他多有不服从，不里甚至与他发生了激烈的争吵，以致窝阔台不得不将他们召回。拖雷之子蒙哥虽然也离开了军队，但仍与拔都保持着友好关系。拔都与贵由和不里的矛盾，以及他与蒙哥的友谊，对之后的蒙古历史起着至关重要的作用。

与此同时，拜答儿和海都率领部分蒙军从今天的乌克兰地区向波兰进军。

□ 多瑙河上的战斗

13~14世纪，科技落后，战争的方式基本上是徒手。生活在马背上的蒙古人勇猛强悍，靠金戈铁马征服了许多地区，并由此建立了中国史上疆域最广的蒙古帝国。从1241~1242年，成吉思汗的子孙把帝国的疆域拓展到了欧洲中部，图为笨重的匈牙利军队阻挡轻装上阵的蒙古军过河。

文化伟人代表作图释书系

1240~1241年冬，他们越过结冰的维斯杜拉河，洗劫了桑多梅日城。1241年3月18日，他们在赫梅尔尼克大败波兰军后，挥师直捣克拉科夫城。波兰王博列思老四世不战而逃，蒙古人纵火烧城。拜答儿又率部进军昔烈西亚，从拉蒂博尔处渡过奥得河，波兰大公亨利率领由波兰人、日耳曼十字军与条顿骑士团组成的三万大军迎战。4月9日，波兰联军全军覆没，亨利战死在瓦尔斯塔特。蒙古人乘胜进入摩拉维亚，将该地夷为平地，但未能攻下施泰日格的雅罗斯拉夫守卫的奥尔米茨城。但他们并不恋战，而是直接从摩拉维亚撤退，前往匈牙利与另一支蒙军会合。

与此同时，由拔都统率、速不台指挥的另一支蒙军分三路攻打匈牙利：昔班所率军队从波兰和摩拉维亚之间发起进攻；拔都率另一路军从加利奇而来，攻克了喀尔巴阡山峡谷；合丹率领第三路军从摩尔达维亚向奥拉迪亚和琼纳德进军，攻陷并摧毁了这两座城，他们以各种方式残酷地屠杀城里居民。随后，这三路军队在佩斯城下集合，该城统治者匈牙利王贝拉四世在仓皇中集合军队，主动出城迎战。蒙军且战且退，把佩斯军引到绍约河与蒂萨河合流处的莫希南部。就在此地，速不台赢得了他最辉煌的一次胜利。4月11日，双方在此决战，两军对峙于绍约河两岸。速不台派左右翼军从侧面包抄敌营，直抵扎卡尔德。在拔都之弟昔班的带领下，蒙军彻底击败了匈牙利人，后者要么被杀，要么逃亡。

佩斯城沦陷，匈牙利王贝拉四世逃到亚德里亚避难。蒙古人再次纵火焚城，城里的居民在受尽凌辱之后，被大规模屠杀。整个匈牙利，直到多瑙河畔，都被归于蒙古人的统治之下，只有少数城堡依然坚持抵抗，如格兰、斯特里戈里姆、埃斯泰尔戈姆和阿尔巴尤利亚。1241年7月，蒙军先遣队抵达维也纳附近的诺伊施塔特。同年12月25日，拔都亲率大军越过结冰的多瑙河，直扑格兰。

1241年的整个夏天和秋天，蒙古大军都在匈牙利的无树平原上休整，这里使他们想起了故乡。1242年初，合丹王子率部前往克罗地亚，追击在此避难的贝拉四世，而贝拉四世在他们到达之前就已闻风逃往达尔马提亚群岛。蒙古军追至亚德里亚海边的斯普利特和科托尔。1242年3月，没能抓住贝拉四世的这支蒙古军队，在顺手牵羊洗劫了科托尔城以后，班师回到匈牙利。

与此同时，窝阔台大汗于1241年12月11日在蒙古去世。为了争夺汗位，成吉思汗后裔各分支各不相让、大动干戈。为了自己集团的利益，贵由和蒙哥已经回到蒙古，其他军队首领也火速赶回蒙古，这无疑拯救了欧洲，使它摆脱了空前的大灾难。1242年春，拔都从保加利亚出发，经瓦拉几亚和摩尔达维亚，于1243年冬抵达了他在伏尔加河下游的营地。

　　1236~1242年的蒙古远征，使术赤汗国在伏尔加河以西的领地大大扩张。从也儿的石河到德涅斯特河下游之间的土地，以及多瑙河河口的这一片辽阔疆域，此时都成了拔都的领地。这也使得他在1236~1242年远征中的名义上的"首领"地位更加实至名归。从此，他以征服地区闻名，以"钦察汗"流传青史。

脱列哥那摄政

窝阔台去世时，委托其遗孀脱列哥那摄政。她在1242~1246年期间掌权。窝阔台生前原本想立长子阔出为继承人，但后来阔出在伐宋战争中被杀，窝阔台便立阔出的长子失烈门为继承人。脱列哥那摄政后，却想立自己的亲生儿子贵由继任大汗。她以延长自己的摄政时间来为贵由的当选作准备。她罢免理财大臣耶律楚材，任用穆斯林奥都剌合蛮取而代之，使耶律楚材忧愤而死；罢黜帝国丞相镇海，将突厥斯坦和河中的长官——穆斯林麻速忽·牙剌洼赤革职。

尽管脱列哥那得到了老察合台的保护，但面对虎视眈眈的各支后裔，其基础仍摇摇欲坠。在她摄政后不久，成吉思汗幼弟铁木哥斡赤斤怀着某种不明的目的率军向帝国斡耳朵挺进。恰巧贵由从欧洲返回自己的封地叶密立河畔，使铁木哥斡赤斤的阴谋计划流产。对贵由来说，拔都才是最危险的人。因远征罗斯时贵由不服从拔都的指挥，两人结下仇恨，贵由因此被召回蒙古，但拔都对此一直耿耿于怀。脱列哥那希望贵由当选为大汗，拔都便千方百计地拖延召开关于即位事宜的库里勒台。当大会不可避免地召开时，他称病未出席。

□ 人马图　赵雍　纸本设色　元代

蒙古人之所以骁勇善战，很大程度上得益于他们的战马拥有超强的战斗力。图为反映北方游牧民族形象的《人马图》。

贵由的统治

1246年春，库里勒台在哈拉和林附近的阔阔纳兀儿和鄂尔浑河河源一带召开。巨大的帐篷城昔剌斡耳朵——金帐扎营地显示出庄严肃穆的气氛，除拔都以外的成吉思汗各支宗王都聚集于此，各省行政长官和臣属国的国王均有出席。依照摄政皇后脱列哥那的意见，库里勒台选举贵由为蒙古大汗。1246年8月24日，贵由即位。曾有资料对贵由有简略记载：他中等身材，非常精明，举止严肃庄重，从来没有看见他放声大笑，或寻欢作乐。他当选为大汗时，约四十岁。

亚美尼亚王海屯一世派其弟森帕德作为使臣来觐见贵由，试图通过与蒙古结盟来使基督教世界获得好处。贵由汗亲切会见了他，并赐予他一份证书，保证了海屯一世将得到他的保护和友谊。

□ 毡帐中休息的蒙古人

成吉思汗的后裔统领下的蒙古人曾统治了中国，但是他们在中国人的眼中永远是异族。此图描绘的是蒙古人正在毡帐中休息的场景。

贵由能干、专横，非常小心地提防着别人的不轨之心。在他看来，因为父亲统治时期和母亲摄政期间的宽松环境，国家的肌腱已经松弛，他决定把大汗的权力关系恢复到祖父成吉思汗时的严厉和威武，绝对不能容忍宗王的挑战和蔑视。他调查了铁木哥斡赤斤的某些行为动机，严厉惩处其随从，以杀鸡儆猴。1247年，贵由以君主身份插手察合台兀鲁思事务，并任命好友察合台的幼子也速蒙哥为察合台汗。他派亲信晏只吉带管理波斯军务，使其与木干草原上的蒙军统帅拜住平级，或者级别更高。在远东，管理宋朝财政的大臣奥都剌合，因贪污被他处死，马合谋·牙剌连赤取而代之。克烈人镇海官复原职，重新被任命为帝国丞相。贵由还把属臣格鲁吉亚一分为二，大卫沙拉统治卡特利亚，女王鲁速丹之子大卫纳林统治埃麦利蒂亚。除此之外，他还废除了小亚细亚的塞尔柱土耳其苏丹国的凯卡兀思二世，任命乞立赤·阿尔斯兰四世为该国苏丹。

贵由关于取消各支宗王已经享有且不断扩大的自主权的决定，引发了他与术赤家族之首拔都的冲突。1248年初，贵由和拔都之间的关系已经是剑拔弩张，时刻都有交战的可能。贵由以巡视叶密立世袭领地为由，离开哈拉和林向西进发。唆鲁禾帖尼公主将此消息密报给拔都，后者遂进军谢米列契耶，直抵阿拉喀马克。然而，这场看似不可避免的战争却因贵由的去世而胎死腹中。贵由因酗酒暴食衰竭而死，他死于距别失八里一天路程的途中，终年43岁。

贵由不会只满足于打败钦察汗，其终极目的是要征服基督教世界，而且他已经把注意力专注于欧洲。所以说，他的去世很可能使欧洲避免了一场可怕的浩劫。而在他之后的蒙古统治者，都把目标转向远东的中国。

斡兀立·海迷失的摄政

贵由死后，其遗孀斡兀立·海迷失宣布摄政。她很想把汗位传给窝阔台系的某位王子——侄儿失烈门或她与贵由的亲生子忽察（当时尚年幼）。但是作为成吉思汗家族之首的拔都的意见左右了事态的发展。拔都和拖雷的遗孀唆鲁禾帖尼联合起来，共同排挤窝阔台系，立唆鲁禾帖尼与拖雷所生的长子蒙哥为大汗。1250年，库里勒台在拔都的阿拉喀马克营地召开，拔都推举蒙哥继任大汗。但投赞成票的只有术赤和拖雷家族。窝阔台和察合台家族的代表以参选人数不充分为由拒绝投票。为了让选举更加公平，至少让某些人闭嘴，拔都决定在原蒙古圣地召开一次人数更多的库里勒台，窝阔台和察合台家族的成员拒绝了他的邀请，但他们的反对并没有对事件产生影响。1251年，拔都委托弟弟别儿哥重新召集了一次库里勒台，并不顾窝阔台家族和也速蒙哥的抗议，最终把蒙哥推上了大汗之位。

这场政变之所以会轻而易举地成功，有以下原因：一方面，拔都作为成吉思汗家族的长支之首，在大汗位空缺时居于一种行使独裁权力的地位；另一方面，蒙哥是强者的典型，而正统的窝阔台诸王既年轻又不受尊重。然而，拖雷家族的篡位终究是对正统的颠覆，因此难免会引起受害者的反抗。窝阔台宗王图谋在库里勒台结束前推翻蒙哥，但阴谋败露，他们的军队

□ 蒙古妇女　壁画　元代

　　成吉思汗缔造了蒙古帝国，创造了文字，建立了法律，还赋予妇女和男人同等的地位。蒙古妇女以善良、勤劳、贤惠著称。图为在内蒙古出土的元代壁画，画中的妇女着素色半臂服。

被缴械，他们的智囊团被处死，其中包括合答黑和镇海，他们自己则全部被俘。蒙哥严厉地惩罚了窝阔台家族的人：摄政皇后斡兀立·海迷失在被剥光衣服受审后，又被缝入口袋投入水中淹死；失烈门出征中国回来后，也被蒙哥投入水中淹死；贵由年幼的儿子忽察被流放到哈拉和林以西的地区。合丹和海都因主动投降而被赦免，得以保留自己的封地。蒙哥还处死了察合台家族的首领也速蒙哥，立其家族的另一个王子哈剌旭烈兀取代他。察合台的孙子不里被蒙哥交给拔都处死，因为他在欧洲战争中曾对拔都的领导表示不服。

蒙哥的统治

蒙哥继位时43岁，他是继成吉思汗之后最杰出的蒙古大汗。他沉默寡言，生活节制，不讲求奢华，打猎是他唯一的乐趣。他是一位精明能干的领袖和严厉公正的管理者，也是一位头脑冷静，处事理智的政治家。他恢复了札撒和祖先的严厉戒律，并加强了行政管理，恢复了成吉思汗时的强力机器。在他的统治下，蒙古正在成为正规的大帝国。出于感恩，蒙哥让拔都独立统治了巴尔喀什湖以西的地区。拔都去世后，他又恢复了蒙古世界的唯一君主的统治地位。兀鲁思们认为他们有权享受免税权，或者是与中央政权的代理人一起分享国家的税收，这是不被蒙哥所允许的。

受信仰聂思托里教的母亲、克烈部公主唆鲁禾帖尼的影响，蒙哥倾向于聂思托里教，他任命克烈部的聂思托里教教徒勃鲁合为丞相。同时，他也倾向于道教和佛教，并任命道士李志常和佛教国师那摩喇嘛为贴身随从。1255年，蒙哥出席了佛教和道教在和林举行的辩论会。1256年，在哈拉和林宫中的一次佛教会议上，蒙哥将佛教喻为掌，将其他宗教喻为指。不管是聂思托里教还是道教或佛教，都是用来服务于这位大汗的统治的。为此，蒙哥特意任命海云和尚为佛教徒的首领，把同样献身于蒙古利益的人派到道士中去。

在蒙哥统治期间，法兰西路易九世派遣方济各会会士卢布鲁克出访蒙古。1253年5月7日，卢布鲁克从君士坦丁堡出发，于5月21日到达苏达克城。进入钦察汗国后，他感觉自己就像进入了另一个世界。此时的俄罗斯草原在

□ 蒙哥

蒙哥，成吉思汗之孙，拖雷长子，拖雷正妻唆鲁禾帖尼所生的嫡长子，"蒙哥"意为"永久"，于1251年7月1日即蒙古国大汗位。他在即位前曾活捉钦察首领八赤蛮，进攻俄罗斯等地；即位后攻灭南宋、大理等国。

经历了蒙古人的洗劫之后,已经变成荒凉之地。卢布鲁克描述了当时这些游牧民的生活:"他们居无定所,从多瑙河到远东的整个斯基泰人地区都是他们的活动范围。酋长们根据其管辖人数的多少来确定管辖区域。游牧民们像候鸟一样,每到冬天都要迁徙到温暖的南方。他们用马拉着架在车上的毡帐,很像流动的村子。"此外,卢布鲁克还描述了这些游牧民的外貌:"男人在头顶剃光一小块,把头发梳成辫子,从两边下垂至耳部。"冬天,他们毛皮裹身,夏天,中原的丝绸则成了他们的最爱。发酵的马奶和葡萄酒是他们的主要饮品。

□ 《大札撒》
　　成吉思汗的《大札撒》是蒙古帝国的最高法典,它的主要宗旨是:1.维护黄金家族的最高权威;2.保护那颜领主们的利益;3.保护游牧经济;4.维护社会秩序;5.保持民族习惯与禁忌。图为成吉思汗颁布《大札撒》。

　　7月31日,在聂思托里教教徒科亚特的引见下,卢布鲁克拜见了拔都的儿子撒里达,二人就欧洲事务进行交流。随后,卢布鲁克离开撒里达营帐,在伏尔加河东岸受到钦察汗拔都的接见,拔都派他前往蒙古宫廷觐见蒙哥。经过艰难的跋山涉水后,卢布鲁克来到大汗蒙哥的斡耳朵。

　　1254年1月4日,卢布鲁克正式受到蒙哥的接见。他为此作了详细的记载:"蒙古人带着我们进入帐殿,卷起挂在门前的毛毡走进去,我们唱起赞美诗。整个帐幕的内壁都被金色的布覆盖着。帐幕中央是一个小火炉,人们把树枝、苦艾草的根和牛粪放在里面生火。蒙哥端坐在一张小床上,他看上去大约45岁,中等身材,扁平鼻子,穿着一件光鲜的皮袍。他吩咐给我们斟上白葡萄酒般清澈甜润的米酒。稍后,他又命人拿来各种猎鹰,放在他的拳头上观赏了好一会儿。我们在一位聂思托里教教徒翻译的帮助下进行了交流。"卢布鲁克发现,在盛大的宫廷宴会时,聂思托里教教士率先入席,为大汗举杯祝福,其次才是穆斯林教士、佛教徒和道士。有时,蒙哥会亲自陪同信仰聂思托里教的妻子去教堂做礼拜。

　　1254年4月5日,卢布鲁克随朝廷人员前往哈拉和林。当年复活节,他获准参加在哈拉和林的聂思托里教教堂内举行的群众庆祝会,除此之外,哈拉和林城内还有12座塔和两个清真寺。卢布鲁克在做礼拜时有幸见到了阿里不哥，他是一位非常支持基督教的宗王。"他伸出手来，以主教的方式向我们画了十字的记号。"卢布鲁克看到，在一次穆斯林和基督教教徒的争辩中，阿里不哥公开站在基督教徒一边。

1254年8月18日，卢布鲁克离开哈拉和林。他带着蒙哥给路易九世写的回信，信中写道："这是长生天的命令。天上唯一的统治者是上帝，地上唯一的君主是成吉思汗。"蒙哥服从长生天的命令，并以其在人世间的代表——"蒙古大汗"的名义，要求法兰西王承认是他的封臣。卢布鲁克花了两个月零六天的时间，从哈拉和林走到伏尔加河。途中，他先后拜见了迁居新驻地萨莱的拔都、木干草原的波斯蒙军统帅那颜拜住、桃里寺的波斯民政官阿尔浑阿合。随后，他经纳希切万、埃尔津詹、开塞利和塞尔柱土耳其苏丹国的科尼亚，到达小亚美尼亚，在拉齐卡乘船前往塞浦路斯国。

卢布鲁克所走的路与前往蒙古朝觐大汗的亚美尼亚王海屯一世相交。海屯一世是一位精明干练的外交家。他希望在蒙古的干预下，基督教能彻底打压伊斯兰教。为此，他于1253年到达卡尔斯城——驻波斯的蒙军统帅拜住的营地。之后又通过打耳班关，来到伏尔加河下游河畔拔都的汗帐中。1254年9月13日，海屯一世到达哈拉和林附近蒙哥的斡耳朵，得到蒙哥的正式接见。

蒙哥热烈欢迎海屯一世这位忠实的藩王的到来，并赐其一份札儿里黑——授权保护他的国家的诏书。该诏书上盖有蒙哥的御玺，代表着至高无上的权力；并给他一纸敕令，允许各地教堂拥有自治权。蒙哥似乎还向海屯一世承诺，他将派弟弟旭烈兀统率蒙古大军进攻巴格达，以消灭他们共同的敌人哈里

□ 鎏金龙纹马鞍具

蒙古贵族非常重视对马鞍的装饰，其用材和花纹都有严格规定，不同身份的人享有与其身份相匹配的马鞍装饰，这也正是对贵族高贵身份的显耀和认可。图中的鎏金龙纹马鞍出土于一个蒙古贵族墓，其马笼头、马项饰、马盘胸和马鞍饰等都选用黄金打造，花纹别致高雅，尽显墓主人的尊贵身份。

发王朝，把圣地归还给基督教徒。

这年11月1日，备受荣宠的海屯一世踌躇满志地离开蒙古宫廷，经济木萨、阿力麻里、阿姆河和波斯，于次年7月回到西里西亚。

蒙哥当选大汗后，继续了窝阔台的远征事业。根据1253年斡难河源的库里勒台精神，他派弟弟旭烈兀去征讨波斯，之后进军叙利亚。而蒙哥和另一个弟弟忽必烈则再次挥师南侵中原。

在蒙古人看来，南宋朝廷软弱，君臣昏庸，要击败他们是轻而易举的事。然而事实并非如此。在汉水中下游的军事重镇襄阳和四川中部的成都，南宋军民与蒙军展开了一场激烈艰苦的持续性战争。1239年，南宋军队收复襄阳。1241年，蒙军占领成都。

□ 奥托博伊伦修道院礼拜堂　菲舍尔　德国

13世纪，海屯一世为了基督徒的利益来到蒙古朝觐大汗，蒙哥向这位忠实的藩王承诺，消灭哈里发王朝，把圣地还给基督徒，并允许各地教堂拥有自治权。中世纪的欧洲，教皇拥有至高无上的权力，可见基督教的影响力之大。现在，基督教仍是世界上教徒最多的宗教。图为富丽堂皇的奥托博伊伦修道院礼拜堂，于1766年建成。

中国南方地区的山脉河流纵横交错、城市人口密集，这让蒙军非常头疼，再加上他们对适应于南宋地区的围攻战这种战术比较陌生，所以他们在中国南方的战事进展缓慢。在此情况下，蒙哥把全部注意力都投入到中国事务上，把分散的蒙军全部集中起来。他命令忽必烈负责此事。

1251年，蒙哥让忽必烈统治被征服的中原地区，并把黄河故道与长江之间的地区和陇西封给他。为履行好自己的义务，忽必烈任用汉族学者姚枢为谋士，让他教给自己基本的汉文学知识。在河南，忽必烈通过种种措施恢复被破坏的农业。

忽必烈在长江下游对宋朝发起正面进攻之前，依照蒙哥的命令，他先在侧面进行部署。1252年10月，忽必烈和速不台之子兀良哈台从陕西路过四川进入云南，征服了由罗罗人（傣人）组成的南诏国。南诏王段兴智被允许继续保留王位，但其权力已由蒙古行政官执行。随后吐蕃也屈服在兀良哈台的铁蹄之下，被迫承认了蒙古的宗主权。

1257年底，兀良哈台率军征服了定都河内的安南国，次年3月，安南王陈太宗被迫承认了蒙古的宗主权。

1258年9月，在蒙古举行的库里勒台上，蒙哥决定御驾征宋。10月，他率部众经陕西进入四川，在夺取保宁后全力进攻战略要塞合州，但未能成功。在围攻合州时，他不慎染上痢疾，于1259年8月11日不治身亡。此时，忽必烈正在围攻湖北的鄂州；从云南赶往广西的兀良哈台也在攻下桂林之后正准备进攻湖南长沙。蒙哥一死，北、西、南三面被围的南宋王朝有了暂时喘息的机会。急于赶回去争夺蒙古帝国继承权的忽必烈和宋朝重臣贾似道签订了停战协议——以长江作为两个帝国的共同边界线。

第 7 章
忽必烈和元朝

CHAPTER 7

蒙哥去世后,其弟忽必烈(1256年成为波斯汗)于1260年登上蒙古国汗位。此后,他征讨南宋,使突厥—蒙古人第一次征服了中国全境。1260年,忽必烈以北京为都城建立了元朝,忽必烈即元世祖。忽必烈在位期间,一方面继承了成吉思汗、蒙哥式的绝对权威,一方面保留了中国封建王朝的全部行政机构和官员。同时,他对宗教也十分宽容。为了使邻近诸国归顺于元朝,他征服远东,战绩辉煌。1294年2月18日,忽必烈驾崩,其继承者铁穆耳继续了他的反海都之战。铁穆耳之后的继位者们越发软弱无能,元朝日渐衰落。1370年,元朝统治被明军推翻。

忽必烈与阿里不哥的争位

蒙哥去世后,他的三个弟弟忽必烈、旭烈兀和阿里不哥成了汗位的继承人选。1256年,旭烈兀远离蒙古就任波斯汗后,真正的争夺者只剩下忽必烈和阿里不哥。阿里不哥作为拖雷幼子,已经统治着蒙古本土,并在哈拉和林扎营。身为蒙古的统治者,他准备在蒙古召开库里勒台,以确保自己能够被选举为大汗。但忽必烈抢先了一步,他从武昌返回中蒙边界的上都府建立大本营。1260年6月4日,忽必烈被自己的党羽拥为大汗,这年他44岁。

按照成吉思汗法律,大汗必须由蒙古召开的库里勒台选举产生,需得到到会蒙古各宗王的同意。因此,忽必烈的当选并非正式。鉴于此,阿里不哥在蒙哥丞相勃鲁合的怂恿下在哈拉和林另起炉灶,自封为大汗,他还争取到了占领陕西和四川的蒙军将领们的支持。但不久,这些地方的支持者就倒戈到忽必烈一边——忽必烈的副将们在甘州东部击败这些支持阿里不哥的军队。这次胜利巩固了忽必烈对蒙古统治下的中国的所有权。紧接着,忽必烈又将自己的优势趁势向蒙古推进。1260年底,他进驻哈拉和林南的翁金河畔,而阿里不哥朝叶尼塞河上游撤退。忽必烈认为战争已经结束,便在哈拉和林留下一小撮人马后回到中原。1261年年底,阿里不哥卷土重来,驱逐了忽必烈留在哈拉和林的守军,并和忽必烈在戈壁边上交战。忽必烈虽然获胜,但他错误地估计了当时的形势,没有进一步追击,从而给对手留下了喘息之机。10天后,在窝阔台家族的首领海都和察合台宗王阿鲁忽的支持下,阿里不哥卷土重来,双方展开了激战,胜负难分。

1262年底,支持阿里不哥的察合台宗王阿鲁忽倒戈,致使局势陡变。阿里不哥在忽必烈军队的猛烈攻打下被迫撤出哈拉和林,在伊犁河流域与阿鲁忽交战。1264年,腹背受敌的阿里不哥投降。忽必烈虽然赦免了他,却处死了他的一些亲信,首当其冲的是原丞相孛鲁合。阿里不哥在忽必烈的囚禁下度过余生,直到1266年去世。

忽必烈征服南宋

平定了家族内乱后，忽必烈再次启动征讨南宋的计划。宋度宗在位时，权臣贾似道的亲蒙政策让南宋将领的努力付诸东流。宋度宗去世后，贾似道扶持四岁的宋恭帝即位，通过其名义操纵着朝政，此时的南宋王朝已是日薄西山。

1268年，忽必烈的得力将领速不台之孙、兀良哈台之子阿术率军围攻襄阳重镇和樊城。这一场战争持续了五年之久，留下了许多南宋守将用鲜血和性命写就的可歌可泣的故事。1272年，围攻四年的蒙军依然没有什么进展。这时，阿里海牙为之带来了转机，他从美索不达米亚带来了两位能工巧匠——毛夕里的阿拉丁和希拉的伊斯迈尔，他们制造出的攻城武器让南宋军民大受挫败。1273年2月，蒙军攻占樊城。3月，内外交困的襄阳守军投降。蒙军在占领襄阳、樊城后，又控制了汉水流域下游。1275年，阿术和另一位将领伯颜攻占了湖北、江苏、安徽的部分地区。

随后，伯颜入侵浙江，占领了常州。1276年1月，他占领南宋的都城临安，俘虏了摄政皇后与小皇帝。1276年2月25日，忽必烈友好地召见了南宋小皇帝。尽管都城被攻陷，皇帝被俘，南宋的军民依然不屈不挠地负隅反抗。1276年，阿里海牙攻占了湖南长沙和广西桂林。就在此时，忽必烈被迫回蒙古平定族人的反叛，这给南宋主战派喘息之机，他们企图在广东沿海重建朝廷。但蒙古将军速客秃很快率部重返中原，并于1277年占领了福州、泉州和广州，1278年，潮州陷落。1279年4月3日，

□ 忽必烈

忽必烈是成吉思汗的孙子，拖雷的第四个儿子，元朝的建立者。他对汉文化很感兴趣，在统一全国后，他一直致力于以汉族传统政策治理国家，并提倡程朱理学。忽必烈信仰喇嘛教，但对其他宗教也很宽容。

□ 元世祖出猎图 刘贯道 绢本 元代

蒙古大草原的冬天寒风凛冽，大雪纷飞，喜好打猎的蒙古人正好把皮草当成冬天御寒的衣物。从这幅元代画家刘贯道画的《元世祖出猎图》中，可以一睹蒙古贵族身穿华丽皮草的形象。

蒙古水军攻占了广州西南崖山南宋残部据点，南宋左丞相陆秀夫抱着小皇帝赵昺投海自尽，宋朝灭亡。

至此，突厥—蒙古人第一次征服了中国全境，这是5世纪拓跋氏和12世纪女真人未竟的事业，却被忽必烈完成了。他实现了草原游牧民们的梦想，让他们变成了文明程度高、农业发达、人口稠密的中国的主人。忽必烈用武力征服了中国，中国文明也征服了他。他要成为中国的天子，把中原打上蒙古的烙印。灭掉宋朝后，他成了具有15个世纪悠久历史的中国的合法君主，他希望延续之前的22个中国王朝的传统。1256~1257年，忽必烈在今察哈尔东、多伦诺尔附近的上都府建了一批宫殿，作为夏季驻地。1260年，忽必烈以北京为都城，建立了元朝。1267年，他开始在原北京建筑群的东北营建新城，并称之为"大都"，意即"伟大的都城"，亦称"可汗之城"，西方人称之为"汗八里"。蒙古君主们把"大都"当作冬季驻地，而上都府仍是他们的夏季驻地。

忽必烈对日本、印度支那和爪哇的战争

做了中国皇帝的忽必烈按照中国的传统政策，要求邻近诸国都要归顺元朝，成为中国的卫星国。然而，偏居江华小岛的高丽王朝虽然已经由蒙古人驻守，却经常处于反叛中。1258年，高丽王朝的高宗向忽必烈称臣，并将太子作为人质送往元朝宫廷。忽必烈继任大汗以后，让高丽太子成为自己的女婿，并遣他回高丽统治其国家。自此，元朝与高丽王朝通过联姻的方式建立了友好关系。

1268年和1271年，忽必烈两次要求日本效忠于他，但都遭到了镰仓幕府第八代执权北条时宗的拒绝。1274年，忽必烈派150艘船组成舰队远征日本，军队攻占了马岛和壹岐岛，在九州的莒崎湾登陆。但是草原骑兵们并不习惯这样的海上远征。而且他们认为自己是构成入侵军的核心，军队的主体则是由厌战的中原人和高丽人组成的辅助军。元军用炮火击退了岸上的守军后，便向内陆挺进。在九州大名们的顽强抵抗下，他们被迫退回到战舰上。1276年，忽必烈又一次要求日本效忠元朝，结果再次遭到北条时宗的拒绝。1281年6月，经过长期备战后，忽必烈派出由45 000名蒙古人、120 000名汉人和高丽人组成的舰队，分别在九州莒崎前省的鹰岛和平卢登陆。这一次，他们依然无法击败盛怒的日本人，再加上1281年8月15日的一场可怕的飓风，将他们的舰队摧毁，使他们失去了根据地，蒙军要么被杀，要么被俘。

与此同时，忽必烈在印度支那的战事也不容乐观。该地区当时被分为四个国家，它们分别是受中国文化影响的安南国、受印度文化影响的属马来亚—波利尼西亚人的占婆国、受印度文化影响

□ **宋代官服展示图　宋代**

忽必烈对汉文化很感兴趣，在他建立元朝后，仍保留着宋朝的全部行政机构和官员机制。图为宋朝的官服。宋代官服的色彩、装饰大都承袭唐朝。宋代倡导儒学，因而官服与传统的样式融合得很好，但是由于过分崇尚唐传统，其官服缺乏创新，色调单一。

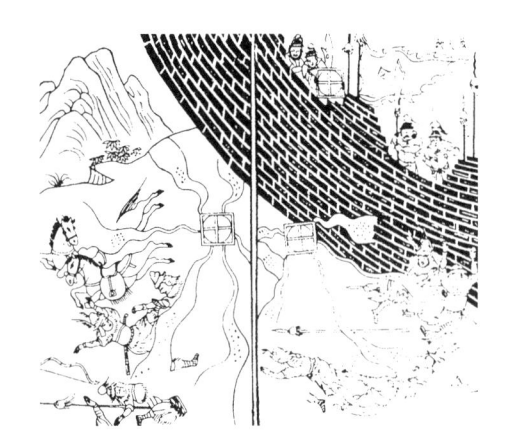

□ 霹雳火球　木刻画　13世纪

　　火球是用火药制成的一种燃烧性兵器，始用于北宋时期，之后还有了用抛石机发射的炮弹。蒙古人得以横扫欧亚大陆，很大程度上得益于这种先进的火药武器。那些当时处于野蛮状态的欧洲人，做梦也不会想到竟有如此威力的武器。

的纯高棉种人建立的柬埔寨国，以及信仰婆罗门教和佛教文化的缅甸—藏族人建立的缅甸国。1280年，占婆国的国王陀罗诺曼屈服于忽必烈使者的淫威，被迫承认了元朝的宗主权，但该国的民众却拒不屈服。1283年，忽必烈派速客秃率小队兵马攻占了占婆国都城佛誓，随后又被占婆游击队赶回船上。1285年，忽必烈派儿子脱欢率大军进入印度支那，经谅山过东京平原攻打安南国。脱欢在北件附近取得了胜利，继续进攻河内，却在三角洲的升隆被安南人击败，被迫撤回中国。与此同时，速客秃企图在南方从后面攻击安南国，却在特基特湾遭到安南人的袭击，并被其杀死。1287年，不甘失败的忽必烈再次派出一支军队攻打安南国。这支蒙古军队虽然攻下了河内，却未能守住，在安南王陈仁宗的顽强反抗下，他们再一次撤离该城。陈仁宗胜利返回都城。然而次年，他却明智地承认了元朝的宗主权。随后，占婆国也自愿臣属于元朝，履行臣属的义务。

　　1277年，蒙古人夺取了缅甸的八莫海峡，控制了进军伊洛瓦底江流域的道路。此后，他们在经历了两次战争之后，才于1287年攻下了缅甸的都城蒲甘。1297年，新的蒲甘王侨苴承认了元朝的宗主权。1300年，由于争夺蒲甘王位的继承权，缅甸内部发生了争执，蒙古人再一次插手缅甸事务，以维持秩序。

　　蒙古人对柬埔寨也产生了影响。1296年，忽必烈的继承者铁穆耳帝曾派使团到柬埔寨。从1294年起，清迈和速古泰（暹罗）这两个泰族王国也都承认了元朝的宗主权。

　　1293年，忽必烈派30 000远征军从泉州出发进攻爪哇国。当时的爪哇国处于爪哇岛东部的谏义里王的统治之下。元朝将领史弼、高兴率部，在另一位爪哇首领土罕必耶的帮助下攻陷了都城谏义里。然而，他们随之就遭到了土罕必耶的反目，并被赶出爪哇岛。土罕必耶在解放了爪哇岛之后，建立了满者伯夷国。

忽必烈与海都的斗争

对忽必烈来说，他对远东的征服战绩辉煌。但另一方面，转变成中国天子的他却因抛弃了纯蒙古人传统，逐步融入汉族人的生活方式而与其他同族有了明显的差异。那些忠实于老传统的蒙古人和蒙古化的突厥人纷纷对他表示反对。阿里不哥是第一个反对忽必烈的人，但更有个性、更有魄力的却是窝阔台的孙子海都，他首先发难，起兵讨伐忽必烈。

海都的目标就是要恢复自己作为窝阔台家族合法继承人的身份，在中亚建立一个大汗国。他首先起来反对的是察合台家族。1267~1269年，他打败察合台长子木阿秃干之孙八剌，占领了伊犁河流域和喀什噶尔，只把河中地区留给八剌，把八剌及其继承者们当作自己的属臣。此时的海都公然称汗，并和忽必烈分庭抗礼。

1275年，忽必烈派四子那木罕率军前往阿力麻里平定海都，随之出征的是那木罕杰出的智囊团，其中包括脱脱木儿和蒙哥之子昔里吉。1276年，脱脱木儿伙同昔里吉拘捕了那木罕，并宣布拥护海都，将昔里吉交给海都的盟友，即钦察汗忙哥帖木儿，并游说其他一些宗王加入反叛的队伍。海都率部从阿力麻里向哈拉和林进发。为应付严峻的局势，忽必烈召回了最杰出的爱将伯颜。伯颜在额尔浑河畔击溃昔里吉，把他赶到也儿的石河畔，脱脱木儿则躲到达唐努乌拉的黠戛斯人境内，之后又被忽必烈的军队逐出该地。紧

□ **元代著名军事家伯颜**

蒙古是一个盛产英雄的民族。伯颜（1236—1295年），蒙古八邻部人。蒙古国开国功臣阿剌之孙，生长于伊儿汗国。元代著名军事家，以深谋善断著称。元初，受伊儿汗旭烈兀之命出使大汗廷奏事，深得忽必烈赏识，留作侍臣，与谋国事。

(上)元代堆朱花鸟纹盒
(下)元代白地丝线楼阁人物图枕

元大都是中国继唐朝以来规模最大的一座新建城市，也是13~14世纪世界上最宏伟壮丽的城市之一。蒙古侵略者把从各国掠夺来的大量财宝堆积于此，使它成为充满奇珍异宝的地方。

接着，反叛者们内讧不断，昔里吉杀死了脱脱木儿，并和察合台次子撒里蛮反目成仇。最后，撒里蛮捉住了昔里吉，将他作为投降的见面礼送给了忽必烈。撒里蛮得到了宽恕，昔里吉却被流放到荒岛上，反忽必烈同盟就此解散。1278年，那木罕王子获释。

海都仍然和忽必烈对峙着。作为窝阔台家族的首领，他统治着叶密立、伊犁河流域、喀什噶尔等地，控制着察合台家族，以中亚可汗的身份对抗着忽必烈这位远东可汗。1287年，海都组成了新的反忽必烈同盟，其中包括蒙古帝国各支的首领——成吉思汗弟弟们的后代，以及一些宗王：斡赤斤铁木哥的后裔乃颜；成吉思汗大弟哈撒儿之孙势都儿；成吉思汗二弟哈赤温的后裔哈丹。他们在东蒙古和满洲地区都有封地。

忽必烈迅速行动起来。1288年，他命令伯颜留守哈拉和林以拒海都，他自己则和博儿术的孙子玉昔帖木儿将军攻打满洲。为了打赢这场至关重要的战争，他做了充分的准备。帝国舰队带着大量的战备物资从长江下游港口出发，在辽河登陆。72岁的忽必烈坐在由四头大象驮着的木塔上指挥作战。战争初期，双方势均力敌，打得难分难解。但忽必烈有效地利用军队，在兵力上占据了优势，取得了最终的胜利。忽必烈以不流血的方式，在毡毯下闷死了乃颜。那些曾追随乃颜的聂思托里教教徒最终得到了忽必烈的饶恕。忽必烈之孙铁穆耳完泽笃进一步镇压了其他部落的反叛，使该地恢复了往日的平静。

海都陷入了孤军作战的局面，但他仍统治着杭爱山以西的西蒙古和突厥斯坦。忽必烈的孙子甘麻剌王子负责保卫杭爱山边境不受海都侵犯。双方展开激战，被海都击败的甘麻剌被围困在色楞格河附近，费尽九牛二虎之力才得以逃脱。1289年7月，年事已高的忽必烈决定亲自上阵，以扭转当时的危急形势。然而，海都已按游牧方式远遁。1293年，伯颜以哈拉和林为基地，成功地发动了一次对叛军的远征。同年，忽必烈之孙、铁穆耳王子接过伯颜的使命，继续攻打叛军。伯颜则成了忽必烈的宰相，帮他治理国家。

1294年2月18日，忽必烈驾崩。遗憾的是，他生前没能等到反海都之战的结束。窝阔台家族的首领仍然统治着杭爱山以西的蒙古和中亚地区。忽必烈的孙子、其继承者铁穆耳完泽笃继续了这场战争。1297~1298年间，海都联合统治着突厥斯坦的察合台兀鲁思首领都哇一起对抗忽必烈的拖雷家族。都哇对当时元军的统帅——铁穆耳皇帝的女婿阔里吉思发动突然袭击，并将之生擒。他又企图袭击保卫着唐兀惕边境的阿难答王子，却被元军击溃，落荒而逃。为了泄恨，他在逃亡途中处死了阔里吉思。

1301年8月，海都集合了窝阔台系和察合台系的许多宗王再次进攻哈拉和林。当时镇守该地的是铁穆耳皇帝的侄子海山王子，双方在哈拉和林与塔米尔河之间展开激战，海都战败，并死于撤退途中。

海都之子察八儿继承父位，成为了叶密立地区窝阔台兀鲁思的首领，他和察合台兀鲁思首领都哇一起继续反元。但无休止的、屡战屡败的战争让都哇感到厌倦，他说服察八儿一起停止战争，承认了铁穆耳的宗主地位。1303年8月，两位宗王派使者向铁穆耳表示效忠，至此，窝阔台和察合台的兀鲁思归顺，拖雷家族再次统一蒙古。1306年，都哇和察八儿之间因利益而起纷争，都哇囚禁了察八儿，逼他交出东、西突厥斯坦。都哇死后，察八儿举兵进攻都哇之子、其继承者怯伯汗，企图重新控制察合台兀鲁思。但他最终被怯伯汗击败，四处逃亡。

至此，统治了中亚四十多年，与拖雷家族持续抗衡的窝阔台家族从此消失。

此时的元朝，已经成为其他蒙古汗国的唯一宗主，其远至多瑙河和幼发拉底河的疆土，大都成为世界之都。

忽必烈的统治：蒙汉政策

忽必烈推行了一种二元政策。一方面，他是蒙古国至高无上的大汗，继承了成吉思汗、蒙哥式的绝对权威，维护了成吉思汗帝国精神上的统一；他坚持要求成吉思汗各大封地必须服从于他，每一块大封地都是一个自治汗国。为获得察合台家族和窝阔台家族的这种服从，他的一生都在戎马倥偬中度过。另一方面，他又是中国封建王朝的第十九个忠实延续者，严格地扮演着自己的角色。南宋灭亡后，他不但保留了之前的全部行政机构和官员，还通过努力获得了官员们的效忠。他不仅征服了这片土地，还征服了人们的头脑，治愈了中国人民长达一个世纪的战争创伤。

为了解决庞大帝国的物资供应问题，他首先保障交通顺畅。他大举修复道路、在驿道两旁栽树遮阴、在每隔一段路上设商旅客栈。他还拨二十多万马匹分发给驿站，为本国的邮政服务。为保证京城的粮食供应，他修复和开通了大运河，使大米经由运河从中国中部运往都城。为了国家安定，他恢复了王安石完善的国家控粮政策，用以备荒。其内容为：国家收购丰年余粮，储藏于国仓；遇到荒年歉收人民生活无保障时，国家便开仓放粮赈济灾民。1260年，他颁布法令救助老弱病残孤寡，

□ 八思巴字圣旨及《八思巴文百家姓》 元代

八思巴字是忽必烈命令国师八思巴创制的拼音文字，初称蒙古新字，后改称蒙古字，现称八思巴字或方块字，于1269年开始推行使用，元亡后逐渐废弃。图为用八思巴字书写的元代圣旨和《八思巴文百家姓》。

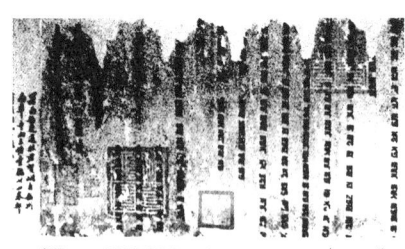

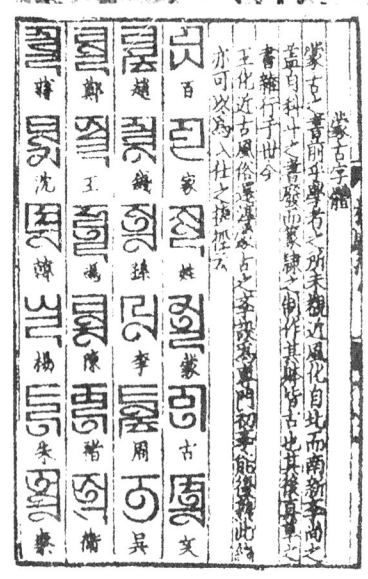

定期分发稻米和小米给困难家庭。据马可·波罗记载，每天有3万穷人可以得到帮助。1271年，他还下令修建医院。

忽必烈在财政管理方面相对不足。他继续沿用宋朝纸币，使之用于流通领域，成为财政的基础。1264年，他用法令来推广纸币，让人们用纸币来计算商品价值。他的几个理财大臣中，除穆斯林赛夷阿札儿合理地控制了纸币发行的限度外，其余几位如阿合马、桑哥等都缺乏宏观调控的手段，从而导致了通货膨胀、货币贬值。尽管忽必烈此后采取了积极的补救措施，但仍然无法阻止货币的贬值。

□ 大元通宝　铜币　元代

元世祖忽必烈统一中国后，大量发行纸币，此后各代铜钱铸币数量逐渐减少或废止，一般只象征性地铸行一些类似"中统元宝""至大通宝"等年号的钱。这也是元代铜钱被发现较少的一个主要原因。

元朝的宗教

在对待宗教问题上，忽必烈是宽容的，在他统治时期，一切宗教都得到了发展，虽然他允许恢复屠杀牲畜违背了穆斯林的习俗，以及对《古兰经》强加给穆斯林的那些对"异教徒"发动"圣战"的义务表示反感。他同情佛教，偏袒佛教，进而产生了几分敌视佛教的竞争者道教的情绪。获益于他的佛教也对他投桃报李，佛教徒、蒙古史学家萨囊彻辰给了忽必烈佛教的最高的赞誉——"查克拉瓦蒂"，意为"宇宙之君主"。1258年，在蒙哥统治时期，忽必烈就在上都府组织了一次佛、道二教的辩论会，结果佛教获胜。他当上皇帝后，曾举行隆重的仪式来接受锡兰王的佛骨。

忽必烈封吐蕃喇嘛八思巴为国师，他是忽必烈处理佛教事务的得力助手。八思巴为著名梵学家萨斯迦的侄子和继承人，主管乌斯藏的萨斯迦寺庙。忽必烈派人到吐蕃请他，一是为了确立吐蕃的藩属地位，一是让蒙古人皈依佛教。1264年左右，吐蕃被忽必烈纳入他的政治——宗教统治下，也让蒙古人见识了吐蕃文字。1269年，忽必烈命令八思巴创造新的文字供蒙古人使用，即都尔巴金，这是

□ 八思巴见忽必烈　壁画　13世纪

辽夏金元时佛教流行，一些高僧的社会地位显赫，其中除了人类对宗教的需要外，还因宗教领袖具有世俗统治者无法替代的心理上的凝聚作用。图为萨迦派法主八思巴见忽必烈的情景。

一种受藏文字母影响的方体字。都尔巴金只是流行一时，蒙古人仍然使用畏兀儿字母的文字，这种字母已经成为他们的民族文字。

忽必烈之后的元朝皇帝大多是虔诚的佛教信徒。其继位者铁穆耳曾囚禁唐兀惕的长官阿难答，迫使他放弃伊斯兰教而皈依佛教。铁穆耳之后，阿难答的侄儿海山登上了皇帝宝座。他更是一位虔诚的佛教徒，曾让人把大量佛经译为蒙文。他也曾撤销佛教徒和道士享受的财产豁免权，可能是对当时儒家指责他偏袒喇嘛的一种回应。忽必烈的重孙——也孙铁木儿统治时期，也曾对喇嘛尊崇有加，但喇嘛的种种劣迹和群臣的强烈反对，使他不得不控制更多的喇嘛流入元大都。

佛教无疑是蒙古王朝衰落的一个因素。对佛教的痴迷在之前的突厥—蒙古部落中也有过先例，同样的事情在4世纪末的苻坚和6世纪初的最后一批拓跋部人身上都曾发生过。佛教把野蛮人变得温和仁慈，使他们对危险的反应越来越迟钝，进而逐步失去了自我保护的能力。受佛教影响的中原人在游牧民族入侵之初忍气吞声，但当游牧民族的野性一点点消失后，他们要么同化这些外来者，如拓跋人的情况一样；要么将他们赶出中原，如成吉思汗的后裔一样。如果忽必烈信奉了伊斯兰教，那么中原悠久的文明将会受到可怕的打击。

忽必烈一边偏爱佛教，一边对基督教派的聂思托里教充满同情。在基督教的庆祝会上，他会敬香供奉并亲吻福音书。1289年，他还建立一个专门的机构崇福司来管理全国的基督教事务。基督教牧师和佛教徒、道教道士及伊斯兰教教士一样，都享有免税权和其他特权。

在蒙古和蒙古化的各族中，尤其在汪古部和克烈部的突厥人中，聂思托里教教徒占了相当大的比例。汪古部突厥人的命名法表明他们是聂思托里教教徒。聂思托里教教徒常用的名字有：西蒙、阔里吉思（乔治）、保鲁斯（保罗）、约南（约翰）、维各（詹姆斯）、伊索（耶稣）、鲁合（路加）等等。

当时的大多数汪古部人居住在东胜，即今天的绥远地区的托克托或归化城境内。汪古部王朝的王室家族是一些极倾向于聂思托里教，同时又和成吉思汗家族有着密切联系的突厥王公。在蒙古人与乃蛮人的争斗中，汪古部首领阿剌忽失的斤曾经坚定不移地站在成吉思汗一边，共同对抗乃蛮人的反蒙联盟。战争结束后，阿剌忽失的斤与其长子布颜昔班在回程途中被亲乃蛮派暗杀，他们以牺牲生命表达了对成吉思汗的忠诚。其遗孀携带次子波姚河逃到郓城。后来，当成吉思汗以金朝征服者的身份进入郓城时，他竭力恢复这个忠臣家族对汪古部地区的统治。成吉思汗带着年轻的波姚河出征花剌子模，得胜归来后，还把女儿阿剌海别吉嫁给了他。波姚河死后，阿剌海别吉对汪古部进行了强有力的统治。她把丈夫与另一个妾生的三个儿子——孔不花、爱不花和绰里吉不花视如己出，并让汪古部和成吉思汗家族联姻。孔不花娶贵由大汗之女叶儿迷失；爱不花娶忽必烈之女玉剌克；爱不花之子阔里吉思先后与忽必烈之子真金的女儿忽塔德迷失公主和铁穆耳大汗的女儿阿牙迷失公主结婚。

我们可以看出，这个聂思托里教王室家族是如此紧密地与蒙古王朝联姻。在蒙古人宗教宽容限度内，该家族成功地利用自己的优待地位保护了基督教。相关记载清楚地表明，元朝时期，中原北方边境的聂思托里教不仅仅只有汪古部，它还遍布宁夏、西宁、甘州、肃州和敦煌等地。《马可·波罗游记》中提到，仅宁夏就有三座聂思托里教教堂。

无疑，自唐朝以来，聂思托里教教徒就居住在原中原边境以外的这些地区，但并不局限于此。元朝建立后，中原内地的大门打开，那些在唐朝灭亡后被逐出境的聂思托里教又重返中原。1275年，巴格达的聂思托里教主教在北京创建主教区。1278年，忽必烈委托聂思托里教教徒马薛里吉思管理江苏镇江。1281年，马薛里吉思在镇江建起一座教堂，随后又在扬州和汉口建了几个聂思托里教教堂。

在叙利亚文的马·雅巴拉哈·麻古思三世（汪古部人）和列班·扫马传记中，记载着他们当时受欢迎的情景。两位前往耶路撒冷朝圣，在经过聂思托里教盛行的甘肃北部、宁夏地区时，男人、妇女和儿童夹道欢迎。他们沿罗布泊和塔里木南缘小道前行，抵达于阗和察合台汗都哇的领地。当时，成吉思汗宗王之间的战争正在中亚进行，迫使列班·扫马和雅巴拉哈·麻古思不得不改道怛罗斯，并受到在此扎营的窝阔台汗海都的亲切接见。海都发给

□ 欢喜佛图

元朝的皇帝大多是虔诚的佛教信徒，元朝皇室也很信奉藏传佛教，因此佛教艺术品欢喜佛图在元代得以广泛流传也就不足为奇了。

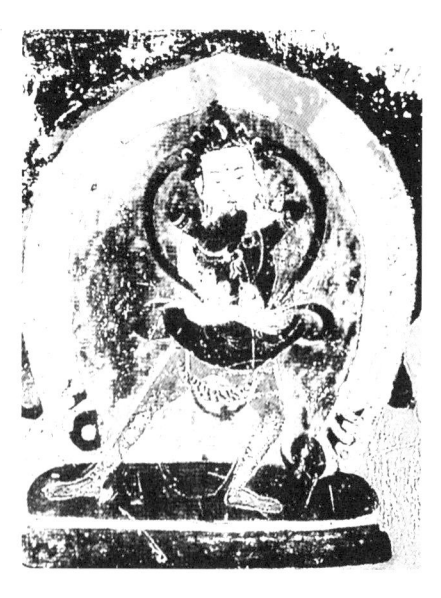

他们安全特许证，使其顺利通过作战军队的前哨，最后抵达波斯的蒙古汗国，当时的统治者是阿八哈汗。

在忽必烈统治时期，一位来自叙利亚的、说阿拉伯语的基督教徒爱薛身居要职。他精通多种语言，深谙医药和天文。1263年，忽必烈任命他掌管星历司，他似乎是1279年法令的鼓动者之一。忽必烈通过该法令来禁止伊斯兰教在中国的传播。1284~1285年，爱薛陪同蒙古高级官员孛罗丞相作为使臣前往阿鲁浑的波斯汗国。返回中原后，于1291年出任基督教总监，六年之后，被任命为政府大臣。其子也里牙、腆合、黑厮、阔里吉思和鲁合都是聂思托里教教徒，也都在北京宫廷中起着重要的作用。

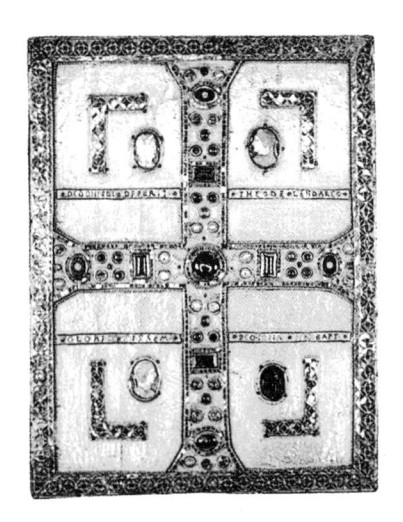

□《圣经》福音书封面 罗马 603年

元朝十分推崇佛教，但这并不影响他们对聂思托里教的同情，他们在基督教的庆祝会上进香供奉并亲吻福音书。图中镶满宝石的福音书封面，是教皇格列高利一世为了换取和平而献给伦巴德国王的礼物。

最后，忽必烈及其继位者的近卫军中有近三万从北高加索来的基督教教徒阿速人。他们在1275年6月围攻镇巢时，被宋军屠杀。其后裔在1336年7月11日给教皇本尼狄克十二世的信中，表达了归顺之意。

此外，古老的摩尼教在福建也活跃起来。应该是在宋朝统治时期，该地区就已经有摩尼教复兴的兆头。

马可·波罗的旅行

尼古拉·波罗和弟弟马弗·波罗是威尼斯商人，长驻君士坦丁堡。1260年，兄弟二人离开君士坦丁堡，前往蒙古的钦察汗国进行长途贸易。拔都的弟弟钦察汗别儿哥在萨莱城接见了他们，并买了他们的珠宝。随后他们到察合台汗国后，因蒙古宗王的战争而被迫滞留在不花剌三年。后来，他们陪同波斯汗旭烈兀的使者一起，途经讹答剌城、阿力麻里、畏兀儿的别失八里和吐鲁番，最后经哈密和敦煌，长途跋涉到达北京，拜见波斯汗旭烈兀的哥哥忽必烈。

□ 马可·波罗

马可·波罗的父亲和叔叔是威尼斯商人，他随他们来到中国，受到元朝廷的召见。忽必烈很赏识马可·波罗，让他在元朝做官。马可·波罗游历了元朝的主要城市，写成了《马可·波罗游记》，该书让西方人对东方的财富充满了向往。

他们受到了忽必烈的盛情款待。当他们离开北京时，忽必烈希望他们能向教皇要求委派100名精通棋艺的学者给他。1266年，波罗兄弟离开中国，到达西里西亚亚美尼亚国的主要港口、地中海岸边的剌牙思。1269年4月，他们从剌牙思向阿迦进发，最后从阿迦抵达罗马。他们未能帮忽必烈实现心愿，只好折回阿迦。1271年底，他们离开阿迦再次前往中国，并带上了尼古拉之子马可·波罗。正是马可·波罗之后的旅行笔记，让世界更多地了解了中国。

马可·波罗跟着父亲和叔叔，从剌牙思取道锡瓦斯，穿过塞尔柱土耳其帝国，最后到达波斯的蒙古汗国。当时阿八哈和察合台汗正在战争，使他们不能走河中之路。因此，他们直接斜穿波斯，经桃里寺、苏丹尼耶、卡尚、耶斯特和起儿漫，到了霍尔木兹，打算通过水路前往中原。由于当时的中国东南沿海港口仍是南宋领土，他们不得不改变计划，从霍尔木兹北上经呼罗珊进入中亚。为绕开河中战场，他们从巴里黑东北过巴达克山，通过瓦罕高原穿越帕米尔山。之后，他们沿着丝绸之路（塔什库尔干，脱勒密的"石塔"）进入喀什、叶儿羌、于阗、克里亚和车尔城，绕过罗布泊边缘，穿过罗不，到达敦煌、肃州和甘州。在贸易中心甘州，马可·波罗一行在此等候元朝朝廷的召见，逗留了一年之久。

□ 马可·波罗笔下的皇宫　插图　15世纪

本图选自《马可·波罗游记》15世纪版本。这位威尼斯旅行家在书中详细描绘了忽必烈的大都皇宫。书中写道：这些建筑由大理石建造而成，内墙用金银装饰，设有宽敞的餐厅。

之后，他们又继续东进，经过凉州和宁夏。在原唐兀惕人的都城宁夏，这里的居民大多是佛教徒，但马可·波罗在这里发现了聂思托里教会和三座教堂。随后他们进入汪古部境内。据马可·波罗记载，今托克托的是它的中心，宫廷王公们都是聂思托里教教徒。阔里吉思在蒙古大汗的宗主权下统治着汪古部。他们和元朝王室有联姻关系。

离开汪古部境内后，他们进入中国北方，马可·波罗按蒙古人的方式，称之为契丹，因为在11世纪，这一带曾是契丹人的领地。1275年5月，他们到达忽必烈的夏季行宫上都府。

马可·波罗把教皇格列高利十世的信转呈忽必烈。忽必烈似乎对马可·波罗很器重，把他带到北京，还非常信任地委以政府部门差使。马可并不精通中原语言，但他懂波斯文，所以常用波斯语给一些地名注音，这也导致一些错误的地名被延续了较长时间。马可的职位虽然不高，据汉学家伯希和推测，他可能是在元朝盐税管理部门工作，但他因此而有机会周游元朝的主要城市。

马可·波罗的游记分为两条旅游路线：一条是从北京到云南，一条是从北京到福建。在第一条旅游线路中，他提到了山西的太原和平阳、陕西省的京兆府，以及四川成都。从成都起，他的游记中就有了较多的细节描述，说明他确实被差

□ 马可·波罗时代的欧洲战船

蒙古人建立了世界史上疆域最大的帝国，它横跨欧亚大陆。欧洲各国君主为此很恐慌，教皇英诺森四世甚至派人劝蒙古人信仰基督教，但遭到贵由汗的拒绝。后来马可·波罗访问中国，受到元世祖忽必烈的召见，他带着忽必烈给教皇的信，从泉州坐船回国。当时各国之间的往来主要靠水运，尤其是跨洲旅行。欧洲的造船业十分发达，已经能制造出先进的战船，这在一定程度上促进了远洋运输业的发展。图为当时欧洲的先进战船。

遭到过这些地区。他还提到了云南的大理和昆明，他介绍说，当时的云南已经有一个很大的穆斯林社团。当时的云南是由成吉思汗宗王后裔统治的独立总督辖区。马可·波罗提到，当时该地区的统治者是也孙铁木儿。他详细记载了蒙古和缅甸之间的战争细节，这就暗示他可能曾随军抵达这里。

第二条路线是从北向南贯穿中国东部，与中国的海岸线平行。从北京启程，经过河间府，到达河北长芦、滏阳、山东济宁、江苏淮安、扬州、苏州、浙江临安（杭州）、婺州、衢州、楚州、福建省的建宁府、福州、泉州。他的旅行似乎是到泉州为止。不过，从马可·波罗在锡兰听人讲了生动可信的释迦牟尼的故事来看，他可能随忽必烈使团去过占婆和锡兰。

1291年春，马可·波罗一行乘船返回欧洲。忽必烈的侄孙、波斯汗阿鲁浑请求忽必烈挑选一位伯牙吾惕部的公主与他成婚，忽必烈为其挑选了伯牙吾惕部的阔阔真公主。但是，由于忽必烈和海都的战争，中亚的道路无法通行，忽必烈便要求马可·波罗一行护送阔阔真公主从海路到波斯，顺便让他捎带几封信给教皇和欧洲的几个国王。马可·波罗一行的船经过占婆、佛誓驶往马六甲海峡，离开苏门答腊海岸后，逆风阻挡了他们的前行五个月之久。在此期间，他们逛了最大的香料市场奎隆，然后绕过德干高原的海岸线，经坎贝湾沿波斯海岸在霍尔木兹登陆，最后经起儿漫和耶斯特到达波斯。此时阿鲁浑已去世。马可·波罗将阔阔真公主交给阿鲁浑的儿子、呼罗珊长官合赞，然后拜访了波斯新汗海合都。他们在阿塞拜疆停留三个月，最后在特拉布松乘船，从君士坦丁堡回到了威尼斯家中（1295年）。

元朝的经济繁荣

从马可·波罗的游记中可见,当时元朝的经济十分繁荣。他继续称中国北方为契丹,称南方为蛮子。他指出,当时北方已开始开采煤矿,煤矿成为北方的主要燃料。他惊叹中国水运的发达,并清楚地描述了长江在中国经济中的重要性。这条水路过往的船只是当时西方任何河流、海路都不可比肩的。他还提到了隋朝时已开始开凿、忽必烈时彻底竣工的京杭大运河,它极大地方便了物资的输送。满载稻米的帆船顺江而下或逆大运河而上的雄壮场面,让这位威尼斯商人觉得不可思议。

马可·波罗还惊异于各类中国市场的齐备和繁荣。每天都有上千辆装满蚕丝的马车涌进北方的丝绸中心北京,制成金布和成丝后又销往各地。四川成都的薄绢和蜀锦远销中亚。江苏和浙江是长江下游最大的贸易中心。杭州虽已不再是都城,但依然维持着其商业活动中心的地位,其商业贸易比以前更加繁荣,商店的商品琳琅满目,极具中国特色的生丝、织锦、缎锦随处可见。很多阿拉伯人随着船只来到杭州,带来了印度和东印度的香料,用它们换中国的丝织品并带回南亚和中亚。马可·波罗将杭州这个最繁华的贸易中心称为"东方威尼斯"。福建的两大港口城市福州和剌桐(泉州),也让马可·波罗大开眼界:福州商人囤积大量的生姜和良姜;城里还有一个很大的砂糖市场和珠宝交易市场,这些珠宝是从印度群岛捎来的。马可·波罗认为,当时中国最大的货栈就是剌桐,所有从印度满载香料、珠宝的商船都停靠在那儿。蛮子的所有商人们云集于此,它是全中国最大的进口中心。如果有一艘满载胡椒的船从印度群岛驶往亚历山大港或基督教世界的任何一个其他港口的话,就会有一百多艘船驶向剌桐。

□ **伎乐纹双人耳玉杯　元代**

此玉杯以人形为耳,左右各一只,相互对望。杯的内外壁上均有生动的伎乐人物的图案。其造型精致,为元代宫廷遗宝。

元朝时，中国市场和东南亚及南亚市场有着密切的联系。为保证贸易正常、健康地发展，忽必烈及其继承者们与特拉万可大公、卡纳蒂克大公们缔结了贸易协定。中国的商船队载着大捆的生丝、彩色丝织品、缎子、薄绢和金丝锦缎定期在加韦里伯德讷姆、卡亚尔、奎隆和锡兰停泊；然后又运载着这些地区的胡椒、生姜、肉桂、豆蔻、平纹细布和棉布，以及印度洋的珍珠和德干高原的钻石返回中国。

除此之外，元朝大汗的幼支旭烈兀家族在波斯建立的蒙古汗国，促使两国间交往密切。旭烈兀家族的波斯汗们仍然在相当程度上保留着蒙古人的爱好，他们派人到中国获取丝、瓷器之类的奢侈品，而波斯也把地毯、盔甲、青铜器、搪瓷等运往中国。

为管理繁荣的国内市场和更好地开展对外交易，在中部港口和广州形成了商会，其规模甚至超过了佛兰德尔的行会和佛罗伦萨的技术协会。对此，马可·波罗记载道：这里商贾云集，个个腰缠万贯，经营着大宗买卖，他们所拥有的财富不可估量。贸易主及其家人过着国王般奢侈豪华的生活。纸钞的普遍使用便利了商业交流，马可·波罗将其趣称为点金石。

马可·波罗的游记证实，蒙古的征服让中国和欧洲的联系更加紧密。到13世纪，贯穿大陆的两条路将欧洲和远东联系起来。第一条是起于欧洲的热那亚和威尼斯，从钦察汗国到敦煌。这条路的主要驿站有钦察汗国首都萨莱、锡尔河中游的讹答剌和伊塞克湖西的怛罗斯和八拉沙衮。伊塞克湖有两条小道可到达中国：一条从伊塞克湖过蒙古的叶密立河、也儿的石河、乌伦古河、哈拉和林，然后到达北京；一条从伊塞克湖西出发，途经阿力麻里、别失八里、哈密，通过甘肃进入中国。第二条是从特拉布松城穿过波斯汗国，经过亚美尼亚最繁忙的港口刺牙思，从塞尔柱土耳其苏丹国东境抵达桃里寺，中途的驿站主要有可疾云、剌夷、马里、撒马尔罕、塔什干、喀什、库车、吐鲁

□ 蓝釉白龙纹瓷盘与梅瓶　元代

图中的瓷器为一套中的两件，故花色十分接近，皆通体施蓝釉，留出白釉龙纹，为元代景德镇制瓷工艺的佳作。蒙古的文明远远落后于中原，加之人口少，故元代的文明仍旧是汉人的文明。

番、哈密和甘肃。通过这些不同的商路，中国的商品被直接运往欧洲。

除了这些与古丝绸之路一致的陆路外，蒙古人还开辟了一条水路，即香料之路。就在伊朗关闭了欧洲之路的时候，蒙古的波斯汗们则为要经海路去中国的商人和传教士开放了他们的领土。这些商人和传教士可以从桃里寺到霍尔木兹，然后乘船通过塔纳、奎隆进入中国。而中国的丝绸和东南亚的香料则在霍尔木兹卸下，通过波斯蒙古汗国，到达桃里寺大市场，然后运往欧洲的特拉布松和剌牙思港。

我们必须了解，这些道路的顺畅，是以大屠杀为代价，是蒙古征服欧亚大陆的客观后果。蒙古帝国统治着中国、突厥斯坦、波斯和俄罗斯，并为了商旅的安全、各种宗教的交流、文化的传播，通过札撒开通了海上的香料之路，维护着丝绸之路。马可·波罗的旅行标志着中国、波斯、欧洲之间开始了真正的交流。这是强大的成吉思汗所没有预料到的值得赞颂的结果。

□ **宴会上的侍童　砖雕　元代**

元代是民间与皇家的艺术口味最为接近的一个时代。该时代的艺术因此迸发出了独特而充满生活气息的光辉。图为元代砖雕，它生动传神地刻画出了一个小心翼翼的侍童形象。

元朝的天主教

马可·波罗并不是当时唯一在中国旅行的欧洲人。1291年,意大利商人彼特鲁斯从桃里寺出发,经过印度洋来到中国。这位住在北京的商人似乎生意兴隆,因为在1305年,他送给方济各会教士约翰·孟德科维诺一块宫殿附近的土地。20年后,热那亚人安德鲁也来到了中国,并得到了大汗的信任。他作为蒙古外使返回欧洲后,于1338年又回到了中国。

这些商人在中国的成功吸引一些传教士也纷纷前往中国。1289年,教皇尼古拉四世派约翰·孟德科维诺前往远东,并让其捎带了写给忽必烈和波斯汗阿鲁浑的信件。孟德科维诺在桃里寺与阿鲁浑待了一段时间后,于1291年前往印度。在印度,他陪伴商人彼特鲁斯在迈拉布尔逗留了13个月后,乘船来到中国。在中国,他受到了元朝皇帝铁穆耳的盛情款待。

在意大利富商彼特鲁斯的捐助下,孟德科维诺在北京建起了一座教堂。短短几年内,一万多鞑靼人在他的教诲下纷纷皈依了天主教。他还逐渐把基督教圣经诗译成教徒们通用的一种语言。汪古部的阔里吉思是在聂思托里教家庭出生和长大的,他很快皈依了天主教。作为铁穆耳皇帝的驸马,他对天主教士关爱有加,还任命传教士担任宫中的高官。1307年,教皇克力门五世任命孟德科维诺为北京大教主,并于1313年派了三位辅佐主教的副手来到北京,他们是佩鲁贾的安德鲁、格拉德和帕莱格利努。同时,克力门五世还派佛罗伦萨的托马斯、捷罗姆和彼得兄弟们到蒙古各汗国。捷罗姆成了克里米亚的主教,对钦察汗国有裁判权。格拉德成了刺桐的主教,并在一位亚美尼亚贵妇的捐助下在刺桐建了一座教堂,他死后,由帕莱格

□ 十字形铜杖头　元朝

该铜杖头整体呈十字形,中饰圆心,是基督教法杖之首。

利努继任其位。1322年，帕莱格利努去世后，安德鲁·佩鲁贾取代了他。

继孟德科维诺和安德鲁之后，元朝最著名的天主教传教士莫过于方济各会修道士鄂多立克。他于1314年从威尼斯出发，经过特拉布松来到桃里寺。他本想经伊朗东部去往印度，可耶斯特的穆斯林暴动让他只得返回。随后，他从伊剌克阿拉比前往巴士拉，再乘船到霍尔木兹，于1324年年初抵达印度塔纳。他先后游览了无离拔、迈拉布尔、锡兰、爪哇和占婆，记载了沿途的所见所闻、地域特产、宗教故事等等。然后从占婆乘船到了中国。

广州是鄂多立克在中国的第一站。他对广州的印象很好，这里人口密集、货物堆积如山、价格便宜，人民勤劳、有天生的商业头脑，且心灵手巧。广州人所敬之神的数量也令他大吃一惊。他对刺桐的兴趣也很大，在他看来，该城有两个罗马城大。方济各会的大教堂和修道院也让他大开眼界。当他到了杭州后，这里的繁华和井然有序的管理更是让他叹为观止。他说："这是世界上最大的城市。它和威尼斯一样，处于运河和环礁湖之间。"各个民族、各种信仰的居民在同一座城里和睦地生活着，这让他对蒙古人的管理能力佩服不已。他还在杭州拜会了一座佛教寺院，与和尚们探讨了灵魂转世的问题。

离开杭州后，鄂多立克辗转于南京、扬州、山东济宁之间，最后来到北京。他详细描绘了帝都宫殿的布局，还记录了元朝皇帝也孙铁木儿接见他的情形，以及北京城郊森林里的大型狩猎活动、帝国邮政等等。

在北京待了两三年后，鄂多立克于1328年离开北京回到欧洲。经过汪古部突厥人境内时，他把这些突厥人误当作克烈部的"约翰长老"，甚至把该地区当作

□ 耶稣会士南怀仁

元朝统治者对宗教的态度很宽容，因此很多欧洲传教士来到中国，他们中有的受到重用，在宫廷做官。其中极负盛名的传教士有孟德科维诺和鄂多立克。元代之后的明朝也有很多外国传教士来到中国，图为比利时的耶稣会士南怀仁的形象，他后来成为明朝的官员，他把一些西方科学传到了元朝。

吐蕃（其实他从未进入过吐蕃境内）。1330年5月，在远东漂泊了四年之后，鄂多立克回到了帕多瓦。1331年1月14日，这位传教士逝世于乌迪内修道院，死前向人们口授了他在远东的传教经历。

1328年，孟德科维诺在北京去世，1333年，罗马教皇派方济各派修道士尼古拉顶替其职务。尼古拉走的是中亚之路，可他似乎死在了去往中国的路上。1339年，教皇本尼狄克十二世派约翰·马黎诺里前往中国。约翰·马黎诺里从那不勒斯来到君士坦丁堡，然后乘船前往喀法。他拜访了钦察汗月即别，并呈递了教皇送的很多礼物，然后又到阿力麻里修复前些年受到破坏的基督教会。1342年，他到达北京，并在8月19日这天得到了元朝的皇帝妥懽帖睦尔的召见。他送给妥懽帖睦尔一匹欧洲战马，皇帝甚为喜欢。1347年12月26日，约翰·马黎诺里从泉州起航，在沿印度海岸返回时，在迈拉布尔和奎隆停留了一年，最后于1353年返回阿维农。

1370年，教皇乌尔班五世任命挠姆·波拉特为北京大主教。次年，教皇命令弗朗西斯科作为使者前往中国。但是，当时蒙古人的元朝政权刚被汉人推翻，汉人禁止了蒙古人所信仰的和赞赏的一切外来宗教，基督教也包括在内，它被反对它的人们视为蒙古宗教。

□ 鄂多立克

鄂多立克是罗马天主教圣方济各会修士，与马可波罗、伊本·白图泰、尼可罗·康提一同被称为中世纪四大旅行家。他是继马可·波罗之后，来到中国的著名旅行者。

蒙古人被逐出中国

继忽必烈之后的铁穆耳皇帝，是元朝最后一个英明能干的君主。此后，元朝已呈现出衰败的迹象。一切似乎应了成吉思汗生前的担忧：草原狩猎者后裔如忘记其先辈们创业和获得权力的艰辛，一味沉溺于定居生活的舒适奢侈中，那是很危险的。随着时间的推移，最后一批在中国的成吉思汗后裔们已完全被汉化。其宫廷生活骄奢淫逸，文化生活附庸风雅，身边小人成群，加上与外界隔绝，其蒙古人本色的剽悍、勇猛已荡然无存。他们的祖先是最强大的征服者，到了他们，却都退化到软弱无能、畏首畏尾的地步。不过，在他们身上似乎还残留着一点游牧民族本色，那就是其帝国统治阶级的氏族成员们一直在公开争斗，互相残杀。面对外敌的入侵，他们不再齐心协力，而是成了一盘散沙。最后，自然难逃灭亡的命运。

奢侈淫乱的生活让这些蒙古的统治者们寿命缩短。忽必烈去世时享年79岁，他的次子真金先他八年而死，而英明的铁穆耳虽然戒掉了其祖传的酗酒恶习，却还是英年早逝，终年42岁。用帝国最强大的军队击败王位争夺者阿难答的海山，曾是其臣民们的希望，可酗酒与沉迷于女色让他31岁就命归黄泉。海山的弟弟普颜笃去世时也才35岁。30岁的也孙铁木儿于1323年登基，却在五年后就纵欲身亡。海山之子图帖睦尔通过政变夺得皇位，却拱手让给哥哥和世㻋。和世㻋刚当上皇帝不久便暴毙，25岁的图帖睦尔继承皇位，暴饮暴食、声色犬马的生活让图帖睦尔在继位三年半后死去。和世㻋的

□ 女乐图（局部）　禹之鼎　清代

前车之鉴并没有唤起图帖睦尔的警觉，他继承王位后，同样过着骄奢淫逸、声色犬马的生活，继位三年半后便死去。图为反映古代艺伎生活的《女乐图》。

□ 元代的农耕和纺织

元代统治者进入中原的初期,曾将原始的游牧习惯带入,他们到处圈地放牧、搜刮马匹,对当地的农业生产造成极大的破坏。后来受江南发达的农业经济的影响,他们放弃了原来的做法,并在此过程中被汉化,开始接受男耕女织的生活。

六岁儿子懿璘质班更是短命,登基两个月后就死去。1333年7月19日,图帖睦尔的哥哥妥懽帖睦尔被立为新帝。

妥懽帖睦尔虽然在位37年,却不幸经历了元朝的灭亡,目睹了蒙古人被赶出中国的情景。

在妥懽帖睦尔年轻时,朝廷内的大臣们通过政变和阴谋争权夺利、互相残杀。最初由蔑儿乞部的权臣伯颜操纵了朝廷。伯颜失宠并去世后,蒙古人在朝廷内的斗争加剧,让朝廷威信扫地,政权的行政职能瘫痪。皇帝本人在近臣和小人的陪伴下寻欢作乐,对于局面的控制也一再失控。他因纵欲而迟钝,失去了治理国家的兴趣,也忽视了正在中国南方蓬勃发展起来的民族反抗斗争。

元朝的腐朽无能激起了人们压抑了几十年的斗志,一些爱国志士纷纷举起了反元的大旗。这次反抗发源于广州和长江下游,斗争是自发和分散的,他们各自为政,与蒙古人作战。这些人大多是半爱国、半草莽的绿林好汉,相互之间也会因利益关系而剑拔弩张。徐寿辉是其中一个比较突出的人物。他从蒙古人手中抢夺了汉阳、武昌和襄阳,从而控制了两湖和江西。然而,一直驻扎在九江的陈友谅伺机取代了他。陈友谅出身渔民家庭,一直驻扎在鄱阳湖以北的九江。另一个突出的人物是刘福通。此人于1358年控制了开封,但一年后就被察罕帖木儿打败。还有两位突出人物分别是占据长江下游重镇扬州,并自称为王的张士诚,以及海盗出身的方国珍,他占领了福建和浙江部分地区。

在这些乱世英雄中,有一位最聪明、最善于笼络人心的人物,他就是朱元璋。朱元璋出身贫寒,父母早亡,身为孤儿的他曾给人放过牛、出家当过和尚。1355年,他在长江下游的太平起兵反元。他凭借敏锐的政治嗅觉和善于收买人心的手段,很快得到了地方百姓的支持。1356年,他攻下南京城,并以南京为都建立起一个正规的政权。1363年,在鄱阳湖东的饶州一役中,他击溃陈友谅并杀死了他，从而将其地盘占领。在成为两湖和江西的主人后，他从张士诚手中夺取了浙江。1368年2月23日，朱元璋在南京称帝，建立明朝。同年，他打败方国珍，将福建各港口据为己有。随着广州和两广的不战而降，整个南部都掌握在了朱元璋手中，明朝成了中国南方的主人。

南方的风云变幻并没有引起蒙古当权的注意。这些成吉思汗的后裔们正热衷于窝里斗——仍在为原金国领地的归属而自相残杀，宫廷内部裂痕深重。1360年，这种分裂局面更加严重，帝国王子察罕帖木儿和勃罗帖木儿差点为了太原的管辖权而大动干戈。随后，一位窝阔台家族的王子企图趁机推翻忽必烈家族的统治。在上都府，这位王子击败了帝国军队，可是1361年11月，他却被手下的叛逆者杀害。此次事件并没有改变元朝窝里斗的局面，内战依然持续不断。1363年，勃罗帖木儿试图用武力把太原的统治权从察罕帖木儿的继承人扩廓帖木儿手中抢回来。皇太子爱猷识礼达腊站在扩廓帖木儿一边，并下令撤销勃罗帖木儿在大同的统治权。1364年9月9日，气急败坏的勃罗帖木儿率军入京，妥懽帖睦尔被迫任命他为最高统帅，爱猷识礼达腊逃到了太原。1365年9月，妥懽帖睦尔用阴谋巧妙地除掉了勃罗帖木儿，爱猷识礼达腊和扩廓帖木儿一同回京，妥懽帖睦尔任命扩廓帖木儿为最高统帅。1367年，扩廓帖木儿失宠，他的最高统帅生涯也就此止步。

□ 正在安营扎寨的蒙古人

在被汉人驱逐之后，蒙古人回到草原深处，重新过上了随季节迁徙的游牧生活。他们一到丰饶的地方就搭建蒙古包，以求暂时的安定，他们这种生活很适合四处征战，但无法建立持久稳定的政权。

就在蒙古宫廷四分五裂之时，南方起义者趁机占地为王。当蒙古人实力内耗殆尽时，明朝首领朱元璋乘虚而入，试图将他们赶出北部中国。1368年8月，朱元璋从南京进军河北。死守通州的蒙古将领卜颜色被明朝元帅徐达击败并杀死。妥懽帖睦尔皇帝见大势已去，于1368年9月10日在夜色的掩护下逃回上都府，皇太子爱酋识礼达腊则带着祖宗的牌位逃往蒙古。明军击败并杀死蒙古宗王帖木儿不花，明朝统治者进入北京。

此时，还有一支蒙古军队没有撤出中国，那就是盘踞太原的蒙古宗王扩廓帖木儿。他集中兵力镇守着自己的领地。当明朝元帅徐达率军逼近太原时，深感孤立无援、势单力薄的他并没有负隅顽抗。当太原落入明军之手时，他逃到了甘肃。

逃回上都府的妥懽帖睦尔成了惊弓之鸟，继续往蒙古大草原的更深处逃去。1370年5月23日，这位元朝的末代君王在逃往沙拉木伦河畔的应昌时，命归西天。忽必烈在中国建立的大元王朝，不到一百年就土崩瓦解了。其统治者一个比一个缺少蒙古人的天性，一个比一个更安于骄奢淫逸的生活，从而疏于治理天下，造就了最终的悲惨结局：曾靠金戈铁马征服中国的他们，在短暂的享受之后，又被汉人赶回广袤的草原，重新品味那种随着季节迁徙的游牧生活。

第 8 章
察合台家族统治下的突厥斯坦

CHAPTER 8

  "察合台汗国"之名来自于察合台王子，指的是他的领地。察合台汗国的领域相当于原喀喇契丹国，它和喀喇契丹国一样，也是一个蒙古统治下的突厥斯坦地区。在阿鲁忽统治期间（1260~1266年），察合台汗国事实上已从蒙古大汗的控制下解放出来。但在八剌统治时期（1266~1271年），察合台汗国却处于窝阔台家族首领海都的宗主权下。都哇统治时期（1272~1306年），他打败了海都之子察八儿，使察合台汗国第一次达到了鼎盛时期。此后，察合台汗国又被分裂为两部分，一是河中地区，一是蒙兀儿斯坦。在秃忽鲁帖木儿统治时期（1347~1362年），他以绝对的军事力量，重新恢复了察合台汗国的统一。

察合台汗国的起源

在成吉思汗分给四个儿子的封地中，次子察合台继承的是伊塞克湖地区、巴尔喀什湖东南的伊犁河流域、楚河与怛罗斯河流域的草原，以及喀什噶尔和河中地区。察合台居住在伊犁河流域内，夏营在虎牙思，冬营在马拉什克亦拉。1260年左右，一直属于哈拉和林大汗的畏兀儿地区（包括别失八里、吐鲁番和库车）也成了察合台家族的直属领地。

"察合台汗国"之名来自于察合台王子，指的是他的领地。察合台汗国的领域相当于原喀喇契丹国，它和喀喇契丹国一样，也是一个蒙古统治下的突厥斯坦地区。察合台汗国最初的统治者们完全不懂得以西方或者中国、波斯为模式，建立一个正规的国家。他们的国家没有固定的疆域，没有一个像忽必烈家族的北京或旭烈兀家族的桃里寺那样的城市作为中心，他们只有一片草原。他们从未想过要在什么地方定居下来，自由自在的游牧天性让他们根本无法融入人口稠密的城市生活。他们也不懂得城市的用途和重要性，所以八剌汗才会单纯地为了得到维持一支军队的基金，便莽撞地下令掠夺不花剌和撒马尔罕城（这些城市已属于他）。因此，直到15世纪，察合台后裔仍然作为草原之子，一年四季都漫游在伊犁河和怛罗斯河的草原上。在成吉思汗各支中，察合台人在文化上远远落后于其他宗支，他们似乎代表着一种落后的文化。这倒并不是因为他们比忽必烈家族和旭烈兀家族更难于融入异地环境，而是由于他们一直处于突厥地区，早已成为了突厥人。他们一直在别失八里的佛教—聂思托里教的回鹘文化和不花剌与撒马尔罕的阿拉伯—波斯文化间徘徊，未能作出一个明确的选择。初期的察合台家族和成吉思汗一样，受回鹘文化，即信仰佛教和聂思托里教的古突厥—蒙古人的影响较大，但是到了14世纪初期，他们却开始转向伊斯兰教。这是一种蒙古式的并不盲从也不顶礼膜拜的皈依，他们因此被那些虔诚的穆斯林教徒看作是半异教徒。

察合台汗的统治时间是1227~1342年，他因循守旧，十分敬畏父亲成吉思汗。成吉思汗曾任命他为监护札撒，因此他终生按照札撒办事，并要求自己的随从也如此。当成吉思汗任命窝阔台为大汗时，察合台也毫无异议，他完全尊重父亲的决定。窝阔台统治期间,他因古兰经的习俗与蒙古习俗和札撒冲突而敌视伊斯兰教,并罢免了在自己辖区内河中诸城的长官穆斯林派的马合谋·牙剌哇赤。此事立刻遭到了大汗窝阔台的指责,认为他的行为属于越权。察合台很快服从了大汗,并让马合谋·牙剌哇赤之子麻速忽·牙剌哇赤继承了其父在河中地区的职务。

1242年,察合台去世。因察合台长子木阿秃干已于1221年在巴米安战争中战死,所以只能由察合台之孙、木阿秃干之子哈剌旭烈兀继承汗位。哈剌旭烈兀在位期间,由察合台遗孀也速伦可敦摄政,祖孙二人联合执政到1246年。1246年,贵由继任大汗,他很快使其密友——察合台的弟弟也速蒙哥取代了哈剌旭烈兀的汗位。酗酒成性且头脑呆滞的也速蒙哥无法处理国事,便把所有事务都交给妻子和大臣巴海乌丁负责。在1249~1250年间的窝阔台家族和拖雷家族争夺大汗位的斗争中,也速蒙哥因站错立场而被登上大汗之位的拖雷家族的蒙哥罢免。蒙哥恢复了哈剌旭烈兀的汗位。这一系列的宫廷政变表明,察合台汗国几乎没有获得自治权,它只是哈拉和林宫廷的一块属地,宫廷的一点异动都能给它造成影响。事实上,它只是与中央政府密切相关的总督区。

1252年,哈剌旭烈兀在前往恢复封地的途中去世。其遗孀兀鲁忽乃和大臣哈巴什·阿密德执行了大汗的命令,将也速蒙哥和巴海乌丁处死。之后的九年里,察合台汗国一直处于兀鲁忽乃的控制之下。察合台汗国宗主权下的其他旧王朝,也受到了蒙古宫廷政变的影响。统治着吐鲁番、别失八里和库车的回鹘就是典型代表。回鹘统治者巴而术一生都忠诚于成吉思汗,曾帮助成吉思汗反屈出律、反花剌子模沙赫和攻打西夏,他本人也备受成吉思汗的器重。成吉思汗去世不久,巴而术也去世了。其子乞失麦继位后,受到了窝阔台的封赐。乞失麦去世后,其兄弟萨伦迪被蒙古摄政的脱列哥那皇后任命为回鹘王。萨伦迪的命运随着蒙古王室的政变而跌宕起伏,他最终从万人之上的君主变成了阶下囚,并被斩首。他的位置被其兄弟取代。

□ 苏里曼大清真寺礼拜堂内部

14世纪初期,察合台人开始转信伊斯兰教,他们建造了很多伊斯兰教的建筑。苏里曼大清真寺是土耳其奥斯曼帝国时期的伊斯兰教建筑的代表作,察合台人的这些伊斯兰建筑正是土耳其苏里曼大清真寺的真实临摹。

阿鲁忽的统治：察合台人独立的尝试

聪明的兀鲁忽乃是一位备受赞赏的皇后，她的统治时间是1252年至1261年。1261年，忽必烈和阿里不哥之间的汗位争夺战再一次给察合台汗国政权造成了巨大的影响。当时的大汗阿里不哥任命察合台之孙、拜答儿之子阿鲁忽为察合台汗，并派他防守阿姆河边境以防止波斯汗派兵增援忽必烈。阿鲁忽受命后，立即回到别失八里，从兀鲁忽乃手中抢夺了政权，并顺利接管了阿力麻里和阿姆河之间的区域。他的统治时间是从1261年至1266年，但他所走的路线并没有遵循阿里不哥的意愿。

阿鲁忽趁着阿里不哥和忽必烈的战争，以独立汗的身份自行其是，这在察合台家族中尚属首次。1262年，阿里不哥派人到察合台汗国征收赋税、马匹和武器，以补充军需。阿鲁忽垂涎这些财物，便处死了阿里不哥的使者，夺取了财物，并马上投降忽必烈以寻求保护。阿里不哥对这种反叛行径非常愤怒，立即率兵攻打阿鲁忽，阿鲁忽在普拉德击溃了阿里不哥的先遣队。此次事件后，他错误地以为全心应付忽必烈的阿里不哥不会再攻打他，便解散了军队，安心地回伊犁河畔坐山观虎斗。然而就在这时，阿里不哥的另一名副将出其不意地率新军到达，入侵伊犁河流域，占领阿力麻里，迫使阿鲁忽仓皇逃往喀什和于阗。随后，阿里不哥本人也进驻了阿力麻里，并在此烧杀抢掠无恶不作。阿鲁忽不得已撤退到撒马尔罕。阿里不哥的野蛮政策让全城居民无所适从，人们大都外出避难，导致军队粮饷供给不上，发生了饥荒。他的军队纷纷解散，离

□ 鎏金铜捍腰

蒙古人的腰带是起保护腰部作用的配件。图中的金腰带为贵族或统治者所佩带，中间高，两边低，呈山字形。为表明佩带者的尊贵身份，腰带的纹饰十分特别，表面以双凤为主，以火焰纹、祥云纹以及卷草纹为边饰，凸显做工的精良和考究。

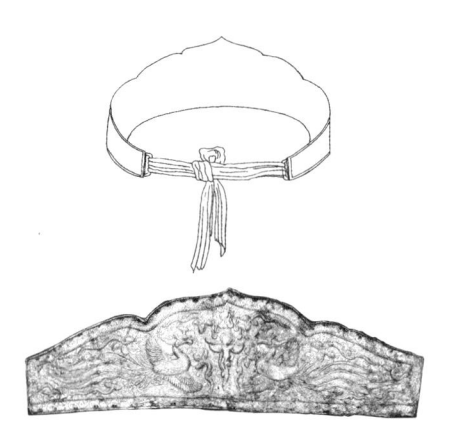

他而去。

阿里不哥利用兀鲁忽乃的夺权之恨，成功地使兀鲁忽乃站在了自己这边，随后他派兀鲁忽乃和谋臣麻速忽·牙剌哇赤去与阿鲁忽和谈。然而最后事情发生了戏剧性的变化：这二人一到，就被阿鲁忽收买，阿鲁忽立即和兀鲁忽乃结了婚，并任命麻速忽为理财大臣。麻速忽给阿鲁忽带来了不可估量的帮助，这位贤明的行政官从不花剌和撒马尔罕征收到大量的钱财，让阿鲁忽和兀鲁忽乃凭此招募到了一支精兵。这支精兵不但击溃了从叶密立地区前来进犯的窝阔台系的海都，还和忽必烈夹攻阿里不哥，使其弹尽粮绝，腹背受敌，于1264年无奈地向忽必烈投降。

在经历了以上事件后，察合台汗国事实上已从大汗的控制下解放出来。麻速忽虽以大汗名义管理着撒马尔罕和不花剌，却是在替阿鲁忽征收税收。阿鲁忽击败了钦察汗别儿哥，将讹答剌和花剌子模省据为己有，从而扩大了汗国疆域。

阿鲁忽去世后，其遗孀兀鲁忽乃把木八剌沙扶上汗位。木八剌沙是她和哈剌旭烈兀的儿子，也是第一个皈依伊斯兰教的察合台后裔。然而，忽必烈又让察合台的另一位宗王、木阿秃干之孙八剌与木八剌沙共同统治汗国，并把札儿里黑地区分给了他。八剌刚到伊犁地区就发动政变，将木八剌沙贬为管理王室狩猎的官员，自己则登上了汗位。起初，他对忽必烈还是很感恩的，可不久后双方就有了摩擦。八剌驱逐了忽必烈派去管理东突厥斯坦的使者蒙古台，并以自己的一个部属将其取代。忽必烈派出六千骑兵帮助蒙古台对付八剌，却在遭到八剌三万军队的反击后不战而退。八剌还派兵洗劫了大汗统治下的于阗。

海都宗主权下的察合台汗国

八剌虽然在与忽必烈的战争中占到了便宜，可在和窝阔台家族首领海都的战争中，却遭受惨败。双方交战的原因是八剌拒绝承认海都的宗主权。起初，八剌在阿姆河附近的战斗中击败了海都，俘获了许多士兵和战利品。可是，随着海都援军——钦察汗忙哥帖木儿五万军队的到来，寡不敌众的八剌节节败退。在被钦察将军别儿克贾击溃后，他只好退入河中地区。就在他准备用不花剌和撒马尔罕的财力重新武装军队，与海都殊死一搏时，急着要去攻打忽必烈的海都向他提出了议和，条件是让他继续当河中地区的主人。最后，八剌以把伊犁河地区和东突厥斯坦交给海都控制作为回报，并承认了海都的宗主权。为此，他们还于1267年召开了一次调解性的库里勒台。

为把八剌调离东突厥斯坦，海都派他去攻打阿八哈汗，以夺取波斯汗国。八剌通过向不花剌和撒马尔罕征收沉重税赋充当军饷，率领着由成吉思汗宗王为全军支柱的军队向阿富汗地区进发。战争初期战事较为顺利，他们在赫拉特将呼罗珊长官、阿八哈汗的兄弟布金击败，顺势占领了呼罗珊大部分地区，还顺手牵羊洗劫了尼沙普尔，赫拉特的穆罕默德向八剌称臣纳贡。从阿塞拜疆匆忙赶回的阿八哈汗在赫拉特附近设伏。1270年7月22日，贸然进军的八剌遭到了毁灭性的打击。随后，八剌带着残兵败将退回河中，他的腿因在途中从马上摔下来而变跛。他在不花剌度过了整个冬天，并皈依了伊斯兰教。

失败的八剌同时也失去了亲属和属臣们的支持，无奈之下，他只好向宗主海都求援。海都率两万兵马赶到战场，但不是去救援他，而是趁火打劫。遭此变故的八剌忧愤而死（1271年8月9日）。

八剌死后，他的四个儿子和阿鲁忽的两个儿

□ 迦陵频伽金帽顶

此帽上层相间錾刻四只人面鸟和四位菩萨，下层为八大金刚形象。在古印度神话中，人面鸟被称为美音鸟或妙音鸟，梵语作"迦陵频伽"，意为长寿吉祥，是元代贵族的帽顶饰物。

子为了河中的独立，联合起来对付海都的军队。虽然他们有机会占领河中诸城，但最终还是被海都各个击溃。1271年，海都任命另一个察合台宗王捏古伯为察合台汗。但是，捏古伯最后也因企图摆脱海都控制，实现自治而被海都处死。1274年，海都又立另一位察合台宗王、不里之孙秃花帖木儿为察合台汗。然而，秃花帖木儿在继位当年就去世了，由八剌之子都哇继承汗位。

□ **古畏兀儿文木活字**

13世纪，王祯发明了高效、低廉的木活字技术。图中的古畏兀儿木活字遗物表明，这一技术已被畏兀儿人掌握并熟练使用。

为报八剌的入侵之仇，波斯汗阿八哈于1272年年底派军进攻花剌子模和河中，在劫掠了乌尔根奇和希瓦后又入侵不花剌。在不花剌，阿八哈军队的烧杀抢掠持续了一周之久，那些未能逃走的居民以十人抽杀一人的方式被屠杀，剩下的五万俘虏被带回波斯。

侵略者走后，麻速忽又一次在他的河中废墟里开始了重建工作。他致力于这一工作，直到1289年冬季去世。之后，他的三个儿子阿弗·别克儿、萨替尔密什·伯克和苏英尼奇继续他的工作，依次管理不花剌和撒马尔罕。但是，他们都和察合台的后裔划清了界限，选择依靠可怕的海都。

都哇吸取前几任察合台汗的教训，一直忠诚地追随海都。1275年，都哇和海都联手攻打支持忽必烈的畏兀儿地区都护，企图使其归顺。就在他们向其都城别失八里进军时，忽必烈的军队有如天降，将二人的如意算盘打碎。1301年，都哇帮助海都攻打忽必烈之孙铁穆耳，并俘获和处死了铁穆耳的女婿、汪古部的阔里吉思。之后，都哇准备举兵进犯吐鲁番和甘肃的元朝边界，却反遭元兵的袭击，其军队作鸟兽散。1301年，海都和都哇在哈拉和林被铁穆耳的军队击败，海都在撤退途中身亡。

海都是蒙古历史上昙花一现的人物，有强烈的个性，具有君主的才能。他为保护河中的城市文明和农民利益而采取的英明举措，彰显出他的眼光远远超越了传统游牧民族对城市及农耕的认知。他所发动的41次战争，证明他是一位军事指挥的天才。他是当时唯一可与忽必烈抗衡的人，后者始终没能战胜他。他之所以没有成功，是因为他生不逢时。因为当时忽必烈已在中国牢固地建立起国家，成吉思汗的各支也已经或半中国化，或半突厥化，或半波斯化了。他想要再把那些原始的东西强加于人是不现实的。

察合台汗国的第一次鼎盛时期

海都之子察八儿继承了父亲的全部权力，但他并没有能力去维护父亲创建的基业。而海都的死，对于一直追随他南征北讨的都哇来说，也许是种解脱。都哇承认了察八儿的宗主权，并于1303年8月说服察八儿和他一起归顺北京元朝。40年来的内战宣告结束，整个蒙古再次统一起来。

在得到了元朝统治者的支持后，都哇立即和察八儿翻了脸。双方在忽毡和撒马尔罕之间相遇，一场激战后，都哇获胜。在双方的第二次战争中，被察八儿的兄弟沙·翰兀立击败的都哇以和谈为幌子，在塔什干转败为胜，夺取了察八儿的别纳客和怛罗斯城。当时在也儿的石河上游与裕勒都斯河之间扎营的察八儿，被铁穆耳的军队从后方袭击。1306年，遭到重创的察八儿走投无路，只得向都哇投降。都哇在宽恕他的同时，也夺取了他的全部领地。于是，察合台汗收回了一度被海都家族占据的伊犁河流域与喀什噶尔，这意味着他们重新获得了最初的全部封地。

□ **察合台汗国银币**

经过三次西征，蒙古占领了中亚细亚、西南亚及东欧大片土地，并在这些地区建立了钦察汗国、察合台汗国、伊儿汗国和窝阔台汗国，合称为"蒙古帝国四大汗国"，四大汗国名义上均属于帝国本土的大汗政权。图为察合台汗国所通行的银币。

都哇还没有来得及享受这份喜悦，就在当年年底去世，他的儿子宽阁在继位一年半后也去世了。不里之孙塔里忽抢夺了察合台汗位。两年后，都哇的党羽们杀掉塔里忽，并拥立都哇幼子怯别为汗。与此同时，窝阔台宗王察八儿似乎从这次内战中看到了争夺王位的希望，他对怯别发起进攻，但被击败。于是，他选择投奔元朝皇帝海山以寻求保护。这次战争结束了窝阔台家族最后的挣扎，彻底稳固了察合台家族的统治。在察合台宗王们随后举行的库里勒台上，都哇的另一个儿子也先不花被推举为察合台汗。1320年，也先不花去世，怯别重新统治察合台汗国。

都哇使察合台宗王们回到君主的高位后，便开始马不停蹄地进行对外扩张。由于中国、阿拉伯—里海草原和波斯等地已被忽必烈、术赤和旭烈兀家族控制，他们只好把目标转向印度和阿富汗。但阿富汗西部此时正处于强大的克尔特人的阿富汗古尔王朝的统治之下，他们不可能取得任何进展，他们向东阿富汗地区进发，并对印度西北部进行袭击。1297年，都哇洗劫了旁遮普，但被德里国苏丹阿拉丁·哈勒吉击退，此后他的数次进攻都无功而返。

都哇的儿子忽都鲁火者在东阿富汗地区定居。1299~1300年，他率军向德里国发起远征，但再一次被击溃。1303年，察合台宗王图盖率12万军队直扑德里，包围德里城长达两个月之久，但最终因缺乏攻城器械而撤回阿富汗。1304年，4万蒙军再次入侵印度，洗劫了旁遮普后，与印度将军吐格鲁格在阿姆罗赫激战，蒙军战败，9 000蒙军丧命于象蹄之下。为了报仇，汗王怯别率军洗劫了木尔坦地区，但在返回途中，他们遭到吐格鲁格的袭击和大屠杀，而俘虏则被带回德里被大象踩死（1305~1306年）。

□ 蒙古宴乐图

蒙古人生活在大草原上，生性豪放、好饮酒。宴饮是蒙古人很重视的活动，元代官员的"诈马宴"就以宏大著称。参宴官员一律穿"质孙服"，还要把坐骑打扮得漂漂亮亮的，按时入宫。开宴后歌舞升平，直到日暮才散宴。图为元朝贵族宴宾的情景。

对波斯汗来说，忽都鲁火者之子达乌德火者占领东阿富汗地区，并把此地作为察合台汗国封地的行为侵犯了他们的利益，在1313年，波斯汗完者都派军把达乌德火者赶回河中，后者向察合台汗也先不花求救。也先不花派怯别和达乌德火者共同率领一支军队去征讨波斯汗国。1315年，蒙军在穆尔加河畔与波斯汗国军队交战，他们击溃了波斯军，洗劫了呼罗珊，一直打到赫拉特。然而，因察合台汗国反对北京朝廷而受到元军的攻击，怯别和达乌德火者被迫放弃进攻波斯汗国。事实上，此时的也先不花在库车和伊塞克湖之间的地区被元朝丞相秃合赤击败。为了泄愤，他杀了从波斯返回元朝的使者。秃合赤率兵攻打察合台汗国，洗劫了也先不花的老巢伊塞克湖畔的冬营地和怛罗斯的夏营地。随后，察合台宗王牙撒吾儿与也先不花和怯别发生冲突。1316年，牙撒吾儿率领其拥护者投奔波斯汗，这些人大多来自不花剌和撒马尔罕。他们被安置在已成为察合台封地的东阿富汗地区：巴里黑、巴达克山、喀布尔和坎大哈。1318年，牙撒吾儿起兵反叛波斯汗，占领了呼罗珊部分地区。刚刚成为察合台汗的怯别与波斯联手，前后夹击牙撒吾儿。溃败的牙撒吾儿遭到军队的背弃，他本人在逃亡中被杀。

根据钱币考古证明，怯别统治察合台汗国的时间应是1320~1326年。与其前辈们不同，他对拥有古文明的河中地区和城市生活非常感兴趣。据记载，他曾在撒马尔罕西南为自己建造了一座宫殿，取名为"卡尔施"，意即"宫殿"。同时，他还发行了一种之后被称为怯别币的钱币，这是察合台汗国最早发行的官方货币。但是，尽管河中地区有着舒适的生活环境和文明的熏陶，怯别仍未皈依伊斯兰教。

察合台汗国的分裂——河中的统治

怯别去世后，其兄弟燕只吉台、笃来帖木儿、塔儿麻失里先后继承了汗位，前两位都只在位几个月。1326年，塔儿麻失里即位。次年，他对印度发起大规模的远征，一直进攻到德里，在获取大量的贡赋后才班师回朝。

塔儿麻失里皈依了伊斯兰教，成为苏丹阿拉丁。他的这一行为受到河中居民的赞赏，但却遭到伊塞克湖和伊犁河流域的游牧民的强烈反对，他们认为他违背了成吉思汗的札撒。1333~1334年，该地居民发动叛乱，推举都哇的孙子靖克失取代塔儿麻失里成为新汗。靖克失汗对伊犁河流域的统治持续到1338年。

此时，原察合台汗国已明显分为两部分，一是河中地区，一是蒙兀儿斯坦，即怛罗斯河和玛纳斯河之间的伊塞克湖地区。牙撒吾儿之子哈赞汗统治着河中，以卡尔施为都。他是一个暴君，企图镇压那些不顺从的河中贵族，尽管是他们将他拥立为王。河中贵族的首领是埃米尔的迦慈罕，其封地是阿姆河北岸的萨里·萨莱。他率领部众和哈赞在帖木儿兹和卡尔施之间的铁门进行激战。迦慈罕的一只眼睛中箭，军队也被击溃，哈赞旗开得胜。但他放了迦慈罕一马，然后去卡尔施过冬，并解散了一些兵马。哈赞的轻率无疑是致命的。1346~1347年，迦慈罕卷土重来，在卡尔施把哈赞打了个措手不及，并将其杀死。

迦慈罕成了河中地区的君主，他当机立断，和正统察合台系断交。他把河中地区的王位交

□ 混乱的战争

喀什噶尔的察合台汗国一直战争不断。拉失德尽了一切努力，甚至搭上了儿子的性命，也没能阻止吉尔吉斯—哈萨克人的掠夺。17世纪50~70年代，察合台汗国分裂成叶儿羌、喀什、阿克苏、于阗等小国，实权也由和卓们掌握。图中描绘了混乱的战争场景。

给窝阔台的后裔答失蛮察，后者无疑只是他的傀儡。答失蛮察很快被拥立者们处死，他们推举都哇之孙巴颜合里将其取代。这时的迦慈罕才算找到了让他满意的可以玩弄于股掌之间的傀儡，巴颜合里对他俯首帖耳，言听计从。此时的察合台汗国实质上就是一个突厥汗国。迦慈罕的统治并非无所作为。他让伊朗感受到了河中的力量。他将掠夺河中属地安德克霍和沙普甘的伊朗国王胡赛因封锁在赫拉特。身陷包围的胡赛因被迫俯首称臣，并前往撒马尔罕觐见他。

1357年，迦慈罕被刺杀。他那胸无大志的儿子米尔咱·阿布达拉赫断送了他的基业。为夺取巴颜合里之妻，阿布达拉赫在撒马尔罕暗杀了巴颜合里。他的这种卑鄙行径引起了河中封建主们的不满，速勒都思部巴颜和帖木儿的叔叔、巴鲁剌思部哈吉甚至对他充满仇恨，后者是撒马尔罕南部渴石的君主。二人一起反叛阿布达拉赫，将他逐到安德里布（阿布达拉赫在此终老）。这些内耗大大削弱了河中封建主的实力，给成吉思汗蒙古人出其不意的反击提供了可乘之机。

察合台汗国的重新统一

当河中察合台分支逐渐沦为突厥封建主的傀儡时，蒙兀儿斯坦的游牧民族在经历了短暂的动乱后，仍然重建了察合台王权。杜格拉特氏是蒙兀儿斯坦的主要蒙古氏族，他们在伊塞克湖区和喀什噶尔两地有大片领土，喀什噶尔被称作"六城"。14世纪中期，此地被杜格拉特氏的吐克利、播鲁只和哈巴尔丁三兄弟主宰。1345年，播鲁只以阿克苏为基地，统治着伊塞克湖至库车和布吉尔、从费尔干纳到罗布泊的地区。正是他想寻找一位没有从河中人手中得到封地的察合台系成员，借其重建伊犁地区的察合台汗国，即蒙兀儿斯坦。

一位自称是也先不花之子的秃忽鲁帖木儿，默默地生活在蒙兀儿斯坦东部。播鲁只召见了他。他在阿克苏拜见播鲁只之后，立即被任命为蒙兀儿斯坦的可汗，播鲁只的哥哥成为汗国的兀鲁思别乞。

秃忽鲁帖木儿或许并不是杜格拉特氏家族理想中的傀儡。他有着很强的个性，他在生活的各个领域都造成了不小的影响。首先，为了获取河中地区的人心，他追随杜格拉特人的长者、异密吐克利皈依了伊斯兰教，因为河中的突厥化塔吉克人是热忱的穆斯林。他打算在巩固了蒙兀儿斯坦的地位后，就提出索要原察合台西部领土的要求。因为自从阿布达拉赫被驱逐后，河中地区又陷入了分裂和混乱之中——巴颜因酗酒而无所作为，哈吉虽然固守其渴石封地，但事实证明他只是一个软弱的人——这对秃忽鲁帖木儿无疑是十分有利的。就在河中地区在无数的封建主之间四分五裂时，秃忽鲁帖木儿

□ 至元通行宝钞

此宝钞以桑麻纸印制而成，上盖朱印，是元代各种宝钞中使用时间最长的纸币，为元代货币中的珍品。

开始了他的扩张计划。1360年3月，他从塔什干进军沙赫里夏勃兹。哈吉纠集部队想要对秃忽鲁帖木儿进行抵抗，但在对手的优势面前，他选择了退让——渡过阿姆河退入呼罗珊地区。

秃忽鲁帖木儿获得了彻底的胜利。哈吉26岁的侄儿帖木儿选择了与他联合，并因此得到了哈吉的原封地沙赫里夏勃兹。秃忽鲁帖木儿返回蒙兀儿斯坦以后，哈吉从呼罗珊杀回，将侄儿帖木儿打败，不但迫使其归还了沙赫里夏勃兹地区，还继续对哈吉俯首称臣。当秃忽鲁帖木儿再次回到河中时，河中的贵族纷纷归顺，巴颜更是鞍前马后忙个不停，哈吉也前来大献殷勤。但是，当哈吉看到忽毡异密被秃忽鲁帖木儿处决后，他惊慌失措地逃往呼罗珊，在途中被土匪杀死。

帖木儿成了这一事件的最终受益者，他因承认秃忽鲁帖木儿的宗主权而成为巴鲁剌思族的首领，并顺理成章地成为沙赫里夏勃兹领地的君主。随后，秃忽鲁帖木儿又去攻打迦慈罕的孙子迷里忽辛，在瓦赫什河畔将其击败后，他进入昆都士，直抵兴都库什山，在此地度过了春、夏两季。秃忽鲁帖木儿一返回撒马尔罕，就处死了巴颜，任命自己的儿子也里牙思火者为河中总督，帖木儿辅佐。至此，秃忽鲁帖木儿以其绝对的军事力量，重新恢复了察合台汗国的统一。

第 9 章
伊儿汗国和旭烈兀家族

CHAPTER 9

　　波斯被蒙古人征服以后，先后由绰儿马罕、拜住和野里知吉带统治。蒙古人在征服波斯20年后，才考虑要结束他们在此建立的临时政府，建立一个正规的政权。1251年，蒙哥汗任命旭烈兀为伊朗总督。1256~1259年间，旭烈兀先后镇压木剌夷、阿拔斯王朝、叙利亚阿尤布王朝，正式建立波斯汗国，即伊儿汗国。1265年2月8日，旭烈兀在蔑剌合附近去世。在他之后，波斯曾被其家族的阿八哈、阿鲁浑、海合都和拜都、合赞、完者都（1295年皈依伊斯兰教）和不赛因统治。随着1335年11月30日不赛因的去世，旭烈兀家族在波斯的统治宣告结束。随后，伊儿汗国逐渐瓦解。

初期蒙古人在波斯的统治

在继续研究河中征服者的历史之前,让我们绕回来先了解一下波斯的蒙古汗国的兴衰。

波斯在被蒙古人征服,以及札兰丁的新花剌子模帝国被蒙古人摧毁之后,仍处于一个临时凑合的十分松散的政权之下。手握大权的蒙古将军们统领着驻扎在阿兰草原和木干草原上的西蒙古军。

花剌子模帝国的绰尔马罕(1231~1241年)极推崇基督教,他的两个兄弟都信奉聂思托里教。在其统治期间,窝阔台曾派基督教徒列班·阿塔到桃里寺城。列班·阿塔肩负着窝阔台赋予他的巨大权力来到波斯,向绰尔马罕递交了大汗的帝国法令。法令规定,赦免那些放弃抵抗、归顺蒙古的基督教徒。列班·阿塔的使命表明,蒙古人在经历了最初的屠杀之后,给西伊朗的人们带来了胜于以前的有利环境。列班·阿塔后来成为了贵由大汗处理基督教事务的官员。

1242年,绰尔马罕中风致哑,征服了小亚细亚塞尔柱土耳其人的领袖拜住取代了他。拜住对基督教似乎并不热衷,这一点可以从他接见教皇使者、修道士阿瑟林及其随从的态度中看出。1247年5月24日,阿瑟林抵达拜住营地。他规劝蒙古人应服从教皇精神上的统治,禁止屠杀,并拒绝向大汗的代表——拜住三鞠躬。对于他的不顾礼节的行为,拜住大发雷霆,扬言要将这些修道士处死。关键时刻,贵由派来

□ 波斯波利斯城堡浮雕

从13世纪起,波斯沦为蒙古人的统治范围。其实波斯也有辉煌的历史,早在公元前6世纪,它就建立了古代世界第一个横跨欧亚非三大洲的大帝国。执政者大流士一世把波斯波利斯定为新国都,并在这里建立了自己的宫殿。图为帝国城堡巨大的露天平台,阶梯的墙上有精美的浮雕。

的王室代表野里知吉带及时赶到，让阿瑟林及其随从幸免于难。野里知吉带向拜住传达了贵由大汗的意思，拜住按此写了一封信让阿瑟林带给教皇。其内容大概是，蒙古帝国是神权授予的宇宙之帝国，教皇应亲自来向大汗尽忠，否则，他将被看作是蒙古帝国的敌人。1247年7月25日，阿瑟林离开拜住营帐，蒙古官员艾伯格和萨克斯与之随行。一行人经过桃里寺、摩苏尔、阿勒颇、安条克和阿迦，于1248年抵达意大利。1248年11月28日，在与教皇英诺森长谈后，两位蒙古官员带着教皇给拜住的回信返回波斯。

□ 教皇利奥三世

中世纪时期，罗马教皇地位极高，他们不仅是教皇国的实际统治者，甚至还成为西欧各国教会的最高领袖。图为800年圣诞日，教皇利奥三世在罗马圣彼得教堂为新帝法兰克查理曼加冕。不过蒙古首领虽多为基督徒，其权力却不会受到教皇的限制。

野里知吉带对基督教是比较热衷的，他于1248年5月派东方基督教教徒大卫和马克拜访了法兰西路易九世，并带去了一封可能是用波斯文写的信，信中传达了贵由大汗委托他的使命，即解放东方基督教徒，使他们自主宗教事务；并以"宇宙帝国"大汗的名义告诉"儿子"法兰西王，蒙古人将对各个基督教派——拉丁教派、希腊教派、亚美尼亚教派、聂思托里教派和雅各派给予一视同仁的保护。1248年12月下旬，路易九世逗留塞浦路斯时，接见了大卫和马克。1249年1月，这两位蒙古基督教徒离开塞浦路斯，从尼科西亚乘船返回。一同返回的还有三位多米尼各修道士。一行人经过几个月的颠簸，于当年5月份到达野里知吉带营地。短暂停留后，三位修道士又被派往蒙古宫廷拜见住在叶密立窝阔台封地的摄政皇后翰兀立·海迷失。他们一直待到1251年4月才返回圣路易所在的凯撒里亚。

蒙哥成为大汗后，对原政权中窝阔台系的党羽进行了清理，野里知吉带也难逃厄运，于1252年初被蒙哥处死。拜住一个人留守波斯，负责这个军事政府，直至1255年初旭烈兀到来为止。

拜住的行为和决定，主宰着格鲁吉亚和小亚细亚的命运。格鲁吉亚女王鲁速丹一直顽强抵抗，直到去世。鲁速丹死后，拜住准备让顺从自己的鲁速丹的侄儿大卫拉沙继承王位。但钦察汗拔都对此却持不同意见，他支持鲁速丹的儿子大卫纳林。于是贵由只好把格鲁吉亚分成两部分，让大卫拉沙统治卡特利亚，大卫纳林统治埃麦利蒂亚。在小亚细亚的塞尔柱土耳其苏丹国内也有类似的仲裁。1246年，贵由汗把该国王位赐给曾到蒙古拜访过他的小王子乞立赤·阿尔斯兰四世。蒙哥继位后，于1254年把克孜尔·伊尔马克分为东西两部分，阿尔斯兰统治东部，其兄凯·卡兀思统治西部。然而，兄弟俩展开了争夺战，凯·卡兀思获胜，监禁了弟弟阿尔斯兰。1256年，凯·卡兀思拖延交纳贡赋的行为让拜住深感不满，后者于1256年在阿克萨赖附近将凯·卡兀思击败，迫使其逃往希腊避难，蒙古人让阿尔斯兰取代了他。不久后，凯·卡兀思从希腊返回，又按照先前蒙哥的裁决与弟弟分治东西。

总的来看，蒙古帝国的宗主权在西南地区只是时不时地体现一下。拜住和绰尔马罕对这些臣属国的权力的使用，也必须受到哈拉和林宫廷的牵制。而这些臣属国的王公，在蒙古大汗意愿的变更中，要么被罢黜，要么被拥立，其命运永远不能自主。

阔儿吉思和阿儿浑的统治

伊剌克-阿只迷和呼罗珊的民政机构雏形形成于阔儿吉思和阿儿浑统治时期。1231年，蒙古将军真帖木儿消灭了呼罗珊的最后一支花剌子模军队。1233年，窝阔台任命其为呼罗珊和马赞达兰的长官，负责财务方面的事务。连年的战争使得该地区荒芜贫瘠，但蒙古人仍然对其征收赋税，所得税收将被大汗和另外三个成吉思汗兀鲁思的首领们瓜分。另一方面，一些伊朗籍学者也逐渐得到真帖木儿的任用，新上任的理财大臣便是史学家志费尼的父亲。

1235年，真帖木儿去世，畏兀儿人阔儿吉思继承其位。阔儿吉思虽然有基督教教名（乔治），却是一名佛教徒。他在畏兀儿人中以学识渊博而闻名，也因此担任术赤家族孩子们的家庭教师。在丞相镇海的举荐下，窝阔台任命他管理呼罗珊的户口和赋税。他上任后，禁止境内的那颜（首领）和官吏侵吞大部分的税收，保护波斯人的财产和生命安全免受蒙古官吏的暴政。作为一名佛教徒，他同时也充当着穆斯林保护者的角色，最后，他皈依了伊斯兰教。他修复图斯城，并长期居住于此。他还建立了正规的民政管理机构，在他的劝说下，窝阔台于1236年重新复兴呼罗珊，使赫拉特的人口得到了快速增长。1242年，窝阔台去世，镇海被贬，阔儿吉思也受到牵连，那些对他耿耿于怀的当地蒙古官吏把他

□ 观音檀城　刺绣　元代

佛教宣扬逆来顺受，相信行善积德便能进入极乐世界，便能暂时忘却今生的痛苦，这些观念有利于统治者对民族的统治，所以佛教在元代备受推崇。图为元代的观音刺绣，现藏于布达拉宫。

送给了察合台孙子哈剌旭烈兀，因为他曾冒犯哈剌旭烈兀。不久，哈剌旭烈兀将其处死。

1243年，斡亦剌惕人阿儿浑阿合受摄政皇后脱列哥那之命，管理呼罗珊和伊剌克-阿只迷，因为他懂畏兀儿文。阿儿浑·阿合统治期间（1243~1255年），其政策上延续了阔儿吉思的思想，千方百计保护居民免受蒙古官吏的勒索和滥征赋税，废除了一些较低级别的成吉思汗后裔们颁布的敕令。蒙哥继任大汗后，阿儿浑曾于1251年访问蒙哥宫廷。蒙哥采纳他的建议，把牙剌洼赤父子在河中建立的财政制度推广到波斯，以取代征服初期所实行的混乱的财政制度。至此，阿儿浑引入了按纳税人财产的比例来均摊赋税的税制，将征集到的税收用于维持军队和邮政开支。1278年，阿儿浑在图斯城附近逝世。

□ 元代壁画

佛教的教义在一定程度上可以辅助元人的统治，因此，在元朝统治者的提倡下，元朝的蒙古人大都信奉佛教，所以该时期产生了大量反映佛教题材的壁画。

旭烈兀的统治

蒙古人在征服波斯20年后，才考虑结束他们在此建立的临时政府——一种二元政府制（阿兰草原和木干草原的纯军事统治，以及呼罗珊和伊剌克-阿只迷的财政管理），他们试图在二者之上建立一个正规的政权。1251年，蒙哥汗任命旭烈兀为伊朗总督。除了对伊朗地区进行治理外，旭烈兀还要镇压两股宗教残余势力——马赞达兰的伊斯梅尔派（刺客派）伊玛目们的公国和巴格达的阿拔斯哈里发王朝。此外，他还得征服叙利亚——让阿姆河两岸至埃及的广袤地区都遵循成吉思汗的札撒。

旭烈兀从蒙古出发，经阿力麻里和撒马尔罕后，于1256年1月2日渡过阿姆河。在阿姆河南岸，他受到了新属臣们的热烈欢迎：赫拉特的马立克、克尔特人沙姆斯哀丁、法尔斯萨尔古尔朝阿塔卑、塞尔柱土耳其的凯·卡兀思二世和乞立赤·阿尔斯兰四世等。按照蒙哥大汗的计划，旭烈兀先攻打马赞达兰境内的伊斯梅尔派教徒。1256年11月19日，在旭烈兀的围困下，麦门底斯堡的教主鲁克剌叮

□ 奉侍图　壁画　辽代

草原民族和汉族在长期的接触过程中，文化上互相交流，彼此影响。图中描绘的是汉地辽代贵族家中忙碌的佣仆，画中人着汉服。绘画内容虽反映的是北方少数民族的生活形态，但创作手法深受汉朝绘画风格的影响。该壁画真实地反映出草原地区文化和汉族文化的交融并存。

□ 六世班禅

旭烈兀及早期几位波斯汗统治时，佛教在波斯有很多活动，很多西藏地区的佛教僧侣曾定居在波斯。图为西藏佛教首领六世班禅。

库沙无奈投降，而后在被送去见蒙古大汗的途中遭到谋杀。12月20日，孤立无援的阿剌模城堡守军投降。由此，这个曾经助长了整个亚洲伊斯兰教社会腐化和分裂的恐怖教派终于被铲除。蒙古人消灭了伊斯梅尔派，为维护文明和秩序作出了巨大贡献。

成功击溃伊斯梅尔教派后，旭烈兀挥师直扑巴格达，对阿拔斯哈里发发起攻击。阿拔斯哈里发是伊斯兰教逊尼派的精神领袖，也是伊剌克阿拉比境内世俗领地的君主。当时的哈里发穆斯耳绥姆只是一个平庸之辈。他想要使计对付蒙古人，就像他的前任哈里发们曾对付依次出现在伊朗土地上的霸权（布威朝、塞尔柱帝国、花剌子模国、蒙古）那样。而之前的这些哈里发无疑是滑稽的——如果对方很强大，他们就会投降，比如10世纪和11世纪的哈里发，就曾分别接受布威朝异密埃尔奥马拉和塞尔柱土耳其苏丹成为他们共同的统治者。他们暂时只在宗教上发挥作用，等待着这些君主的消失。当这些君主之间起了争端时，他们又会借口出来调停，伺机给予这些君主致命的一击，并得以重新掌握政治权力。哈里发们相信，他们的权力是半神的，是永恒的。而成吉思汗后裔也宣称，他们在人间的蒙古帝国也得到了腾格里永世长存的保佑。在旭烈兀给哈里发的信中，他言辞傲慢地要求哈里发把世俗的权力交出来，否则会给予其军事打击。哈里发则蔑视了这一庄严警告，他不愿把刚从塞尔柱土耳其人手中夺回的领土交给旭烈兀。他还以穆斯林教皇的身份号召所有的宗教领袖联合起来反对蒙古帝国，当然，这只是徒劳的。

1257年11月，蒙古军队开始进攻巴格达。拜住率领军队在底格里斯河西岸从后方进攻巴格达；杰出的乃蛮部人怯的不花率左翼军从卢里斯坦道进军巴格达；

旭烈兀本人率军从哈马丹出发，到达底格里斯河畔。1258年1月18日，三路蒙军重新会合，而那些企图阻止他们围城的哈里发部队已于前一天被他们击败。旭烈兀驻扎在巴格达东郊。22日，拜住、不花帖木儿和孙札黑移军占据底格里斯河西郊阵地，而在河的另一边的旭烈兀和怯的不花则逐渐向前缩小包围圈。被围困的哈里发不想作困兽之斗，他企图讲和，遂派一位什叶派教徒和一位聂思托里教教徒前去蒙军中游说。但为时已晚，2月5日至6日，蒙军占据了巴格达东部的所有据点，被围攻的居民被迫投降，守城士兵则全部被杀害。2月10日，哈里发亲自向旭烈兀投降，旭烈兀要求他下令全城居民放下武器走出巴格达。随后，蒙古军进驻巴格达，并将违令未出城投降的城民全部杀掉。2月13日，蒙军纵火焚城，这次洗劫长达17天之久，死者共计9万余人。巴格达遭遇了历史上最惨痛的一击。

2月20日，蒙古人强迫哈里发说出了他财宝的藏匿之处后，以不流血的方式处死了他。

旭烈兀对叙利亚的征伐

占领巴格达，灭了哈里发王朝后，旭烈兀从哈马丹出发，去往阿塞拜疆，他的王朝就设在该省北部，以桃里寺和蔑刺合二城为都。他在乌米尔亚湖地区建造了许多城堡，并把从巴格达带回的战利品放在岛上的一个城堡中。旭烈兀及其继承者以阿兰草原和木干草原为冬驻地，以亚拉腊山嘴的阿拉塔黑山为夏季行宫。

巴格达的沦陷让整个穆斯林世界惶惶不可终日，摩苏尔年过八旬的阿塔卑别都鲁丁卢卢，不但奉命把巴格达哈里发王朝大臣的头颅挂上城墙头，还亲自去蔑刺合营地觐见旭烈兀。除此之外，来此觐见的还有塞尔柱土耳其苏丹凯·卡兀思二世和乞立赤·阿尔斯兰四世。凯·卡兀思二世曾与蒙古将军拜住有过交战，因此他在此次觐见中极尽卑躬屈膝之事，以求取得旭烈兀的宽恕。在蒙古军队的铮铮铁蹄下，所谓的伊斯兰教尊严已经荡然无存。

□ **伊斯兰勇士与蒙古人的战争 13世纪**

蒙古的侵略给当时的伊斯兰国家带来了巨大威胁，当时伊朗等国的很多绘画中都描绘了这些战事。下图绘于13世纪，展现出伊斯兰勇士对抗蒙古人的战争场面。

为了完成蒙哥汗交给的使命，旭烈兀接下来把目标对准了叙利亚和埃及。当时的叙利亚被法兰克人和伊斯兰的阿尤布王朝瓜分。法兰克人占有沿海地区，该地区又被分为两个地区国：一是波赫蒙德六世的安条克公国和特里波利郡；一是失去了耶路撒冷城的耶路撒冷国，实际上它是一些法兰克福男爵的领地。波赫蒙德六世与邻国亚美尼亚王海屯一世是亲密盟友，他效法海屯一世加入了蒙古联盟。阿尤布王朝则是由萨拉丁创建的库尔德的王朝，其领地为包括阿勒颇和大马士革城在内的叙利亚内地。当时的阿尤布王朝处于纳绥尔·优素福苏丹的统治之下，优素福生性懦弱，于1258年承认旭烈兀的宗主权，并以其子阿尔·阿吉兹作为人质送到旭烈兀处。

优素福苏丹的臣服未能拯救阿尤布王朝的命运，旭烈兀仍然决意要从其手中夺取美索不达米亚地区和叙利亚，战争以远征迪牙巴克尔的蔑牙法里勤异密国开始。该国当时的统治者是卡米勒·穆罕默德，他是一位狂热的伊斯兰教徒，曾把持有蒙古人颁发的过境证的雅各派基督教牧师钉死在十字架上。现在，他将遭到蒙古人的报复。旭烈兀派了一支蒙军出征围攻蔑牙法里勤，他同时还得到了格鲁吉亚和亚美尼亚兵团的支持。经过长期的战斗，蔑牙法里勤被攻陷，卡米勒被蒙古人折磨致死。该国的绝大多数穆斯林被杀，基督教徒全部幸免于难。

□ 银镶嵌铜盆　叙利亚　14世纪

图中金灿灿的银镶嵌铜盆，制造于14世纪初的叙利亚，现藏于巴黎卢浮宫。

在围攻蔑牙法里勤的同时，旭烈兀征服了叙利亚。他以归还圣地耶路撒冷城给基督教徒为条件，换取了亚美尼亚国王海屯一世的鼎力相助，使得他的此次远征有了"亚美尼亚—蒙古"十字军的形式。海屯一世的出兵，是为了女婿波赫蒙德六世在蒙古的利益。1259年9月，乃蛮部人怯的不花率领先头部队从阿塞拜疆向叙利亚进发。拜住和失克秃儿率领右翼军、孙札黑率领左翼军、旭烈兀携妻子脱吉思可敦率领中军直扑叙利亚。他们从库尔德斯坦进入阿勒贾兹拉省，沿途的哈兰和埃德萨望风而降，那些曾经反抗过他的塞伊汉城居民遭到屠杀。在攻占了雷吉克和门比杰后，旭烈兀渡过幼发拉底河，洗劫了门比杰，继而围攻阿勒颇。纳绥尔苏丹并没有组织军民抵抗，而是依然留在大马士革。阿勒颇的雅各派大主教、历史学家巴赫布拉攸斯臣服于旭烈兀。

1260年1月18日，旭烈兀、海屯一世和波赫蒙德六世率领联军围攻阿勒颇，此城当时由原阿尤布王朝王公图兰沙驻守。联军借20门弩炮的威力，于1月24日占领阿勒颇，图兰沙所坚守的城堡直到2月25日才沦陷。蒙古人按照成吉思汗式的方式在阿勒颇城内进行了大屠杀，此次屠杀整整持续了六天。最后，旭烈兀对此次战利品进行了分配：海屯一世得到了部分战利品和被穆斯林占领的几个亚美尼亚城堡；波赫蒙德六世得到了阿勒颇公国。

阿勒颇城的惨遭厄运把整个叙利亚震慑住了，许多穆斯林王公望风而降，哈马城也不战而降。纳绥尔苏丹听到阿勒颇失守的消息后，惶惶然中弃大马士革而逃，前往埃及避难。1260年3月1日，怯的不花在海屯一世和波赫蒙德六世的陪同下抵达大马士革，并将大马士革的行政交给一位蒙古长官管理，同时任命三位波斯文官辅佐。4月6日，坚持抵抗的城堡因弹尽粮绝而降，旭烈兀命令怯的不花砍下城堡长官的首级。

在此后的三周内，怯的不花完成了对叙利亚其他地区的征服。蒙古军进入萨马里亚，杀死了全部的纳布卢斯驻军。接着，他们长驱直入，轻取加沙。纳绥尔苏丹在比勒加斯被俘，怯的不花利用他去迫使阿杰伦驻军投降，之后又把他送到了旭烈兀处。统治巴尼亚斯的阿尤布王朝幼支重新集结在蒙军一边，该地的基督教徒曾遭受了600年的压迫。在蒙军进入大马士革后，他们列队游行，唱赞美诗，强迫穆斯林肃立在十字架前，还在清真寺内打钟喝酒。怯的不花还把一座穆斯林教堂归还给基督教徒使用。

随着1259年8月11日蒙哥大汗的去世，蒙古人结束了他们看似永无止境的征服。旭烈兀的哥哥忽必烈和阿里不哥之间展开了争位之战，旭烈兀站在忽必烈一边。为了防止堂兄钦察汗别儿哥在高加索对自己制造威胁，他在叙利亚和巴勒斯坦留下一支占领军，由怯的不花统率，自己则返回波斯。

怯的不花十分偏向于当地的基督教，这不仅因为他本人是聂思托里教教徒，还因为他觉得这样做对法兰克—蒙古联盟双方都有好处。然而，尽管他的这一想法得到了波赫蒙德六世的赞同，但阿迦的男爵们仍视蒙古人为野蛮人，他们宁愿要穆斯林统治，也不想被这些野蛮人统治。西顿的儒连伯爵甚至出击蒙古巡逻队，将怯的不花的侄儿杀死。被激怒的蒙古人展开了疯狂的报复，他们洗劫了西顿。怯的不花理想中的法兰克人与蒙古人的联盟，也随之宣告破裂。

□ 蒙古征战图

蒙古联军占领阿勒颇，王公所在的城堡坚守阵地，没有立刻投降。战败后，阿勒颇城遭到了为期六天的成吉思汗式的大屠城。蒙古人的凶残把整个叙利亚震住了。图为蒙古人征战时的情景。

另一方面，阿勒颇—大马士革的阿尤布王朝苏丹国虽然已经被征服，但那里仍然保留着一支强大的穆斯林军——马木路克军，以及埃及苏丹国的君主们，他们随时准备起兵造反。法兰克人与蒙古人联盟的破裂，使这些穆斯林深受鼓舞。1250年，他们推翻阿尤布王朝，成为埃及的主人，并立他们的将军忽都思为马木路克苏丹。随后，他们向孤立无援的怯的不花展开了进攻。1260年7月26日，异密拜巴斯率先头部队进军巴勒斯坦，击垮了驻守加沙的拜答尔蒙古军。阿迦的法兰克人站在了马木路克军一边，不但让他们通过国境，还为其补给粮草。怯的不花受"成吉思汗部队是不可战胜的"信念驱使，英勇奋战。1260年9月3日，怯的不花军队和忽都思率领的马木路克军在艾因贾卢特交火，军力上的悬殊使怯的不花连连失利，最后溃不成军。但他没有耻辱地撤退，而是战到生命的最后一秒，用自己的英勇和忠诚捍卫了成吉思汗旗帜的尊严。

忽都思率领马木路克军顺利进入大马士革，给予刚刚解脱的基督教徒以沉重的打击。穆斯林重新扬眉吐气，整个伊斯兰叙利亚都臣属于埃及的马木路克苏丹国。1260年11月底，旭烈兀派一支蒙古分队再次掠夺阿勒颇，却被穆斯林军队赶回幼发拉底河东岸。

旭烈兀的晚年

旭烈兀始终未能完成对伊斯兰叙利亚的征服,因为统治着南俄罗斯草原的钦察汗别儿哥对他造成了很大的威胁。钦察汗别儿哥十分偏爱伊斯兰教,他对旭烈兀洗劫穆斯林城市、杀死哈里发、屠杀穆斯林的行为十分愤怒,他与马木路克军联合起来,共同保卫伊斯兰教。1262年,在与马木路克苏丹拜巴斯互遣使者后,钦察汗别儿哥正式对旭烈兀宣战。1262年11月至12月间,旭烈兀先发制人,从高加索边境的打耳班关隘进军捷列克河以北的钦察汗国,在遭到钦察汗侄子那海的袭击后,只好退回阿塞拜疆。从此,伊儿汗国就在钦察汗国和察合台汗国的敌视下生存,不久便陷入四面楚歌的境地,来自高加索或阿姆河方向的不断侧击使它逐渐瘫痪,无法再向叙利亚方向扩张。蒙古人长久以来的对外扩张随着这场内战的结束而宣告终结。

虽然无法完全征服叙利亚,但旭烈兀通过灭掉许多省内的地区王朝来完成了波斯全境的统一,并建立了伊儿汗国。摩苏尔的阿塔卑、老别都鲁丁卢卢为保住王位而承认了伊儿汗的宗主权。但其子却不明智地和马木路克结盟,于1262年被旭烈兀击败,其公国也惨遭吞并。而反叛伊儿汗的塞尔柱土耳其沙赫、法尔斯阿塔卑也于1264年12月被旭烈兀击败并杀死。旭烈兀还让四子忙哥帖木儿娶了法尔斯新女王阿必失可敦,让另一个儿子阿八哈娶了起儿漫的女继承人帕夏可敦,至此,他通过联姻的方式成功兼并了法尔斯和起儿漫。

□ 蒙军大败埃米尔国

埃米尔国的统治者卡米勒因钉死了受蒙古保护的牧师而引来大祸。旭烈兀派了一支蒙军出征蔑牙法里勒,经过长期战争,蔑牙法里勒沦陷,卡米勒被凌迟处死。该国的大部分穆斯林被残杀,基督教徒得到赦免。

有一个奇怪的现象就是，在旭烈兀及早期几位伊儿汗统治时期，波斯境内确有佛教活动，但难以找到与此相关的任何资料。我们知道，当时有很多畏兀儿、西藏的佛教僧侣定居在波斯，并在那儿建造了许多用绘画和雕刻装饰的宝塔。旭烈兀虽然打击了穆斯林世界，却是波斯文学的保护者，伟大的史学家沙哀丁·志费尼的经历就是最好的例子。志费尼的父亲哈哀丁是蒙古政府的一名官吏，负责呼罗珊的财政，志费尼则负责行政。1256年，在志费尼的劝阻下，旭烈兀放弃了焚烧阿剌模忒堡中伊斯梅尔派的图书馆的想法。志费尼两次访问蒙古，因此对中亚问题较为熟悉，他于1260年写成了《世界征服者史》一书，即成吉思汗及其继承者们的历史（截至1258年）。1262~1263年，旭烈兀任命其为巴格达长官。在1268年的穆斯林宗教狂热的浪潮里，志费尼救了聂思托里教大主教马·德赫。1263~1284年，志费尼的弟弟先后担任了旭烈兀、阿八哈、帖占迭儿三位汗王的理财大臣。

　　1265年2月8日，旭烈兀在蔑剌合附近去世。不久，其皇后脱吉思可敦也相继去世。东方基督教各派对此深表惋惜，他们用"基督教的两颗巨星"来赞誉旭烈兀和他的皇后。

阿八哈的统治

旭烈兀去世后，长子阿八哈继承其位。阿八哈仍然住在阿塞拜疆，但他把都城从蔑剌合迁到了桃里寺。在处理与忽必烈的关系上，他秉承了旭烈兀的宗旨，他把自己当作忽必烈的副手，并要求忽必烈颁发了授职书给他。

与旭烈兀一样，阿八哈似乎也是一名佛教信徒，但他同时也善意地对待基督教教会：阿美尼亚派、聂思托里派和雅各派。在国外，他主张与基督教世界联合起来抗击埃及和叙利亚的马木路克。阿八哈在即位当年就与拜占庭公主玛丽亚结婚。他还是叙利亚聂思托里大主教马·德赫的保护者。后来他成为主教之子、著名的马·雅巴拉哈三世的好朋友。

阿八哈停止了旭烈兀发动的反钦察汗的战争，但别儿哥的侄子那海却不依不饶地恢复了攻势，并于1266年春穿过打耳班关隘和库拉河。阿八哈的副手在阿克苏河地区将他击退，使他退回到失儿湾。同年，别儿哥亲自率军对伊儿汗国发起进攻。但就在他们穿过打耳班的时候，别儿哥死去，其军队也随之撤退。虽然高加索地区的威胁暂时解除，但东北边境的察合台系八剌汗又发起挑衅。1269~1270年，八剌汗率部入侵呼罗珊，占领了莫夫和尼沙普尔。1270年7月22日，阿八哈在赫拉特的埋伏圈中将八剌一举击溃。

在西方，阿八哈不得不继续对抗马木路克，后者现在已经成了埃及和叙利亚的主人。马木路克苏丹拜巴斯是伊斯兰教领袖，也是当时最杰出的武士之一，他通过蹂躏伊儿汗国的盟邦和属国——亚美尼亚来对阿八哈施加压力。1275年4月，拜巴斯掠夺了西斯、阿达纳、塔尔苏斯和剌牙思等亚美尼亚城市，随后又插手塞尔柱土耳其苏丹国的内政。塞尔柱土耳其苏丹国是伊儿汗国的臣属国，在年轻的苏丹凯·库思老三世未成年期间，苏丹国由丞相穆因哀丁·苏来曼管理，这位心怀叵测的丞相与拜巴斯有秘密往来。1277年，拜巴斯入侵塞尔柱苏丹国，在阿尔比斯坦击溃蒙古守军。4月23日，苏来曼的临阵脱逃使卡帕多细亚的开塞利陷落。气急败坏的阿八哈赶到安纳托利亚，严惩了这些缺乏战斗力的塞尔柱人，并处死了苏来曼。

阿八哈希望和反马木路克的拉丁政权结成联盟,并派了两位使者带上他的信函拜访了教皇和爱德华一世。但是他的倡议没有得到罗马教皇、英国和法国的响应。

阿八哈决定单独行动。1271年10月,他派万余骑兵洗劫了阿勒颇城郊。1280年9月和10月,他又派出一支军队占领了阿勒颇外城,并放火焚烧了清真寺。1281年9月的军事行动规模更大,阿八哈派弟弟忙哥帖木儿率一支由五万蒙古人、三万亚美尼亚人、格鲁吉亚人和法兰克人组成的庞大军队入侵叙利亚。1281年10月30日,蒙军和嘉拉温苏丹的马木路克军队在霍姆斯狭路相逢。蒙军的右翼军亚美尼亚军和格鲁吉亚军击败了敌军,中军却因忙哥帖木儿受伤撤退而士气大跌。蒙古人再次回到幼发拉底河。

1282年4月1日,失败后的阿八哈郁郁而终,其弟帖古迭儿成了他的继承者。尽管帖古迭儿的母亲是聂思托里教徒,他本人也曾接受过洗礼,但他即位后便抛弃了旭烈兀家族的传统政策,改为信奉伊斯兰教,取名"阿赫默德",取号"苏丹",并想方设法要将伊儿汗国伊斯兰化。1282年8月,帖古迭儿提出与马木路克议和,他的这一行为遭到"蒙古守旧派"和忽必烈的反对。这些守旧派和佛教徒、聂思托里教徒一起聚集在阿八哈的儿子——呼罗珊长官阿鲁浑的麾下,与帖古迭儿针锋相对,一场内战在所难免。双方代表着不同集团的利益,决定着波斯是属于蒙古汗国还是将成为一个纯伊斯兰苏丹国。最初的局势对阿鲁浑较为不利。他在自己的呼罗珊境内组织起义军,随后进军伊剌克-阿只迷。1284年5月4日,阿鲁浑战败于阿克霍札,被迫向帖古迭儿投降。然而帖古迭儿并没有笑到最后,其军队首领不久叛变,他本人惨遭军队遗弃,并于1284年8月12日被处死。第二天,阿鲁浑登上汗位。

□ 屠戮

这幅罗马尼亚摩尔达维塔修道院壁画的局部,描绘了突厥士兵大肆杀戮拜占庭首都君士坦丁堡基督教徒的场景。

阿鲁浑的统治

阿鲁浑同其父阿八哈、其祖旭烈兀一样，都倾向于佛教，他极力阻止伊儿汗国境内的伊斯兰教趋向。在他统治期间，很多基督教徒和犹太教徒都受到重用，被任命负责文职方面的事务。阿鲁浑任命犹太教医生撒菲·倒剌为财政大臣和重要谋士，并充分信任他。撒菲·倒剌也努力与阿鲁浑保持一致，他是一位杰出的行政官，通过阻止封建地主们的掠夺而使财政秩序得到了恢复。他不允许军事将领们无视法庭的判决，他对粮食征收官吏发布命令，控制他们对人民过度的征收。他极力要把正规的民政管理融入到蒙古的纯军事统治中。他不干涉穆斯林内政，对穆斯林之间的纠纷予以《古兰经》法处理，而不是蒙古法。他还增加慈善基金，用来鼓励和资助文人学士。撒菲·倒剌的这些举措让穆斯林无可抱怨，可他对犹太教伙伴们的重用，以及让亲属们承包除小亚细亚和呼罗珊之外地区的税收等行为，却招致穆斯林的强烈不满，他们对这位犹太教大臣十分仇恨。

阿鲁浑统治期间，极力与基督教世界结盟，希望能一起攻打统治叙利亚的马木路克。他计划在蒙古入侵叙利亚的同时，派十字军在阿迦或者达米埃塔登陆，双方从两面夹击马木路克军，获胜后瓜分其领土，阿勒颇和大马士革归蒙古人所有，圣城耶路撒冷则属于十字军。抱着这样的设想，阿鲁浑于1285年致信教皇霍诺里乌斯四世，表达此意，并提出了详细的作战计划。

1287年，阿鲁浑抱着相同的目的派聂思托里教教士列班·扫马带领另一个使团出访欧洲，拜访了拜占庭皇帝安德努尼卡斯二世、

□ 召令信徒　油画
图为教皇乌尔班二世在教廷中鼓动信徒起身响应号召，参加第一次十字军东征，以解放圣城耶路撒冷。

法兰西金发菲利普、英王爱德华一世、罗马新教皇尼古拉四世等国家元首。尽管他们在各地都受到热烈欢迎，却没有一个国家首领愿意签订阿鲁浑提出的军事协约。1288年夏末，列班·扫马带着尼古拉四世、金发菲利普和爱德华一世的回信回到了波斯。虽然列班·扫马此行并未完成阿鲁浑的夙愿，但阿鲁浑仍然对他深表感激，并任命他为聂思托里教牧师。

1289年4月10日，阿鲁浑又派新的使者布斯卡尔拜访罗马新教皇尼古拉四世、金发菲利普和爱德华一世，他在随之捎带的信中提出，愿意为出兵的十字军提供上万匹战马和装备。但布斯卡尔依旧无功而返。1290年，阿鲁浑再次向教皇尼古拉四世、菲利普和爱德华一世派出新的使者——察甘，并让布斯卡尔陪同前往。但西方各国依然没有回复。因此，法兰西—蒙古军联手攻打叙利亚的战争一直没有发生。

□《旧约全书》书衣

基督教和犹太教有着很深的渊源。基督教在西方国家兴起，他们接受了犹太教的《圣经》，抢夺了犹太教义。图为《旧约全书》书衣，上面的狮子象征着犹太人，王冠则代表至高无上的《旧约全书》。

无奈之下，阿鲁浑只得加强了呼罗珊和北高加索边境的防卫。他任命长子合赞为呼罗珊长官，斡亦剌惕部的阿儿浑·阿合之子捏兀鲁思为副手。阿儿浑·阿合受蒙古大汗所托，管理着波斯的东部和中部，在这里他拥有至高无上的权力，即使在旭烈兀掌权时也不例外，直到他去世。其子捏兀鲁思一直把呼罗珊视为己有，因此他于1288年起义，差点活捉了合赞王子。1290年，捏兀鲁思被阿鲁浑军队击败，逃往河中窝阔台汗海都处避难。在高加索，入侵波斯边境的钦察汗被阿鲁浑的副将击退。

海合都和拜都的统治

阿鲁浑病倒后，其政权受到了来自各方面的反抗。1291年3月7日，阿鲁浑逝世。在他死后，犹太教重臣撒菲·倒剌被朝臣处死。军队首领中的实权派拥立阿鲁浑的弟弟海合都为伊儿汗，在这之前，他是塞尔柱安纳托利亚的长官。海合都沉溺酒色、穷奢极欲，缺乏统治意识，是一个昏庸无能的伊儿汗。1294年，他和大臣阿赫麦德·哈里迪把纸钞引进波斯，并于9月12日在桃里寺首次发行，结果产生了比忽必烈时期更糟糕的影响，最后不得不被禁止。

在宗教事务上，海合都像重用列班·扫马一样重用马·雅巴拉哈，并让他参观了列班·扫马建在蔑剌合的聂思托里教堂。事实上，马·雅巴拉哈利用手中的权势制定了一系列有利于穆斯林的政策，并企图把蒙古异密们清理出政府部门。

以上种种倾向引起了蒙古封建主们的不满。1295年4月21日，他们以"不流血"的方式将海合都处死在木干营地。蒙古贵族们推选旭烈兀的另一个孙子拜都继承汗位。作为一位在特定时期被推上前台的汗王，拜都的地位无疑是无足轻重的。这位新汗王非常钟爱基督教，在他不足半年的统治中，很多基督教徒被他任命为行政官员，此举也遭到穆斯林的抱怨。

阿鲁浑之子、呼罗珊长官合赞立志继承父位，他在捏兀鲁思的支持下积极拉拢伊斯兰教教徒，以此得到波斯人的支持。早在1294年，捏兀鲁思就与合赞言归于好，并成为他的副手。不久，羽翼渐丰的合赞起兵反对拜都。在一次与合赞的会见中，拜都并没有听取随从的意见将合赞除掉，而是看在兄弟情分上放虎归山。很快，他就为自己的仁慈付出了代价。当他意识到自己已经陷入众叛亲离的困境之后，便企图从阿塞拜疆逃往格鲁吉亚，却在纳希切万被俘，并于1295年10月5日被处死。

□ 骑士锁子甲

蒙古士兵所着战甲由甲衣和护帽组成，两者之间又由小铁圈环套而成，其腰部由铁甲片排列连接而成，呈可折式护腰。在战场上，这样的战甲大大增加了士兵对近距离攻击的防护能力。

合赞的统治

合赞终于登上了他觊觎已久的汗位。由于形势所迫，他皈依了伊斯兰教，但他仍然是一个地道的蒙古人，周旋于蒙古人和伊斯兰教徒之间，小心翼翼地维护着自己的权力。在海顿和尚的描述中，他身材矮小、相貌丑陋，但精力旺盛、诡计多端，非常有耐心，善于隐藏内心情感，能够准确把握时机。他对敌人残忍，在管理上却很人道，具有出色的军事指挥能力、超凡的战斗力、强大的领悟能力和组织能力，他比其他蒙古人更多地继承了其祖先成吉思汗的特性。

合赞即位之初，由于根基不稳，不但不能按自己的意志进行统治，还得遵照捏兀鲁思和穆斯林团伙的政策行事。伊儿汗国很快成为正式的伊斯兰教国家，其境内的蒙古人都包上了头巾。在捏兀鲁思的煽动下，强大的穆斯林反作用力违背了自旭烈兀、阿八哈、阿鲁浑以来的全部政策，合赞成了这些所谓的支持者们的俘虏。自他进入桃里寺后，便下令毁坏基督教教堂、袄教（基督教诞生之前中东和西亚最有影响的宗教，是古波斯帝国的国教）拜火庙和佛教寺院，并侮辱佛教偶像和基督教圣像。同时，他还规定基督教徒和犹太教徒不得穿教服招摇过市。捏兀鲁思更是超越了君主的指令，对僧侣和牧师进行暗杀。他甚至下令将聂思托里教大主教马·雅巴拉哈三世处死，亚美尼亚王海屯二世在关键时刻出面干预，才使得马·雅巴拉哈幸免于难。尽管合赞和他的国家都皈依了伊斯兰教，但马·雅巴拉哈的蒙古

□ 阿鲁浑与儿子合赞

阿鲁浑手中抱着的是他的儿子合赞，身边骑马者则是他的父亲阿八哈，阿鲁浑在1284年推翻叔父帖古迭儿之后，继任伊儿汗国的第四任君主。他在位期间，竭力阻止伊儿汗国走向伊斯兰化，但是由于统治的需要，他的儿子合赞在即位之后，却叛离了父亲的遗志，皈依了伊斯兰教。

人血统还是引起了他的同情，在他自由行使权力时，便立刻恢复了马·雅巴拉哈大主教的职务。

1297年3月，蔑剌合穆斯林爆发了新的骚乱，他们洗劫了当地的聂思托里教堂和主教地。聂思托里教教徒的避难所——埃尔比勒堡也受到库尔德山民的围攻，其幕后指使人是捏兀鲁思的代理人。一直以来，合赞都十分小心地顺从着捏兀鲁思，但后者的所作所为已经让他无比厌恶，无法忍受。于是，有着很强个性的合赞决定对捏兀鲁思采取行动。1297年3月，合赞暗中逮捕并处死了留在宫廷中的捏兀鲁思党羽，同时对呼罗珊的捏兀鲁思发起攻击，在尼沙普尔将其击溃。捏兀鲁思逃往赫拉特避难，最后被狡猾的阿富汗家族交给合围赫拉特的合赞军队。1297年8月13日，不可一世的捏兀鲁思走到了生命的尽头。

成功地铲除了捏兀鲁思这块绊脚石之后，合赞投身于自己的事业当中。他虽然皈依了伊斯兰教，却忠于自己的蒙古人身份。他是一位开明贤能的君主，赏罚分明，绝不姑息养奸，即使是宗王、异密和宫臣，只要阻碍了他的行动，一律将遭到毫不留情的打击。在无情惩处侵吞、贪污国库行为的同时，合赞还通过控制贵族的掠夺来使农民免受骚扰和勒索。此举不但笼络了人心，还充实了国库。通过以上各项措施，合赞建立起了中央集权。此时的他不再是北京大汗的代表，而是他所笃信的"长生天恩赐的君主"。尽管如此，他仍然对铁穆耳大汗表示效忠。

合赞在其都城桃里寺修建了许多清真寺、学校、慈善机构等辉煌的建筑。这不仅标志着蒙古人从毁坏文明到建设文明的转变，更标志着波斯蒙古人结束了游牧生活，开始了定居的生活方式。不过，他们也渐渐地在伊斯兰教中丧失了自己的民族特征和气质，被其他民族同化，直到不复存在。

合赞统治时期，有效地维护了伊儿

□ 战败的马木路克

"马木路克"指的是奴隶或奴隶出身的人，是构成穆斯林军队的主要组成部分。14世纪，马木路克王朝和帖木儿作对，帖木儿征讨了马木路克苏丹国。图为战败的马木路克，他们在战败后遭到合赞的屠杀。

汗国的统一，有力镇压了那颜拜住之孙苏拉米什的分裂行径，将其企图在卡帕多细亚东南地区建立公国的阴谋扼杀在摇篮中。随后，他又削弱了塞尔柱苏丹的权力，对他们进行随意的任命和罢免。

在对外政策上，合赞追随旭烈兀、阿八哈和阿鲁浑的足迹，入侵马木路克统治下的叙利亚。1299年12月12日，合赞在亚美尼亚王海屯二世的帮助下攻下了阿勒颇；12月22日，他又在霍姆斯击败了马木路克军，进驻大马士革。然而，在一些法属领地丧失之后，对于已经皈依伊斯兰教的伊儿汗国来说，这些胜利已无意义，合赞撤军回到波斯。合赞撤军后，马木路克军又重新占领了叙利亚。

就在合赞远征叙利亚期间，突厥斯坦汗都哇之子忽都鲁火者不但占领了阿富汗地区的加兹尼和古尔的一块封地，还劫掠了起儿漫和法尔斯。合赞处理完这些内部事务后，于1303年春派将军忽特鲁领军远征叙利亚。4月21日，忽特鲁在大马士革附近的马尔杰·索法尔被马木路克军打败。从此，蒙古人再也没有干涉过叙利亚的事务。

合赞是一位杰出的统治者，他成功地将穆斯林的对内政策和从旭烈兀、阿八哈、阿鲁浑沿袭下来的对外政策糅合在了一起。为了夺回政权，他不惜与家族信奉的佛教决裂，皈依伊斯兰教；为了适应对外政策，拉拢蒙古封建主，他停止了对聂思托里教徒的迫害，并和聂思托里教大主教马·雅巴拉哈建立了友谊。他还和北京大汗派来波斯宫廷的使臣勃罗丞相一起，为历史学家拉施特的关于蒙古人历史的著作《史集》提供了资料来源，使蒙古历史得以流传下来。

完者都和不赛因的统治

1304年5月17日，合赞去世，其弟完者都继承汗位。完者都虽然接受过聂思托里教的洗礼，并有"尼古拉"的教名，但他却在一名妃子的影响下皈依了伊斯兰教，甚至一度成为波斯什叶派的忠实拥戴者。但完者都并没有成吉思汗族人那种同情聂思托里教的感情，在他统治期间，伊斯兰教得到了进一步发展，穆斯林也乘机对聂思托里教教徒暗加迫害，桃里寺的教堂险些变成清真寺。1310年7月1日，王室军队和库尔德山民攻陷了聂思托里教的埃尔比勒堡，并将守城者全部杀害。1317年11月13日，聂思托里教大主教马·雅巴拉哈在蔑剌合含恨而死。

完者都在国家政策上基本追随了合赞的方向，其行政机构也沿袭了前朝机制。他是一个慷慨正直的人，也是一位伟大的建筑者。1305~1306年，他在伊刺克-阿只迷西北的苏丹尼耶（其父阿鲁浑选定的位置）兴建了新都，并装饰一新。伟大的历史学家、政治家拉施特还是一位杰出的设计者，他于1309年设计了桃里寺以东的加赞尼耶城新区。

在对外政策上，完者都和合赞一样，为反对马木路克而设法与西方基督教世界结盟，并派出使团访问欧洲各国。在他统治时期，马木路克苏丹国和伊儿汗国的烽烟又起。1304~1305年，马木路克军袭击并掠夺了亚美尼亚王国。然而当他们再度来袭时，小亚细亚的蒙军让他们付出了惨痛的代价。1313年，完者都率部围攻马木路克的边境据点拉希巴堡，但因气候炎热，蒙古军在尚未取得胜利之时就自行撤退了。

1302年，小亚细亚的塞尔柱土耳其王朝灭亡，由科尼亚的蒙古长官统治该地。然而，塞尔柱土耳其王国的灭亡也使得蒙古人随时面临着诸多小突厥的异密们的反叛。拜占庭皇帝安德罗尼卡斯二世为抵抗奥斯曼帝国的扩张，把自己的妹妹嫁给完者都，以求结成联盟。随后，蒙古军入侵奥斯曼帝国的埃斯基谢希尔区，但被奥斯曼之子奥尔汗击退。事实上，伊儿汗国对安纳托利亚西北部的突厥—拜占庭边境没什么兴趣，相反，东伊朗的局势才让他们更加担心——一边是河中察合台汗们的觊觎，一边是阿富汗赫拉特狡诈的克尔特家族企图独立的野心。在赫拉特，克尔特朝的第三代王法黑剌丁俨然以独立君主的身份行事，1306年，完者都派将军答尼关蛮·巴黑都儿围攻赫拉特城，但答尼关蛮·巴黑却被法黑剌丁的副将穆罕默德·沙姆诱杀。在经过长期的抗衡之后，由于叛变和背叛，再加上饥荒，赫拉特城及其城堡投降。完者都立法黑剌丁之弟嘉泰丁为王。

1313年，完者都从忽都鲁火者之子达乌德火者手中夺取了东阿富汗地区。1315年，察合台汗也先不花为夺回地盘，亲自率兵入侵波斯。在征服了穆尔加布后，他把呼罗珊的部分地区掌握在手中。随后，北京的元军从后方进攻察合台领地，使波斯得以摆脱这一争夺。1318年，曾受到完者都欢迎的牙撒吾儿企图在呼罗珊独立。但在1320年6月，他被察合台怯别杀死。赫拉特的嘉泰丁因为一直坚决反对牙撒吾儿而得到了旭烈兀家族的信任。尽管晚年时的嘉泰丁已享有独立的权力，但桃里寺的宫廷一直把他当作东北边境的忠诚卫士。

1316年12月16日，完者都在苏丹尼耶去世，其未满12岁的儿子不赛因继承了王位。这位年幼的汗王只不过是那些争权夺利的蒙古封建主操纵下的傀儡。而忠心耿耿地维护着波斯蒙古人利益的史学家拉施特也被奸臣处死。

在不赛因统治前期，一位名叫出班的蒙古异密掌握了大权。从1317年至1327年，他一直是伊儿汗国的实际统治者，牢牢掌控着波斯的局势。1322年，他平息了自己儿子、小亚细亚长官帖木儿塔什在小亚细亚的叛变；1325年，他派兵深入捷列克河远征察合台汗国；1326年，他的另一个儿子胡赛因在加兹尼击败了察合台汗的入侵。

1327年，不赛因和出班的矛盾最终爆发，叛变的出班率部从呼罗

□ **完者都陵**

成吉思汗的子孙们率领着他们的铁骑，在占领中国的同时，也狠狠地震撼了伊斯兰、俄罗斯及欧洲。图为靠近苏丹尼亚城（在今伊朗附近）的完者都（1302～1316年在位）陵。完者都是合赞的继承人，也是第一个皈依伊斯兰教的蒙古统治者。

珊向阿塞拜疆进军。然而关键时刻，他却遭到了部众的背叛。孤立无援之下，他只好到赫拉特嘉泰丁处避难，却被嘉泰丁处死。其子帖木儿塔什逃往开罗投奔马木路克，马木路克的领导者为避免争端，将他处死。

此时，在经历了一系列的变故之后，伊儿汗国已是内部虚空。先是杰出的大臣拉施特被杀害，接着是强者出班的垮台，最后不赛因也于1335年11月30日去世。旭烈兀家族无人能够担当起领导伊儿汗国抵御外侵的重任，旭烈兀家族的兀鲁思政权宣告结束。

伊儿汗国的分解

蒙古贵族把另一支成吉思汗后裔——蒙哥、旭烈兀和忽必烈之弟阿里不哥的后裔阿尔巴合温推上了汗位。1336年,傀儡汗阿尔巴合温被一位反叛的地方长官击败并杀死。随后,两派封建主各推举出一位蒙古长官,试图夺得汗位、掌握政权。这两位蒙古长官分别是小亚细亚长官哈桑叶·札剌儿(可能是以其出身部落来命名)和出班的孙子小哈桑·库楚克。1338年,小哈桑·库楚克击败哈桑叶·札剌儿,夺得桃里寺,并在此建立了一个王国,统治着阿塞拜疆和伊剌克–阿只迷。小哈桑·库楚克于1343年去世后,其弟阿失剌甫继承了这些领地,并仍以桃里寺为都。而在巴格达建立王朝的哈桑叶·札剌儿也在1340年宣布独立。

伊儿汗国的割据局面,使它对外来的入侵已无抵抗力。1355年,钦察汗札尼别入侵阿塞拜疆,在杀死阿失剌甫后,他们撤回俄罗斯,给巴格达的哈桑叶·札剌儿人留下了可乘之机。1358年,哈桑叶·札剌儿的继承者乌畏思占领了阿塞拜疆,此时的他已是巴格达和桃里寺两地的统治者,统治着整个西波斯。1374年,乌畏思去世后,其子胡赛因·札剌儿继承汗位。

与此同时,统治着赫拉特和东呼罗珊的克尔特人的阿富汗已完全独立。1329年10月,嘉泰丁去世后,他年幼的小儿子穆兹丁·侯赛在两个哥哥分别统治了几个月后,登上了汗位。此时的阿富汗国已相当强大,而穆兹丁·侯赛本人就曾大胆干预

□ **蒙古军队骑射图　国画　现代**

游牧武士的主要生活就是作战演练。蒙古人最基本的武器是大型混合弓,这种弓比英国人的长弓更具杀伤力,其穿甲箭能在600尺内杀死敌人。这是蒙古骑兵使用的一种可怕的武器,他们能在骑马飞奔时射出所配备的30支箭。他们的其他装备包括钢盔、轻便兽皮盔甲、马刀,有时还有一支带挂钩的长矛和一把钉头锤。

□ 蒙古牧民

蒙古原本是游牧民族，脱脱迷失在都城萨莱修建了许多辉煌的建筑，这标志着波斯蒙古人结束了游牧生活。图中两个交谈的蒙古牧民憨态可掬。

河中事务。

在呼罗珊西部，土匪头子阿布德·拉札克于1337年夺取了撒卜兹瓦堡，建立了赛尔巴朵尔公国。1338年，他被其弟谋杀，后者继续了他的事业——攻占了尼沙普尔。1337年，一位名叫吐格帖木儿的蒙古宗王被拥立为汗，他是成吉思汗大弟哈撒儿的后裔。他在比斯坦建国，马赞达兰也在其统治之下。赛尔巴朵尔人在表面上承认了他的宗主权，却于1353年在暗中将他杀害，并把整个呼罗珊西北收入囊中。此时，呼罗珊东南地区处于克尔特人的统治之下。这两个伊朗王朝之间长期进行着残酷的战争。

第三个伊朗王朝，准确说来是阿拉伯—伊朗王朝，是建立于起儿漫和法尔斯的穆扎法尔王朝，其建立者是阿拉伯人穆本里克·丁·穆罕默德。1353年，他控制了设拉子；1356~1357年，他又将伊斯法罕纳入自己的统治之下。1358年，其子沙·舒贾发动宫廷政变，将他罢黜。沙·舒贾在设拉子继位，伊斯法罕转归穆札法尔朝的另一些人所有。

除此之外，西波斯的土库曼黑羊部落——喀喇·科雍鲁自从从札剌儿人手中夺取了桃里寺后，就一直居住于此，直到札尼别来到；在小亚细亚的塞尔柱土耳其王朝旧址上，两个土库曼公国正在争夺卡帕多细亚：阿尔特纳–乌鲁氏族和白羊部落——阿克·种雍鲁。之后，帖木儿也在此地的角逐中大展身手。在锡瓦斯和开塞利，1380~1399年，由著名的诗人王子布汉哀丁统治着阿尔特纳–乌鲁氏族。1400年，另一支土库曼氏族白羊氏族——阿克·科雍鲁将其取代。在卡拉曼，异密们建起了他们自己的王朝。

第 10 章
钦察汗国

CHAPTER 10

1227年，成吉思汗的孙子、术赤的长子拔都建立钦察汗国，其疆域包括成吉思汗之前划分给术赤的全部领地，以及拔都四年远征所夺得的保加尔人的领地。钦察汗国是一个由各民族组成的庞杂联合体，蒙古人较少，其主要人口是钦察人、保加尔人、花剌子模人以及其他一些突厥系族群。此时的拔都家族信奉基督教。拔都去世后，其弟别儿哥继位，钦察汗国名义上仍对蒙古大汗称藩，但实际上已成为独立国，同时，它已开始受伊斯兰教文化的影响。别儿哥去世后，拔都之孙忙哥帖木儿继承其位。到了1380年，白帐汗国汗脱脱迷失控制了钦察汗国的主要疆土，成了钦察汗，从此钦察汗全部出自白帐系。

术赤家族的领地

成吉思汗曾将也儿的石河以西的草原，即谢米巴拉金斯克、阿克摩棱斯克、图尔盖、乌拉尔斯克、阿台和花剌子模等大片草原分给长子术赤，但术赤却比他早六个月去世。成吉思汗临死前，又将这些土地赐给了术赤的儿子们。术赤的次子拔都于1236~1240年进行了为期四年的远征，在取得胜利后，他将原钦察人和保加尔人的领地也全部纳入自己的地盘，此外，罗斯地区的大小公国也都成了他的附属国，至此，他在术赤系中拥有最多的土地。

拔都的汗国占据了欧洲的大部分地区，它由黑海以北的纵向草原带组成，包括乌拉尔河流域，顿河、顿涅茨河、第聂伯河、布格河、德涅斯特河河口和普鲁特河下游区域。它还包括了穿过库班河、库马河和捷列克河流域的高加索北部草原。也就是说，它几乎囊括了古代欧洲斯基泰人的整个地区。此外，它还延伸到伏尔加河中游的耕地和森林地带，这是一片荒无人烟的辽阔草原，被称为"欧洲的蒙古利亚草原"。卢布鲁克曾描述道："从这片草原再往东，除了天和地，什么也看不见。有时，大海出现在身边，还可以看见两里格以外的坟墓。"蒙古部落，或者说由蒙古人担任首领的突厥部落就在这片荒无人烟的草原上漫游。根据历史学家拉施特的记载，成吉思汗生前的遗嘱中，在分给拔都的士兵中，具有纯正蒙古血统的士兵不到四千人，其余将士主要是由那些加入蒙古帝国的突厥人（即钦察人）、保加尔人、乌古斯人组成，这想必就是术赤汗国具有明显突厥特征的原因。

□ 皮弓囊、箭囊、角弓、羽箭

蒙古兵精湛的骑射技术是其所向无敌的原因之一，常年生活和征战于马背的蒙古骑兵个个都堪称神射手。图中，蒙军弓箭制备精良，其三尾羽的配设保证了箭射出去后能平稳飞行。

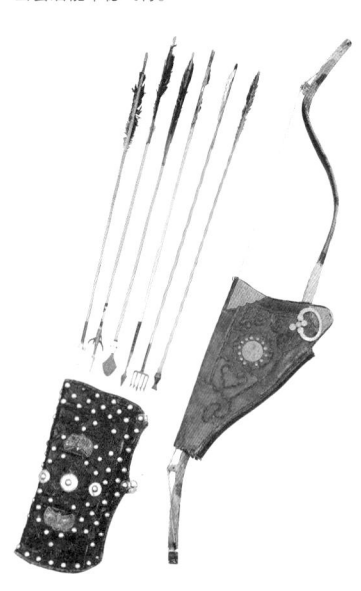

拔都的军队沿着伏尔加河流域一带活动，过着居无定所的游牧生活。春季，他们沿着伏尔加河逆流而上，来到卡马河畔原保加尔人进行贸易往来的城镇，蒙古钱币就是由该城镇铸造的。到了8月，他们又顺流而下，来到伏尔加河河口安营扎寨。他的扎营，为他日后建立拔都汗国的都城即大萨莱城奠定了基础。卢布鲁克曾对自己到营帐面见拔都的情景作了描述："我们进去时，看见拔都坐在一张宽大的椅子上，椅子很高，形状像一张大床，上面涂着金，椅子旁边设有三级台阶。拔都的妃子坐在他身边，其他的人分别坐在拔都和拔都妃子的左右方。在营帐进门处，有一张条凳，上面放着忽迷思（马奶酒）和镶着宝石的金杯、银杯。拔都的脸微微有些发红，他目不转睛地看着我们。"

□ 钦察人　插图

钦察人原本是游牧民族，但是，蒙古军队入侵到钦察草原后，带来了先进的耕种技术，因此，受到蒙古人的影响，一部分钦察人开始向定居农业劳动者过渡。这种耕种与游牧相结合的生产方式极大地提高了钦察人的生活质量。

拔都的哥哥斡儿答尽管是术赤家族的老大，但其在家族事务中所起的作用甚微。斡儿答得到的封地就是现在的哈萨克斯坦地区。其封地南面大约从卡拉套山附近的塞格纳克城一直延伸到咸海的锡尔河三角洲，即咸海东岸的整个地区。在北面，斡儿答控制的区域包括萨雷河流域以及图尔盖平原和兀鲁塔山地。1376年，斡儿答家族的最后一位继承人脱脱迷失还获取了塞格纳克和讹答剌城，这两个城与定居社会有着密切往来。在历史上，拔都的汗国被称为钦察汗国或金帐汗国，斡儿答的汗国被称为白帐汗国。

拔都弟弟昔班的封地是在斡儿答封地的北边，即南乌拉尔河的东部和东南地区（其东南地区就是俄国现在的阿克纠宾斯克和图尔盖地区）。夏季，昔班活动在乌拉尔山区、伊列克河和伊尔吉兹河一带；一到冬季，他就会向斡儿答兀鲁思方向迁移。后来，其家族将领地一直扩张到了西西伯利亚。

拔都的统治

1227年,拔都建立钦察汗国。作为成吉思汗家族长支的首领(其哥哥斡儿答无疑接受了这一事实),他对蒙古帝国的一般政策起到了相当大的影响。但是有一点必须指出,他从未提出过登上蒙古帝国最高王位的要求,在初期,他甚至赞成祖父成吉思汗要把蒙古帝国的汗位传给窝阔台家族的决定。拔都之所以放弃竞争王位,也许与其父亲那令人怀疑的身世有关。我们知道,成吉思汗的妻子、蒙古帝国四位宗王的母亲孛儿帖大约在怀术赤时,曾被一位蔑儿乞首领劫持。要说作为长子,术赤继承蒙古帝国王位是无可厚非的,但成吉思汗家族似乎对此不予理会。在玉龙杰赤的围攻战中,术赤的行为颇为反常。战后,他在自己的封地即图尔盖、恩巴河和乌拉尔河流域度过了最后的五年。在此期间,他再也没有参加过成吉思汗组织的任何一次战争,他与父亲成吉思汗之间的关系如履薄冰。以上种种原因,似乎注定术赤家族与蒙古帝国汗位是无缘的。

1250~1251年,拔都使窝阔台家族崩溃,并将拖雷家族推上了蒙古帝国的王位,为自己的家族报了仇。上文已经讲过,拔都于1250年在阿拉喀马克做出了一项具有决定性的干预,并于次年派自己的弟弟别儿哥去蒙古,以牺牲窝阔台家族为代价,扶持拖雷的儿子蒙哥登上蒙古帝国的王位。毫无疑问,蒙哥将自己登上王位的功劳都记在了拔都身上,他也从未忘记过这一恩赐。1254年,蒙哥曾对卢布鲁克说,他与拔都两人所掌握的权力,可以像太阳光那样普照整个世界,这句话似乎暗示着蒙古帝国可以由他和拔都两人共同统治。卢布鲁克也亲眼看到,在蒙哥境内,拔都的代表都能得到很高的礼遇。正如巴托尔德所指出的那样,1251~1255年,蒙古帝国实际上已经被大汗蒙哥和拔都两人瓜分了,二人之间的边界线穿过楚河和怛罗斯河之间的草原。在成吉思汗家族的其他成员中,拔都享有最高的仲裁权和推选大汗的权力。关于拔都,人们对他评价不一。蒙古人称他为"赛思汗",即仁慈的君王。然而,对于基督教世界来说,他得到的评价可不是这样。他于1237年至1241年远征罗斯、波兰和匈牙利,其间的各种残暴行为令人发指。普兰·迦儿宾把人们对他的充满矛盾的评价摘录下来:"拔都对自己人和蔼、慈祥，但在战争中却极其残酷。"

在1237~1241年的这场远征欧洲的战争中，蒙古大军经罗斯、波兰、西里西亚和摩拉维亚，直接进入匈牙利和罗马尼亚。虽然成吉思汗王朝的各个家族都参加了这次战争，但唯有总指挥拔都一人从中获利。这次战争不光打败了最后一批钦察突厥人，还征服了里亚赞、苏兹达尔、特维尔、基辅和加利奇诸罗斯公国。在之后的两百多年中，这些国家和地区一直是钦察汗国的附属国。这是一种比较严格的封臣关系，蒙古帝国的可汗们可以任意废立罗斯公国的王公，后者还有到伏尔加河下游的可汗营地向其宗主磕头作揖的义务。这种谦卑的从属关系是从弗拉基米尔的雅罗斯拉夫大公开始的。1243年，雅罗斯拉夫大公第一次面见拔都时，向其表示效忠，拔都任命他为罗斯王公的首领。1250年，加利奇王公丹尼勒也向拔都表示愿意效忠，并要求拔都为他举行任职仪式。雅罗斯拉夫大公去世后，其子亚力山大·涅维斯基大公继续与蒙古帝国保持从属关系，以求得蒙古帝国的保护，便于对付罗斯在波罗的海的敌人。事实上，接受宗主国的奴役只是他们的一种手段，因为这样至少能够帮助自己的国家度过艰难时期。莫斯科长期遭受蒙古人的奴役，直到15世纪末，伊凡三世才将其解放出来。

钦察汗国的历史与成吉思汗家族建立的另外几个汗国的历史颇为不同。对于一些被征服地区，其他汗国的领袖都在不同程度上对该地区的资源和环境加以利用，并从中获得一些经验教训。例如，忽必烈入驻中国后，其后裔成了中国人；旭烈兀占领伊朗后，其以合赞、完者都和不赛因为代表的后代们，成了波斯的苏丹。但拔都在占领罗斯后，其后裔并没有受到斯拉夫—拜占庭文明太大的影响，他们仍被称为"钦察汗"，即钦察突厥游牧部落的继承

□ 三勇士　瓦斯涅佐夫　油画　1881年　俄国　特列恰可夫画廊

钦察汗国统治了俄罗斯大草原几百年，直到伊凡大帝带领强大的军队来到，才让俄罗斯摆脱了蒙古人的统治。图为俄国画家瓦斯涅佐夫画的《三勇士》，表现了伊凡大帝军队勇士威风凛凛的形象。

人。严格说来，他们只是没有历史、没有在俄罗斯草原上旅居过的"库蛮"突厥人的后裔。从文化方面来看，钦察汗国的伊斯兰化非常肤浅，因为拔都及其后裔并未真正分享伊朗和埃及的古代文明。相反，这种文化最终使他们同西方世界割裂，变得和后来的奥斯曼人一样，只是生活在欧洲土地上的外国人。普兰·迦儿宾和卢布鲁克为我们描述了西方人对拔都汗国的印象："来到拔都汗国，感觉好像来到了另一个世界。"

基督教在罗斯地区普遍传播，同时它也在拔都家族中扎根。拔都的儿子撒里答是虔诚的聂思托里教教徒。他本是拔都家族的王位继承人，却因父亲拔都的意外去世而未能登上钦察汗国的王位。1255年，拔都在伏尔加河下游的营帐中去世，时年48岁。拔都去世时，撒里答正被派往蒙古朝觐父亲的好友蒙哥大汗。拔都死后，蒙哥命撒里答立即返回伏尔加河继承王位，但由于旅途劳累，撒里答刚到达伏尔加河畔就去世了。随后，蒙哥又提名让撒里答未成年的儿子兀剌黑赤做了钦察汗，由拔都的遗孀博剌克斤做监国，辅助其执政。不幸的是，兀剌黑赤也于两年后去世，拔都的弟弟别儿哥登上了钦察汗国的王位。

别儿哥的统治

别儿哥的统治时间大约是从1257年到1266年。他在统治期间制定的一些政策，无疑对钦察汗国的走向起着决定性的作用。别儿哥与撒里答不同，他信仰的是伊斯兰教。虽然他还不至于将钦察汗国人民信仰的包括聂思托里教在内的基督教派取缔，但他无疑会更倾向于穆斯林，特别是在处理外国事务时，这种倾向就更加明显。

别儿哥多次卷入成吉思汗王朝的内战。在阿里不哥与忽必烈的争斗中，他虽然没有直接参战，却与阿里不哥结成了盟友。后来，他又与突厥斯坦的察合台汗阿鲁忽交战，但一直失利。1262~1265年，几经交战，阿鲁忽将花剌子模夺走，该地区从拔都开始，一直处于钦察汗国的统治之下。1266年，阿鲁忽又将位于锡尔河中游的商业要塞讹答剌从别儿哥的哥哥斡儿答手中夺走，而此时，别儿哥的军队正在高加索一带同波斯汗旭烈兀作战。至此，楚河以西的整个草原地区全部变成察合台汗国的领地。

别儿哥倾向穆斯林，这也许并不是他与波斯汗旭烈兀产生分裂的根本原因，但正如阿拉伯—波斯的历史学家们所指出的那样，它至少在关键时刻被用作一种外交上的借口。据波斯作家记述，别儿哥确实曾对旭烈兀屠杀巴格达居民的行为进行过严厉谴责，并对他未和成吉思汗的宗王们商量就处置了哈里发一事深表愤慨。在术赤家族看来，旭烈兀对阿塞拜疆的占领是一种侵略行为。因此，别儿哥选择与成吉思汗蒙古人的传统敌人、穆斯林抵抗力量的领导者、受拜巴斯苏丹领导的埃及的马木路克联合，共同反对其堂兄及波斯蒙古人。从1261年起，别儿哥与拜巴斯之间开始互派外使，拜巴斯的使者驻在克里米亚的苏达克城，而别儿哥的使者则驻在亚历山大里亚。1263年，这两位君主结成了反波斯汗国的同盟。

在这场结盟中，拜巴斯成了最大的受益者。从此，他可以在钦察汗国的臣民——钦察突厥人中征集人员来补充自己的军队。更重要的是，通过这次结盟，成吉思汗王朝中蒙古人的势力正在相互抵消。由于有术赤家族的强力支持，以及别儿哥在高加索的牵制行动，拜巴斯得以成功地阻止了旭烈兀家族向叙利亚的进攻。1262年11月，旭烈兀率军穿过钦察汗国与波斯汗国在高加索的分界线打耳班关，直抵钦察汗国的捷列克河。就在这附近，他遭到了别儿哥侄孙那海的袭击，被迫退回到阿塞拜疆。不久后，他又企图渡过捷列克河的冰面，但在渡河时，马蹄踩碎了河上的冰面，许多骑兵坠河而死。

成吉思汗帝国内部的这些争斗产生了许多可悲的后果。在波斯汗国，只要抓到钦察汗国的商人，旭烈兀就会将其处死；同样的，在钦察汗国，别儿哥也会将抓到的波斯汗国商人一律处死。1266年，那海率领钦察汗国的军队穿过打耳班关，越过库拉河，直接向波斯汗国的心脏阿塞拜疆进攻。但在阿克苏河畔，他们被旭烈兀的继承人阿八哈击败，那海的眼睛受伤，其军队溃逃到失儿湾一带。随后，别儿哥率军赶来增援，却在梯弗里斯附近的库拉河畔因病去世。

1257年，笃信基督教的欧洲加利奇罗斯王公丹尼勒开始反抗蒙古人的统治，他甚至冒险去攻打钦察汗国的边境。不过，还未等到别儿哥出兵镇压时，他就重新归顺了钦察汗国。在钦察汗的强令下，丹尼勒将自己兴建的堡垒全部拆除。

另外，根据克罗麦鲁斯编年史的记载，1259年，蒙古人对欧洲发起了另一场远征。蒙古大军在一次入侵立陶宛时，将当地来不及逃入森林的居民全部杀死。随后，他们又和那些强征来的罗斯辅助军一起攻打波兰。在对桑多梅日进行了两次火攻之后，蒙军包围了居民们避难的城堡。守城的指挥官彼得拒不投降，蒙古人便派其侄子去劝降，他们承诺，只要投降，就会得到宽大处理。可是在彼得投降后，蒙古人却违背诺言，屠杀了全城居民。

□ 候主出行图　壁画　辽代

蒙古族生活在辽阔的草原上，以车马为家，常年逐水草迁徙，这就要求他们具备强壮的体魄。成吉思汗等统治者为了军事的需要，极力推崇骑术，赛马之风在军队和上流社会十分盛行。马可·波罗就曾记载蒙古人赛马的场面。图中是四位侍者持马鞭等物，等候主人上马出行的情景。人物形神兼备，画面清新活泼。

屠城之后，蒙古人继续进攻波兰的克拉科夫，最后放火焚城，波兰王贞洁者博列思老逃往匈牙利。蒙古人的此次远征，将整个波兰洗劫一空，直至奥珀伦区的比托姆。三个月后，他们满载战利品返回钦察草原。

在别儿哥执政期间，钦察汗国受保加尔皇帝君士坦丁泰奇的邀约，插手巴尔干事务，反对拜占庭皇帝迈克尔·佩利奥洛格斯。别儿哥的侄儿那海率两万铁骑越过多瑙河，佩利奥洛格斯带领希腊军队仓促应战。希腊人到达保加尔人的边境后，一见蒙古骑兵就惊惶失措，四散溃逃。最后，几乎所有的希腊士兵都死在了蒙古骑兵的战刀下，而佩利奥洛格斯侥幸乘船逃脱。随后，蒙古人洗劫了色雷斯。在此次远征中，那海将被软禁在君士坦丁堡的前塞尔柱土耳其苏丹凯·卡兀思二世解救出来，并将其带回钦察汗国。后来，凯·卡兀思二世娶了别儿哥的女儿。1265年，别儿哥将克里米亚的重要贸易中心苏达克城分给凯·卡兀思作为领地。与此同时，拜占庭皇帝迈克尔·佩利奥洛格斯也逐渐意识到与蒙古帝国结盟的重要意义。他将自己的私生女欧菲柔细纳嫁给了那海，并送给他许多华丽的丝织品，而那海在接受礼品时说，他最喜爱的是羊皮。此后的事实证明，在与钦察汗国的结盟中，佩利奥洛格斯得到了极大的好处。后来，他们还一度与埃及的马木路克苏丹国结成三国同盟，以对付拉丁世界和波斯汗国。

顺便提一下，马木路克使者为我们描述了一幅别儿哥的生动形象：他具有纯正的蒙古人血统，黄色皮肤，稀疏的胡子，头戴尖顶帽子，两耳后的头发梳成辫子，左耳戴着一只镶嵌着宝石的金耳环，腰上束着一条镶着金和宝石的保加尔皮带，脚上穿着一双红皮靴子。

最初的钦察汗国蒙古人只能住在毡帐和篷车里，除此之外，他们没有别的地方可住。这些毡帐和篷车被安置在伏尔加河一带，其安置点随季节的变换而改

□ **大尾式鎏金镶珐琅马鞍具**

图中的蒙古马鞍具木胎、鞍桥和翅都包以蓝地牡丹花珐琅银饰。其鞍后桥为较宽且平缓的大尾式，故得此名，适用于长途跋涉。

变。后来，别儿哥在拔都经常扎营的地方修建了都城萨莱。萨莱城位于伏尔加河东岸，在里海的入海口附近。它从1253年建成起，到1395年被帖木儿摧毁，一直是钦察汗国的都城。与坐落在同一地区的原可萨人的都城相比，萨莱城的地理位置更为重要，它是商旅们前往中亚和远东的起点，经讹答剌、阿力麻里、别失八里、哈密、唐兀惕境和汪古边境可以直通北京。别儿哥汗及其继承者，特别是月即别汗和札尼别汗，曾将哈纳菲派和沙菲派的穆斯林神学家们不断地吸引到萨莱城来，这些都加速了钦察汗国的伊斯兰化。

那海和脱脱

别儿哥死后，拔都之孙、秃罕之子忙哥帖木儿继承其位。从1266年到1280年，钦察草原处于忙哥帖木儿的统治之下。在成吉思汗的后裔们在中亚进行的内战中，忙哥帖木儿与窝阔台系的海都结盟，共同对付突厥斯坦汗和察合台系的八剌。1269年，忙哥帖木儿命宗王别儿克贾率五万人去中亚支援与八剌交战的海都，二人合力击败了八剌。在海都与忽必烈大汗的争位战中，忙哥帖木儿站在了海都一边。海都在俘虏了忽必烈之子那木罕后，遂将那木罕转交给忙哥帖木儿，之后忙哥帖木儿又把那木罕交还给忽必烈。此次冲突，使钦察汗国在与蒙古大汗的关系上，能够重申它的独立。在此之前，铸造于保加尔人领地上的钦察汗国的钱币，一直都铸有蒙古大汗的名字，但自从这次冲突之后，上面就只铸有钦察汗国可汗的名字。

在对外关系上，忙哥帖木儿一方面与埃及马木路克苏丹国保持友好关系，一方面继续执行由别儿哥缔造的与拜占庭帝国的友好政策。他制定相关法令来保护希腊东正教牧师们的特权，他自始至终都任用萨莱城主教塞俄罗斯特斯作为使者出访君士坦丁堡。

在忙哥帖木儿之后，其弟脱脱蒙哥继任钦察汗国的汗王。作为一位虔诚的穆斯林，脱脱蒙哥严格遵循伊斯兰教的戒律，并让伊斯兰教教长和托钵僧追随左右。在政治上，脱脱蒙哥只是一位昏庸无能的统治者，因此他很快就被迫退位，其侄儿秃剌不花取代了他。事实上，钦察汗国的实权掌握在别儿哥的侄孙那海手中。在别儿哥远征波斯和拜占庭帝国期间，那海一直担任钦察汗国的军事统帅，因此他享有很高的声望。在克里米亚使团团长和方济各会修士拉迪斯拉斯于1287年写给会长的报告中，那海与秃剌不花被作为联合帝王而提及。那海的领地主要在顿河和顿涅茨河一带，而脱脱蒙哥以及秃剌不花的领地则局限在伏尔加河下游的萨莱地区。从方济各会修士之间的往来信件中可以看出，那海对基督教徒并不敌视，他的妃子曾接受方济各会修士给她施洗礼。

对拜占庭人来说，那海是一位值得信赖的同盟者。1279年，那海协助他们推翻了保加尔王伊凡洛。此后，钦察突厥人乔治·特尔特继承了保加尔王位。在乔治·特尔特统治时期，保加尔地区被纳入蒙古汗国的保护之下，乔治·特尔特受那海制约，其子斯维托斯拉夫作为人质长期留在那海宫中，乔治·特尔特的姐姐则嫁给了那海的儿子术客。

那海长期大权在握，这令年轻的秃剌不花汗深感不安，他与属下密谋，企图聚集军队剥夺那海的兵权，谁知竟反遭老奸巨猾的那海设计。那海设好圈套，邀请秃剌不花与他进行一次所谓的友好会谈。在会谈中，那海部下将秃剌不花包围，缴其械后，将他捆绑起来。随后，那海将秃剌不花交给忙哥帖木儿的儿子脱脱，这位与秃剌不花结怨已久的年轻人立即将他处死。1290年，那海将脱脱推上王位。在那海看来，不管谁担任可汗，都将只作为他手中的驯服工具而存在。但脱脱继位后，很快就对那海的专权产生不满。1297年，他在顿河附近向那海发起了第一次进攻，但被那海击败。然而，年事已高的那海却犯了一个极大的错误，他并未追击逃往萨莱的脱脱。1299年，脱脱卷土重来，与那海在第聂伯河畔进行第二次交战。那海被脱脱打败，其军队也溃不成军。黄昏时分，那海的儿子和士兵都逃得不见踪影，老眼昏花的那海很快被脱脱军中的一位罗斯士兵抓获。那海告诉这位想要杀他的士兵，说自己就是那海，他请求士兵带自己去见脱脱。但这位士兵最终还是杀死了那海，并将那海的头砍下送到脱脱面前。对于那海的死，

□ 13世纪的热那亚　油画

　　13世纪，意大利北部的热那亚、威尼斯等城市，由于地处东西方交通的要道，商业贸易十分发达。一些威尼斯、热那亚人乘船来到钦察汗国，并在克里米亚地区建立了商业贸易市场，与蒙古人进行商业贸易。

脱脱十分悲痛，他立即将杀害那海的凶手处死。

那海死后，他的儿子们为争夺继承权打得不可开交，脱脱趁乱将他们一一击败。根据诺瓦里的记述，那海之子术客被脱脱打败后，先后逃亡到巴什基尔人和阿速人处避难，最后又逃至保加利亚。保加利亚的君王斯维托斯拉夫虽然是术客妻子的弟弟，但他害怕因此受到牵连，便在特尔诺沃将术客杀死（1300年）。

□ 火炮 插图

蒙古帝国的势力之所以能够蔓延到欧亚大陆，一方面源于他们骁勇善战的铁骑；一方面在于他们把火药应用在战争中，尤其是当蒙古军队面对中亚的许多游牧民族时，火炮更是显示出无坚不摧的威力。

就在钦察汗国陷入内乱之时，萨雷河草原和图尔盖草原上的白帐汗国在斡儿答的孙子伯颜可汗的统治下，正在平息一场来自其堂兄弟、对手古卜鲁克的叛乱。古卜鲁克得到了窝阔台家族海都和察合台家族都哇两位君主的支持。伯颜向元朝大汗铁穆耳求援，但由于两地相距遥远，使他难以得到物资上的援助。不过，他最终还是得以保住了自己在该草原上的君主地位。

自钦察汗国建国50年来，热那亚人和威尼斯人已经在克里米亚建成了商业贸易市场。早在大约1266年，蒙古政府在喀法划了一块地给热那亚人，后者便在此修建了一个领事馆和一些仓库，这是克里米亚的热那亚大殖民区的雏形。在萨莱城内，意大利商人的生意做得红红火火，这个钦察汗国的都城，已经变成了一个大型交易市场。据记载，意大利商人还在此进行奴隶买卖交易，他们买入年轻的突厥奴隶，然后转卖给埃及的马木路克作为补充兵源，致使钦察草原失去了许多优秀的士兵。脱脱汗对此极为不满，他开始仇视这些意大利商人。1307年，他逮捕了在萨莱城内的热那亚居民，接着又派军队把喀法的热那亚殖民区包围起来。1308年5月20日，热那亚居民放火烧掉了自己生活的城市，然后纷纷乘船出逃。这种紧张状态一直持续到1312年8月脱脱汗去世才得以缓解。

钦察汗国的末代王公

脱脱汗去世后,其侄儿月即别继承其位。根据拉施特的记述,在脱脱汗在位期间,月即别就因极力宣传伊斯兰教而引起了蒙古首领们的强烈不满。他们质问他道:"你应该以我们的需要为需要……我们蒙古的宗教有什么不好?为什么要我们放弃成吉思汗的札撒?为什么要我们去信仰阿拉伯的宗教?"因此,在脱脱汗死后,在提名其子为汗之前,蒙古首领们首先想到的就是取消月即别的王位候选人资格。为此,他们设计骗出月即别参加一次宴会,并准备伺机暗杀他。但他们的计谋被人透露给了月即别,月即别迅速逃离,免遭于难。不久,月即别率军杀了回来,他将那些图谋不轨的阴谋者连同脱脱汗的继承人一起杀死,随后便登上了钦察汗国的王位。后来,埃及的马木路克苏丹纳绥尔向月即别提出要娶钦察汗国的一位公主为妻的请求,月即别最初显得十分犹豫,但他最终还是满足了对方的要求。在蒙古人看来,此次联姻促进了钦察汗国与伊斯兰教官方卫士的结合,钦察汗国无疑是最大的受益者。

月即别虽然推行"穆罕默德主义",但这并不影响他对基督教徒的宽容。1338年7月13日,教皇约翰二十二世在写给月即别的信中,向月即别善待天主教使者的行为表示感谢。1339年,月即别亲自接见了本尼狄克十二世派来的方济各会修士约翰·马黎诺里。在送给月即别一匹骏马后,约翰·马黎诺里穿过钦察草原,继续向察合台地区和北京前行。

□ 蒙军攻战图　元代

游牧民族大都生息于欧亚大草原,这些民族在历史上是一股巨大的力量。他们在历史上的重要性在于他们四处扩张领土,对中国、波斯、印度和欧洲造成了破坏,也使这些国家感到巨大的压力,而这种压力不断地影响着这些地区历史的发展。图为蒙古西征军作战时的情景。

月即别还与热那亚人和威尼斯人签订了一份贸易协定，他授权热那亚的使者安东尼奥·格利洛和尼可洛·迪帕加纳在喀法重建城墙和仓库。到1316年，热那亚殖民区又呈现出一派欣欣向荣的景象。1332年，月即别批准威尼斯人在顿河河口的塔那地区建立殖民区。

在俄罗斯，特维尔市民于1327年8月15日杀死了负责征收赋税的蒙古官员，其中包括月即别的堂兄。月即别急调五万人给莫斯科的伊凡大公，命令他速去镇压这场暴动。

1340年，月即别之子札尼别继位。札尼别执政初期，对意大利商人在热那亚和塔那地区的特权表示认可，但1343年，在意大利人与穆斯林在塔那地区发生了激烈的争斗之后，札尼别遂将威尼斯人和热那亚人全部赶出塔那地区。1343年和1345年，札尼别两次出兵包围喀法城，在遭到热那亚人的顽强抵抗后，钦察汗国军队被迫撤离。随后，热那亚人和威尼斯人开始封锁刻赤以东、蒙古境内的黑海海岸。1347年，札尼别汗被迫授权意大利人重建塔那殖民区。在钦察汗国，对西方人的仇视与伊斯兰教的发展是同时进行的。伊斯兰教的发展是从月即别汗开始的，至札尼别汗统治时期已经结出丰硕的果实，埃及马木路克的影响已经渗透到钦察汗国的政治和社会生活的方方面面。在宗教信仰方面，钦察汗国已从成吉思汗时期的宗教信仰自由政策转向了马木路克的穆斯林狂热。

波斯在旭烈兀汗国崩溃后，就一直处于一种极度混乱的状态。这让札尼别汗产生了一偿家族夙愿的想法——征服阿塞拜疆。1355年，札尼别汗不但征服了波斯，还夺取了原波斯汗国的都城桃里寺。札尼别汗把桃里寺统治者阿失剌甫处死后，将其首级悬挂在大清真寺门口示众。随后，札尼别汗将桃里寺交给自己的儿子别儿迪别来统治，但没过多久，由于札尼别病危，别儿迪别又被召回钦察汗国。1358年，札剌儿人把钦察汗国的军队赶出了阿塞拜疆。

1357年，札尼别去世，别儿迪别继位。别儿迪别在继位两年后也去世了，此时的钦察汗国陷入混乱中。术赤家族的几位宗王展开了对钦察国汗位的争夺战。实权主要掌握在新的王位拥立者马麦的手中，同过去的那海一样。至1380年，马麦成为了钦察汗国的真正主人。不过，钦察汗国的威望在这些内战中消耗殆尽，从1371年开始，罗斯的王公们已不再到萨莱王宫向蒙古人表示效忠，甚至不再上交贡赋。1373年，钦察汗蒙古人出兵镇压产生叛逆之心的罗斯王公，却遭到莫斯科大公德米特里·顿斯科伊的迎头痛击，蒙古人大败而逃。1376年，德米特里·

顿斯科伊向喀山方向发起反击。1378年8月11日，他在沃查河上第一次打败了马麦的军队。马麦的第二次溃败发生在1380年9月。这是一场关键性的战役，战争初期，双方胜负难分，但到后来，马麦的蒙古军队因伤亡惨重而被迫撤兵。马麦虽然很有才干，但在与热那亚殖民者的斗争中却极不走运。这次惨败之后，蒙古人被迫承认苏达克和巴拉克拉瓦地区归热那亚人所有。

马麦兵败，导致钦察汗国损失惨重，蒙古军队的士气也一蹶不振，在基督教势力的反击下，眼看就要崩溃了。就在这时，来自东方的另一位成吉思汗的后裔、白帐汗国的脱脱迷失汗的出场，给钦察汗国带来了一线生机。

我们之前提到过，从北起兀鲁塔山至锡尔河下游，到塞格纳克的萨雷河草原，都是属于白帐汗国的领地。白帐汗国的第一位可汗是拔都和别儿哥的哥哥斡儿答。斡儿答的第六位继承人是兀鲁思汗。在兀鲁思汗执政期间，他的侄儿脱脱迷失企图争夺汗位，但都被兀鲁思汗击溃。随后，脱脱到撒马尔罕去求助于河中之王帖木儿。帖木儿非常乐意将成吉思汗家族的这位王位争夺者归顺到自己门下，他把位于河中和白帐汗国交界处的讹答剌、扫兰和塞格纳克城割让给脱脱迷失。但是，脱脱迷失未能守住这些领地，他几次被兀鲁思汗和他的三个儿子从这些城市赶走。有一次，脱脱迷失被忽特鲁格不花打败，并被追得无处可逃，眼看就要束手就擒时，忽特鲁格不花却被乱兵杀死，脱脱迷失才侥幸逃回。在丢掉这些领地后，脱脱迷失再次求助于帖木儿。在帖木儿的支持下，脱脱迷失又一次杀回扫兰城。但没过多久，他再次被兀鲁思汗的另一个儿子脱黑脱乞牙赶出扫兰城。随后，帖木儿亲自率军进入草原，于1377年年初打败了白帐汗国。不久，年迈的兀鲁思去世，他的两个儿子脱黑脱乞牙和帖木儿灭里先后继承汗位，但他们与脱脱迷失之间依然胜负难分。在帖木儿退回河中后，帖木儿灭里便立即向脱脱迷失发起进

□ 蒙古贵族与他的仆人们　元代

在这幅蒙古绘画中，坐在右边的是一位富有的贵族，他正等着仆人送来食物。

攻。1378年冬，依旧是在帖木儿的全力支持下，脱脱迷失最终打败了帖木儿灭里，登上了白帐汗国的王位。

登上白帐汗国的王位后，脱脱迷失这位一直依靠帖木儿的虚弱的汗王立刻变得雄心勃勃。此时，乌拉尔河以西的钦察汗国正在与企图脱离蒙古帝国控制的罗斯王公们激战。脱脱迷失瞅准这一机会，离开塞格纳克城，企图征服罗斯诸国。这场战争一打就是好几年。1380年9月8日，在库利科夫，马麦被罗斯大公德米特里·顿斯科伊打败。脱脱迷失趁火打劫，在迦勒迦河边的马里乌波尔地区将他彻底打败。溃败的马麦逃到了克里米亚的喀法，热那亚人背叛了他，将他就地处死。

马麦一死，脱脱迷失便登上了钦察汗国的王位。现在，他既是白帐汗国的可汗，又是钦察汗国的可汗，他把术赤家族的全部领地再度统一起来。他住在都城萨莱中，控制着位于锡尔河河口和德涅斯特河河口之间的整个草原。

□ **钦察汗前的处刑图**

钦察汗脱脱迷失是国家首领，具有绝对的权威。图为囚犯在钦察汗前受刑的情景。

当了钦察汗的脱脱迷失随即要求罗斯的王公继续承认钦察汗国的宗主国地位，但这些罗斯王公们受到库利科夫胜利的鼓舞，拒绝了他的要求。于是脱脱迷失入侵罗斯诸公国，将苏兹达尔、弗拉基米尔、尤利和莫扎伊斯克城等洗劫一空，1382年8月，他又将莫斯科夷为平地，那些企图干涉罗斯事务的立陶宛人，在波尔塔瓦附近遭受了一场腥风血雨的洗礼。自此，基督教的罗斯又被蒙古人继续统治了一个世纪。

脱脱迷失的意外复辟，重新恢复了钦察汗国的权威。钦察汗国与白帐汗国的统一，则让脱脱迷失成为了一个新的拔都，新的别儿哥。这场复辟在当时产生了极其巨大的影响。因为此时的成吉思汗后裔们已经衰颓，他们或者已被赶出中国，或者已被波斯排挤出去，或者已被突厥斯坦消灭。而岿然屹立在欧洲草原上的脱脱迷失无疑是这个显赫家族中唯一的希望。

作为蒙古帝国的光复者，脱脱迷失认为，他应当追随祖先成吉思汗的步伐。也许就是怀抱着这种远大理想，他再次入侵河中和波斯。如果时间退回到20年前，当这两个地区还处于混乱无序的状态，那么脱脱迷失的理想可能会实现。但是，就在脱脱迷失南征北战的几年中，河中和波斯已成为一流统帅帖木儿的囊中之物，二人之间免不了展开激战。战争爆发于1387年，一直持续到1398年才结束。

第 11 章
帖木儿

CHAPTER 11

帖木儿是撒马尔罕南部渴石的君主哈吉的侄儿，他是突厥人而不是蒙古人。大约在1360年3月，察合台汗秃忽鲁帖木儿趁乱占领了河中的伊犁地区，重新恢复了对原察合台兀鲁思的统治。帖木儿的叔叔哈吉放弃了徒劳的斗争，弃渴石而逃往呼罗珊。聪明绝顶的帖木儿趁机向秃忽鲁帖木儿汗称臣，后者承认了他对渴石的统治权。后来，帖木儿又与秃忽鲁帖木儿汗决裂，投奔巴里黑、昆都士和喀布尔的主人迷里忽辛。1364年，帖木儿把迷里忽辛扶上西察合台可汗的宝座。但在1369年，他杀死迷里忽辛，宣称自己是察合台汗国的继承人，建立了帖木儿帝国。然而，由于缺乏成吉思汗帝国那样的稳固性和持久性，帖木儿帝国从一开始就显得极不稳固。它呈现出的是突厥—波斯式的文化基础、突厥—成吉思汗式的法律体系、蒙古—阿拉伯式的政治宗教信条。在帖木儿死后，其帝国虽然出现过沙哈鲁、兀鲁伯、忽辛·拜哈拉、巴布尔等天才的继承者，却仍然很快就退缩到河中和呼罗珊这些狭小的地区。

帖木儿夺取河中

　　帖木儿被称作"跛子帖木儿"，出生在撒马尔罕以南的渴石城，即今天的"绿城"沙赫里夏勃兹。相关历史学家认为他可能是成吉思汗的一位伙伴的后代，也或者是成吉思汗的亲戚。但事实上，帖木儿是突厥人而不是蒙古人。他是河中巴鲁剌思部一个贵族家庭的后代，而渴石是巴鲁剌思部的统治地，它的四周有一些庄园。

　　从前文中，我们应该对当时河中属地所处的环境有所了解。按理它应该是一个蒙古汗国，但事实上它却是突厥邦联。在精明的"宫廷侍长"迦兹罕的推动下，当时的河中地区再次对中亚产生一定的作用。1357年，迦兹罕被暗杀，河中重新出现无政府状态。1358年，帖木儿的叔叔、渴石君主哈吉和另一个地区的突厥贵族巴颜一起，将迦兹罕的儿子米尔咱·阿布达拉赫驱逐出境。但这二位都没有政治才能，根本无法号令河中的突厥贵族。值得一提的是，迦兹罕的孙子迷里忽辛此时已经是河中地区一个重要的封建割据国家的君主，该国家位于阿富汗境内，喀布尔、巴里黑、昆都士、巴达克山都是其领地。大约在1360年3月，察合台汗秃忽鲁帖木儿趁乱占领了河中的伊犁地区，重新恢复了对原察合台兀鲁思的统治。帖木儿的叔叔哈吉放弃了徒劳的斗争，弃渴石而逃往呼罗珊。

　　聪明绝顶的帖木儿意识到，该是自己崭露头角的时候了。当然，这位25岁的年轻人并没有莽撞地投入到抗击伊犁地区蒙古人的战斗中，而是努力寻找一条合法继承其叔叔哈吉的王位，成为统治渴石的巴鲁剌思部首领的途径。很快的，帖木儿就向秃忽鲁帖木儿汗表达了愿意为其效忠的意愿。他的理由是，叔叔的逃跑即将导致家族的衰落，为了公众的利益，他个人付出什么样的代价都是无所谓的。秃忽鲁帖木儿汗当然很高兴获得这样一个有价值的支持者，他承认了帖木儿对渴石的统治权。不久，哈吉在察合台军队暂时撤退之后重新回到渴石。帖木儿立即向叔叔哈吉发起攻击，初战告捷。但他随后却遭到了其军队的背叛，势单力薄之下，他只好请求叔叔哈吉的原谅，后者宽恕了他。1361年，秃忽鲁帖木儿汗从伊犁地区返回河中，帮助帖木儿夺回了渴石。随后，忽毡异密迷里拜牙即、巴勒都斯部巴颜、哈吉和帖木儿等所有河中突厥贵族都去觐见秃忽鲁帖木儿汗。为了威慑这些凶悍的突厥人，秃忽鲁帖木儿汗无缘无故将迷里拜牙即处死，以杀一儆百。哈吉作为持有异议的人，见势不妙，便慌忙逃往呼罗珊。他一到呼罗珊，就在撒卜兹瓦儿附近被人暗杀。帖木儿立即赶到呼罗珊惩处凶手，而事实上，他现在已经彻底摆脱了前进路上的对手，巴鲁剌思部首领和渴石唯一的君主之位已经属于他。帖木儿的成熟和他的聪明才智深得秃忽鲁帖木儿汗赏识，后者在任命自己的儿子也里牙思火者为河中长官的同时，任命帖木儿为也里牙思火者的辅臣。

帖木儿一直盘算着，只要忠于察合台家族，就能够在察合台汗国占有重要位置。然而，秃忽鲁帖木儿汗很快授予另一位异密别吉克在他儿子也里牙思火者身边掌管最高权力，而帖木儿却被授予次一级的职位。为此，帖木儿果断地与秃忽鲁帖木儿汗决裂，他离开也里牙思火者而投奔内兄迷里忽辛。迷里忽辛是巴里黑、昆都士和喀布尔的主人，帖木儿曾经帮助他征服巴达克山。接着两人去为波斯锡斯坦王公效力，过着冒险家的生活。

后来，他们又返回迷里忽辛在阿富汗境内的地盘，并在昆都士组织军队，然后向河中地区发起攻击。为阻止他们的攻势，察合台军队在瓦赫什河的石桥附近设置防线。但帖木儿用计谋渡过了瓦赫什河，并一举击败察合台军队。他们继续沿着铁门之路挺进，去解放渴石城。也里牙思火者的全力抵抗依然没能挽回败势。1363年，在离渴石和撒马尔罕不远的塔什·阿里希和卡巴·马坦之间地区，帖木儿大败也里牙思火者，后者逃往伊犁。帖木儿和迷里忽辛追至忽毡以北，直抵塔什干，从蒙古人手中解放了整个河中地区。在石桥和卡巴·马坦两战之间，也里牙思火者得到其父秃忽鲁帖木儿汗在伊犁去世的消息。

河中地区虽然得到了解放，但在离开察合台系的统治之后，该地区的任何一个

□ 蒙古征服者"跛子帖木儿"

帖木儿是帖木儿王朝的奠基人。他于1336年出生于西察合台汗国的一个信奉伊斯兰教的突厥化蒙古贵族家庭，在一次拦路抢劫时被阿富汗人打伤了腿，因此被称为"跛子帖木儿"。1369年，他杀死西察合台的苏丹，宣称自己是成吉思汗的继承人，建立了帖木儿王朝。1405年，他率领20万军队进攻明朝，途中病死，其帝国逐渐走向分裂。

□ 屠杀敌军 插图

帖木儿以铁血政策治军，因此其军队具有非常强的战斗力。这些武士骁勇善战，甚至近乎暴戾，每当攻陷一座城池，帖木儿的军队都大肆烧杀抢掠。图为正在屠杀敌军的帖木儿军队。

突厥贵族，包括帖木儿、迷里忽辛在内，都无法驾驭它。帖木儿和迷里忽辛意识到，要想统治河中，至少得在形式上保留成吉思汗的合法性。他们认为，有必要找一个察合台系的傀儡来承认他们的胜利，然后在这个傀儡的名义下，由他们亲自进行统治。为此，他们找到了都唯的曾孙哈比勒·沙，此人当时已隐姓埋名。"他们把他扶上王位，向他献上御杯，各地封建主在御前九叩首。"自此以后，他们不再去注意他。因为哈比勒·沙是一位真正的察合台人，按照成吉思汗的法律，他可以被看作是神授的汗王。因此，当他成为河中王国的君主，便使河中王国合法化和神圣化了，那么任何察合台人都无权再干涉河中地区的事务，包括伊犁地区的察合台蒙古人。

也里牙思火者回到伊犁后，继承了其父亲的王位，随后他对河中地区发起了最后一次攻击。1364~1365年，也里牙思火者率军向河中地区进攻。在锡尔河北岸的塔什干和钦纳兹之间的"泥沼之战"中，他将帖木儿和迷里忽辛打败。迫使他们一直退到阿姆河畔，迷里忽辛逃向昆都士以北的萨里·萨莱，帖木儿逃向巴里黑，留下河中让也里牙思火者任意入侵。然而，当也里牙思火者围攻撒马尔罕时，局势发生了变化。撒马尔罕居民在穆斯林毛拉的鼓动之下，奋起抵抗，也里牙思火者的军队又因流行疾病而大大削弱了战斗力。1365年，也里牙思火者被迫从河中撤退，返回伊犁。

帖木儿与迷里忽辛的斗争

帖木儿和迷里忽辛解放了河中，他们的双头统治在帖木儿娶了迷里忽辛的妹妹以后得到了进一步加强。但是，这样的双头统治从一开始就埋下了斗争的伏笔。除占有河中之外，迷里忽辛还占有包括巴里黑、昆都士、胡勒姆、喀布尔等城市的阿富汗王国，其势力远比帖木儿强大。但帖木儿的个性更强，不过他只控制着撒马尔罕城门边的渴石城和卡尔施城。两人在打败并赶走也里牙思火者之后，各自回到撒马尔罕重新组织自己的国家。

迷里忽辛以最高君主的身份自居，甚至向最高地位的贵族们征税。帖木儿则从自己的金库里拿出钱来补助这些贵族们，以获得他们对自己事业的支持。帖木儿还把属于自己妻子即迷里忽辛的妹妹的珠宝，带侮辱性和谴责性地回送给迷里忽辛。在妻子去世后，他和迷里忽辛之间的关系彻底破裂。帖木儿在被迷里忽辛赶出卡尔施城后不久，又卷土重来，攻占了卡尔施城，并成为了不花剌的君主。迷里忽辛亲率大军，从昆都士以北的萨里·萨莱出发，对帖木儿采取报复行动，最后从帖木儿手中夺取了不花剌和撒马尔罕。自知不敌的帖木儿逃往呼罗珊。

我们似乎可以看出，帖木儿已经不是第一次逃亡了。但我们并不能就此认定这是一种懦夫行为，因为在他身上，无疑具有军人的勇敢，以及作为一个普通士兵的冲锋陷阵的闯劲和胆量。他其实是有心计的，因为他知道什么时候应该停下来等待时机。因此，我们随后看到，从呼罗珊到塔什干，帖木儿又开始了他的冒险生涯。在塔什干，他毫不犹豫地与自己的凤敌——伊犁地区的察合台蒙古人签订了第二次合作协议，并极

□《武功记》书影

《武功记》主要记述了帖木儿的生平事迹，以及其所进行的主要征服战争和开拓疆域的显赫功绩。书中对帖木儿建都撒马尔罕、征服察合台全境及波斯、花剌子模等地的军事史记载非常详细。此外，书中对帖木儿与明王朝的关系也有所涉及。

力煽动察合台蒙古人入侵河中。次年春，察合台蒙古人展开了对河中的入侵，但失败而归。帖木儿准备好要从迷里忽辛手中把河中重新夺回来。《武功记》极力为这位冒险家的冒险行为寻找借口。需要指出的是，帖木儿从未被蒙古人邀请来执行这次蓄谋的背叛行动，因为迷里忽辛在受到自己对手领导的另一次蒙古人入侵时，感到十分吃惊。迷里忽辛借助于维系他与帖木儿两人关系的伊斯兰教向帖木儿求和，他指出，为了防止神圣的河中土地被伊犁地区和裕勒都斯流域的半异教徒蒙古人掠夺，他们必须团结一致。

这正是帖木儿所期待的，他声称自己也梦想着他们能联手，采取一致的行动。和平再次实现了，迷里忽辛和帖木儿之间又重新建立起不太明确的共同统治关系。而帖木儿也恢复了他对渴石领地的统治。

□ 帖木儿庆祝儿子降生

帖木儿的妻儿众多，他的很多儿子在战场上都是他的左右手。图中，他正为庆祝儿子的降生而大宴宾客。

二人的结局就好像一幕东方式的虚伪喜剧，在完成了对友谊的再三声明、重归于好的拥抱和高喊着《古兰经》虔诚格言的一系列演出后，接下来便是背叛、袭击和处决。帖木儿似乎一直是迷里忽辛盟友的扮演者，他曾经帮助迷里忽辛平定了喀布尔城堡的叛乱和巴达克山山民的起义。但是如今，这种所谓盟友的帮助，却演变成了一种监督、强制甚至威胁。迷里忽辛预感到，河中必将落入这位"盟友"的手中。因此，他把自己的活动逐渐局限在阿富汗地区，并加紧在巴里黑重建城堡，据说，他的这一行为令帖木儿"感到不快"。

歇里甫丁在《武功记》里作出了神明似的虔诚宣告："上帝需要什么事情发生时，就会提供各种理由，然后这些事情就会自然而然地发生。上帝注定要把亚洲帝国给予帖木儿和他的子孙，他预见到了帖木儿的温和统治，他将带给他的臣民们幸福。"这种神的腔调显然有些自相矛盾,但无疑却是最适宜的。歇里甫丁继续对造成迷里忽辛与其他封建主疏远的原因——贪婪、固执、无礼等行为进行了道德上的解释。紧接着又是一次阴谋纠纷,迷里忽辛自然在纠纷中不断出错,并被谴责设圈套陷害帖木儿。事实上,正是帖木儿对迷里忽辛不宣而战,发动了突然袭击。帖木儿从渴石出发,在帖尔木兹偷渡阿姆河,入侵了迷里忽辛的封地巴克特里亚,将昆都士守军、巴达克山主包围。

□ 丹丹乌里克遗物

帖木儿对波斯反叛地区进行了惨绝人寰的惩罚,使该地农耕系统被破坏,土地沙漠化。丹丹乌里克是塔克拉玛干沙漠埋葬的众多城镇之一,图为丹丹乌里克遗物。

随后,帖木儿又突然出现在巴里黑城下,包围了没有防备的迷里忽辛,让他毫无突围的希望。不幸的迷里忽辛只得交出权力投降,前往麦加朝圣。帖木儿仁慈地宽恕了他,当他再见到迷里忽辛时,的确是热泪盈眶。不过《武功记》里讲道:帖木儿的侍从背着帖木儿处决了流亡者迷里忽辛。巴里黑的大部分居民们因忠实于迷里忽辛,最后都遭到同样的厄运。

帖木儿帝国

1370年4月10日，34岁的帖木儿头戴金王冠，系着帝王腰带登上王位，王公和异密们全都跪拜在他面前。帖木儿宣称自己是成吉思汗和察合台的继承者和接任者。但是，他的称号尚不明确，似乎是在1388年才采用了苏丹的称号。尽管被他和迷里忽辛共同扶上王位的哈比勒·沙汗早已公然站在迷里忽辛一边反对他，尽管他也确实想过要摆脱哈比勒·沙汗这个傀儡包袱，但他始终不敢把成吉思汗家族的傀儡皇帝们废除掉，因为他明白，自己必须在不可争辩的合法原则下行使权力，才能真正得到河中贵族们的服从。最后，他另立了一位效忠于自己的成吉思汗宗王锁咬儿哈的迷失取代了哈比勒·沙汗，并把哈比勒·沙汗处死。锁咬儿哈的迷失可汗的统治是从1370年至1388年。他死后，其子被帖木儿推上王位，即马合谋汗（1388~1402年在位）。帖木儿帝国政府的政令，都是以适当的尊重和合乎礼仪的方式让这一显赫家族的后裔们签名颁发的。他们显然是一群被帖木儿操纵的傀儡，完全服从于帖木儿的意志。用杜格拉特部穆罕默德·海达尔二世的话来说，撒马尔罕的可汗们完全被当作政治囚犯看待。

在对待统治权问题上，帖木儿便不再坦率，甚至持诡辩的态度。事实上，他已经以突厥统治取代了蒙古统治，用帖木儿帝国替代了成吉思汗帝国。对于法律，他并不要求从根本上改变它，所以他从未提出过要废除成吉思汗的札撒而赞成沙

□ 帖木儿之门　油画

帖木儿出生在一个突厥化的蒙古贵族家庭，他信奉伊斯兰教，讲突厥语。帖木儿虽然生性残暴，却是一位优秀的谋略家。14世纪，他统治下的帝国像一股暴风，席卷广阔的中亚草原。图为卫兵保卫下的帖木儿居所。

里亚法或者穆斯林法律。正因为如此，在中亚居民眼里，他完全是一副成吉思汗继承人的样子，或者完全是另一个成吉思汗。而实际上，帖木儿行事所求助和依据的是《古兰经》，预言他将取得成功的是伊玛目和托钵僧。即使是在他与穆斯林作战时，他的战争也具有圣战的特征。他只得谴责这些穆斯林——最近才皈依伊斯兰教的伊犁和回鹘地区的察合台人，或者是谴责容忍数百万印度教臣民的德里苏丹们对伊斯兰教的冷淡。

由于缺乏成吉思汗帝国那样的稳固性和持久性，帖木儿帝国从一开始就显得极不平衡。它呈现出的是突厥—波斯式的文化基础、突厥—成吉思汗式的法律体系、蒙古—阿拉伯式的政治和宗教信条。在这方面，帖木儿具有与欧洲的查理五世皇帝一样的多样性。不过，这些矛盾在他个人身上并不十分明显。或者说，这些矛盾隐隐约约突出他无与伦比的个性，即经历了两大时期边缘上的几种文明的超人的个性。这个身材魁梧、头部很大、皮肤呈褐色的征服者，总把他的手放在佩剑旁边，能把强弓拉到自己的耳部，其枪法准确无误，和成吉思汗极为相似。同时，他还和成吉思汗一样，奔走在世界各地，征服各个国家，并对其进行统治。然而，成吉思汗帝国在成吉思汗去世后仍继续存在了4个多世纪，虽然其后继者们不乏平庸无能之辈；而帖木儿死后，其帝国虽然出现过沙哈鲁、兀鲁伯、忽辛·拜哈拉、巴布尔等天才的继承者，却依然很快就退缩到河中和呼罗珊这些狭小的地区。

成吉思汗帝国之所以能够得以延续，与其帝国建立的基础有关。它是建立在以鄂尔浑河为中心的蒙古地区的古代帝国基础之上的，而不朽的草原帝国从古代匈奴人开始就已经建立起来，柔然和哒人从匈奴人手中继承了这一帝国，柔然

□ 帖木儿东征

1403年春，时年67岁的"跛子帖木儿"在扫荡了整个小亚细亚半岛之后，达到了他事业的顶峰，至此，他已经连续征战六年。此后，他又着手准备东征明朝，其主要目的有二：一是重建成吉思汗帝国，二是宣扬伊斯兰教。

传给了突厥，突厥又传给回鹘。当成吉思汗出生时，这一帝国已经传到了克烈人手中。这既是一种自然结构，即草原结构，又是一种种族和社会结构，即突厥—蒙古游牧主义结构。这是一种最简单的唯一植根于自然规律之中的结构，因此比较牢固。这一自然规律促使游牧民不断地去寻找掠夺物，并竭力使掠夺之地的定居居民归顺于他们。因此，草原帝国的建立和周期性的复兴，是人类地理学上的规律性之一。游牧民的草原帝国犹如洪水，每隔一段时间总要发生一次，左右着草原边境上定居居民的命运。这种状况直到定居居民在科学武器的应用上取得了人为的优势之后，才彻底结束。

帖木儿帝国建立的基础则完全不同于成吉思汗帝国。帖木儿所统治的河中本身并不是帖木儿帝国建立的动力策源地，它仅仅是14世纪末表面上的一个地理中心，而它在当时成为风暴中心更是纯属偶然。我们知道，支配亚洲历史进程的力

□ 帖木儿帝国

通过三十多年的征服战争，帖木儿创建了帖木儿帝国，其邻近帝国无一能够迎其锋芒。帖木儿帝国定都撒马尔罕，领土从德里到大马士革，从咸海到波斯湾。

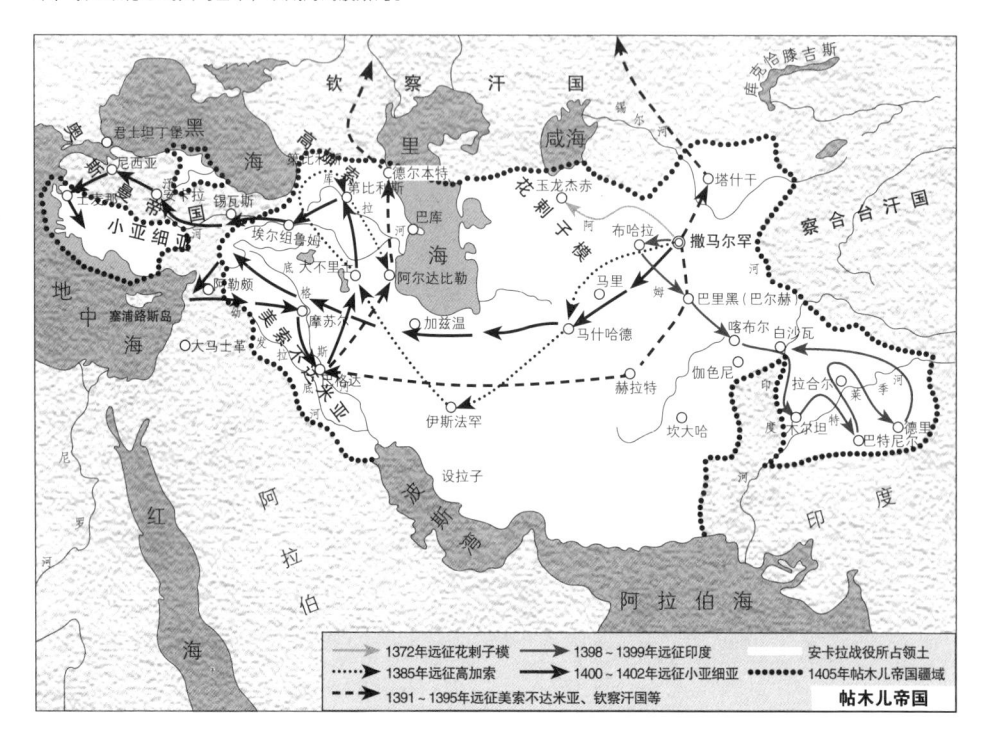

量有两种：其一是以中国、印度、伊朗为代表的亚洲外缘的定居文明力量，它的特征就是以同化的方式将一个又一个的蛮夷之地逐渐征服，从长远发展的观点来看，同化的作用比武力更强大。其二就是来自于游牧民的强大力量，这种力量产生于游牧民所处的饥饿的威胁之中，就如同饥饿的狼群总要以某种方式掠夺膘肥肉厚的牛羊一样。但是，帖木儿帝国不属于以上任何一种情况。他之所以能在几年内震荡东半球，首先凭借的是他个人的超人的个性。"帖木儿"在突厥语中意为"钢铁般的人"，这也正是他本人的性格。

□ 帖木儿

帖木儿虽然是被征服地区残暴的破坏者，但他将各地的瑰宝和人才聚集到首都撒马尔罕，将该城建成一个繁华的都市。此外，他还积极赞助学者和艺术家，他的时代也因此被称为"帖木儿的文艺复兴时代"，但遗憾的是其影响范围和延续时间都很短暂。此图描绘的正是帖木儿欣赏歌舞的情景。

14世纪末，钢铁般的帖木儿把一个可怕的军事政权建立在了塔什干和阿姆河之间，虽然它是一个短命的政权。在熟知了13世纪中亚的历史以后，我们应该知道，成吉思汗以前的河中突厥人尽管很勇敢，却极为散漫。当然，稍微近代的土库曼人和吉尔吉斯人的无政府状态就更不用说了。相反的《武功记》认为：在帖木儿帝国时期，这些河中突厥人似乎天生就具有军纪，其队形在击鼓或吹号之前就编排好了，队伍也不用口令进行编排。毋庸置疑的是，在经历了两个世纪的历练之后，这些散漫的突厥人被严格执行的札撒训练成为各种兵种的职业军人，这在帖木儿对西伯利亚和印度的季节性进攻中得到了有力的证明。然而，两个世纪以来，这些勇猛的突厥军队甚至都没有机会来发挥和展示他们的性格和力量。在这两百年中，忽必烈统治下的鄂尔浑蒙古人征服的铁骑驰骋在整个远东地区，钦察汗国蒙古人的兵锋已经指到了维也纳的大门，旭烈兀蒙古人正力图饮马埃及河边，只有处在察合台境内突厥斯坦的这个帖木儿王国的突厥—蒙古人停顿哀叹，他被三个成吉思汗兀鲁思紧紧围困而动弹不得。现在，帖木儿王国四周的阻碍全都拆除了：阻止河中人西进的波斯汗国已经不复存在，西北方向的钦察汗国已处于衰落之中，无力挡道。通往戈壁的道路也因蒙兀儿斯坦的毁灭而敞开，德里苏丹国因暂时的衰退而没有形成察合台初期时保卫印度河的屏障。于是，帖木儿统治下的这些长期以来被迫无所事事的河中人，迅速向四面八方出击扩张，以取得两个世纪以来的补偿，因为在那个时期，一直是外部的突厥—蒙古兀鲁思独自享受着征服的荣誉和快意。

帖木儿王朝的史诗（如果可以用"史诗"来形容一系列背叛和屠杀的话），虽然在种族上属于突厥，但它实际上仍属于蒙古史诗的一个组成部分，尽管它来得比较晚。

第 12 章
昔班王朝

CHAPTER 12

1502年，克里米亚汗明里·格来攻占并摧毁了钦察汗国都城萨莱。至此，克里米亚汗国、喀山汗国和阿斯特拉罕汗国这三个小汗国将钦察汗国的地盘瓜分殆尽，但它们最后也相继灭亡。与此同时，被遗留在北方草原上的成吉思汗别支——昔班家族开始活跃在蒙古帝国的历史舞台上。昔班是成吉思汗之孙、钦察汗国大汗拔都和别儿哥的弟弟。昔班家族王子阿布海儿创建了乌兹别克政权。阿布海儿的执政，使昔班家族达到了巅峰时期。阿布海儿之后，其孙子昔班尼结束了帖木儿王朝，登上了河中的王位。不久，昔班尼成为了西突厥斯坦、河中地区、费尔干纳和呼罗珊地区的主人，他统治下的乌兹别克帝国成了中亚的主要强国。1510年12月，昔班尼被波斯沙赫伊斯迈尔杀死。在昔班尼之后，阿布德·阿拉赫重新恢复了昔班家族昔日的辉煌。但在1598年初，昔班王朝仍然没能逃脱灭亡的命运。

钦察汗国的灭亡

14世纪末，蒙古人斡儿答家族成员帖木儿·忽特鲁格在帖木儿的支持下，击败钦察汗脱脱迷失并取而代之。1399年8月13日，帖木儿·忽特鲁格在第聂伯河支流沃尔斯克拉河附近大败立陶宛大公维托夫特的军队，因为他在脱脱迷失的怂恿下，企图插手钦察汗国的国家事务。这次战争的胜利，进一步巩固了罗斯蒙古人的统治地位。

1400年，帖木儿·忽特鲁格去世，其弟沙狄别继任钦察汗。沙狄别统治着钦察草原，而东部草原却被处于帖木儿保护之下的白帐家族后裔科利贾克控制。1407年，帖木儿·忽特鲁格的儿子不剌汗继任钦察汗。沙狄别和不剌汗执政期间，先后将罗斯里亚赞公国的边境地区和莫斯科大公国洗劫一空。而事实上，在这两人执政期间，钦察汗国的实权实际掌握在宫廷侍长、曼吉特部落首领亦敌忽手中。不剌汗死后，名叫帖木儿的新汗因不愿意做亦敌忽的傀儡，致使内战爆发。抗争进行了三年，帖木儿最终打败亦敌忽并将其处死，从而夺回了钦察汗国的统治权。

在钦察汗国进入库楚克·马哈麻汗的统治时期以后，钦察汗国开始分化瓦解。在此期间，喀山汗国和克里米亚汗国逐渐兴起。库楚克·马哈麻汗死后，其子阿黑麻汗继承其位，为保住钦察汗国的宗主地位，这位新王与罗斯大公伊凡三世大帝之间展开了长期较量。伊凡三世大帝与喀山汗、克里米亚汗和西波斯国王

□ 伊凡三世　插图

伊凡三世是一位著名的罗斯大公，他于1462年即位后开始兼并罗斯各公国。经过一系列的战争，他先后征服了东欧各国，基本形成了统一的俄罗斯国家。此后，为彻底摆脱蒙古人的统治，伊凡三世于1480年与蒙古军队进行了长达半年的战争，最终俄罗斯击溃了蒙古和立陶宛联军，至此，俄罗斯摆脱了蒙古人长达两个世纪的统治。

结成同盟，企图撼动钦察汗国的宗主国地位，到最后，他们停止向其交纳赋税。1474年和1476年，阿黑麻两次派使者出使罗斯大公国，让伊凡三世前往汗国，但均被拒绝。1480年，阿黑麻联合波兰王卡西米尔四世一起向莫斯科大公国发起进攻。当年10月，由于当地气候严寒，阿黑麻军队带着战利品回到萨莱。虽然此次战争没有被引爆，但它在实际上却导致了俄国的解放。

不久，阿黑麻遭到昔班部落首领伊巴克的突然袭击而身亡，赛克赫阿里继位。1501年，为加强对俄国的控制，赛克赫阿里与立陶宛人结成联盟，伊凡三世则与克里米亚汗结成联盟来与之抗争。1502年，克里米亚汗明里·格来攻占并摧毁了萨莱。

至此，钦察汗国的统治宣告结束。克里米亚汗国、喀山汗国和阿斯特拉罕汗国这三个小汗国将它的地盘瓜分殆尽。

克里米亚汗国、喀山汗国和阿斯特拉罕汗国

克里米亚汗国建立于1430年，其建立者为拔都弟弟秃花·帖木儿的后裔哈吉·格来，他的统治是从1430年开始，到1466年结束。这个新建国家的疆域，东以顿河下游为界，西到第聂伯河下游，北边一直延伸到耶列兹城和坦波夫。1454年，哈吉·格来将克里米亚河南岸的巴赫切萨拉伊城定为都城。哈吉创建的格来王朝一直统治着克里米亚汗国。1771年，格来王朝被俄国人推翻；1783年，俄国将它纳入自己的版图。

由于格来王朝家族是虔诚的穆斯林，因此整个克里米亚汗国具有着强烈的伊斯兰特征。不过，在经历了建国初期一系列的冲突之后，哈吉·格来已经意识到，从喀发的热那亚殖民地中可以获得丰厚的财政收益。因此，他直到1466年去世以前，始终与殖民地保持着一种友好的关系。哈吉·格来死后，他的几个儿子上演了争夺王位之战。起初，其次子努儿道剌特占取了先机，但最终获胜的却是六子明里·格来，热那亚人帮助了他。就在格来王朝发生内乱时，奥斯曼土耳其苏丹穆赫默德二世派哥杜克阿赫麦德帕率领一支骑兵趁机入侵喀发。1475年6月，喀发城被占，明里·格来被俘，两年后又被送回来。克里米亚成为了奥斯曼土耳其苏丹国的附属国，其南岸地区直接由奥斯曼人统治，另外，奥斯曼人还在喀发设立了一位常驻帕夏（总督、将军或高官）。从伊斯兰·格

□ 伊凡雷帝

伊凡雷帝的母亲叶琳娜是蒙古钦察汗王的后裔，在嫁给年近半百仍没有子嗣的瓦西里三世后，为其生下了伊凡四世。伊凡四世出生时电闪雷鸣，因此他也被称为伊凡雷帝。伊凡雷帝出生时俄国正逐渐强大，他的祖父和父亲给他留下了庞大的帝业，而母亲则遗传给了他蒙古人的热衷于扩张领土的天性。

来二世执政起，开始以土耳其苏丹的名字来颂读胡特巴，但钱币上仍然铸格来王朝可汗的名字。1502年，明里·格来结束了钦察汗国的历史使命。

在库楚克·马哈麻统治钦察汗国时，拔都弟弟秃花·帖木儿的后裔、喀山的乌鲁·穆罕默德正对其王位虎视眈眈。1445年，乌鲁·穆罕默德在喀山建立了一个独立的汗国，即喀山汗国。其疆域大致与位于伏尔加河中游和卡马河流域的原保加尔王国相当，国内居民以讲突厥语的切列米斯人和巴什基尔人为主，也有讲芬兰—乌戈尔语的摩尔多维亚人和楚瓦什人。1446年，乌鲁·穆罕默德在其子马赫穆提克的谋反中被杀死。马赫穆提克篡位后，其弟卡西姆投奔罗斯大公国。大约在1452年，卡西姆在莫斯科大公瓦西里二世划给他的位于奥卡河畔的卡西莫夫城，建立了卡西莫夫汗国。不过，这只是莫斯科大公国的一个附属国而已，在莫斯科大公们的强权控制下，它成了他们干涉喀山事务的工具，卡西姆本人就曾多次参与俄国人入侵喀山汗国的战争。1552年，喀山汗国灭亡。

□ 奥斯曼骑兵　插图

奥斯曼帝国的骑兵擅长骑射，他们在战斗中充分发挥了骑兵高速机动，弓弩射程远、威力大的特点，取得了许多战役的胜利，让整个欧亚大陆闻之丧胆。

瓜分钦察汗国领地的第三个汗国是阿斯特拉罕汗国，它于1466年建立，其建立者同样名为卡西姆，他是钦察汗库楚克·马哈麻的孙子。虽然阿斯特拉罕城延续了原萨莱城商业中心的作用，但由于阿斯特拉罕汗国被四周的河流包围——东边是伏尔加河，西边是顿河，南边是库班河和捷列克河，因此它在历史上并没有产生太大的影响。另一方面，阿斯特拉罕汗国还受克里米亚和诺盖（乌拉尔河地区）两国的控制，他们轮流推选产生出阿斯特拉罕汗国可汗。

俄国南部和东部的所有成吉思汗汗国人，一律被称为蒙古人。然而，尽管这些王朝都具有纯蒙古人的血统，但钦察草原上的蒙古人一直都是当地突厥族中的一个组成部分，并且他们已经完全具有突厥特征。如果不考虑这些汗国的蒙古机制，那么克里米亚汗国、喀山汗国和阿斯特拉罕汗国就同突厥斯坦的吉尔吉斯部落一样，都只是信奉伊斯兰教的突厥汗国而已。

克里米亚汗国、喀山汗国和阿斯特拉罕汗国的发展史，就是抵抗俄国人侵略的历史。喀山汗国是第一个遭受俄国侵略的汗国。喀山汗乌鲁·穆罕默德之子马赫第提克及其继承者易卜拉欣首先举起了抗击俄国人的大旗。1468年，易卜拉欣征服了俄国的维亚特卡州，但不久后，他又被迫与俄国人讲和，并遣返俘虏。易卜拉欣的两个儿子伊尔哈姆和穆罕默德·阿明为争夺王位而反目成仇，处于失利一方的穆罕默德·阿明向俄国人求助，后者派军队护送他回喀山并帮助他推翻了哥哥伊尔哈姆的统治。1487年，他在俄国人的帮助下登上了喀山汗国的王位。1505年，穆罕默德·阿明背叛了俄国人，并于次年击败了莫斯科公国的一支军队。

1518年，随着穆罕默德·阿明的去世，由乌鲁·穆罕默德在喀山建立的喀山汗国绝嗣。俄国人和克里米亚人展开了对喀山汗国王位的争夺战。莫斯科大公瓦西里·伊凡洛维齐把喀山汗国划给了阿斯特拉罕家族幼支的一位王公沙赫·阿里，后者从1516年起开始在俄国人的监督下开始了对卡西莫夫城的统治。1512年，克里米亚汗穆罕默德·格来将这位俄国人的傀儡赶走，让自己的弟弟沙希布·格来取代了他。不久，兄弟二人把克里米亚汗国和喀山汗国的军队联合起来，对莫斯科公国发起突然袭击，他们在奥卡河畔打败俄国军队后，挥军直逼莫斯科。最后，他们并没有攻城，而是在威逼俄国人作出每年交纳贡赋的承诺后，携带着大批俘虏班师回朝，这些俘虏后来被当作奴隶贩卖。1523年，穆罕默德·格来的二次进攻在奥卡河畔遭到了莫斯科公国军队大炮的阻击。就在当年，克里米亚遭到诺盖汗国马迈汗的袭击，穆罕默德·格来遇袭身亡，克里米亚被洗劫一空。1524年，沙希布·格来将自己的儿子沙法·格来留在喀山后回到了克里米亚。

□ 恐怖的伊凡　油画

伊凡四世因其残酷的专制统治而被俄罗斯人称为"恐怖的伊凡"。图中他正手持挂有人头的武器，默然注视着自己的军队杀人放火、巧取豪夺。

1530年，莫斯科公国将沙法·格来驱逐出境，以沙赫·阿里的兄弟杰·阿里取代了他。沙希布·格来成为克里米亚汗之后，引发了喀山的民族起义斗争。在斗争中，杰·阿里去世，沙法·格来在父亲的支持下重新登上喀山汗国的王位。1546年，俄国人护送沙赫·阿里杀回喀山，沙法·格来退出喀山，但当俄国人一走，沙法·格来立即返回喀山。沙法·格来统治喀山一直到1549年他意外去世。沙法·格来死后，俄国人废黜了其子奥特米什，再一次将沙赫·阿里推上了喀山汗国王位。

□ 俄罗斯军队入侵远东　油画

伊凡四世在位期间，建立起了俄罗斯历史上军力最强的军队。他的军队对外实行侵略扩张，对内残酷镇压反动势力。图为俄罗斯军队进入远东地区后，与当地军民战斗的场面。

沙赫·阿里的王位在不久之后又被新的民族运动推翻，来自诺盖汗国的阿斯特拉罕家族的一位宗王雅迪格尔取代了他。莫斯科公国的沙皇伊凡四世决定结束喀山汗国的独立。1552年6月，他带来几门大炮围攻喀山城，并于10月2日攻破喀山城，屠杀了大批男性居民，把妇女和儿童沦为奴仆，推倒清真寺，吞并了喀山汗国的领地。

喀山汗国的灭亡，标志着俄国与成吉思汗蒙古汗国关系的转折。喀山汗国灭亡后不久，俄国人就向阿斯特拉罕汗国发起了进攻。1554年，伊凡四世派出一支三万人的俄国军队进驻阿斯特拉罕汗国，军队任命成吉思汗的后裔、库楚克·马哈麻家族中一位名叫德尔维希的王子为纳贡臣。次年，德尔维希反叛，赶走俄国外交使节曼苏罗夫。1556年春，俄国军队进攻阿斯特拉罕汗国，将德尔维希赶走，吞并了阿斯特拉罕汗国。

最后一个成吉思汗汗国克里米亚存在了两百多年，因为当时统治它的格来王朝承认了奥斯曼人的宗主权，受到苏丹政府的舰队和军队的保护。因此，尽管沙俄彼得一世根据1699年的《卡尔洛维茨和约》而占领了亚速海，但在1711年的《普鲁特条约》中，他又不得不将亚速海归还给克里米亚汗国。1736年，俄国人再次占领了亚速海和巴赫切萨拉伊，但是，由于1739年的《贝尔格莱德和约》，他们不得不再次将这些地区归还给克里米亚汗国。1774年，由于《楚库克·凯那尔吉和约》，俄国人迫使苏丹政府承认克里米亚汗国"独立"。不久，俄国在克里米亚汗国的代理人道勒特·格来三世垮台，其堂弟沙希因·格来取代了他。1777年，沙希因·格来成为沙俄叶卡特琳娜二世的附庸。不久，克里米亚贵族率兵攻击沙希因·格来，后者向俄国人求助。俄国人波特金率一支七万人的大军攻入克里米亚，于1783年吞并该国。沙希因被赶至奥斯曼人的边境，为了报复他，突厥人将他押到罗德斯岛砍头示众。于是，在法国大革命前夕，最后一个成吉思汗汗国从欧洲消失了。

从昔班到昔班尼汗国

就在成吉思汗家族在波斯、中国、河中和南俄罗斯的统治走向衰落和灭亡时,该家族的其他支系,即早已被人们遗忘了的、遗留在北方草原上的另外各支,开始活跃在蒙古帝国的历史舞台上。昔班家族就是其中的一个典型例子。

昔班是成吉思汗之孙、钦察汗国大汗拔都和别儿哥的弟弟。在1241年攻打匈牙利的战争中,他表现勇猛,备受成吉思汗赞赏。如果蒙古人对匈牙利的占领是长期性的话,昔班无疑会被任命为匈牙利总督。成吉思汗死后,昔班得到了包括南乌拉尔河东部和东南部地区、阿克纠宾斯克的大部地区和图尔盖地区在内的封地。长期以来,昔班家族夏季驻扎在乌拉尔山区、伊列克河和伊尔吉兹河一带;冬季便将斡耳朵迁移到萨雷河领域。到公元14世纪,这些地区全部被昔班部落征服。当时,与昔班家族为邻的是散布在萨雷河草原和兀鲁塔山区一带的游牧民族白帐部落。从1380年开始,白帐部落向南俄罗斯迁移,到1391年,几乎整个萨雷河和兀鲁塔山地区都被昔班家族成员占领。大约在14世纪中期,臣服于昔班家族成员的各部落采用了统一的称谓——月即别,按现在的拼法,叫乌兹别克。虽然无法探知该称谓的由来,但无论如何,这些部落是以它为人们所认识的。

昔班家族王子阿布海儿创建了乌兹别克政权。阿布海儿的一生,充满了冒险和传奇色彩。1428年,17岁的阿布海儿在今西伯利亚托博尔斯克的图拉河畔被任名为昔班部落可汗。不久,他就从术赤家族后裔手中夺取了乌拉尔河以东和锡

□ 奥斯曼骑兵

帖木儿击败了帝国周边的许多国家,唯一幸存的是处于全盛时期的奥斯曼帝国。此时统治奥斯曼帝国的是被称为"雷电"的巴耶塞特,他的军队是近东最强的军队,曾击败过不可一世的法兰西骑兵。图中是奥斯曼骑兵战斗的情景。

□ 阿布海儿

昔班家族王子阿布海儿创建了乌兹别克政权。他的掌权是昔班家族的顶峰时期,他控制下的疆域从托博尔斯克一直延伸到锡尔河。

尔河以北的大片草原。1430年和1431年,他还一度占领了花剌子模,并将玉龙杰赤洗劫一空。1447年,阿布海儿以牺牲帖木儿王朝为代价,取得了对塞格纳克、乌兹根一带以及锡尔河沿岸城市的实际控制权。之后,他又利用帖木儿家族后裔之间的纷争,干涉该家族在河中的事务。1451年,在他的帮助下,帖木儿家族的卜撒因登上了撒马尔罕的王位。

阿布海儿的执政,使昔班家族达到了巅峰时期。阿布海儿控制下的疆域从托博尔斯克一直延伸到锡尔河,该片领土也是被西蒙古人即卫拉特人觊觎已久的。此时的卫拉特人占据着包括大阿尔泰山和杭爱山脉在内的大片疆土,从塔尔巴哈台和准噶尔一直到贝加尔湖西南岸的区域都在他们的控制范围之内。但他们正在进行土地扩张,其掠夺范围从北京郊区到西突厥斯坦。在公元1456年的土地争夺战中,卫拉特人打败阿布海儿,使其逃往塞格纳克,锡尔河中游北岸的土地全都落入他们手中。

此次失败使阿布海儿的统治受到影响。其实在此之前,他属下的两个部落首领克烈和札礼贝就已经背叛他而投奔察合台汗也先不花二世。在二人的要求下,也先不花把蒙兀儿斯坦的边境地区的土地赏给他们。随后几年,阿布海儿下面的许多游牧部落逐渐离开他而投靠克烈和札礼贝,这些部落在从乌兹别克汗国中分离出去以后纷纷独立,历史上把这些游牧民称做吉尔吉斯—哈萨克人("冒险者"或"叛逆者"之意)。随后,阿布海儿对背叛自己的游牧民族展开了镇压。1468年,在一次镇压吉尔吉斯—哈萨克人的战斗中,阿布海儿和他的儿子沙·布达克兵败被杀。三年后,阿布海儿的最后一批忠臣被蒙兀儿斯坦的察合台汗羽奴思击败,吉尔吉斯—哈萨克人则组成了一个以游牧业为主的国家,克烈的儿子巴兰都黑和札礼贝的儿子哈斯木任这个国家的首领。对于这个由纯粹的游牧民族组成的国家，哈斯木曾这样说过：我们是草原的儿子，马就是我们的全部财富，我们最喜爱的食品就是马肉，我们最好的饮料就是马奶。我们没有房屋，我们最大的乐趣就是清算我们的羊群和马群数量。

阿布海儿曾计划将实行世袭制的游牧民族集中到塞格纳克定居，可惜最终未能实现。不过，他的失败倒是为后世提供了许多可以借鉴的经验。他具有着成吉思汗敢于冒险的精神，却没有像成吉思汗那样取得成功。虽然阿布海儿已经意识到，只有将分散在草原上的各个游牧部落联合起来，才能缔造一个拥有广袤疆土的帝国，但他的权力却因不断遭到属下的游牧部落的背叛而削弱，因为后者强烈反对过定居生活，这也许才是他失败的真正原因。草原上还有许多个阿布海儿续写着蒙古帝国的历史，在阿布海儿失败的地方，他的子孙们会继续他未竟的事业。

1468年，蒙兀儿斯坦的察合台汗羽奴思在塔什干和突厥斯坦之间的卡拉森吉尔角对阿布海儿发动突然袭击，阿布海儿和儿子沙·布达克战败被杀。沙·布达克死后，其17岁的儿子穆罕默德·昔班尼便开始了他的士兵生涯。最初，一无所有的昔班尼在塔什干为西蒙兀儿斯坦的察合台汗马哈木效劳。昔班尼作战勇敢，马哈木对他非常赏识，便把突厥斯坦城作为封地赐给他。也就是在马哈木的扶持下，昔班尼的力量渐渐强大，足以干涉河中事务。前面提到，在河中地区，后期的帖木儿王朝内乱不断，致使河中大门洞开。昔班尼抓住时机，于1500年夏

□ 巴布尔

巴布尔是成吉思汗（母系）和帖木儿（父系）的后裔，是蒙古化的突厥人。他生于中亚的大宛，11岁继承父亲的王位，在中亚锡尔河上游称王，成功地粉碎了来自四方的吞并阴谋，但最终被乌兹别克人打败，并被逐出中亚。这使他不得不放弃重建帖木儿帝国的梦想。1504年，他趁阿富汗内乱之际，率领300名部下攻入阿富汗，建立以喀布尔为首都的帝国。

攻入不花剌，当地的纠纷使那里的人们未作丝毫抵抗。接下来，昔班尼又去攻打撒马尔罕城。镇守该城的是帖木儿王朝的统治者阿里，昔班尼设计引诱他出城谈判，后将轻率出城的阿里杀死。占领了撒马尔罕城后，昔班尼立即宣布帖木儿王朝灭亡，这一年，他登上了河中的王位。

昔班尼登上王位后，开始了不断的土地扩张。他首先兼并了呼罗珊的属地花剌子模。1505年，他前去攻打希瓦，经过10个月的围攻，他打败驻守希瓦的总督胡赛因·苏菲，占领该城。接着轮到呼罗珊，或者说是赫拉特王国，该地的统治者忽辛·拜哈拉刚刚去世，继任者巴里黑昏庸无能。昔班尼从围攻巴里黑开始，1507年，巴里黑投降。三天以后，最后一个帖木儿王朝都城赫拉特也宣告投降，该城居民受到昔班尼优待。在昔班尼统治时期，在撒马尔罕和赫拉特已开始灿烂的突厥—波斯文艺复兴继续繁荣。

昔班尼成为河中的统治者后，不再甘心长期依附于马哈木，于是，他向这位曾经给予他诸多支持的察合台汗发起了进攻。马哈木汗向自己的弟弟、阿克苏和畏兀儿地区的统治者阿黑麻求救，兄弟俩联手对抗昔班尼。1503年6月，马哈木和阿黑麻在阿赫昔被昔班尼打败，双双做了他的俘虏。但昔班尼对马哈木和阿黑麻以礼相待，并很快就将这兄弟二人释放，但他占领了塔什干和赛拉木城。此外，他还为自己的儿子向马哈木的女儿求婚，通过联姻，他为自己的子孙们取得了两

□ 昔班家族定居图

昔班家族在经过长期的征战后，逐步取得了胜利，巩固了自己的政权。此图描绘的是取得胜利后的昔班家族定居的场景。

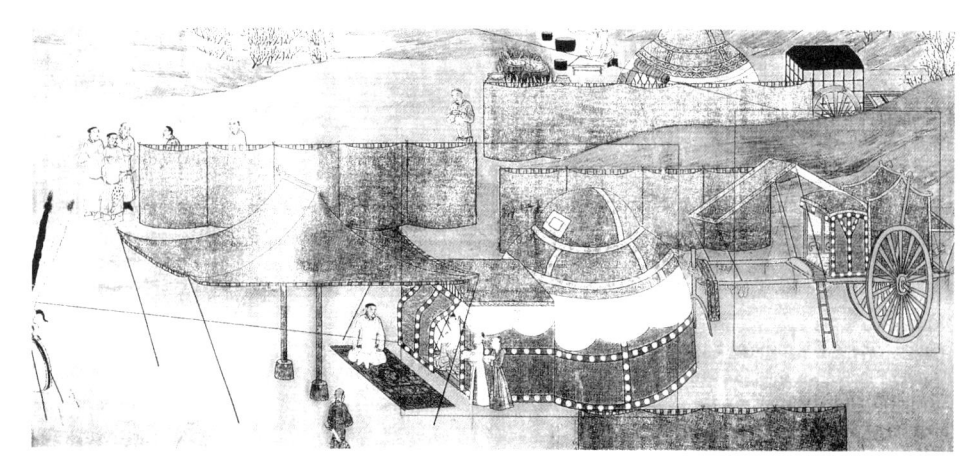

文化伟人代表作图释书系

个幸存的成吉思汗家族，即术赤家族和察合台家族。1508年，马哈木发动叛乱，昔班尼平息了这场叛乱并将马哈木处死。他认为，一个政治家可以表示一次仁慈，但傻瓜才会犯两次相同的错误。

昔班尼成为了西突厥斯坦、河中地区、费尔干纳和呼罗珊地区的主人，他统治下的乌兹别克帝国成了中亚的主要强国。随后，他又与刚刚独立的波斯发生了冲突。波斯是一个古老的国家，自11世纪以来，它就不断地遭受突厥和蒙古族的蹂躏和统治，直到16世纪才恢复了独立。1502年，波斯本民族的萨菲王朝推翻了土库曼人的白羊王朝，建立了自己的统治，他的目标就是把呼罗珊地区从乌兹别克人的手中夺回来，重新统一伊朗。事实上，萨菲王朝和乌兹别克王国的矛盾是潜在的，因为二者的宗教和文化都不相同。萨菲王朝信奉什叶派，代表伊朗人的利益；乌兹别克王国则信奉逊尼派，代表蒙古人和突厥人的利益。一如历史上经常上演的那样，种族战争总是带着宗教色彩。昔班尼以逊尼派信徒和成吉思汗后裔的双重身份，命令萨菲王朝的统治者沙赫伊斯迈尔投降并放弃信奉什叶派，他把什叶派称作异端邪说。他甚至威胁沙赫伊斯迈尔说，如果伊朗人坚持信奉什叶派，乌兹别克人将前往阿塞拜疆，用剑逼着他们改变宗教门派。为暗示萨菲王朝的起源（出自一个什叶派谢克之家），昔班尼还派人将一个托钵僧的乞讨钵送给伊斯迈尔，意思是要其继承祖先的行业，将手上的权力交还给成吉思汗子孙，去做一个云游四方、以乞讨化缘为生的托钵僧。面对昔班尼的侮辱和挑衅，伊斯迈尔不甘示弱地反驳说，作为一个托钵僧，自己将率领军队到呼罗珊的中心地区麦什德来朝拜圣地。

波斯沙赫伊斯迈尔没有食言，当时昔班尼在后方遭到吉尔吉斯人的攻击，战争使他的儿子穆罕默德·帖木儿惨遭厄运。伊斯迈尔趁吉尔吉斯人牵制昔班尼之机，侵入呼罗珊的中心地区麦什德。昔班尼在莫夫城外迎战。1510年12月2日，昔

□ 伊斯兰教教徒　插图

伊斯兰教认为，真主超越于一切被造物，没有任何被造物与他相似。凡认为真主具有某些被造物的属性的人，都是"以物配主者"，是多神教徒。昔班尼以伊斯兰教逊尼派信徒的身份斥责萨菲王朝的统治者所信奉的什叶派是异端邪说。

班尼在莫夫城附近战败身亡。

波斯人的这次胜利在东方历史中具有相当重要的意义和作用。伊斯迈尔这位让伊朗重新获得独立的光复者，竟然打败并处死了突厥—蒙古政权的复辟者，萨珊王朝的后裔征服了成吉思汗的子孙。这是时代发生变化的一个标志，它表明：定居民族在忍受了几百年的侵略和蹂躏之后，开始对游牧民族展开反抗和报复。它表明农耕文明战胜了游牧部落。按照突厥人的传统习惯，伊斯迈尔把昔班尼的头盖骨做成了一个酒杯作为报复的标志。随后，作为一次新的挑衅，他将昔班尼的头皮剥下，用稻草填满后重新做成人头，送给另一个突厥君主——奥斯曼苏丹巴耶塞特二世。

随着昔班尼的失败，乌兹别克王国似乎在草原上消失了。

昔班尼统治河中的时候，曾将帖木儿王朝的继承人、印度未来的君王巴布尔驱逐出境。巴布尔离开河中后，在喀布尔创建了一个小王国，昔班尼刚死不久，他就从伊斯迈尔那里借了一支军队去收复河中。1511年10月，巴布尔顺利进入撒马尔罕城。随后，不花剌向他敞开了大门，乌兹别克人节节败退，一直退到塔什干。以波斯人在呼罗珊的胜利为保障，巴布尔似乎完成了帖木儿王朝在河中地区的复辟。但随后，一系列的矛盾又展现在巴布尔面前。由于支持巴布尔收复河中的波斯人是什叶派穆斯林，于是作为逊尼派穆斯林的不花剌和撒马尔罕人斥责巴布尔与异端邪说者联盟，他们声称要与巴布尔断绝关系。这些人虽然都是帖木儿王朝的臣民，但他们对宗教的虔诚要远远大于他们对帖木儿王朝君王的忠诚。趁着帖木儿王朝宗教骚乱不断之机，乌兹别克人对它进行反攻。1512年12月12日，在不花剌以北的加贾湾地区，波斯将军纳吉姆·沙尼和巴布尔与乌兹别克人展开激战，乌兹别克人大获全胜，波斯将军纳吉姆·沙尼战败被杀，巴布尔则退回到他的喀布尔王国。

不花剌、撒马尔罕和整个河中地区重新回到乌兹别克人手中，曾把波斯萨菲王朝与匈奴游牧部落分成两半的阿姆河成了波斯萨菲王朝和乌兹别克王国的界河。

在整个16世纪，昔班家族一直统治着河中地区，他们以撒马尔罕为都城。尽管在语言和文化方面，昔班已经完全突厥化了，但在种族上是蒙古人，所以该王朝已陷入了与帖木儿王朝相似的大分裂局面。然而，与后者所不同的是，一旦面对本民族的共同敌人时，他们还能够团结一致、共同抵御外侮。

昔班尼死后，乌兹别克人在其叔叔速云赤的统率下，从波斯人手中夺回了包括麦什德和阿斯特拉巴德在内的部分呼罗珊地区。但不久之后，波斯沙赫塔马斯普在麦什德附近的土尔巴特·杰姆地区将乌兹别克人击退，重新将该地区夺回。1526年，帖木儿后裔巴布尔做了印度皇帝，他想趁乌兹别克人失败之际，重新夺回河中地区，他的儿子胡马云与塔马斯普联盟，一度占领了阿姆河北岸的希萨尔。但当塔马斯普脱离联盟前往西方与奥斯曼人作战后，胡马云不得不从希萨尔撤出来。

1530年，速云赤去世，在此之前，他已经把波斯人和帖木儿人驱赶到阿姆河以南地区。昔班尼的侄儿奥贝都剌汗曾和速云赤并肩作战，成功地粉碎了波斯沙赫伊斯迈尔二世的进攻。

自昔班尼之后，昔班家族中最杰出的统帅是阿布德·阿拉赫二世。为恢复昔班家族昔日的辉煌，阿布德·阿拉赫将已分封给家族的领土重新集中起来。从1557年开始，他用了25年的时间，先后统治了不花剌、撒马尔罕和塔什干。在1582年以前，他是作为父亲伊斯坎德尔的代理人身份行使统治权的，在1582年之后，他才真正成为独立的统治者。为了使河中地区不再遭受吉尔吉斯—哈萨克人的入侵和骚扰，他决定主动出击。1582年春，阿布德·阿拉赫发动了一次深入到小帐草原的战争，其战线之长，一直延伸到萨雷河和图尔盖河之间的兀鲁塔山区。阿布德·阿拉赫还率军远征喀什噶尔，远征途中，他将喀什以及叶儿羌城周边地区洗劫一空。经过几年的征战，阿布德·阿拉赫从波斯人手中夺走了呼罗珊地区的赫拉特和麦什德城（该城是什叶派穆斯林的圣城），并屠杀了一部分居民。此外，被阿布德·阿拉赫夺取的还有尼沙普尔、撒

□ 石刻立柱　波斯

大约在公元前1000年，随着北方雅利安部落的入侵，波斯的历史正式开始。后来，萨珊王朝在此建立了庞大的波斯帝国。1510年，波斯人和昔班尼进行决战，后者兵败死于乱军之中。波斯的胜利具有重大意义，它标志着农耕文明战胜了草原文明。图中这尊立柱铭记着萨珊王朝后裔击败并处死成吉思汗子孙这一历史事件。

卜兹瓦儿、亦思法拉因和特伯斯等地区，呼罗珊境内的军事要塞全都在他的掌握之中。

然而，晚年的阿布德·阿拉赫二世却命运不济。1597年，他在赫拉特地区被波斯王沙赫阿拔斯一世击败，呼罗珊重新落入波斯人之手。更令阿布德·阿拉赫二世始料未及的是，其子阿布德·穆明率兵起义，背叛了他，而吉尔吉斯人也趁火打劫，抢占了塔什干地区。1598年初，万念俱灰的阿布德·阿拉赫二世含恨而死。穆明继承了王位，但不到六个月便被刺杀身亡。昔班王朝至此结束。

从崛起到衰亡，昔班王朝在河中的统治不到一百年，但在这短短的几十年时间里，它成功地光复了成吉思汗帝国，并实现了对不花剌和撒马尔罕的统治。然而，每当它妄想侵占呼罗珊地区时，都会被波斯沙赫打败。历史证明，在帝国逐渐定形的时候，波斯注定仍是波斯人的，突厥斯坦注定仍是突厥人的。

布哈拉汗国、希瓦汗国和浩罕汗国

河中地区乌兹别克王国的统治权现在转移到另一个家族，即阿斯特拉罕家族手中。

1554年，俄国人攻陷了阿斯特拉罕汗国，阿斯特拉罕王朝王子雅尔·穆罕默德带着儿子札尼伯仓皇出逃。这位成吉思汗后裔带着儿子投奔到昔班王朝控制下的不花剌，被伊斯坎德尔汗收留。伊斯坎德尔汗还将自己的女儿嫁给了札尼伯。1599年，阿布德·穆明死后，昔班王朝的男继承人绝嗣。于是，不花剌的王位就传给了昔班家族女继承人与札尼伯所生的儿子——阿斯特拉罕王朝的巴基·穆罕默德。

从1599年开始，阿斯特拉罕王朝统治河中将近两百年，以不花剌为都城。此外，它还统治着费尔干纳。巴里黑也成了该王朝假定继承者们的封地，直到1740年7月波斯王纳迪尔沙征服该城。9月，纳迪尔沙用大炮打败了乌兹别克人，并将不花剌城团团围住，阿斯特拉罕的阿布勒费兹汗被迫承认了波斯的宗主国地位。纳迪尔沙还强行将阿姆河划为不花剌地区的南部边界线。

在16世纪初穆罕默德·昔班尼统辖下的蒙古部落中，有一个诺盖游牧部落，它来自伏尔加河河口到乌拉尔河之间的草原。在阿斯特拉罕王朝统治时期，诺盖部落在不花剌的影响日益加深，到18世纪后半期，其部落首领已经在不花剌担任宫廷侍长的职位了。在阿斯特拉罕汗国的最后一位可汗阿布·加齐统治时期，诺盖部落首领马桑·沙·穆拉德娶了该王朝的一位公主，并于1785年登上不花剌的王位，建立了布哈拉汗国。马桑企图牺牲阿富汗地区杜兰尼国国王帖木儿·沙的利益，蚕食阿姆河南岸的莫夫和巴里黑附近地区。然而，直到1826年，巴里黑才并入布哈拉汗国，并于1841年再次被阿富汗人征服。而莫夫仍是布哈拉汗国的一部分。

1866年，在沙俄的武力威逼下，布哈拉汗国沦为俄国的附属国。1920年，诺盖王朝被俄国苏维埃政权推翻。至此，成吉思汗的最后一个后裔退出了历史舞台。

乌兹别克征服者穆罕默德·昔班尼于1505年至1506年攻占了河中地区和希瓦的花剌子模。1510年12月，昔班尼在莫夫战败身亡后，波斯人重新夺回了河中和花剌子模。然而，花剌子模都城玉龙杰赤以及希瓦的居民都是虔诚的逊尼派，他们坚决反对信奉什叶派的波斯将军。于是，他们奋起抗争并最终将这些信奉什叶派的波斯将军驱逐出境。抗争是由昔班家族中的伊勒巴斯首领发起的，抗争获胜后，他建立了希瓦汗国。

从1512年到1920年，昔班王朝一直统治着花剌子模。除了开创者伊勒巴斯外，哈吉·穆罕默德汗也值得一提，在他统治期间，不花剌汗阿布德·阿拉赫二世曾一度占领过花剌子模。在阿拉不·穆罕默德统治期间，其曾使一支千人的俄国军队在企图攻占玉龙杰赤时遭受全军覆灭的命运。大约在1613年，花剌子模遭受了来自卡尔梅克人的骚扰，但后者在获得部分战利品后不久就离开了花剌子模。阿拉不·穆罕默德在位期间，由于阿姆河左边的支流干涸，希瓦便取代玉龙杰赤成为了都城。

在希瓦汗国的可汗中，最著名的非阿布哈齐莫属。阿布哈齐是一位伟大的历史学家，他所著的《突厥世系》一书，对研究成吉思汗及其王国的历史，特别是对阿布哈齐所属的术赤家族史具有极高的研究价值。阿布哈齐在位期间，曾将来犯的硕特部卡尔梅克人打得节节败退，将其首领昆都仑乌巴什击伤。在哈扎拉斯普地区，阿布哈齐成功地击退了土尔扈特人的偷袭。此外，阿布哈齐还与不花剌汗阿布阿兹发生过争斗，1661年，阿布哈齐对不花剌城进行了一次掠夺性的远征。

希瓦汗国的伊勒巴斯二世在位期间，处死了一些波斯使者，波斯王纳迪尔沙对此十分愤怒，并扬言要为这些遇害者复仇。1740年10月，纳迪尔沙率军向花剌子模大举进攻，并在不久后攻陷了伊勒巴斯二世的避难地汗卡要塞，同年11月，其占领希瓦，将伊勒巴斯二世处死。自伊勒巴斯二世死后，从1740年到1747年纳迪尔沙去世为止，希瓦汗与波斯王一直以君臣相称。

1873年，希瓦汗赛义德·穆罕默德·拉希姆汗被沙俄征服，希瓦汗国成为沙俄的附属国。1920年，希瓦汗国可汗、成吉思汗家族的最后一位君主赛义德·阿拉汗被俄国苏维埃政权废黜。

在昔班王朝时期和阿斯特拉罕王朝的早期，费尔干纳已是河中汗国的一个组成部分。但在阿斯特拉罕王朝统治河中的初期，费尔干纳的许多地区已经落到了吉尔吉斯—哈萨克人的手中。因此，河中的统一只是一种表象，而和卓们建立于锡尔河北岸的恰达克政权更是一盘散沙。1710年，阿布海儿的后代沙·鲁克推翻恰达克政权，在费尔干纳建了一个独立的、以浩罕为都城的乌兹别克汗国——浩罕汗国。

1758年，中国军队攻入浩罕汗国的边境，浩罕可汗额尔德尼企图联合阿富汗地区的杜兰尼国王阿黑麻共同抵抗中国军队，但未能成功。随后，浩罕可汗额尔德尼只好向中国军队投降，承认其宗主国地位。

在爱里木汗统治时期，浩罕汗国不断地进行土地扩张。1800年，爱里木汗成功地将塔什干纳入自己的版图，使浩罕汗国的领土扩大了一倍。1814年，爱里木汗的继承人穆罕默德·奥玛尔又将突厥斯坦城吞并。在奥玛尔之子穆罕默德·阿里统治时期，大帐的吉尔吉斯—哈萨克人已经将突厥斯坦城和巴尔喀什湖以南地区全部占领，但他们承认浩罕汗国的宗主国地位，当时的浩罕汗国正处于权力鼎盛时期。1865年6月，被布哈拉汗国重新占领的塔什干又被俄国人夺走，1876年，浩罕汗国被俄国吞并。

□ 浩罕汗国丝织品

19世纪上半期，浩罕汗国的经济建设和文化生活达到顶峰。浩罕人民进行大规模的水利灌溉工程，促进了农业尤其是植棉业的发展。其养蚕业和园艺也很发达。布匹、书写纸张、陶器等也都享有盛誉。图为浩罕汗国丝织品。

15世纪初，在额尔齐斯河中游的伊斯克尔地区，即现在的西伯利亚托博尔斯克东南地区，一个突厥—蒙古汗国已经崛起，其可汗们不是成吉思汗后裔，而是台不花别吉后裔。但是，散居在乌拉尔山以南和托博尔河源头附近的昔班家族的成吉思汗后代们，很快就占领了托博尔河以东的大部分地区。1428年，昔班家族的首领阿布海儿在托博尔河支流的图拉河地区登上王位。大约在1480年，昔班家族的另一位王公伊巴克又从西伯利亚汗国那里夺走了其位于图拉河与托博尔河交汇处的首都秋明城。为抢夺西伯利亚汗国的土地，从1563年到1569年，伊巴克的孙子库程汗与西伯利亚汗雅迪格尔展开了激烈的争夺。最后，雅迪格尔战败被杀，西伯利亚汗国落到库程汗手中。为巩固自己的政权，库程汗暂时承认了沙皇俄国的宗主国地位，当他的政权得到巩固之后，便很快与沙皇俄国展开了争夺奥斯佳克保护权的战斗。他对俄国人斯特罗甘诺夫建立的碉堡和贸易据点不断发起进攻。与此同时，他还在西伯利亚地区大肆宣扬伊斯兰教。

1579年，沙俄伊凡雷帝派哥萨克首领叶尔马克前往西伯利亚镇压库程汗，库程汗的侄儿马赫麦特·库耳率军在楚瓦什山下、托博尔河口边设防抗击。在俄国人的火绳枪攻击下，马赫麦特·库耳节节败退。1581年，马赫麦特·库耳的营地被叶尔马克攻破，西伯利亚汗国落入俄国人之手，库程汗被迫出逃。逃到高山丛林的库程汗开展游击战，继续与俄国人周旋。1584年，他在额尔齐斯河的一个岛上对叶尔马克发起突然袭击，叶尔马克在撤退时掉在河中淹死，其部下全部被杀，西伯利亚汗国重新回到库程汗手中。

不甘失败的俄国人又重新集结力量，一步步向西伯利亚汗国逼进。在推进过程中，俄国人在秋明、托博尔斯克和托木斯克一带建立了大量的军事殖民区。1598年8月20日，在鄂毕河畔，库程汗在与俄国人的决战中战败逃往诺盖草原。1600年，他在诺盖草原遭到暗杀身亡。

第 13 章
察合台王朝的后裔

CHAPTER 13

在帖木儿帝国暂时失势后，察合台汗国，即蒙兀儿斯坦于15世纪出人意料地复兴了。15世纪的察合台系诸汗王中，有几位颇具个性的可汗，比如歪思汗、也先不花二世和羽奴思。羽奴思死后，其次子阿黑麻统治着察合台汗国的伊犁、裕勒都斯河流域和吐鲁番地区，也就是控制着东蒙兀儿斯坦和畏兀儿斯坦地区；其长子马哈木则继承他的王位，成为塔什干和西蒙兀儿斯坦的统治者。马哈木死后，察合台的后裔被逐出了西突厥斯坦，他们在天山东部生活了一百多年。从16世纪末到17世纪中叶的75年间，天山东部的喀什噶尔被分裂成两派，一派是白山派，一派是黑山派，白山派统治着喀什，黑山派则统治着叶儿羌。直到1678年，白山派领袖阿巴克才重新统一了喀什噶尔。不过，它处于"伊斯兰神权"的保护之下，是作为准噶尔人建立的新蒙古帝国的一个附属国而存在。

歪思汗与也先不花

察合台汗国，即突厥历史学家和波斯历史学家所称的"蒙兀儿斯坦"，在帖木儿时代暂时失势之后，于15世纪出人意料地复兴了。事实上，该汗国的领域不但包含蒙兀儿斯坦本土的托克马克、克拉科尔的伊塞克湖地区、伊犁河流域以及特克斯河、空格斯河、哈拉塔尔等支流流域，还包含畏兀儿斯坦，即原回鹘汗国库车、喀拉沙尔、吐鲁番和喀什噶尔等区域。喀什噶尔是杜格拉特异密的世袭领地，受宗主国察合台汗国的保护。喀什噶尔人与察合台人同属蒙古种族，他们在该地区内也像察合台人一样强大。

15世纪的察合台系诸汗王中，似乎有几位颇具个性的可汗，这从《拉失德史》的零星记载中可以推知。其中，在吐鲁番致力于兴建绿洲灌溉系统的歪思汗曾被多次提到。他是一位虔诚的穆斯林，对信奉异教的西蒙古人十分鄙视。他在位期间，曾多次与卫拉特人交战，但几乎都以失败告终。在一次攻打卫拉特人时，他被卫拉特部落首领脱欢汗的儿子额森台吉俘虏。卫拉特部落可汗们虽然也是纯正的蒙古人，但他们并非成吉思汗家族的后裔。根据《拉失德史》的记载，额森台吉对歪思汗非常尊重，在俘虏了歪思汗后，很快又将他释放了。歪思汗与额森台吉的第二次交战是在伊犁地区，歪思汗再次战败。歪思汗在撤退时，他骑的战马受伤，其属臣、喀什君主赛义德·阿里将自己的战马让给他，他才得以逃走。歪思汗与卫拉特人的第三次交战

□ 战乱的察合台汗国　插图

在很长一段时间里，羽奴思只是名义上的察合台汗，因为察合台汗国内存在着许多游牧部落，这些游牧部落的首领在地方上的权力甚至大过他。各个部落的首领之间经常为抢夺水草、牛马而进行激烈的战斗，而察合台中央政权却无力阻止这些战争的爆发。图为战乱中的察合台汗国。

是在吐鲁番地区，歪思汗再次被俘。这一次，歪思汗以自己的妹妹嫁给额森台吉家族为条件才获得自由。在当时，许多小游牧部落的首领都希望通过与成吉思汗家族的公主联姻而使自己的后代成为贵族。

1429年，歪思汗去世，他的两个儿子羽奴思和也先不花二世为争夺察合台汗国的王位反目成仇，当时，长子羽奴思不到13岁。在宫廷大臣的支持下，弟弟也先不花二世登上了察合台汗国的王位，失败后的羽奴思逃到了撒马尔罕帖木儿王朝兀鲁伯汗处避难。

整个蒙兀儿斯坦掌握在了尚未成年的也先不花手中，而帮助他夺取王位的杜格拉特部异密赛义德·阿里更是权倾朝野。当时，杜格拉特家族受宗主国察合台汗阿克苏的保护，占有拜城和库车，但他们暂时失去了喀什城，河中和呼罗珊帖木儿王朝汗沙哈鲁及其儿子兀鲁伯从他们手中将该城夺走。赛义德·阿里大约在1433年至1434年间又从兀鲁伯的代理人手中将喀什城夺了回来。

□ 察合台汗国的葬礼　插图

蒙古大帝国形成之后，其宗教相对薄弱，于是钦察汗国很快依附基督教，而伊儿汗国、察合台汗国、窝阔台汗国则很快依附伊斯兰教。在皈依这些宗教后，蒙古帝国的各个汗国迅速被这些宗教文化同化。图中的察哈台汗国葬礼就明显具有伊斯兰教葬礼的特色。

为争夺河中地区的统治权，也先不花二世与帖木儿王朝卜撒因之间长期战事不断。1451年，也先不花二世对帖木儿王朝北边的赛拉木、突厥斯坦和塔什干等城发动了一次掠夺性的远征。在费尔干纳的安集延地区，当卜撒因再一次被也先不花击败之后，他决定对察合台家族的势力进行分化瓦解。他派人将流亡到泄剌只的羽奴思召来，然后借其军队，以支持他与其弟也先不花争夺王位。在卜撒因的支持下，羽奴思占据了伊犁地区，并成为了蒙兀儿斯坦西部的君主，但东部的阿克苏、裕勒都斯河流域和畏兀儿斯坦仍控制在也先不花手中。羽奴思企图吞并喀什，喀什君主、杜格拉特部异密赛义德·阿里向也先不花求助，也先不花立即率军从裕勒都斯赶来，在喀什东北的科纳·沙尔与赛义德·阿里的联军将羽奴思

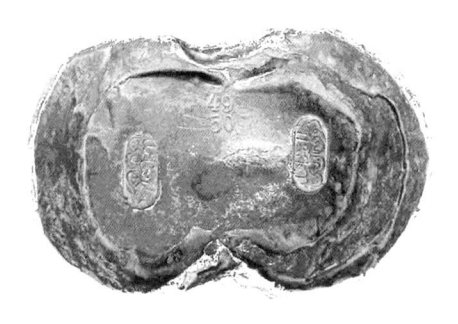

□ 察合台马蹄锭

据有关史书记载，察合台汗国地域广大，经济繁荣，曾制造过大量的金、银、铜币。在新疆的霍城、昌吉等地出土的大量钱币实物就是最好的证明。

打败并将其逐出喀什。失败后的羽奴思跑到河中去向卜撒因求援，在卜撒因的援助下，他又重新占领了伊犁和伊塞克湖地区。

也先不花依然是阿克苏、裕勒都斯河地区和畏兀儿斯坦的实际统治者。1462年，也先不花去世，其17岁的儿子笃思忒·马黑麻继位。笃思忒·马黑麻不但毫无执政经验，且行为放荡，逐渐被伊斯兰教的贵族疏远。而他攻打、洗劫喀什城的行为，更是引起了实力强大的杜格拉特家族的强烈不满。所幸笃思忒·马黑麻在1469年过早去世，才避免了察合台汗国的一场内乱。笃思忒·马黑麻死后，其伯父羽奴思汗立即攻占了蒙兀儿斯坦的都城阿克苏。笃思忒·马黑麻的幼子怯别二世被属臣救出后带到吐鲁番，在该地，他被支持者拥戴为新的可汗。四年后，怯别二世被这些支持者暗杀，他们将他的首级献给了羽奴思。羽奴思成了整个蒙兀儿斯坦唯一的君主，但他十分忌惮这些暗杀行为，于是下令将这些暗杀怯别二世的人全部处死。

羽奴思在阿克苏取得统治地位之后，额森台吉的儿子阿马桑赤台吉成了他唯一的威胁。根据《拉失德史》的记载，阿马桑赤台吉率领卫拉特人在伊犁河击败过羽奴思并迫使羽奴思向突厥斯坦城撤退。但是，他们的进攻似乎只是游牧部落为掠夺财富而发动的突然袭击而已。当他们一退出伊犁，羽奴思就从锡尔河回到伊犁，从半定居状态回到了游牧部落生活。羽奴思之所以这样做，是为了赢得蒙兀儿斯坦各个部落的信任和尊重，因为蒙兀儿斯坦各个部落的民众都希望他们的可汗是一位真正的成吉思汗后裔，可以像他们的祖先那样世世代代生活在帐篷中。与此同时，蒙兀儿斯坦辖下的喀什和叶尔羌两城先后控制在赛义德·阿里的两个儿子米儿咱·桑尼司和穆罕默德·海达尔一世的手中。《拉失德史》上记载，桑尼司把喀什治理得井井有条，后人将他执政的时期称为喀什的黄金时期。海达尔是桑尼司的继承人，在他执政初期，由于宗主国羽奴思汗的保护，尚能维持喀什和叶尔羌城的和平，但这种和平很快就被桑尼司的儿子、海达尔的侄儿阿巴扎乞儿打破。阿巴扎乞儿将叶尔羌城从他叔父海达尔手中抢走之后，又从其他宗王手中夺取了于阗城。此时的他俨然就是蒙兀儿斯坦的君王。海达尔向羽奴思求援，二者联手讨伐阿巴扎乞儿，但两度失败。获胜的阿巴扎乞儿又从其叔父海达尔手中将喀什城夺走。1480年，海达尔被迫撤到阿克苏，投到羽奴思汗门下。

尽管羽奴思汗在喀什噶尔本土与杜格拉特异密们之间的争斗使他统一察合台汗国的宏愿一直未能实现，但他在中国和河中两地却取得了相当大的成就。据《明史》记载，1473年，吐鲁番地区一位叫阿力的苏丹从明朝政府辖下的契丹王朝手中夺走了戈壁滩上的绿洲哈密。阿力十分狡猾，他在明政府的军队征讨吐鲁番前便从哈密撤了出去，等到明军队退回北京，他又重新占领了哈密。1476年，阿力还派使者专程前往北京，向明朝天子上交贡赋。如果《明史》的编年无误的话，阿力苏丹称雄的时期，正是羽奴思汗统治蒙兀儿斯坦的时期。

羽奴思汗似乎抓住帖木儿王朝发生内乱的机会，以调解人的身份干涉河中事务。帖木儿王朝的王子、卜撒因的两个儿子撒马尔罕王阿黑麻与费尔干纳王乌马儿·沙黑之间展开了争夺塔什干统治权的战争。在内战中，双方的力量都消耗殆尽，最后，塔什干被乌马儿·沙黑占有。为寻求保护，乌马儿·沙黑向羽奴思称臣，费尔干纳国成为羽奴思的附属国，随后，羽奴思为庇护乌马儿·沙黑而多次出兵与阿黑麻交战。1484年，羽奴思以仲裁人的身份调解阿黑麻和乌马儿·沙黑兄弟俩的争斗，在征得两兄弟的同意后，塔什干城和赛拉木城交由羽奴思管理。后来，羽奴思一直以塔什干为栖身之地，并于1486年死于此地。

由于住在像塔什干这样的古城，即在人口稠密的河中地区的门槛边，羽奴思汗终于实现了他毕生的梦想。自从流亡时期以来，当他在泄剌失流亡时，就已经领略到波斯文明的伟

□ 浩罕汗国钱币

浩罕汗国是中亚地区的封建国家，其核心地区在包括浩罕、安集延、马尔吉兰、纳曼干等城的费尔干纳盆地。该国的主要居民为乌兹别克人，其次为塔吉克人、吉尔吉斯人和哈萨克人。图为出土于浩罕汗国境内的古代银质钱币。

大，自此，这个有一定文化素养的成吉思汗后裔便一直怀念着波斯时代的文明生活。他的梦想就是过文明人的那种定居生活。但作为蒙古人后裔，他肩负着光复蒙古帝国的重任。因此，多年来他一直强迫自己住在天山南北的伊犁河流域和裕勒都斯河流域，过着游牧民族居无定所的生活。《拉失德史》一书通过纳昔儿·丁·乌拜达拉赫与穆罕默德·海达尔的谈话对羽奴思作了一番描述："当我刚看见羽奴思汗时非常惊奇，我以为我要拜访的应该是一个蒙古人。但当羽奴思汗出现在我眼前时，我发现这是一个标准的波斯男子。他满脸胡须，言谈举止也完全波斯化，他比许多真正的波斯人更像波斯人。"因此，当年近八旬的羽奴思成为塔什干的统治者并决定在那儿过定居生活的时候，原本追随于他的游牧民们感到恐慌。于是，他们从他身边离开，重新回到了他们所喜爱的裕勒都斯河流域和畏兀儿斯坦草原上。这些牧民走的时候，将羽奴思的次子阿黑麻一并带走了，而且阿黑麻也愿意跟他们走，因为他对那种自由自在的游牧生活怀有极大的兴趣。羽奴思汗并没有去追赶他们，在他看来，阿黑麻在这些人手中，可以保证他们对他的忠诚。

□《柳毅传》青铜镜背饰

这个出土于新疆察合台汗国境内的青铜镜背饰上雕刻着一棵大树，大树的枝叶延伸向两方，树下坐着一对男女，旁边是静静流淌的小河，小河边是一个牵马的女侍。这个画面取材于唐代传奇小说《柳毅传》，说明16世纪时察合台与中原的文化交流已很频繁。

羽奴思汗死后，阿黑麻继续统治着察合台汗国的伊犁、裕勒都斯河流域和吐鲁番地区，他在草原上过得很快活，在政治方面也取得了相当大的成就。一方面，他成功地与卫拉特人作战，另一方面，他又与吉尔吉斯—哈萨克人作战。根据《拉失德史》的记载，卫拉特人称他为"阿剌札"，意即"杀人者"。大约在1499年，阿黑麻将喀什城和英吉沙尔城从杜格拉特部异密阿巴扎乞儿的手中夺了回来。这位精明强干的成吉思汗后裔通过一系列的强硬手段和措施，将那些怀有反叛之心的部落首领一一收服。

《明史》对阿黑麻在戈壁绿洲哈密的事迹有所记载，在汉语中，他是"吐鲁番速檀阿黑麻"。1482年，在明朝政府的支持下，契丹王朝后裔罕慎王子从察合台汗国的手中夺走了哈密。1488年，阿黑麻对罕慎发起突然袭击，罕慎战败被杀，哈密落到阿黑麻手中。次年，罕慎的部下将哈密从阿黑麻手中夺回。1493年，阿黑麻将哈密的君王和明朝驻哈密的军官一起俘获，并把他们监禁起来。明朝政府随后对阿黑麻展开报复，他们封锁哈密的边境，禁止吐鲁番的商旅进入哈密地区，并将来自畏兀儿地区的商人从甘肃境内驱赶出去。这一报复引起了畏兀儿地区和察合台汗国对阿黑麻的极大不满。在强大的压力下，阿黑麻只好顺从地将哈密交还给契丹王朝。

天山东部的察合台后裔

当阿黑麻在阿克苏和吐鲁番取得统治地位并控制了东蒙兀儿斯坦和畏兀儿斯坦地区时，阿黑麻的哥哥马哈木已经继承父亲羽奴思的王位，成为塔什干和西蒙兀儿斯坦的统治者。1488年，帖木儿王朝的末代统治者企图从马哈木手中收回塔什干，但在塔什干城外的奇尔奇克地区，他们被马哈木击溃。然而，马哈木犯了一个致命的错误，他收留了著名的穆罕默德·昔班尼，并于1508年被昔班尼处死。

马哈木死后，察合台的后裔被逐出了西突厥斯坦，他们在天山东部生活了一百多年。在畏兀儿斯坦的吐鲁番、喀拉沙尔和库车地区，阿黑麻的长子满速儿汗从1503年开始，在此地统治了40年。最初，满速儿汗的处境十分艰难。住在喀什的杜格拉特部异密阿巴扎乞儿不断进攻阿克苏，在那里掠夺了察合台后裔们的财宝之后，又继续摧毁库车和拜城。1514年，满速儿的弟弟赛德汗向阿巴扎乞儿展开反击，并于当年6月从阿巴扎乞儿手中夺回了喀什、叶尔羌和于阗，战败的阿巴扎乞儿逃至拉达克山一带。在此次斗争中，另一位杜格拉特人、历史学家杜格拉特·米儿咱对赛德汗给予了极大的支持。平息了阿巴扎乞儿的叛乱后，天山东部便成了赛德汗兄弟的天下。喀什噶尔本土由赛德汗统治，赛德汗的哥哥满速儿则统治着蒙兀儿斯坦的伊犁、裕勒都斯和整个畏兀儿斯坦。两兄弟之间的亲密关系保证了中亚地区的和平与统一。"旅行者们可以十分安全地从费尔干纳到哈密，然后进入中国。"

□ 波斯象兵　插图

16世纪，波斯人在伊斯迈尔的带领下与昔班尼进行了激烈的战斗，最终波斯的象兵战胜了蒙古人的铁骑，伊斯迈尔统一了整个伊朗，建立起了波斯萨菲王朝。图为波斯象兵。

根据杜格拉特家族的王位继承人穆罕默德·海达尔二世所著《拉失德史》一书的记载，在此时期，察合台和杜格拉特家族的后代们已经具有相当先进的文化。前文已经谈到，青年时代的羽奴思汗曾与察合台的后裔生活在一起，在泄剌，他接触到了波斯文化，并由此带来了波斯人的优雅风度。同样，海达尔也是一位被社会环境彻底改造了的蒙古王子。由于他是一位虔诚的穆斯林，所以其祖先的语言可能只被视为异教徒的语言。事实上，他同他的祖先一样使用察合台突厥语，但他所著的反映中亚蒙古人历史的《拉失德史》一书则是用波斯文写成的。海达尔的朋友、帖木儿王朝的末代君主巴布尔也写了一部著名的回忆录，但用的是察合台突厥方言。这些事实说明，在16世纪初，东突厥斯坦已是一个文化繁荣的中心地区。今天，这个地区的文化已经衰落到了一个可悲

□ 攻占城堡

为了扩大影响，扩张自己的领土，笃思忒·马黑麻出兵攻打喀什城。图中描绘的是蒙古军队围攻一处堡垒的情景。

的水平。尽管东突厥斯坦没有河中地区那种长期成为文化中心的辉煌历史，但在突厥—波斯文艺复兴时期，撒马尔罕和不花剌在文学上的成就对喀什、阿克苏和吐鲁番地区产生了极其深远的影响。海达尔与巴布尔之间的亲密关系表明，察合台家族的可汗与杜格拉特部的异密都是按照西方的礼节进行交往。在巴布尔时期，已经伊朗化的撒马尔罕与东突厥斯坦的关系十分牢固，交往也非常频繁。因此，河中地区的巴布尔可以用察合台突厥文写作，蒙兀儿斯坦的异密海达尔也可以用波斯文写作。

如果认为16世纪察合台家族的可汗们建立的蒙古帝国是衰落的帝国，这种观点无疑是错误的。这个时期，像羽奴思和海达尔这样有较高文化素养的人的存在，完全可以反映出相反的结论。在这片土地上，中国人窒息了民族特性，他们

企图对进入该地区的外来文化进行封锁。当时，在这个地区，来自伊朗—突厥的伊斯兰国家的各种文化生机盎然，羽奴思的生活经历便是很好的证明。羽奴思是在泄剌文学的影响下成长起来的，后来他成为了库车和吐鲁番的统治者。海达尔·米儿咱是文艺复兴时期的王子，1547年，在征服克什米尔之前，他与巴布尔曾在河中作战，他还帮助成吉思汗后裔赛德汗成功收复了喀什和叶尔羌。尽管裕勒都斯和畏兀儿斯坦各个部落依然过着古老的游牧生活，但察合台汗国最终还是将喀什噶尔、库车、喀拉沙尔和吐鲁番这些古代回鹘国与撒马尔罕、赫拉特的波斯文明和伊朗化的突厥文明联系在一起。

在帖木儿王朝时期，伊斯兰突厥—伊朗文化开始复兴，察合台汗国的可汗们试图把这种伊斯兰文化带到远东即中国边境地区。《明史》中记载了这次战争。《拉失德史》中指出，这次冲突是一次反异教的圣战。双方为争夺戈壁滩的绿洲哈密而战。1517年，驻在哈密的畏兀儿斯坦王公满速儿向中国甘肃的敦煌、甘州等地发起了进攻。与此同时，满速儿的弟弟、喀什噶尔的统治者赛德汗也在吐蕃人的拉达克省发动了圣战。

满速儿的长子、继承人沙·汗从1545年至1570年一直统治着吐鲁番。其弟马黑麻向他发起挑战。在卫拉特人的支持下，马黑麻很快便占领了哈密的大部分地区。到1570年沙·汗去世时，马黑麻已经成为吐鲁番的统治者，但他很快也遭到弟弟琐非速檀的挑战。琐非速檀曾派出一位使者前往中国求助。但自琐非速檀之后，有关吐鲁番察合台汗国的事件，史书中毫无记录。不过有资料记载，一位被中国人认为是察合台汗国真正后裔的吐鲁番苏丹，曾在1647年、1657年先后两次派使者到过北京。

在喀什噶尔，赛德汗的儿子阿不都·拉失德已经继承父位。这位新汗很快就与强大

□ 铜胡腾舞俑　唐代

吐鲁番在历史上先后被称作姑师、高昌、西州等，历来是中国的交通要道，此地大多是胡人居住。图为唐代的铜胡腾舞俑，体现了胡人能歌善舞的风采。

的杜格拉特家族发生了争斗,他杀死了杜格拉特家族的一位首领——历史学家海达尔的叔叔赛亦德·马黑麻·米儿咱。海达尔忠诚于赛德汗,为赛德汗征服拉达克立过大功,但自叔叔被杀后,他担心自己也会遭到不测,便离开喀什噶尔去了印度。1541年,海达尔成为克什米尔地区的统治者。拉失德继承王位后,一直都在同企图侵占伊犁和伊塞克湖地区的大帐吉尔吉斯—哈萨克人战斗,其长子阿不杜拉迪甫在一次抗击吉尔吉斯—哈萨克人的战斗中被杀。虽然拉失德尽了最大的努力,但他仍然未能阻止吉尔吉斯—哈萨克人占领蒙兀儿斯坦的大部分地区,最后,他的领地减少到只剩下喀什噶尔。

1565年,拉失德去世,其子阿不都·哈林继承王位,直到1593年阿哈木拉齐著书时,他仍在位。当时,喀什噶尔的都城是叶尔羌,而喀什则是阿不都·哈林的弟弟麻法默德的封地。1603年,麻法默德在叶尔羌继承阿不都·哈林的王位,而阿克苏则落到麻法默德的侄子手中。关于喀什噶尔王朝的事迹,史书并没有作更多的记载。不过,埃尼亚斯曾经提到,在17世纪50~75年间,该王朝可能有一位叫伊斯迈尔的可汗。但是,在那时候,喀什噶尔察合台汗国可能已经分裂成为叶尔羌、喀什、阿克苏和于阗等几个小汗国,其实权掌握在伊斯兰教的和卓们手中。

和卓,即信奉伊斯兰教的穆斯林,他们自称是先知穆罕默德或前四位阿拉伯哈里发的后代。在布哈拉和喀什地区,有许多这样的家族。根据《拉失德史》的记载,喀什噶尔的统治者赛德汗深受这些和卓的影响,成为了一名虔诚的穆斯林。赛德汗甚至还想出家成为一个托钵僧,在撒马尔罕的和卓马黑麻·亦速甫的极力劝阻下,他才打消了此念头。赛德汗还对另一位被称为教师和能创造奇迹的和卓哈司剌·马黑杜米·奴烈顶礼膜拜。1536年,这位和卓以喀什噶尔穆斯林信徒的身份去了印度。当地还流传着这样一个传说:1533年,另一位杰出的和卓从撒马尔罕来到喀什参加喀什噶尔可汗与乌兹别克人之间的谈判。这位和卓有两个妻子两个儿子,他的一个妻子是撒马尔罕人,另一个是喀什人。和卓的两个儿子将他们彼此之间的仇恨分别传给自己的孩子们,喀什噶尔被分裂成为两派,一派叫白山派,一派叫黑山派,白山派统治着喀什,黑山派则统治着叶儿羌。

不管是什么原因造成了喀什噶尔的分裂,事实上,从16世纪末到17世纪中叶的几十年间,这两派在喀什噶尔都享有实权。在伊犁地区,白山派有吉尔吉斯—

哈萨克人的支持，在天山南面，黑山派有喀喇吉尔吉斯人的支持。察合台汗国的后代逐渐被这两个伊斯兰教派控制，一直到1678年，喀什的最后一个可汗伊斯迈尔才开始对这两个伊斯兰教派进行反击。伊斯迈尔将白山派领袖哈司刺·阿巴克和卓从喀什驱逐出去，后者向准噶尔人求助。准噶尔人进入喀什，俘获了伊斯迈尔，任命阿巴克取代其位置。准噶尔人还帮助阿巴克战胜了他的另一个对手——叶尔羌的黑山派，阿巴克将叶尔羌作为都城。至此，阿巴克重新统一了喀什噶尔。不过，它处于"伊斯兰神权"的保护之下，是作为准噶尔人建立的新蒙古帝国的一个附属国。

第 14 章
蒙古境内的最后帝国

CHAPTER 14

明军把忽必烈后裔赶回□□□□随之进入了蒙古地区。明军的进攻直接导致了蒙古□□□□拉特部首领马哈木夺回蒙古霸权,直至157□□□□□尼塞河上游和伊犁河流域之间的地区□□□□达延把东蒙古的成吉思汗国各部落整编在一□□□□汗国,但在他去世后,其帝国在内乱纷争中土崩瓦解,□□回到了达延汗以前的混乱局面。而在亚洲东北部,女真部落,努尔哈赤把七个女真部落统一成一个汗国,即满国。满族人击败了察哈尔部,再加上明朝被农民起义军消灭,满族人成为了中国的主人。和之前的蒙古人一样,他们很快适应了中国的环境,其首领从顺治、康熙、雍正到乾隆,全都是以地道的"天子"身份行事。1636年,满国皇帝皇太极改国号为清。1759年,清朝吞并了伊犁河流域和喀什噶尔,它标志着定居民族对游牧民族、农耕地对草原的胜利。

1370年后蒙古的混乱

1368年，明太祖朱元璋推翻了忽必烈建立的元朝。忽必烈后裔妥懽帖睦尔被赶回蒙古，并于1370年5月23日逝世于沙拉木伦河畔的应昌。在把妥懽帖睦尔驱逐出国境之后，汉人也随之进入了蒙古地区。

妥懽帖睦尔之子爱猷识理达腊在哈拉和林称汗，并盼望着能重登中国的帝位。然而，他不但不能实现这一愿望，还要面临深入蒙古地区的中国人的攻击。

1372年，明朝名将徐达率军进攻哈拉和林，但在土拉河畔受阻。1378年，爱猷识理达腊去世，其子脱古思·帖木儿继位，此时的蒙古帝国已缩小到它最初的规模。1388年，明朝派10万明军进入蒙古境内，在合勒卡河和克鲁伦河间的贝尔湖南岸大败脱古思的军队，脱古思被自己的亲戚暗杀。这次失败不但让忽必烈家族威信扫地，还直接导致了蒙古的分裂，许多蒙古部落纷纷宣布自治。

在这些反叛的蒙古部落中，鬼力赤是忽必烈后裔的主要部落乞儿吉斯部的王公首领。他否认了忽必烈后裔额勒伯克大汗的宗主权，并于1399年起兵杀死了他，从而取得了统治蒙古各部的霸权。

明朝永乐皇帝很乐于见到这一结局，它增加了蒙古内部的纠纷。由于没有了蒙古人卷土重来的忧患，永乐皇帝也就承认了鬼力赤的统治。不久，鬼力赤便被两个反叛部落的首领打败，他们分别是阿苏特部的阿兰人首领阿鲁台和卫拉特部首领马哈木。二人为了赢得北京朝廷的支持，遂向永乐皇帝表示臣服。事实上，卫拉特部想趁机将其霸权范围从贝加尔湖西岸扩张至额尔齐斯河上游的整个西蒙古，并计划向伊犁扩张。但是，蒙古中部和东部仍然是群龙无首、各自为政的混乱局面，鬼力赤之子额色库到死都在与阿鲁台和马哈木争夺最高汗位。

然而，1403~1404年，以额勒伯克之子额勒锥·特穆尔为代表的成吉思汗汗国复辟了。随后，阿鲁台被争取到了他这边，马哈木则和明朝关系和睦。明朝对忽必烈家族的复辟深感忧虑，在要求额勒锥·特穆尔承认明朝宗主权遭拒后，永乐皇帝遂派大军入侵蒙古。明军在斡难河上游平原击溃了阿鲁台和额勒锥·特穆尔。这次失败带给额勒锥·特穆尔的打击是致命的，这位复辟者的权威荡然无存。1412年，卫拉特部首领马哈木彻底击垮额勒锥，夺回了蒙古的霸权。

直到此时，马哈木一直与明朝永乐皇帝保持着友好关系，因为卫拉特人需要借助北京朝廷的支持来对付忽必烈后裔和东部的其他蒙古首领。然而，当他的势力逐渐强大起来以后，便果断与一直支持他的明朝断交。1414年，永乐皇帝再次派兵入侵蒙古，尽管明军伤亡较大，但马哈木还是未能阻止明军进入蒙古草原。

1422年，阿鲁台再次拥额勒锥·特穆尔为大汗。他洗劫甘肃边境，直抵宁夏，当永乐皇帝匆忙赶来回击时，他又穿过戈壁向北撤走，逃之夭夭。不久，阿鲁台弑君自立为大汗。1424年和1425年，永乐皇帝两次起兵征讨，都毫无结果。在明军的牵制下，马哈木之子脱欢打败了阿鲁台，卫拉特人再次和明朝站在一起。

▢ 妥懽帖睦尔　插图

　　妥懽帖睦尔是元代的最后一位皇帝，他被明军赶回蒙古后，汉人也随之进入了蒙古地区。

卫拉特帝国

永乐皇帝所贯彻的政策，即扶持年轻的、发展中的卫拉特势力以打击忽必烈家族，在他死后终见成效。1434~1438年，卫拉特部首领脱欢杀死阿鲁台，夺取了蒙古各部落的霸权。

明朝宫廷此刻必定在暗自庆幸着。因为这次革命使仍然具有威胁性的成吉思汗家族和东蒙古人跌落，而有利于远离中国的、不那么令人害怕的西蒙古人。草原上的这些新君主表面上是一支不具有显赫历史地位的民族，但事实上，他们抱有野心，想要继承成吉思汗汗国的传统，并为了利益而去恢复大蒙古帝国。

□ 卫拉特蒙古人

卫拉特人最早居住于叶尼塞河上游，以狩猎为生。在归附成吉思汗后，改以畜牧为生。15世纪中叶，他们成立了强大的卫拉特联盟，成为元朝灭亡后北方草原上最后一个势力强大的少数民族。

与此同时，额勒伯克之子、额勒锥·特穆尔的兄弟阿占被正统王权的拥护者们拥立为大汗（1434~1439年）。然而无论如何，蒙古帝国的政权已经转到了卫拉特人手中。

卫拉特部首领脱欢趁势向西南扩张，进攻察合台后裔歪思汗，转战伊犁河流域和吐鲁番。正如前文提到的，脱欢之子额森台吉两度俘获歪思汗，最终以娶歪思汗妹妹马黑秃木·哈尼木公主为条件，释放了歪思汗。额森台吉即位时，卫拉特国正处于鼎盛时期，当时它的疆域从巴尔喀什湖延伸到贝加尔湖，又从贝加尔湖延伸到长城附近地区。蒙古都城哈拉和林和哈密绿洲都是卫拉特国的领土。1445年，额森台吉攻占了明朝热河省。五年后，在他要求和明朝联姻遭拒后，他亲自率兵和明英宗在河北察哈尔、宣化附近的土木堡交战。明军遭到惨败，十多万人阵亡，明英宗战败被俘。但额森台吉之后的多次进攻都遭受挫折，无奈之下，他于1450年释放了明英宗，并于1453年与明朝议和。

据《明史》记载，额森台吉承认了一个名叫脱脱不花的成吉思汗系的傀儡为大汗，脱脱不花娶额森台吉的妹妹为妻，额森台吉希望他们所生的儿子被承认为正统的成吉思汗国的继承人。但脱脱不花拒绝了他，于是额森台吉将脱脱不花杀死。1453年，他宣布自己是中国的属臣，这一行动表明他抛弃了成吉思汗国宗主权的假象，他把自己看成是一个独立的可汗。1455年，他被暗杀身亡。

额森台吉死后，其子阿马桑赤台吉继位。阿马桑赤在位期间，曾入侵察合台汗国，并在伊犁河畔击败了羽奴思汗。

连续的内战并没有让卫拉特人衰落，他们依旧严重威胁着西南方的近邻。1552~1555年间，他们如秋风扫落叶般横扫伊犁河流域，在他们入侵之前，吉尔吉斯—哈萨克汗国的泰外库勒汗已闻风而逃。而在这之前，泰外库勒汗曾是河中定居民族的威胁。直至1570年，卫拉特人仍统治着叶尼塞河上游和伊犁河流域之间的地区。

最后的复辟国：达延汗和阿勒坦汗

1455年，额森台吉去世后，卫拉特人在东蒙古的权威骤减，但在西方，他们仍然对伊犁河至里海之间的草原构成威胁。此时，东蒙古的成吉思汗后裔们正在内乱中消耗着自己的力量，因此并没有从卫拉特人势力的跌落中获益。1470年，曾经人丁兴旺的忽必烈家族在相互残杀后，仅剩下一名5岁的男孩——达延。"他被所有人遗弃，甚至连他的母亲也遗弃了他，并改嫁。"然而，成吉思汗第27代继承人满都古勒大汗遗孀——满都海赛音可敦将他置于自己的保护之下，她不但抚养他，并宣布他为汗。满都海赛音可敦曾率蒙古部众击败了卫拉特人。1481年，她和年轻的达延汗结婚。1491~1492年，满都海赛音可敦再次击退卫拉特人的进犯。

在达延汗的长期统治期间（1480~1543年），东蒙古的成吉思汗国各部落被整编在一起，这标志着成吉思汗国的复兴。按照传统，东蒙古部落在重新组合时被划分为左翼和右翼。左翼由可汗直接统率，右翼由可汗的一位兄弟或儿子统率。

1543年，随着达延汗的去世，汗国被其子孙瓜分。达延汗的长孙博迪汗继承了大汗位，他驻在张家口和多伦诺尔，其后代的统治一直延续到1634年。

达延汗的另一位孙子阿勒坦汗的统治时代是从1543年到1583年。早在其祖父达延汗统治期间，他就闻名于战场。1529年，他掠夺了山西北部的大同地区，并于次年先后蹂躏了甘肃宁夏地区和北京西北部的宣化。1542年，他还杀了明将张世忠。从此，他几乎每年都经大同或宣化骚扰中国边境，力图恢复原成吉思汗的传统，他已成为明朝统治者的心腹大患。此外，他还在边境上建立相互贸易的市场，便于蒙古人的牲畜与中国货物之间的交换。

纵观达延汗帝国，他们最大的弱点是实行瓜分家族遗产的习惯。虽然他们几乎没有实现对外的征服（其扩张仅限于蒙古境内），但其帝国组织与成吉思汗汗国并没有什么不同。帝国的创建者一旦去世，整个帝国就变为松散的联邦。比如鄂尔多斯汗国在其杰出的统治者衮必里克墨尔根济农去世后一分为九；喀尔喀地区也被五个王公割据。就这样，达延汗的蒙古汗国在内乱纷争中土崩瓦解，察哈尔的大汗们名存实亡，东蒙古又恢复到了达延汗以前的混乱局面。

满族对中国的征服

在亚洲东北部,通古斯人一直占据着一个宽广地带:满洲、俄属沿海各省、叶尼塞河中游东岸、西伯利亚部分地区以及中国东北部各个流域。他们在远东历史上并没有发挥作用,除了通古斯人的一个部落在7世纪末曾建立起一个渤海国。渤海国的统治一直持续到926年,当时其疆域包括整个满洲和高丽北部。926年,它被契丹征服者耶律阿保机灭掉。

随着女真人的崛起,通古斯人第一次跻身于历史主流。女真各部落居住于乌苏里江流域,此处为山林地,穿过了后来成为满洲国的东北部,然后穿过俄属沿海省。1113~1125年,女真人在完颜阿骨打的率领下征服了包括满洲、察哈尔和中

□ 宋金交战图　插图

12世纪中期,当东突厥斯坦处于动乱的时候,在不远的中国地区,一个女真族的政权——金朝开始繁盛起来。金朝以女真族为主体,其创建者为金太祖完颜阿骨打。

国北部的契丹国，从宋朝手中夺取了长江以北的中国的大部分省份。完颜阿骨打在统一了女真各部后，于1115年称帝建国，国号大金，年号收国。1234年，金国被成吉思汗的蒙古部落所灭。

明初时，女真人居住在松花江和日本海之间，尚属明朝的臣属国。他们虽然被成吉思汗的蒙古人灭掉，但他们心中远大的理想并未磨灭。1599年，雄才大略的努尔哈赤把七个女真部落统一成一个汗国，不再承认明朝的宗主国地位。1606年，该汗国改名为"满国"。

努尔哈赤敏锐地看到了明朝万历皇帝的平庸无能，以及明朝的日益衰落。1616年，他自立为帝，开始了四处征战的历程：1621~1622年，攻占沈阳的边境重镇；1624年，征服科尔沁，该部落游牧于兴安岭以东和松花江拐弯处以西的地区；1625年，努尔哈赤建都沈阳。1626年9月30日，努尔哈赤去世，此时的满国已经成为一个具有严格军事组织的坚实的国家。

努尔哈赤的第八子爱新觉罗·皇太极（1626~1643年在位）继承父位。此后，满族王朝在东蒙古鄂尔多斯部和土默特部的援助下强大起来。后来，皇太极击败了这些部落，以及察哈尔部，迫使他们归顺并忠诚地追随自己，直至后来清朝（1636年，皇太极改国号为清）灭亡。

从严格意义上讲，风雨飘摇的明朝并不是被满族所灭，而是被李自成的农民起义军所灭。明朝崇祯皇帝自缢于煤山，此时正和满族人交战的吴三桂独木难支，为避免腹背受敌，他选择了攘外必先安内的战略，和敌人联合起来攻打已占领北京的农民起义军首领李自成。在联合赶走李自成后，吴三桂试图按事先的约定让满族人撤出北京，但此时的满族人已不受他控制，他们在北京以君主自居。无奈之下，

□ 努尔哈赤

爱新觉罗·努尔哈赤（1559—1626年），清王朝的奠基者，满族伟大的首领，他统一女真各部，自立为汗，并四处征战。1624年，他征服了科尔沁地区。

吴三桂只好投靠满族人，并被赐予平西王爵位，统治着云南和四川等部分地区。

于是，满族人不是通过战争，而是通过计谋成为了中国北部的君主。1643年9月21日，皇太极去世，其六岁的儿子福临称帝。虽然北部中国被满族人占领，但长江以南地区还掌握在汉族人手中。满族人利用南方各个小王朝的不和，予以各个击破。当时有一位明朝王子已经在南京称帝，就在满族人攻占南京时，这位王子自溺身亡。明朝的另外三位王子：鲁王、唐王和桂王，分别在浙江杭州、福建福州和广州地区竭力抵抗，但是，他们之间的不和给入侵者制造了机会。最后，满族人战胜了这三位王子，占领了浙江、福建和广州。

□ **永乐皇帝**

永乐皇帝（1360—1424年），即明成祖，为朱元璋的第四子，明朝的第三任皇帝。他执政期间，曾五次率兵征战蒙古，为一代雄主。

满族人成为了中国的主人。和之前的蒙古人一样，他们很快适应了中国的环境，其首领从顺治、康熙、雍正到乾隆，全都是以地道的"天子"身份行事。在后来汉族人推翻其王朝时，这些满族人已经长期被同化，并融入了中国的主体。

东蒙古人归顺了清朝，并为大清国的建立立下了汗马功劳。之后，忽必烈后裔长支之首、察哈尔汗布尔尼试图对康熙帝发动起义，但被清军击败，他本人被俘。这是在内蒙古发生的最后一次骚动，从此，东蒙古人完全归顺于清朝。

17世纪的西蒙汗国

当东蒙古人归顺以后，企图复辟成吉思汗帝国的西蒙古人成了清朝最大的敌人。以卫拉特人为主的西蒙古人在15世纪时再度活跃起来，他们在1434年至1552年间统治着整个蒙古地区，但后来被东蒙古的阿勒坦汗赶到科布多甚至更西的地区。

西蒙古人有四个主要的联邦民族：绰罗斯部、杜尔伯特部、土尔扈特部与和硕特部。这四个部在政治上毫无联系，但他们都是准噶尔人，都团结在杜尔本·卫拉特的"四联盟"之下。17世纪初，在阿勒坦汗率领的喀尔喀人的压力下，这四个部落一个推着一个逐渐西移，导致了各民族的大转移。在此过程中，土尔扈特部首领和鄂尔勒克放弃了准噶尔地区，一路向西（1616年）。在排除万难之后，他们于1623年在伏尔加河下游定居下来。1643年，当和鄂尔勒克将部分牧民迁徙到阿斯特拉罕时，遭到了当地居民的抵抗，他本人在战斗中身亡。

虽然遭受了沉重的打击，土尔扈特人依然统治着伏尔加河河口的里海北部草原。他们一边侵占土库曼人的领地，一边承认俄国的宗主权，以寻求庇护。在俄国人的帮助下，土尔扈特汗国繁荣昌盛。到1770年，该汗国的疆域南北在乌拉尔河到顿河之间，东西在察里津到高加索之间的方形区域。后来，由于与俄国关系恶化，土尔扈特人七万户于1771年1月5日开始东迁。他们渡过乌拉尔河，穿过图尔盖，冲

□ 准噶尔人

征服是游牧民族的天性，在元朝灭亡之后，尽管蒙古人退居漠北，但他们仍然在四处征战。虽然17世纪是满族人的天下，但蒙古人并没有停止征战的步伐，图为向西征战的准噶尔人。

破小帐人和吉尔吉斯—哈萨克人的阻挠，逃脱喀喇吉尔吉斯人的攻击，最终抵达伊犁河谷。清朝政府热烈欢迎土尔扈特人的回归，给予他们安置和给养。

在17世纪的最初25年间，和硕特部在喀尔喀人的压力下，西迁至额尔齐斯河畔、斋桑湖周围，并在此安营扎寨，其统治领域一直延伸到雅米谢威斯克。大约1620年，和硕特部的首领拜巴噶斯虔诚地信仰西藏黄派喇嘛教。1636年，其弟顾实汗在青海周围和柴达木开辟了自己的领地。顾实汗通过两次战争，彻底解除了红教喇嘛对黄教喇嘛的威胁，并开始统治西藏，北京宫廷称他为"西藏的可汗"。在此后相当长的一段时间里，顾实汗的继承者们都是黄教的忠诚保卫者。

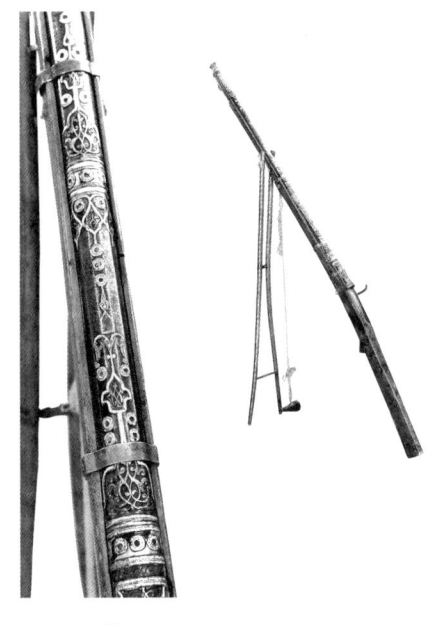

□ 饰银火枪

清代的蒙古军队已大量使用火枪作为作战武器。图中这种火枪的铁枪筒嵌在枪床中，枪筒上有引信，下有扳机，其攻击力远远超过其他武器。

黄教在中亚和远东事务中的重要性，以及和硕特部首领们的崇高地位，让绰罗斯部十分眼红。1717年，绰罗斯部向西藏进军。拉藏汗在抵抗了三个月后，最终因兵力悬殊而退往拉萨。12月2日，绰罗斯部首领大策凌敦多布占领拉萨，拉藏汗被乱军杀害。于是，元气大伤的和硕特部结束了对西藏的保护权。

随后，在土尔扈特部迁到里海以北，和硕特部迁到青海地区时，绰罗斯人与跟随他们的杜尔伯特部同盟者及辉特人却选择定居在塔尔巴哈台周围，即黑额尔齐斯河、乌伦古河、叶密立河以及伊犁河流域，并在此建立了准噶尔国。哈喇忽剌是准噶尔的第一位统治者，他把绰罗斯部民团结在一起，他于1634年去世。哈喇忽剌的儿子巴图尔洪台吉继承了王位，并在和布克赛尔修建了一座都城。他成功地对突厥斯坦和伊犁河地区的吉尔吉斯—哈萨克人发起了几次远征。

1653年，巴图尔洪台吉去世，其子僧格夺取了王位。1671年，僧格被自己的两个兄弟杀害，并由二人中的车臣汗夺得王位。1676年，巴图尔洪台吉的四子噶尔丹从拉萨回国，在和硕特汗和鄂齐尔图的支持下，杀死车臣汗，赶走他的另一

□ 东归塔

16世纪中期，为了逃避准噶尔人的侵犯，土尔扈特人向西迁到了肥沃的伏尔加河流域。不久后，俄国沙皇打破了他们平静的生活，向他们征收赋税。为了远离战争，土尔扈特人克服重重困难，回到新疆。此图是纪念土尔扈特部回归而建的东归塔。

位兄弟，并被绰罗斯人推举为准噶尔部的宗主。1677年，刚稳固统治的噶尔丹与鄂齐尔图兵戎相见，鄂齐尔图兵败被杀。此时，准噶尔的统治进一步巩固，其领地从伊犁河延伸到科尔多以南，噶尔丹也成为一位卓越的君主。

1671年，噶尔丹开始征服中亚，喀什噶尔是第一站。他利用察合台汗伊斯迈尔和白山派的阿巴克和卓的争斗，轻易占领了喀什噶尔，将它纳入准噶尔的保护之下。野心勃勃的噶尔丹试图恢复成吉思汗国的强大。至1690年，他已将四个喀尔喀汗纳为自己的属臣，他征服了喀尔喀全境。从此，准噶尔帝国的疆域从伊犁河一直延伸到贝尔湖。噶尔丹甚至沿着库伦—张家口之路，冒险向内蒙古进军。

清朝终结蒙古人的统治

清朝康熙皇帝不可能让准噶尔国继续膨胀。1690年底,康熙亲自率部把噶尔丹堵在张家口和库伦之间的乌兰布通,并用火炮痛击他,噶尔丹仓皇逃窜,喀尔喀全境得以重回喀尔喀汗们手中。随后,喀尔喀汗承认了清朝的宗主地位。1695年,噶尔丹卷土重来,穿过喀尔喀全境直入克鲁伦河流域,企图策反科尔沁人,但科尔沁人很快告之北京朝廷。1696年春,康熙皇帝再次御驾亲征。同年6月,清朝将领费扬古在昭莫多用火炮和洋枪再次打败噶尔丹。1697年,正当康熙皇帝准备乘胜追击时,噶尔丹却病倒了,并于不久后去世。

噶尔丹的去世让准噶尔国在塔尔巴哈台得以继续存在,因为康熙已满足于对喀尔喀人享有保护权;更因为北京的宫廷把噶尔丹的侄子、僧格之子策妄阿拉布坦当作盟友(此人曾经反叛噶尔丹,使准噶尔一直处于内乱中)。

可是,策妄阿拉布坦在击败吉尔吉斯—哈萨克人的挑衅后,并未等到其西部领土完全巩固,就实施了叔叔噶尔丹的反清政策。1717年6月,策妄阿拉布坦利用当时西藏政治、宗教的动乱,派大弟策凌敦多布率兵入侵西藏,在先后打败拉藏汗和中原守军后,于当年12月2日攻陷拉萨。信奉喇嘛教的准噶尔人洗劫了自己的宗教圣地布达拉宫。这种野蛮的入侵行为让康熙大为恼怒,他绝不容许准噶尔国把势力延伸到西藏。1718年,他命令四川长官进军西藏,但这位长官在那曲兵败被杀。1720年,康熙又命两路兵马入藏,从新疆和四川夹击准噶尔军。早已引起藏民们仇恨的准噶尔人被击溃,于当年秋天仓皇逃离西藏,仅剩下小部分兵马。

策妄阿拉布坦在戈壁的战况也很吃紧。1715年,准噶尔军攻夺哈密未遂,却于次年被清军攻占了与哈密相邻的巴里坤。随后,清军兵分两路,在吐鲁番和乌鲁木齐先后击溃准噶尔军,并在吐鲁番建立了军屯区。其间,吐鲁番的穆斯林反对准噶尔人统治的战争,为清朝的行动提供了便利。

远征的胜利,使康熙皇帝很有可能发动起对准噶尔本地的征服,然而,随着1722年12月他的去世,清朝对准噶尔人的政策发生了变化。1724年,继位的雍正皇帝和策妄阿拉布坦议和。1727年,不守协议的准噶尔人又趁势占领吐鲁番,恢复了对清朝的攻击。

1727年，策妄阿拉布坦去世，其子噶尔丹策凌继位。噶尔丹策凌非常敌视清朝，双方于1731年重新兵戎相见。一队清军从巴里坤前往乌鲁木齐，击溃了集结在那里的准噶尔军，但他们并没有留在那里。另一队清军深入准噶尔腹地，但由于缺少支援，这支清军几乎全军覆没，最后，他们只好撤离科布多和吐鲁番。获胜的准噶尔人又举兵入侵喀尔喀地区，却遭到喀尔喀人的顽强抵抗，并无什么收获。1731~1734年，清军夺回了乌里雅苏台和科布多，直取黑额尔齐斯河。

1735年，雍正帝提出与噶尔丹策凌议和，在中国保留杭爱山以东地区（即喀尔喀部境），准噶尔人得到该山脉以西和西南地区（即准噶尔和喀什噶尔）的基础上，双方达成了休战协议。雍正帝去世后，其子乾隆皇帝也认可了这一协议。这次和平一直维持到1745年底噶尔丹策凌去世时。

1754年，在准噶尔内乱中失利的辉特部王、噶尔丹策凌的女婿阿睦尔撒纳和许多杜尔伯特部、和硕特部首领都投靠了清朝，乾隆盛情接待了他们，并派兵帮其夺回固尔扎，赶跑策凌敦多布的孙子达瓦齐。达瓦齐后来被清将班第擒获，在北京受到几年优待后，于1759年去世。班第在固尔扎镇守，他宣布解散准噶尔人的政治体系，准备分一杯羹的阿睦尔撒纳极度失望。他在被押送回北京的途中逃脱，回到固尔扎，煽动准噶尔人造反。1755年，陷入准噶尔人重围的班第因毫无被营救的希望而绝望自杀。1757年春，满族将军兆惠率兵深入叶密立河畔，而另一些清军被派去收复固尔扎。四面受敌的阿睦尔撒纳逃往俄国避难。

至此，准噶尔人的统治宣告结束，其领域全部被清朝占领，当地居民几乎全部被杀，另一些地区的移民填充了这些地区。

在1757年之前，喀什噶尔是一个伊斯兰教国家，处于准噶尔国的保护之下。准噶尔被灭后，喀什噶尔的形势便危如累卵。1758年，清朝将军兆惠从伊犁河进军塔里木，在叶尔羌与小和卓霍集占进行了反复的围攻战。1759年初，他与清朝将领富德联手，占领了叶尔羌，喀什随后投降，大小和卓逃往巴达克山避难。在清军的威逼下，这两个避难者被当地穆斯林酋长处死，他们的首级被送到富德将军面前。兆惠将喀什噶尔并入大清版图，该地成了满清帝国的"新的边疆地"，即新疆。

清朝对伊犁河流域和喀什噶尔的吞并表明，在定居民族先进武器的攻击下，草原游牧民族已经丧失了弓强马壮的优势。同时，它标志着定居民族对游牧民族、农耕地对草原的胜利。

附：成吉思汗世系年表

统治时间	统治者
1206~1227年	太祖铁木真（成吉思汗）
1227~1229年	睿宗拖雷监国（太祖四子）
1229~1241年	太宗窝阔台（太祖三子）
1241~1246年	乃马真皇后脱列哥那监国（太宗皇后）
1246~1248年	定宗贵由（太宗长子）
1248~1251年	海迷失皇后监国（定宗皇后）
1251~1259年	宪宗蒙哥（睿宗长子）
1259~1294年	世祖忽必烈（睿宗次子）
1294~1307年	成宗铁穆耳（世祖次子裕宗真金三子）
1307~1311年	武宗海山（世祖次子裕宗次子顺宗答啦麻八剌次子）
1311~1320年	仁宗爱育黎拔力八达（顺宗三子、武宗弟）
1320~1323年	英宗硕德八剌（仁宗次子）
1323~1328年	泰定帝也孙铁木儿（裕宗长子显宗甘麻剌长子）
1328年	天顺帝阿速吉八（泰定帝长子）
1328~1329年	明宗和世瑓（武宗长子）
1329~1332年	文宗图帖睦尔（武宗次子）
1332年	宁宗懿璘质班（明宗次子）
1332~1370年	顺宗妥懽帖睦尔（明宗长子）
1370~1378年	昭宗爱猷识理达腊（顺宗长子）
1378~1388年	脱古·思帖木儿（昭宗次子）
1389~1392年	恩科卓里克图汗（脱古思·帖木儿长子）
1393~1399年	额勒伯克汗（脱古思·帖木儿次子）
1400~1402年	坤帖木儿汗（额勒伯克汗长子）
1408~1411年	额勒锥·特穆尔汗（额勒伯克汗次子）
1411~1415年	德勒伯克汗（额勒锥·特穆尔汗之子）
1433~1451年	脱脱不花王（脱古思·帖木儿三子哈尔古楚克鸿台吉子阿寨台吉长子）
1454~1465年	乌珂克图汗（脱脱不花王三子）
1465~1466年	摩伦汗（脱脱不花王长子）
1475~1479年	满都古勒汗（脱脱不花王弟）
1480~1517年	达延汗（阿寨台吉次子阿葛巴尔济济农子）
1517~1519年	塞音阿拉克汗（达延汗三子）
1519~1547年	阿剌克汗（达延汗长子图鲁博罗特长子）
1548~1557年	库登汗（阿剌克汗长子）
1558~1592年	札萨克图汗（库登汗长子）
1592~1603年	薛禅汗（札萨克图汗长子）
1603~1634年	库图克图汗（薛禅汗长子莽和克太吉长子)
1634年	额哲（库图克图汗长子）

参考资料：《新编中外历史大系手册》，社会科学文献出版社1995年版；《蒙古世系》，中国社会科学出版社1979年版；《明代蒙古史论集》（日），商务印书馆1984年版。

文化伟人代表作图释书系全系列

第一辑

《自然史》
〔法〕乔治·布封 / 著

《草原帝国》
〔法〕勒内·格鲁塞 / 著

《几何原本》
〔古希腊〕欧几里得 / 著

《物种起源》
〔英〕查尔斯·达尔文 / 著

《相对论》
〔美〕阿尔伯特·爱因斯坦 / 著

《资本论》
〔德〕卡尔·马克思 / 著

第二辑

《源氏物语》
〔日〕紫式部 / 著

《国富论》
〔英〕亚当·斯密 / 著

《自然哲学的数学原理》
〔英〕艾萨克·牛顿 / 著

《九章算术》
〔汉〕张苍 等 / 辑撰

《美学》
〔德〕弗里德里希·黑格尔 / 著

《西方哲学史》
〔英〕伯特兰·罗素 / 著

第三辑

《金枝》
〔英〕J.G. 弗雷泽 / 著

《名人传》
〔法〕罗曼·罗兰 / 著

《天演论》
〔英〕托马斯·赫胥黎 / 著

《艺术哲学》
〔法〕丹纳 / 著

《性心理学》
〔英〕哈夫洛克·霭理士 / 著

《战争论》
〔德〕卡尔·冯·克劳塞维茨 / 著

第四辑

《天体运行论》
〔波兰〕尼古拉·哥白尼 / 著

《远大前程》
〔英〕查尔斯·狄更斯 / 著

《形而上学》
〔古希腊〕亚里士多德 / 著

《工具论》
〔古希腊〕亚里士多德 / 著

《柏拉图对话录》
〔古希腊〕柏拉图 / 著

《算术研究》
〔德〕卡尔·弗里德里希·高斯 / 著

第五辑

《菊与刀》
〔美〕鲁思·本尼迪克特 / 著

《沙乡年鉴》
〔美〕奥尔多·利奥波德 / 著

《东方的文明》
〔法〕勒内·格鲁塞 / 著

《悲剧的诞生》
〔德〕弗里德里希·尼采 / 著

《政府论》
〔英〕约翰·洛克 / 著

《货币论》
〔英〕凯恩斯 / 著

第六辑

《数书九章》
〔宋〕秦九韶 / 著

《利维坦》
〔英〕霍布斯 / 著

《动物志》
〔古希腊〕亚里士多德 / 著

《柳如是别传》
陈寅恪 / 著

《基因论》
〔美〕托马斯·亨特·摩尔根 / 著

《笛卡尔几何》
〔法〕勒内·笛卡尔 / 著